Jule Bönkost

Kritisch *weiß* sein

UNRAST

Dr. phil. Jule Bönkost ist Amerikanistin und Kulturwissenschaftlerin. Sie arbeitet als Trainerin, Beraterin, Lektorin und Autorin im Bereich diskriminierungskritische Bildung mit den Schwerpunkten Rassismus, Kritisches *Weiß*-Sein und Allyship. Sie ist Mitautorin des rassismuskritischen Kinder- und Jugendbuchs *Rassismus geht uns alle an* und Herausgeberin des Sammelbandes *Unteilbar. Bündnisse gegen Rassismus.*

Jule Bönkost

Kritisch *weiß* sein

Eine Anleitung zum Mitmachen

UNRAST

Bibliografische Information der Deutschen Bibliothek
Die Deutsche Bibliothek verzeichnet diese Publikation in der Deutschen Nationalbibliografie; detaillierte bibliografische Daten sind im Internet über http://dnb.de abrufbar.

Jule Bönkost: Kritisch *weiß* sein
1. Auflage, September 2023
ISBN 978-3-89771-368-0

www.unrast-verlag.de – kontakt@unrast-verlag.de
Mitglied in der assoziation Linker Verlage (aLiVe)

Umschlag: Felix Hetscher, Münster
Satz: Unrast Verlag, Münster
Druck: Multiprint, Kostinbrod

Inhalt

Für T. und J.

Einleitung

Vor Kurzem erhielt ich wieder einmal eine kritische Leser*innenzuschrift zu einem Artikel von mir. Nach Meinung des Absenders hatte ich sie offenbar dringend nötig:

> »In dem Artikel, den ich über Sie gelesen habe, bezeichnen Sie sich als weiße Person. Wenn das Foto, das dem Artikel beiliegt, der Realität entspricht, dann sind Sie nicht weiß! Das würde mich auch wundern, denn ich habe in meinem ganzen Leben noch nie einen weißen Menschen gesehen. Manche Menschen sind blass, manche haben eine fahle Gesichtshaut, manche sind aschgrau. Aber weiß? Es gibt keinen Menschen mit weißer Haut! Legen Sie Ihre Hand auf den weißen Hintergrund dieser Mail, Sie werden mir recht geben. Die Bezeichnung weiß für eine Hautfarbe ist also eine willkürliche Bezeichnung für Menschen europäischer Herkunft ähnlich der Bezeichnung arisch für Menschen mit germanischen Vorfahren. Einen Menschen als Weißen zu bezeichnen, ist purer Rassismus.«

Einen Tag, nachdem mich diese Nachricht erreicht hatte, veranstaltete ich einen Workshop zu Rassismus. Das ist mein Job, den ich mittlerweile seit vielen Jahren mache. Der Workshop verlief insgesamt gut. Schon bei der Vorstellungsrunde zeigte sich, dass alle Anwesenden Rassismus offensichtlich ablehnten. Ich trug einige einführende Worte zu Rassismus vor. Dann machten wir Übungen. So wie eben in einem Workshop üblich. Einen Tag lang beschäftigten wir uns intensiv mit dem Thema. Es war ein abwechslungsreicher Tag. Wir diskutierten viel. Zwischenzeitlich wurde es recht hitzig und einmal sogar etwas lauter. Am Ende bat ich die Teilnehmenden, ihre wichtigsten Erkenntnisse aus dem Workshop miteinander zu teilen. Die erste Person sagte: »Also dieser Punkt, die eigenen Privilegien mitzudenken in der Prägung der eigenen Erfahrungen und was das für meinen Umgang mit Rassismusvorfällen bedeutet, das war für mich neu.« Dem schlossen sich andere an. Weitere Gedanken kamen hinzu. Einige ergänzten noch, dass es ein »sehr anstrengender Tag« gewesen sei. Alle waren *weiß*. Und es handelte sich um einen Workshop zu Rassismus speziell für *Weiße*.

Selbst erlebte Beispiele wie diese aus meiner Arbeit als Autorin und Referentin zu rassismuskritischer Bildung sind die Motivation für dieses Buch. Wie der Workshop ist dieses Buch eine Einladung an *Weiße*, mehr über das eigene *Weiß*-Sein herauszufinden sowie Möglichkeiten für rassismuskritisches Handeln aus *weißer* Position kennenzulernen und wahrzunehmen. Wenn ich im Folgenden das ›Du‹ nutze, darfst du dich also angesprochen fühlen, wenn du *weiß* bist. Weil ich selbst ebenfalls *weiß* bin und damit die Erfahrungen *weißer* Menschen teile, schreibe ich auch im ›Wir‹. Damit meine ich dann entsprechend alle *Weißen*. Vielleicht bist du aber gar nicht *weiß*, sondern BIPoC und erlebst selbst Rassismus. Dann bist du genauso herzlich zum Lesen eingeladen. Vielleicht ist es interessant für dich, wie ich rassistische Strukturen rund um das Verhalten *Weißer*, die du eventuell selber gut kennst, benenne und darin einordne, wie Rassismus funktioniert.

›*Weiß*‹ ist kein sehr gängiger Ausdruck. Das Gros der Thematisierung von Rassismus in Deutschland kommt bis heute ohne den Begriff aus. Dabei ist *Weiß*-Sein sehr bedeutsam für Rassismus. In der akademischen Rassismusforschung ist der Begriff ›*Weiß*-Sein‹ mittlerweile fest etabliert. Seit den 1980er-Jahren ist ›*weiß*‹ die zentrale Analysekategorie der Kritischen Weißseinsforschung. Sie beschäftigt sich damit, was Rassismus für diejenigen Menschen bedeutet, die Rassismus nicht potenziell selbst erleben, und hat zwischenzeitlich auch in Deutschland Fuß gefasst.

Warum wird dennoch allgemein so wenig über *Weiß*-Sein gesprochen, wenn es um Rassismus geht? Was ist überhaupt damit gemeint, wenn Menschen als ›*weiß*‹ beschrieben werden? Wie hängt das mit Rassismus zusammen? Vielleicht stellst du dir diese Fragen, ähnlich wie die Teilnehmenden meines Workshops, von dem ich oben erzählt habe? Dann freue ich mich, dass du dieses Buch in den Händen hältst. Ich habe es für dich geschrieben. Vielleicht hast du dich auch schon etwas mehr mit Rassismus beschäftigt und der Begriff ›*weiß*‹ ist nicht ganz neu für dich? Vielleicht fragst du dich nun aber, was es heißt, *weiß* zu sein und gegen Rassismus einzutreten? Was White Allyship bedeutet? Auch dann bist du hier richtig. Denn darum soll es gehen. Vielleicht beschäftigst du dich auch schon lange kritisch mit Rassismus, aber merkst, wie schwer es ist, das, was du gelernt hast, gegen ihn praktisch umzusetzen? Oftmals ist es in der Praxis schwieriger, als es theoretisch so manches Mal klingt. Vielleicht kommst du an manchen Stellen einfach nicht weiter? Merkst, dass du dem Rassismus nicht ganz entkommen kannst, oder fragst dich, ob du als *weiße* Person überhaupt rassismuskritisch handeln kannst oder darfst. Dieses Buch ist dann auch für dich gedacht. Es soll in den Kapiteln um die Rolle von Emotionen und Abwehr gehen, genauso wie um Verstrickung. Mit dem De_Stabilisationsdreieck stelle ich dir ein Werkzeug vor, dass dir dabei helfen soll, Rassismus bestmöglich zu durchbrechen und mit Spannungen und Widersprüchen besser umzugehen. Ermutigen will ich dich außerdem, indem ich aufzeigen werde, dass wir als *Weiße* von rassismuskritischem Handeln gewinnen. Indem es um die spezifischen Chancen geht, die unsere *weiße* Position mitbringt, wenn es darum geht, Rassismus entgegenzutreten. Neben Ressourcen für unser rassismuskritisches Handeln aus *weißer* Position diskutiere ich außerdem Aufgabenbereiche hierfür. Mit dem Lerntagebuch für *weiße* Spaßverderber*innen, das ich dir vorstellen werde, kannst du dein Handeln gegen Rassismus auch nach dem Lesen dieses Buches fortwährend reflektieren und verbessern.

Egal, wo du in deinem Lernprozess über Rassismus stehst, ich möchte dir mit diesem Buch gleichzeitig Anregungen für Selbstreflexion und konkrete Praxistipps geben. In den einzelnen Kapiteln lade ich dich immer wieder an den passenden Stellen mit Reflexionsfragen dazu ein, über deine eigene Beziehung zu Rassismus und dein Handeln gegen ihn nachzudenken. Außerdem habe ich mir einige Übungen überlegt, mit denen du zusätzlich in den Lernprozess zu kritischem *Weiß*-Sein einsteigen kannst. Rassismus abzulehnen ist nicht genug. Was auch immer dich zu diesem Buch gebracht hat, ich hoffe, dass du mit dem Lesen viele Impulse erhältst, um dich aktiv aus *weißer* Position gegen Rassismus stark zu machen.

Ich will und muss aber auch gleich sagen: Dieses Buch bietet keine einfachen Lösungen. Es ist keine simple To-do-Liste. Was ich dir mitgeben möchte, sind bestimmte Blickrichtungen, Denkweisen und Perspektiven auf Rassismus und unser *Weiß*-Sein, um dir damit Anregungen für dein rassismuskritisches Lernen und Handeln zu geben. Damit richtet sich das Buch auch an alle, die sich in der rassismuskritischen Bildungsarbeit mit der Zielgruppe *Weiße* beschäftigen. Im weitesten Sinne ist das Buch für alle geschrieben, die sich für eine positionierungssensible Auseinandersetzung mit *Weiß*-Sein sowie die Herausforderungen und Möglichkeiten interessieren, die mit dem Handeln gegen Rassismus aus *weißer* Position verbunden sind.

Ein bisschen Theorie muss sein. Um *Weiß*-Sein und rassismuskritisches Handeln zu verstehen, brauchen wir ein paar theoretische Grundlagen. Im Alltag bleibt beim Thema Rassismus viel Wichtiges unangesprochen. In der Forschung hingegen gibt es meist zahlreiche Erkenntnisse dazu. Ein Blick dorthin lohnt sich also. Mit diesem Buch beziehe ich mich insbesondere auf neueste Erkenntnisse der angloamerikanischen und deutschen Rassismusforschung, die für unser Handeln gegen Rassismus aus *weißer* Position wertvoll sind. Entlang der verschiedenen Fragen, durch die sich dieses Buch hangelt, möchte ich dir außerdem von mir erzählen. Ich greife auf meine Erfahrungen zurück, die ich als Referentin von vielen Hundert Bildungsveranstaltungen zum Thema Rassismus und *Weiß*-Sein mit überwiegend *weißen* Teilnehmenden gesammelt habe. Diese Praxiserfahrung, von der ich ausführlich berichten werde, bildet neben der Forschung das zweite Standbein dieses Buches. Und dann gibt es schließlich noch eine dritte Grundlage: mein eigenes *Weiß*-Sein und, vor allem, meine Entwicklung, mein Lernen in diesem Bereich. Ich bin *weiß* und will mich gegen Rassismus stellen. Bis heute lerne ich dazu, was das bedeutet. Aus jedem Workshop, den ich veranstalte, nehme ich auch für mich etwas mit. Auch über diese eigenen Lernerfahrungen zu Rassismus und das Handeln gegen ihn als *Weiße* schreibe ich in diesem Buch. Damit will ich die gegenwärtige Sachliteratur zu Rassismus, die BIPoC Autor*innen zu verdanken ist, um eine selbstreflexive Beschäftigung aus *weißer* Perspektive ergänzen. Last but not least – wenn auch absolut relevant: Ich habe dieses Buch weder vornehmlich der Forschung noch meiner eigenen Reflexion zu verdanken. Es geht zurück auf die vielfältigen Kämpfe gegen Rassismus von BIPoC, die beides überhaupt erst möglich gemacht haben.

Was ich dir mitgeben möchte, ist damit auch das: Vielleicht interessiert es dich zu erfahren, wie andere *Weiße* mit den Schwierigkeiten zurechtkommen, die das Lernen und Sprechen über Rassismus oder rassismuskritisches Handeln als *weiße* Person mit sich bringen? Dazu möchte ich meine eigenen Erfahrungen, auch als *weiße* Referentin zu Diskriminierung und Rassismus, mit dir teilen. Ich bin überzeugt, dass es wichtig und gewinnbringend ist, wenn *Weiße* zu *Weißen* über Rassismus sprechen und dabei auch die eigenen Lernerfahrungen teilen. Ich schreibe bewusst und ganz explizit aus *weiß*privilegierter Perspektive, um andere *Weiße* dazu zu ermutigen, *Weiß*-Sein kritisch in den Blick zu nehmen und aufbauend darauf gegen Rassismus vorzugehen. Mit den Inhalten der Kapitel teile ich mit dir insbesondere die Aspekte, die für mein eigenes Lernen über Rassismus bedeutsam und wertvoll waren und von denen ich aus meiner Arbeit weiß, dass sie auch anderen *Weißen* geholfen haben. Ich hoffe, dass das auch dich dabei unterstützt, einen besseren Umgang mit Rassismus zu finden.

Mit diesem Buch will ich schließlich als *Weiße* zu *weißen* Menschen wie dem Absender der an mich verfassten Nachricht weiter oben sprechen. Auch wenn das Buch solche Personen vielleicht gar nicht als Lesende erreicht. Wer eine Beschäftigung mit *Weiß*-Sein so vehement ablehnt, dass er*sie den Zeit- und Energieaufwand auf sich nimmt, sich hinzusetzen, um anderen dazu schriftlich die eigene Meinung zu verkünden, ist sicherlich nicht sehr interessiert. Wobei, die Person oben hat ja auch einen Artikel von mir gelesen. Es besteht also Hoffnung. So oder so, ich möchte mich mit diesem Buch gegen herkömmliche *weiße* Argumente positionieren und aus *weißer* Sicht anderen *Weißen* erklären: Das Sprechen über *Weiß*-Sein spaltet nicht. Es ist nicht rassistisch! Und ob ihr es glaubt oder nicht, mittlerweile gibt es auch viele *Weiße*, die das wissen. Uns will ich mit diesem Buch eine Stimme geben. Achtung Spoiler: Ich hasse *weiße* Menschen nicht. Zur Erinnerung, ich bin selbst *weiß*. Und damit komme ich gut klar. Rassismus geht uns als *Weiße* an. Das macht uns zu *Weißen*. Was ich will, ist, dass es allen *Weißen*, die so denken wie der Absender der Nachricht oben und die das verleugnen, unbequem wird. Und wenn es nur deshalb so ist, weil es dieses Buch gibt. Diese Personen sollen wissen, und sei es nur, weil sie mitbekommen, dass dieses Buch existiert, dass andere *Weiße* nicht bereit sind, ihre rassistischen Sichtweisen durchzuwinken. Diese Leute mögen erkennen, dass *Weiße*, die sich auf den rassismuskritischen Weg machen, nicht alles verlieren, nicht verzweifeln, nicht tot umfallen, sondern glücklich weiterleben können und das sogar zufriedener als bisher. Wie gesagt, soll dieses Buch beschreiben, warum es sich für uns als *Weiße* lohnt, Rassismus zu durchbrechen und darin für uns eine große Chance liegt. Warum es gleichzeitig nicht immer einfach ist, als *Weiße*r* über Rassismus zu lernen und gegen ihn vorzugehen, darum soll es ebenfalls in diesem Buch gehen.

Damit kann und will dieses Buch gleichzeitig vieles andere nicht sein. Dieses Buch ist keine klassische Einführung in Rassismus. Aus *weißer* Perspektive geschrieben, bietet dieses Buch über *Weiß*-Sein nur einen Bruchteil von Wissen über Rassismus an. Gerade auch, um aus *weißer* Position besser zu verstehen, wie Rassismus in Deutschland alltäglich funktioniert, lohnen sich Bücher von BIPoC Autor*innen wie z.B. Tupoka

Ogette, Alice Hasters, Noa Sow oder Mohamed Amjahid. Es gibt mittlerweile so viele lesenswerte Bücher genauso wie hörenswerte Podcasts zu Rassismus, die mehr Raum bieten, den es auch braucht, um Rassismus als historisch gewachsene und bis heute fortwährende Form von struktureller Diskriminierung zu erklären. Dieses Buch kann und will eine Beschäftigung mit solchen Beiträgen nicht ersetzen, sondern ergänzen.

Aber auch wir gehen das Thema von vorne an. Mit dem ersten Kapitel möchte ich zunächst wesentliche Strukturen von Rassismus ansprechen. Mit dieser Grundlage können wir dann konkreter auf *Weiß*-Sein als eine Folge von Rassismus eingehen. Die weiteren Kapitel bauen aufeinander auf. Inhaltlich und praktisch hängt alles sehr eng zusammen. Die Kapitel gliedern die Inhalte lediglich theoretisch auf, sodass wir im Verlauf immer tiefer in das Thema einsteigen können. Weil alle Aspekte, um die es gehen soll, ihren Ursprung in demselben Problem, nämlich Rassismus haben, gibt es an einigen Stellen kleine Wiederholungen, um die Verbindungen jeweils aufzuzeigen und den Gedanken weiterzuentwickeln. Denn es gibt auch eine klare Struktur: Für den Aufbau habe ich mich an den Lernbedürfnissen *Weißer*, die beginnen, über Rassismus zu lernen, orientiert. Das Buch führt dich durch Fragestellungen der verschiedenen Lernphasen, die in der Forschung zum Lernen *Weißer* über Rassismus diskutiert werden. Wenn du dich noch nicht mit Rassismus auseinandergesetzt hast, bietet es sich also an, das Buch linear zu lesen. Falls du dich schon mehr mit strukturellem Rassismus auseinandergesetzt hast, ist vielleicht das zweite Kapitel zu *weißen* Privilegien ein passender Einstieg für dich. Du kannst natürlich auch gleich zu den Kapiteln blättern, die dich gerade am meisten interessieren und zu den Aspekten und Fragestellungen passen, mit denen du dich aktuell beschäftigst. Wir sind an unterschiedlichen Punkten in unseren Lernprozessen. Auch darauf ist das Buch abgestellt. Es kann außerdem nicht mehr als ein theoretischer Schnelldurchlauf durch die verschiedenen Stadien und Fragestellungen sein, die uns als *Weiße* beim Lernen über Rassismus begleiten. Vielleicht ist dieses Buch auch ein Begleiter in deinem individuellen Lernprozess, auf den du immer mal wieder und dann mit den für dich jeweils passenden Kapiteln zurückgreifen magst.

Und noch ein Hinweis: Alle Beiträge, die ich von Workshopteilnehmenden wiedergebe, habe ich anonymisiert und mit meinen eigenen Worten wiedergegeben. Wenn ich Namen nenne, sind diese geändert und fiktiv. Zwecks Anonymisierung sind jegliche Beschreibungen von Workshop-Gruppen ebenfalls fiktiv.

Das Missverständnis als kommunikativer Regelfall: Rassismus und Sprache

Aus meinen Workshops weiß ich, dass es für *Weiße* eines der größten Bedürfnisse beim Lernen über Rassismus ist, die ›richtigen‹ Begriffe zu lernen. Ich möchte dazu gleich festhalten: Ganz so einfach ist das Ganze leider nicht. Sprache ist immer ein Abbild der jeweils historisch gegebenen Gesellschaft. Momentan gibt es Rassismus in der Gesellschaft. Deshalb ist es leider unmöglich, auf eine komplett rassismusfreie Sprache zurückzugreifen. Diese existiert nicht, weil es Rassismus gibt. Die gute Nachricht lautet: Wir können sehr wohl eine Sprache entwickeln und verwenden, mit der wir Rassismus hinterfragen. Das ist dann eine sogenannte rassismuskritische Sprache. Dazu gehören auch der Begriff ›*weiß*‹ und rassismuskritische Selbstbezeichnungen von Menschen und Gruppen mit Rassismuserfahrungen, z.B. ›BIPoC‹. Da ich diese beiden Ausdrücke, *weiß* und BIPoC, bereits verwendet habe, möchte ich sie hier kurz in den rassismuskritischen Sprachgebrauch einordnen. So kannst du von Beginn an nachvollziehen, wie ich die Begriffe verwende. Ganz nach dem Motto: Sind die Begriffe unklar, bleiben auch die mit ihnen zum Ausdruck gebrachten Gedanken unklar. Im Folgenden werden uns diese Ausdrücke deshalb noch ausführlicher beschäftigen.

Ich benutze den Begriff ›*weiß*‹ als kritische Analysekategorie. Damit befasse ich mich mit der Frage, wie Rassismus all diejenigen Menschen berührt, die keine Rassismuserfahrung machen. Ich meine mit ›*weiß*‹ eine privilegierte soziale Position, die von Rassismus erzeugt wird. Aufgrund dieser Bedeutung wird der Ausdruck üblicherweise kursiv gesetzt. Das ist eine rassismussensible Schreibweise, die aus der Kritischen Weißseinsforschung stammt. Sie soll anzeigen, dass keine biologische Kategorie gemeint ist.

Um Gruppen zu bezeichnen, die Rassismus erfahren, benutze ich die politische Selbstbezeichnung dieser Gruppen. Ich verwende ›BIPoC‹, wenn alle Menschen gemeint sind, die Rassismuserfahrungen machen, egal wie unterschiedlich diese Erfahrungen ausfallen mögen.

Die Abkürzung BIPoC steht für *Black*, *Indigenous* und *People of Color*. Sie stammt ursprünglich aus dem angloamerikanischen Raum. Im Deutschen wird sie aktuell zunehmend gebräuchlicher. Diese Selbstbezeichnung in Akronymform erkennt gemeinsame, aber auch gruppenspezifische Rassismuserfahrungen an. Black bezieht sich auf Menschen mit afrikanischer oder afrodiasporischer Geschichte. Indigenous steht für die Nachfahren der Menschen, die im Kontext des europäischen Kolonialismus, vor allem in Amerika, kolonisiert wurden. People of Color ist ein weiterer Oberbegriff. Er bezieht sich ebenfalls auf alle Menschen, die Rassismus erleben. In Deutschland wird die Selbstbezeichnung People of Color schon seit einigen Jahren in rassismuskritischen Kreisen verwendet. Ursprünglich wurde dieser Begriff in den USA während der Bürger*innenrechtsbewegung geprägt. Er ist nicht mit den rassistischen Fremdbezeichnungen ›colored people‹ bzw. ›Farbige‹ zu verwechseln und wird nicht ins Deutsche übersetzt.

Geht es um eine gruppenspezifische Erfahrung von Rassismus, verwende ich Selbstbezeichnungen wie z.B. Schwarz, mit denen eben solche geteilten Rassismuserfahrungen sichtbar gemacht werden. Schwarz wird als Selbstbezeichnung immer großgeschrieben. Das markiert – vergleichbar mit der Kursivsetzung von *weiß* –, dass es sich hierbei nicht um eine natürliche Eigenschaft, sondern eine soziale Position handelt.

Vielleicht sind diese Begriffe neu und ungewohnt für dich. Das kann ich gut verstehen. Sie gehören nicht zur Alltagssprache. Doch du wirst beim Lesen sicherlich merken, wenn sie uns häufiger begegnen und wir auch selbst beginnen, sie zu verwenden, gewöhnt man sich schnell an sie. Genauso wie an eine rassismussensible Sprache insgesamt. Wenn wir die Ausdrücke dann noch richtig verstehen, dann können sie für uns sehr nützlich sein, um Rassismus zu kritisieren. Ich hoffe, dieses Buch hilft dir dabei, das zu erkennen. Es soll dir insgesamt dabei helfen, dich beim Sprechen über Rassismus sicherer zu fühlen.

Und zum Schluss: Für eine gendergerechte Sprache verwende ich das Gendersternchen (z.B. Schüler*innen), um möglichst alle Menschen anzusprechen und einzubeziehen. Das Sternchen weist darauf hin, dass jenseits des Dualismus von Männlichkeit und Weiblichkeit vielfältige weitere geschlechtliche Identitäten existieren.

1 Zum Kontext von *Weiß*-Sein: Rassismus

Bevor ich begann, mich mit Rassismus zu beschäftigen, hatte ich keine Ahnung von meinem *Weiß*-Sein. Ich erinnere mich, dass mir der Begriff ›*weiß*‹ schon einige Male vorher begegnet war. Doch seine Bedeutung erschloss sich mir erst bewusst, als ich anfing, Rassismus besser zu begreifen. Kein Wunder, denn *Weiß*-Sein bezieht sich direkt auf Rassismus. Ohne Rassismus zu verstehen, können wir unser *Weiß*-Sein auch nicht erfassen. Wenn wir uns mit dem Thema *Weiß*-Sein und unserer eigenen *weißen* Identität auseinandersetzen, muss dies deshalb immer damit anfangen, dass wir uns ein klares Verständnis davon verschaffen, was Rassismus ist. Erst darauf baut dann alles Weitere auf.

Reflexionsfragen

Bevor wir einsteigen, nimm dir etwas Zeit und überleg einmal, was dir zum Begriff Rassismus einfällt:

1. Wie definierst du Rassismus für dich selbst? Was würdest du erzählen, wenn dich andere, z.B. Freund*innen, Familienmitglieder oder Arbeitskolleg*innen, nach einer Erklärung fragen?
2. Wann ist dir der Begriff Rassismus das letzte Mal begegnet? Wer hat ihn verwendet? Worauf hat er sich da bezogen? Wurde der Begriff erläutert?
3. Wo ist dir der Begriff Rassismus in letzter Zeit in den Medien begegnet? In welchen Medien war das? Wer hat den Begriff benutzt? Welche Botschaft sollte vermeintlich verbreitet werden?

Wie Kraut und Rüben: Begrifflich geht es durcheinander

Wir können erst dann erfolgreich rassismuskritisch handeln, wenn wir verstehen, wie Rassismus genau funktioniert. Weil rassismuskritisch zu handeln, ganz einfach bedeutet, dieses Funktionieren von Rassismus gezielt zu unterbrechen. Nun ist Rassismus aber kein einfaches Thema. Es kann nicht mit wenigen Worten erklärt werden. Dafür ist Rassismus viel zu komplex. Deshalb ist er auch nicht leicht zu verstehen. Ihn zu begreifen, braucht einiges an Zeit. Denn hierfür müssen wir uns zunächst ein komplexes Wissen über Rassismus aneignen.

Ein weiterer Grund, warum es gar nicht so einfach ist, Rassismus zu begreifen, ist das begriffliche Durcheinander, wenn über ihn gesprochen wird. Ich halte es für eine der größten Herausforderungen für kollektives rassismuskritisches Handeln, dass wir in der Gesellschaft keine einvernehmliche Sprache haben, um über Rassismus in der notwendigen Schärfe zu reden. Der Begriffswirrwarr kommt insbesondere daher, dass wir unter vielen der relevanten Begriffe nicht alle das Gleiche verstehen. So wird der Begriff ›Rassismus‹ zum Beispiel häufig mit dem Begriff ›Diskriminierung‹ vertauscht. Dabei meinen die beiden Ausdrücke nicht das Gleiche. Wenn über Diskriminierung und Rassismus gesprochen wird, gerät so einiges durcheinander. Nicht selten wird dann aneinander vorbeigeredet. Für mich ist es bezeichnend, dass, wenn die Begriffe Diskriminierung und Rassismus vorkommen, so gut wie nie erklärt wird, was damit eigentlich genau gemeint sein soll. Denn beide alltagssprachlich benutzten Begriffe erklären sich nicht selbst. Wäre es deshalb nicht sinnvoll, sie zumindest kurz zu definieren? Damit sich die Menschen untereinander besser verstehen lernen? Bei Talkshow-Runden zum Beispiel lässt sich gut beobachten, dass, wenn es um Rassismus und Diskriminierung geht, offensichtlich kaum eine*r Bedenken hat, falsch verstanden zu werden. Manchmal wird hierzu stundenlang diskutiert, ohne dass ein einziges Mal dargelegt wird, worauf sich die Diskutierenden mit Diskriminierung oder Rassismus überhaupt beziehen. Es scheint so, als wüssten alle wie selbstverständlich, was gemeint ist. Dabei kann genau hiervon keinesfalls ausgegangen werden. Im Gegenteil. Das liegt insbesondere auch daran, dass die Begriffe Diskriminierung und Rassismus im Alltag anders ausgelegt werden, als dies in der Forschung der Fall ist, und diese verschiedenen Begriffsverständnisse sich teils widersprechen.

Ich sehe was, was du nicht siehst, und das ist strukturell

Lass uns zunächst den Begriff Diskriminierung genauer anschauen. Das ist sinnvoll, denn er ist der übergeordnete Begriff. Im alltäglichen Sprachgebrauch wird der Begriff Diskriminierung häufig verwendet, um alle möglichen Formen der Benachteiligung anzusprechen. In meinen Workshops verwende ich an dieser Stelle oft mein Kuchen-Beispiel, das ich wirklich erlebt habe. Es geht so: Auf einer Tagung stand ich zur Pause am Kaffee- und Kuchenbuffet in der Schlange. Vor mir standen zwei Personen, Person A und Person B. Person A schnappte Person B das letzte

Kuchenstück vor der Nase weg. Darüber war Person B offensichtlich wenig erfreut und erklärte laut: »Das ist jetzt aber eine Diskriminierung!« Wenn ich dieses Beispiel erzähle, sehe ich fast immer ein Schmunzeln auf den Gesichtern der Teilnehmenden. Ich glaube, der*die ein oder andere fühlt sich dann ein bisschen ertappt. Ich bin mir sicher, die meisten von uns kennen Situationen wie diese oder haben den Begriff Diskriminierung vielleicht sogar schon selbst einmal so benutzt. Denn im Alltag wird er häufig verwendet, wenn eine Person ausdrücken will, dass sie etwas als ihr gegenüber besonders unfair empfindet.

Häufig wird der Begriff Diskriminierung auch mit ›Beleidigung‹, ›Demütigung‹ oder ›Vorurteil‹ gleichgesetzt. Demnach ist jede missachtende Aussage, herabwürdigende Äußerung oder voreilige Meinung über eine Person automatisch auch diskriminierend. All diese alltäglichen Auffassungen von Diskriminierung sind nicht besonders hilfreich, wenn wir uns mit Rassismus beschäftigen wollen. Denn tatsächlich können nicht alle Menschen gleichermaßen diskriminieren und diskriminiert werden. So wie der Begriff Diskriminierung im Alltag meistens verwendet wird, scheint es aber so. Er bezieht sich nur auf die individuelle Interaktion. Über die individuelle Ebene geht er dann nicht hinaus. Bei Diskriminierung geht es aber genau darum. Die individuelle diskriminierende Handlung ist mit viel mehr verbunden als dem Geschehen in der einzelnen Situation. Sie bedeutet immer eine Ausübung von struktureller Macht, die aus sozialen Verhältnissen resultiert. Sie dient dazu, Herrschaftsinteressen durchzusetzen. Denn die individuelle Diskriminierung stützt diskriminierende soziale Strukturen, die wiederum zu struktureller Ungleichheit führen. Diskriminierung bezeichnet demnach, dass diskriminierende Praxen auf individueller, institutioneller und struktureller Ebene ineinandergreifen.

Diskriminierung wirkt also auf unterschiedlichen sozialen Ebenen. Auf der individuellen Ebene prägt sie unser Fühlen, Denken und Handeln. So ist sie Teil unseres zwischenmenschlichen Miteinanders. Gleichzeitig wirkt Diskriminierung in Institutionen. Hier äußert sie sich auch noch jenseits des individuellen Handelns von Menschen. Es gibt sie hier ebenfalls in bewährten Routinen, Maßnahmen und Verfahrensweisen von Organisationen. Diskriminierung manifestiert sich zudem in gesellschaftlich geteiltem Wissen. Dazu gehören zum Beispiel Vorstellungen davon, was als ›normal‹ und was als ›anders‹ und ›fremd‹ gilt. In diesem Zusammenhang sind auch Vorurteile ganz relevant. All das zusammengenommen bewirkt wiederum, dass Individuen und soziale Gruppen in der Gesellschaft ungleiche Teilhabechancen haben. Konkret bedeutet das, dass nicht alle Menschen den gleichen Zugang zum Beispiel zu Bildung, Gesundheitsversorgung, Arbeit oder den Ausbildungs- und Wohnungsmarkt haben. Hier wird Diskriminierung strukturell erfahrbar. Die einzelne Diskriminierung, egal wie klein und beiläufig sie vielleicht ist, ist also problematisch, nicht allein, weil sie unfair oder beleidigend sein mag, sondern weil sie mit einem System verbunden ist, das für Menschen ungleiche Lebenschancen festlegt und dazu beiträgt, dieses System aufrechtzuerhalten. Wenn Diskriminierung so verstanden wird, dann wird von ›struktureller Diskriminierung‹ gesprochen.

Für das Sprechen über Diskriminierung finde ich den Ausdruck ›strukturelle Diskriminierung‹ sehr hilfreich. Mit dem Adjektiv ›strukturell‹ vor ›Diskriminierung‹ kann ich ausdrücken, dass ich mit Diskriminierung eben nicht unfaire Situationen wie das Wegschnappen des letzten Kuchenstücks am Buffet oder ein beleidigendes Verhalten meine. Ich kann sprachlich ausdrücken, dass es mir um ein komplexes gesamtgesellschaftliches Machtsystem geht bzw. darum, wie eine bestimmte einzelne Handlung darin verstrickt ist. So sind Missverständnisse möglicherweise vermeidbar und andere können eher nachvollziehen, worum es mir geht. Die Herausforderung bleibt jedoch, dass mein Gegenüber vielleicht nicht versteht, was mit struktureller Diskriminierung gemeint ist. Denn meiner Erfahrung nach wissen das die meisten von uns leider nicht. Haben wir das jedoch untereinander – mit der notwendigen Zeit und Ruhe – einmal geklärt, kann der Begriff ›strukturelle Diskriminierung‹ sehr nützlich sein, um sich von anderen gängigen Assoziationen, die mit dem Begriff Diskriminierung verbunden sind, abzugrenzen und ein gutes Gespräch über Diskriminierung zu führen.

Diskriminierung ist also ein großer, vielschichtiger Begriff. Vieles gehört dazu. In wissenschaftlichen Texten wird oft im Plural von Diskriminierungen gesprochen. Denn es gibt viele verschiedene Formen von Diskriminierung, die ich hier nur beispielhaft benennen will. Dazu gehört Ableismus, die Diskriminierung von Menschen mit Behinderung. Eine andere Form von Diskriminierung ist Klassismus, die Diskriminierung hinsichtlich der sozialen Herkunft. Genauso gehört Sexismus dazu. Das ist selbst wiederum ein großer Begriff. Unter ihn fallen neben der Diskriminierung von Frauen, Mädchen und nichtbinären Menschen auch Trans- und Homofeindlichkeit. Dann gibt es noch Ageism, die Diskriminierung von alten Menschen, und Adultismus, die Diskriminierung von Kindern und jungen Menschen. Und schließlich zählt zu den verschiedenen Diskriminierungsformen Rassismus, der also eine Form von Diskriminierung neben anderen darstellt.

Alle Formen von Diskriminierung haben einiges gemeinsam. Sie unterteilen Menschen in soziale Gruppen. Die Gruppeneinteilung geschieht anhand willkürlich gewählter Merkmale, wie beispielsweise der sexuellen Orientierung. Allen Menschen, die eine bestimmte Ausprägung des Merkmals aufweisen oder vermeintlich aufweisen, werden bestimmte Wesenszüge zugeschrieben. Entscheidend dabei ist nun, dass dies immer mit Bewertungen verbunden ist. Mit den Vorurteilen über die sozialen Gruppen werden diese entweder auf- oder abgewertet. Diese Kategorisierungen und Wertungen werden vorgenommen, um die reale Ungleichbehandlung der sozialen Gruppen samt den aus ihr folgenden gesellschaftlichen Benachteiligungen herzustellen und zu rechtfertigen. Deshalb lautet die aus dem Bereich der Forschung stammende Kurzdefinition von Diskriminierung auch: Diskriminierung ist die Verbindung von Vorurteilen mit struktureller Macht.

Die Begriffe ›Vorurteil‹ und ›Diskriminierung‹ meinen also nicht das Gleiche. Es gibt nämlich auch viele Vorurteile, die nicht mit gesellschaftlicher Macht verknüpft sind, wie sie eben für Diskriminierung relevant ist. Zwei solche Vorurteile sind zum Beispiel: ›Alle Einwohner*innen Bayerns tragen Lederhosen und Dirndl‹ oder ›Kleingärtner*innen sind spießig‹. Das mögen viele Menschen glauben. Doch es ist nicht so, dass alle Einwohner*innen Bayerns oder alle Kleingärtner*innen als soziale Gruppen unter anderem aufgrund dieser Vorurteile weniger soziale Teilhabechancen haben als der Rest der Bevölkerung in Deutschland. Das Vorurteil verbleibt hier auf der individuellen Ebene. Es ist nicht mit der institutionellen und der strukturellen Ebene verbunden, mit denen die Macht ins Spiel kommt. Im Gegensatz dazu sind diskriminierende Vorurteile grundsätzlich mit diesen zwei Ebenen verbunden. Sie dienen immer dazu, die Gruppe, über die das Vorurteil existiert, abzuwerten und so ihre institutionelle und strukturelle Ausgrenzung zu legitimieren. So kann zum Beispiel das sexistische Vorurteil, Frauen seien fürsorglich, verständnisvoll und emotional, in Verbindung mit der Unterrepräsentation von Frauen in Führungspositionen gebracht werden. Denn damit werden Frauen ›härtere‹ Führungseigenschaften abgesprochen, die wiederum mit vermeintlich männlichen Eigenschaften, wie ehrgeizig, kraftvoll und durchsetzungsstark, verbunden werden.

Die Begriffe ›Vorurteile‹ und ›Diskriminierung‹ dürfen also nicht verwechselt werden. Vorurteile sind nicht per se diskriminierend. Sie sind außerdem lebensnotwendig, weshalb wir sie alle haben. Vorurteile helfen uns, Informationen in der komplexen Welt zu verarbeiten. Wir stecken Menschen bedauerlicherweise häufig in Schubladen, um uns im Alltag zurechtzufinden und unser Verhalten diesen Menschen gegenüber zu legitimieren. Ein Teil unserer Vorurteile ist problematisch, weil sie gleichzeitig diskriminierend sind. Solche diskriminierenden Vorurteile beziehen sich immer wertend auf vermeintliche Eigenschaften von sozialen Gruppen, die strukturelle Diskriminierung erfahren, und müssen mit dieser strukturellen Diskriminierung im Zusammenhang betrachtet werden.

»Und wo fängt das Ganze an?«

In meinen Workshops werde ich immer und immer wieder gefragt: »Wo fängt Diskriminierung an?« »Woher weiß ich, ob etwas nur beleidigend war oder schon diskriminierend ist?« Auch hier hilft uns ein Blick darauf weiter, wie die individuelle, institutionelle und strukturelle Ebene von Diskriminierung ineinandergreifen. Eine Beleidigung, Erniedrigung oder Abwertung ist diskriminierend, wenn sie sich auf ein Identitätsmerkmal bezieht, aufgrund dessen Menschen und Gruppen strukturelle Diskriminierungserfahrungen machen. Wenn also eine Person beleidigt wird, weil sie zum Beispiel weiblich, homosexuell, alt, behindert oder BIPoC ist, dann handelt es sich um eine Diskriminierung. Wenn bei einer Beleidigung solche Identitätsmerkmale, wegen der Menschen Diskriminierungserfahrungen machen, wiederum keine Rolle spielen, dann nicht. Solche Herabwürdigungen können aber trotzdem verletzend und belastend sein. Wenn sie über einen längeren Zeitraum andauern, können sie als psychische Gewalt schwere seelische Verletzungen bei den Betroffenen hervorrufen. Wenn mich jemand unabhängig von meiner sozialen Position ›Arschloch‹ nennt, betrifft mich das und es wühlt mich auf. Es hat aber nicht das politische Ausmaß wie eine diskriminierende Beleidigung. Es geht hier also nicht darum, eine Erfahrung im Sinne von ›schlimmer oder nicht schlimmer‹ für die betroffene Person zu bewerten, sondern um besagte begriffliche Klarheit, die wir brauchen, um Diskriminierung analysescharf und effektiv zu begegnen.

Für diskriminierende Handlungen gilt, anders als für nicht-diskriminierende Herabsetzungen, dass sie nicht nur ein direktes Opfer haben, sondern sich indirekt auch gegen alle Menschen richten, die über das gleiche (zugeschriebene) Merkmal verfügen wie die diskriminierte Person. Mit diesen Handlungen wird ein gesellschaftliches System gestützt, das alle Menschen mit diesem (zugeschriebenen) Merkmal benachteiligt. Die Sexismuserfahrung einer anderen Frau zum Beispiel bekräftigt ein System, das auch mich als Frau sowie alle anderen Frauen unterdrückt. Theoretisch ist also gut differenzierbar, wie sich Diskriminierungen von nichtdiskriminierenden Ausgrenzungen und Herabsetzungen unterscheiden. Praktisch ist es häufig trotzdem nicht leicht, eine Situation genau einzuordnen. Nicht immer tritt eine diskriminierende Handlung gleich deutlich erkennbar hervor. Wenn mich eine Person als ›Drecksfotze‹ beschimpft, handelt es sich offensichtlich um eine sexistische Beleidigung. Der Ausdruck greift Geschlechtsidentität unmissverständlich auf. Wenn mir eine Person hingegen den Mittelfinger zeigt, kann das ein sexistischer Umgang sein oder nicht. Das hängt dann davon ab, ob ich beleidigt werde, weil ich eine Frau bin oder nicht. Wenn eine Diskriminierung das Gewand einer möglichen individuellen Beleidigung trägt, kann es deshalb schwierig sein, eine diskriminierende Handlung nachzuweisen.

Für uns alle relevant, aber nicht auf die gleiche Weise

Noch ein letzter Punkt zu Diskriminierung allgemein, bevor wir zu Rassismus kommen. Denn das Folgende wird später noch wichtig sein und ist für *Weiß*-Sein ohnehin vermutlich das Relevanteste: Diskriminierung prägt die Lebenserfahrungen von uns allen. Hiervon ist niemand ausgenommen. Jede Form von Diskriminierung berührt uns alle, allerdings nicht auf die gleiche Weise. Jede Form von Diskriminierung bewirkt, dass es eine bevorteilte soziale Gruppe und eine benachteiligte soziale Gruppe im Zusammenhang mit dieser Diskriminierungsform gibt. Diese zwei Seiten von Diskriminierung beziehen sich immer aufeinander. Die eine soziale Gruppe wird bevorteilt, *weil* eine andere soziale Gruppe benachteiligt wird. Jede*r von uns erlebt im Hinblick auf jede Diskriminierungsform also entweder Vorteile oder Nachteile in der Gesellschaft. Mit Blick auf unsere individuelle Identität stellt sich also lediglich die Frage, zu welcher Gruppe wir jeweils gehören. Meistens fällt es uns einfacher, unsere Zugehörigkeiten zu benachteiligten sozialen Gruppen wahrzunehmen als unsere Zugehörigkeiten zu privilegierten Gruppen. Das ist kein Wunder. Wenn wir Diskriminierung selbst erfahren, sind wir sensibler für die mit ihr verbundenen Ausschlüsse, weil wir sie mit allen ihren Herausforderungen selbst erleben.

In der Forschung wird von Privilegierung und Deprivilegierung gesprochen, um diese zwei Seiten von Diskriminierung zu beschreiben. Auch wenn die Begriffe technisch klingen, eignen sie sich doch sehr gut für ein Sprechen über Diskriminierung, das möglichst unmissverständlich ist. Wenn ich sage »Ich nehme hier eine strukturelle Diskriminierung wahr, weil diese Entscheidung *Weiße* privilegiert und BIPoC deprivilegiert«, ist das etwas ganz anderes als zu sagen: »Ich finde das unfair, weil das Max bevorteilt.« Sicherlich kann es sein, dass ich beide Male an strukturelle Diskriminierung denke und sie meine. Doch dass das mit der zweiten Formulierung auch so bei anderen ankommt, ist unwahrscheinlich. Wir denken meistens eben nicht an soziale Machtverhältnisse, wenn wir individuelle Ausschlüsse beobachten. Wenn wir aber untereinander ein strukturelles Diskriminierungsverständnis zugrunde gelegt haben und dann von Privilegien oder einer Deprivilegierung sprechen, ist im besten Fall allen automatisch klar, worüber wir sprechen.

Achte einmal darauf, wo du in der nächsten Zeit die Begriffe ›Diskriminierung‹ und ›Rassismus‹ hörst oder liest. Was wird dann genau darunter verstanden? Werden damit gesamtgesellschaftliche Macht- und Ungleichheitsverhältnisse gemeint? Oder werden die Ausdrücke anders ausgelegt und wenn ja, wie?

Reflexionsfragen

1. Was hast du bisher unter ›Diskriminierung‹ verstanden?
2. Was war in dem Abschnitt interessant und neu für dich?
3. Gibt es andere Diskriminierungsformen als Rassismus, mit denen du dich schon tiefer beschäftigt hast? Was war der Auslöser hierfür?
4. Wie definierst du deine eigene Identität im Hinblick auf Diskriminierung, z.B. Sexismus, Ableismus, Klassismus, Adultismus oder Ageismus? Welche Formen von Diskriminierung erlebst du selbst? Im Hinblick auf welche Formen von Diskriminierung befindest du dich auf der privilegierten Seite?

Rassismus – eine Form von Diskriminierung

Rassismus ist also *eine* Form von struktureller Diskriminierung. Das ist heute in der Forschung Konsens, also wissenschaftlich unstrittig. Die Krux ist nun, dass im Alltag mit Rassismus überwiegend gerade kein strukturelles Phänomen gemeint wird, weil es an einem Verständnis der strukturellen Dimension von Diskriminierung hapert. Dieses Problem zieht sich durch den Umgang mit allen Formen von Diskriminierung, und so bleibt vieles unberücksichtigt, was tatsächlich elementar ist, um Rassismus zu verstehen und letztendlich erfolgreich rassismuskritisch handeln zu können.

Im Alltag wird Rassismus überwiegend als Ausnahmeerscheinung betrachtet. Viele denken bei Rassismus an Hass, gewalttätige Übergriffe und Anschläge auf Unterkünfte für geflüchtete Menschen. Also an Einzelfälle. Demnach geht Rassismus von Einzeltäter*innen aus und alle, die rassistisch handeln, tun dies absichtlich und teilen menschenverachtende Ansichten. Auch wenn Rassismus in politischen Talkshows und Film- und Radiobeiträgen durchaus thematisiert wird, so wird er doch oft auf eine mehr oder weniger große Randerscheinung reduziert. Rassistisch sind die ›anderen‹, diejenigen, die die AfD oder andere rechtspopulistische Parteien wählen. Auch dann wird Rassismus auf eine bewusste persönliche Einstellung reduziert – und das nicht selten mit vollem Einsatz. Als z.B. kürzlich in den Medien die Debatte um rassistische Repräsentationen in den Winnetou Erzählungen Karl Mays aufflammte, schrieb die *weiße* Politikerin und ehemalige Bundesjustizministerin Sabine Leutheusser-Schnarrenberger auf Twitter: »Ich finde diese #Winnetou Debatte einfach nur grauenvoll […] Ich habe 45 Karl May Bücher gelesen. Und bin weder Rassistin noch Anhängerin des Kolonialismus.«[1] Mittlerweile haben fast 9.000 Personen diese Nachricht geliked. ›Rassistisch? Ich doch nicht!‹, ist das, was am lautesten aus der ohnehin nur sporadisch breiter geführten Diskussion über Rassismus in Deutschland herausschallt. Nicht zuletzt tragen die immer wieder aufkommenden Berichterstattungen zu Rassismus in den USA dazu bei, dass viele Menschen Rassismus als ein Problem anderenorts wahrnehmen, das Deutschland kaum oder gar nicht betrifft. Mittlerweile gibt es zu diesen verbreiteten verkürzten Sichtweisen auf Rassismus sogar Daten. 2022 erschien die erste Studie, die umfassend analysiert, wie die Menschen in Deutschland Rassismus wahrnehmen. Sie trägt den vielsagenden Titel *Rassistische Re-*

alitäten. Für die repräsentative Umfrage wurden rund 5.000 Menschen befragt. Herausgekommen ist dabei, dass 60% der Bevölkerung der Aussage zustimmen, dass Rassismus in erster Linie von Rechtsextremen ausgeht. Mehr als ein Drittel (35%) verortet ihn vor allem in den USA.[2]

Indem Rassismus sowohl sozial als auch räumlich externalisiert wird, ist er für viele Menschen genau eines nicht, nämlich ein Problem in Deutschland, das uns alle etwas angeht. Diese Ansicht hält sich hartnäckig, obwohl BIPoC auf vielfältige Weise genauso wie die Forschung nicht erst seit gestern anderes aufzeigen. Und ja, vor allem in den letzten Jahren hat sich etwas getan. Nach dem rassistischen Mord an George Floyd in den USA im Jahr 2020 weitete sich die internationale *Black-Lives-Matter*-Bewegung auch nach Deutschland aus. Noch nie gab es so viele neue Bücher, Podcasts, Videos und Interviews dazu, wie Rassismus funktioniert, wie seitdem. Viele davon auch noch kostenfrei und nur einen Klick entfernt. Noch nie wurde in Deutschland über Rassismus so viel gesprochen wie in jüngster Vergangenheit. Betonung auf Vergangenheit. Denn die breite Aufmerksamkeit, die das Thema Rassismus vor Kurzem erhalten hat, ist mittlerweile auch schon wieder Geschichte. Und wir müssen ehrlich zu uns sein, sie hat bei vielen Bürger*innen keine breite Wirkung hinterlassen. Das hat ganz sicher auch damit zu tun, dass viele Rassismus immer noch nicht richtig verstanden haben.

Dass Rassismus bis heute von vielen verengt als eine Randerscheinung verstanden wird, ist kein Zufall. So wie Rassismus herkömmlich ausgelegt wird, ist es schwierig, sich seiner umfassenden Wirkweise bewusst zu werden. Rassismus erscheint den meisten *Weißen* für sich selbst nicht relevant. Und wenn ich dieser Auffassung bin, dass Rassismus für mich nicht bedeutsam ist, warum sollte ich mich dann dazu informieren und weiterbilden? So beißt sich die Katze in den Schwanz. Das gängige Rassismusverständnis ist mit dafür verantwortlich, dass Rassismus weiter existiert. Was als Problem wahrgenommen wird, ist immer Ausdruck bestehender gesellschaftlicher Normen. Und wir leben in einer rassistischen Gesellschaft, in der struktureller Rassismus nicht ein Problem sein darf, das *Weiße* angeht, sondern unerkannt fortbestehen soll.

Selbstverständlich gibt es auch bewussten Rassismus. Die NSU-Morde und die Anschläge in Hanau, Chemnitz und Halle sind die noch bekannteren Beispiele hierfür. Vorsätzlicher Rassismus ist aber keine Ausnahme, wie es viele meinen. In Deutschland sind Rechtsextremismus und offene rassistische Gewalt, die auf dem Glauben der Höherwertigkeit *weißer* Menschen aufbauen, allgegenwärtig. Rund 22.000 Angriffe von rechts pro Jahr zeigen das. Das bedeutet, dass im Schnitt alle 24 Minuten solch eine rechte Straftat geschieht.[3] Der absichtsvolle Rassismus stellt wiederum nur die Spitze des Eisbergs dar. Rassismus umfasst noch viel mehr. So wichtig und unverzichtbar die Bekämpfung von Rechtsradikalismus auch ist, muss rassismuskritisches Handeln doch noch mehr umfassen. Zudem machen BIPoC nicht alle dieselben Rassismuserfahrungen. Es gibt unterschiedliche Formen von Rassismus. In der Forschung wird deshalb manchmal auch im Plural von Rassismen gesprochen. Eine Form ist zum Beispiel antimuslimischer Rassismus, der sich gegen Menschen richtet, die als muslimisch wahrgenommen werden. Andere Formen sind Gadjé-Rassismus, von dem Sint*izze und Rom*nja betroffen sind, und Anti-Asiatischer-Rassismus, den Menschen erleben, die als asiatisch gelesen werden. Dann gibt es noch Anti-Schwarzer Rassismus, der auch als Kolonialrassismus bezeichnet wird, weil seine Anfänge in der Kolonialzeit liegen. Damit betrifft Rassismus viele Menschen und soziale Gruppen und das in Teilen auch unterschiedlich. Die Studie *Rassistische Realitäten* kommt zu dem Ergebnis, dass mehr als ein Fünftel der Bevölkerung direkt von Rassismus betroffen ist. Noch viel mehr Menschen kommen mit Rassismus in Berührung. Fast jede*r Zweite der im Rahmen der Untersuchung Befragten gibt an, eine BIPoC Person zu kennen, die von rassistischen Erfahrungen erzählt hat. Fast genauso viele haben schon einmal einen rassistischen Vorfall beobachtet.[4] Rassismus ist also keine Ausnahme, sondern die Regel. Auch deshalb, weil wir ihn sehr oft gar nicht erkennen.

Absicht ist nicht immer die Seele der Tat

Rassismus schlägt sich in allen Bereichen des vielfältigen alltäglichen Lebens nieder. Er hat viele Facetten. Er steckt zum Beispiel in Sprache und Kommunikation. Relevant sind dabei keinesfalls nur Begrifflichkeiten, wie der massenmediale Diskurs regelmäßig suggeriert. Rassismus kann schon in Blicken und Gesten zum Ausdruck kommen. Häufig passiert er alles andere als bewusst. Dann baut er auf tief verinnerlichten Denk- und Handlungsweisen auf, die meistens schon im Kindesalter erlernt wurden und uns ganz normal vorkommen. Weil Rassismus so tief darin verwurzelt ist, wie wir uns selbst, andere und die Welt wahrnehmen, passieren die meisten rassistischen Handlungen unbewusst. Sehr oft ist deshalb auch keine böse Absicht im Spiel. Die meisten von uns nehmen schlichtweg nicht wahr, inwiefern viele unserer Handlungen rassistisch wirken. Ich bin mir sicher, dass, wenn wir alle darum wissen würden, viele anders handeln würden. Ich habe so viele Menschen bei ihren Lernprozessen begleitet, die rückblickend bestürzt über ihr eigenes früheres Handeln waren und mittlerweile viele Dinge geändert haben.

Den meisten von uns ist nicht klar, dass wir auch rassistisch handeln können, wenn wir keine schlechten Absichten haben. Egal wie konstruktiv man es auch verpackt, wenn Feedback zu rassistischem Verhalten geäußert wird, wird normalerweise so reagiert: »Das war nicht so gemeint«. So als wäre die Sache damit erledigt. Keine böse Absicht, also Schwamm drüber und jetzt bitte weiter im Protokoll. Die dahinterstehende ›Logik‹ lautet: Weil es nicht rassistisch gemeint war, kann es auch nicht problematisch, ergo rassistisch gewesen sein. Auf diese Weise lebt sich das weit verbreitete verkürzte Verständnis von Rassismus als vorsätzliches Handeln in unserer Sprache und in unserem Umgang aus. Und ignoriert wird, dass die einzelne rassistische Handlung als eine Äußerung von Diskriminierung an ein System eines strukturellen Herrschafts- und Unterdrückungsverhältnisses gebunden ist, ob ich das will oder nicht. Rassistische Begriffe, Kommentare oder Witze sind rassistisch, weil sie rassistische Denkweisen weitertransportieren, weil sie BIPoC als soziale Gruppe herabwürdigen und *Weiße* aufwerten und weil diese Denkweisen die real bestehende strukturelle Benachteiligung von BIPoC aufrechterhalten. Eine solche Wirkung kann sich auch völlig unabhängig von der Absicht entfalten.

Um beim Beispiel Sprache zu bleiben: Ob eine bestimmte Aussage eine rassistische Botschaft enthält oder nicht, darauf habe ich keinen Einfluss. Ich kann nicht individuell frei entscheiden, mit welchen Bedeutungen die Wörter, die ich benutze, aufgeladen sind. Dahinter stehen sozial geteilte Wissensbestände, in denen sich die gesellschaftlichen Verhältnisse spiegeln. Zudem ist Sprache nicht nur Abbild der Welt. Sie wirkt zugleich immer in die Gesellschaft samt ihren Machtstrukturen hinein. Wenn tatsächlich nur die Absicht darüber entscheiden würde, ob eine Aussage rassistisch ist, dann könnten wir uns die auch immer wieder medial geführte Diskussion über Sprache und Rassismus komplett ersparen. Sie wäre dann überflüssig. Rassismus wäre dann lediglich ein beliebiges Handeln ohne jeglichen sozialen Bezugsrahmen. Das ist natürlich Unsinn, schon allein deshalb, weil es ein solches sozial losgelöstes menschliches Handeln nicht gibt.

Wenn wir eine Person auf rassistisches Verhalten hinweisen und sie »Das war nicht meine Absicht« erwidert, dann liefert uns das also eine wichtige Information. Es zeigt an, dass ihr höchstwahrscheinlich die strukturelle Dimension von Rassismus nicht bewusst ist. Im Weiteren reden wir dann sehr wahrscheinlich aneinander vorbei, weil wir unter Rassismus verschiedene Dinge verstehen. Dann hilft es auch nicht viel, wenn wir fix erklären, dass wir eigentlich strukturellen Rassismus meinen. Niemand kann innerhalb eines einzigen Gespräches ein komplexes strukturelles Rassismusverständnis entwickeln und das dann auch noch problemlos auf etwas gerade Geschehenes übertragen. Leider. Ich selbst habe Jahre gebraucht, um zu verstehen, inwiefern ganz alltägliche kleine Erfahrungen Teile eines großen überindividuellen Herrschaftssystems darstellen. Ich weiß, dass ich von anderen *Weißen* nicht erwarten kann, Rassismus von jetzt auf gleich erkennen zu können, weil ich das selbst nie gekonnt hätte. Umso wichtiger ist es, dass wir akzeptieren, was Kritiker*innen des Rassismus mittlerweile fast in jedem zweiten Satz erklären. Das können wir hier kurz und knapp als Merksatz so festhalten: Ausschlaggebend dafür, ob eine Handlung rassistisch ist oder nicht, ist nicht die Absicht, sondern wie die (Sprach-)Handlung wirkt. Dabei geht es um die Wirkungen in Bezug auf das umfassende System Rassismus genauso wie um die ganz konkreten Effekte für einzelne betroffene Personen. Wie eine betroffene Person damit umgeht, insbesondere nach außen hin, ist dann noch einmal etwas ganz anderes. Zum Beispiel ist es ja theoretisch möglich, dass eine Person mit Rassismuserfahrung bei einem rassistischen Witz mitlacht. Das macht aber den Witz nicht weniger rassistisch.

»Wir Deutschen sind *weiß*« aka »Woher kommst du?«

Ich sprach davon, dass es häufig passiert, dass wir beim Thema Rassismus aneinander vorbeireden, weil viele Rassismus auf absichtsvolles bewusstes Handeln reduzieren. Dafür möchte ich noch ein Beispiel geben: die ›Woher kommst du?‹-Frage, die *Weiße* an BIPoC richten, ohne die Person überhaupt näher kennengelernt zu haben. Die Frage ist ein mittlerweile vergleichsweise häufig diskutiertes Beispiel dafür, wie sich Rassismus in Deutschland sprachlich ausdrückt. Doch viele verstehen ihre

Problematik immer noch nicht. Kaum einer meiner Workshops vergeht, ohne dass Teilnehmende die ›Woher kommst du?‹-Frage als Beispiel anbringen. Meistens wird dann gesagt, es handle sich bei der Frage doch nur um ein ehrliches Interesse am Gegenüber. Um Neugierde. Diese Sichtweise wird auffällig vehement verteidigt. Nicht selten wird völlig empört reagiert, wenn ich die Frage als Beispiel von Rassismus einordne. Denn es ist genau diese Neugierde, die bereits in Rassismus verstrickt ist. Das heißt, die Neugierde mag da sein, aber hinter ihr steckt eben noch mehr.

Die ›Woher kommst du?‹-Frage macht nur Sinn, wenn davon ausgegangen wird, dass die befragte Person nicht aus Deutschland kommen kann. Antwortet die Person z.B. »Oldenburg«, dann wird nachgehakt und sie muss hören: »Nein, ich meine, woher kommst du wirklich?« Und hier liegt das Problem: In der Frage drückt sich die in Deutschland hartnäckig anhaltende Annahme aus, dass Deutsche *weiß* sind und BIPoC deshalb nicht deutsch sein können. Mit anderen Worten: Wenn wir eine BIPoC Person fragen, »Woher kommst du?«, dann sprechen wir ihr, genauso wie allen anderen BIPoC, ab, deutsch zu sein. Eigentlich fragen wir: »Aus welchem anderen Land kommst du?«, wobei zum Beispiel bei Schwarzen Personen als Antwort ein afrikanisches Land erwartet wird. Wir kommunizieren also zwischen den Zeilen: »Du gehörst nicht zu uns. Du bist anders.« Das ›Wir‹ und Deutsch-Sein verknüpfen wir gleichzeitig mit *Weiß*-Sein. Und heraus kommt die Botschaft: »Wir Deutschen sind *weiß*.« Deshalb stellen wir *Weiße* uns die Frage auch nicht untereinander auf diese Weise und als erstes, wenn wir eine neue *weiße* Person treffen – so wie es BIPoC immer wieder von uns erleben.

Natürlich gibt es in Deutschland viele BIPoC, die in Deutschland nicht zu Hause sind. Das gilt aber genauso für viele *Weiße*, die hier Urlaub machen, auf Geschäftsreise sind oder sich aus welchem Grund auch immer übergangsweise in Deutschland aufhalten. Und wenn ich eine Person neu kennenlerne und im Laufe des Gesprächs stellt sich dann heraus, dass sie nicht aus Deutschland kommt, und ich dann neugierig werde, wo sie herkommt, dann ist das natürlich nachvollziehbar. Die ›Woher kommst du?‹-Frage ist problematisch, weil BIPoC diese Frage ständig hören müssen, und zwar unabhängig davon, ob sie eine deutsche Staatsbürger*innenschaft besitzen und ob Deutschland ihr Zuhause ist oder nicht. Wir stellen die Frage, ohne zu wissen, ob die Person überhaupt woanders herkommt oder nicht. Damit kommunizieren wir, dass BIPoC nicht zum Deutschen gehören. Und selbst wenn die Person tatsächlich schon woanders gelebt haben sollte, reiht sich die Frage in tagtägliche Erfahrungen von rassistischen Fremdzuschreibungen ein. Wir stellen sie Menschen, die bereits in ihrem Alltag immer wieder erleben, dass ihnen die Zugehörigkeit in Deutschland abgesprochen wird. Ein PoC Freund von mir antwortete neulich, als er die ›Woher kommst du?‹-Frage mal wieder hören musste, schlicht: »Also eigentlich bin ich hier zu Hause«. Er ist in Ägypten geboren, aber lebt schon seit über 30 Jahren in Deutschland, spricht perfekt Deutsch und besitzt einen deutschen Pass. Doch seine Zugehörigkeit zu Deutschland wird ihm unter anderem mit der ›Woher kommst du?‹-Frage immer wieder abgesprochen, und zwar einzig und allein, weil er PoC ist. Mit der ›Woher kommst du?‹-Frage mag vielleicht keine böse Absicht verbunden sein. Trotzdem werden mit ihr rassistische Denkweisen wiederholt (›Deutsche sind *weiß*‹) und Fremdzuschreibungen vorgenommen, die für BIPoC eine Rassismuserfahrung darstellen.

»Ich werde wegen meines Dialekts auch immer wieder gefragt, woher ich komme!«, so lautet an dieser Stelle manchmal ein – nennen wir es – Einwand *weißer* Teilnehmender in meinen Workshops. Diese Erfahrung will ich nicht bestreiten. Ich kenne sie außerdem selbst. Wegen meines norddeutschen Akzents werde ich oft gefragt, woher ich komme. Wobei die Frage dann meistens eher direkt lautet: »Kommst du aus dem Norden?«, weil eben genau das angenommen wird. Das ist in diesem Fall aber kein Ausdruck der strukturellen Diskriminierung von *Weißen* oder aller Menschen aus Norddeutschland. Beides gibt es nämlich nicht. Das Ganze ist also keine vergleichbare Erfahrung zur ›Woher kommst du‹-Frage, die an BIPoC gerichtet ist. Als *Weiße* werden wir nicht gefragt, woher wir kommen, weil andere davon ausgehen, dass es einzig und allein aufgrund unseres *Weiß*-Seins das Ausland sein muss.

Der Umgang mit der ›Woher kommst du?‹-Frage, den ich in meinen Veranstaltungen regelmäßig erlebe, sagt für mich viel darüber aus, wie Rassismus in Deutschland funktioniert: Die meisten Menschen kennen die komplexe Wirkweise von Rassismus nicht. Sie nehmen nicht wahr, wie eigene verinnerlichte Denk- und Handlungsweisen, Selbst- und Fremdbilder sowie Sprache mit Rassismus verbunden sind. Wenn dann der Hinweis darauf kommt, dass bisher mit gutem Gewissen verwendete Ausdrücke und Formulierungen problematisch sind, kann das unangenehm sein. Es kann Scham- und Schuldgefühle auslösen. Deshalb wird mit Abwehr reagiert. Viele verspüren dann auch einen ›Rassismusvorwurf‹, den sie nicht hinnehmen möchten. Denn viele verstehen Rassismus eben so, wie er im Alltag ausgelegt wird, nämlich als das bewusste und absichtsvolle Handeln überzeugter Rassist*innen. Bei einer solchen Sicht auf Rassismus kommt es einer beleidigenden Anschuldigung gleich, wenn auf eigenes rassistisches Handeln hingewiesen wird. Was bei vielen ankommt, ist: ›Du bist ein schlechter Mensch‹. Wer will sich das schon sagen lassen?

In einem Workshop erklärte eine Teilnehmerin einmal, sie habe »höllische Angst davor, auf eigenes rassistisches Verhalten hingewiesen zu werden«. Was denn so ein Hinweis bei ihr auslöse, habe ich sie gefragt. Was sie dann fühle? Sie sagte, sie fühle sich dann zurückgewiesen und ungemocht. Genauso wenig wie wir uns von heute auf morgen ein strukturelles Rassismusverständnis aneignen können, können wir das, was wir bisher unter Rassismus verstanden haben, auf die Schnelle verlernen. Das Ganze ist nicht einfach in einem Tages-Workshop oder durch das Mitlaufen auf Protesten gegen Rassismus ablegbar. Ich nehme an, dass viele *Weiße* in meinen Veranstaltungen auch zum Ende noch denken, ich würde ihnen unterstellen, absichtlich rassistisch zu handeln. »Ich lass mir von Ihnen keinen Rassismus andichten«, ließ mich ein Teilnehmer neulich am Ende des gemeinsamen Tages wissen. Ich kann erklären, dass Rassismus auch unabsichtlich passieren kann. So sehr ich mich bemühe, häufig scheint das einfach nicht durchzudringen. Dass Rassismus nur vorsätzlich passiert, ist eine tief verinnerlichte Vorstellung. Deshalb kann ich die Empörung, die ich in meinen Workshops immer wieder erlebe, tatsächlich auch gut nachvollziehen. Denn wenn mir jemand ernsthaft vorwerfen würde, bewusst und intentional rassistisch zu handeln, würde ich mich ebenso dagegen wehren. Wahrscheinlich würde ich ähnlich betroffen und wütend reagieren. Nur meine ich genau das nicht. Mir geht es nicht darum, *Weiße* des bewussten Rassismus zu beschuldigen oder *Weiße* insgesamt als schlechte Menschen darzustellen. Leider wird rassismuskritischen Ansätzen genau das immer wieder unterstellt. Dabei tun sie das nicht. Im Gegenteil. Rassismuskritik ist uns *Weißen* gegenüber wohlwollend und gütig eingestellt. Sie will unser Bestes, denn wir können so viel durch rassismuskritisches Handeln gewinnen. Um das erkennen zu können, müssen wir nur verstehen, wie Rassismus funktioniert und uns alle beeinflusst.

Lass auch uns in diesem Sinne nun einen Schritt weiter gehen. Das mache ich auch in meinen Workshops, wenn wir bei der ›Woher kommst du?‹-Frage einmal nicht gemeinsam weiterkommen. Dann bitte ich die Teilnehmenden, erst einmal gemeinsam um den Aspekt eine Klammer zu machen, erst einmal gemeinsam weiterzuarbeiten und später noch einmal darauf zurückzukommen. Denn meistens fangen wir gerade erst an, uns mit Rassismus zu beschäftigen. Ich habe schon oft erlebt, dass, wenn wir dann später wieder auf das Thema zurückkommen, einige Teilnehmende offener für eine neue Perspektive auf die Frage sind. Das ist keinesfalls immer so, aber zeigt mir doch, dass es sinnvoll sein kann, erst einmal auf anderen Pfaden voranzuschreiten, wenn sich Personen in einem Moment für neue Sichtweisen auf einen konkreten Aspekt komplett verschließen. Solche Pfade sind die Beschäftigung mit institutionellem Rassismus, mit der Geschichte des Rassismus und mit *Othering*. All das braucht es, um Rassismus zu begreifen und um damit letztendlich auch die Kritik an der ›Woher kommst du?‹-Frage besser zu verstehen.

Vergangenheit in der Gegenwart

Im Ernst, was weißt du über die Geschichte des Rassismus? Bitte überleg einmal für dich:

1. Was könntest du alles spontan dazu erzählen?
2. In welchen Zusammenhängen hast du das gelernt?
3. Was hast du davon in der allgemeinbildenden Schule und beruflichen oder Hochschulausbildung gelernt?

Wenn ich diese Fragen in meinen Workshops stelle, fallen die Antworten nicht weit auseinander. Viele wissen nur wenig über die Geschichte des Rassismus. Die meisten haben auf dem offiziellen Lernweg kaum etwas über Rassismus gelernt und sich ihr Wissen vor allem selbst angeeignet, mit Hilfe von Büchern, Podcasts, Workshops oder den Austausch mit anderen. Mir ging es in der Schule ähnlich. Im Geschichtsunterricht habe ich etwas über den Nationalsozialismus gelernt, im Englischunterricht über Versklavung und die Bürger*innenrechtsbewegung in den USA. Ich kann mich nicht erinnern, dass Rassismus und seine Geschichte ansonsten vorkamen. Nach der Schule durfte ich in meinem Amerikanistik-Studium hingegen viel über Rassismus lernen. Ich weiß, das ist ein großes Privileg und nicht selbstverständlich. In meine Workshops kommen auch viele Menschen, weil sie das Thema Rassismus in ihrem Studium vermissen. Über die Geschichte des Rassismus lerne ich bis heute hinzu, denn auch ich habe lange nur sehr wenig darüber gewusst. Es ist immer wieder bezeichnend, wie sehr der alltägliche Diskurs über Rassismus an wissenschaftlichen Erkenntnissen und dem Widerstand von BIPoC mit seinem Wissensarchiv vorbeigeht und Rassismus als historisch gewachsenes, gesellschaftlich umfassendes Phänomen negiert.

Dabei können wir festhalten: Wir können Rassismus erst in seiner Komplexität erkennen und verstehen, wenn wir um seine Geschichte wissen. Deshalb ist es auch kein Zufall, dass die Geschichte von Rassismus so selten beachtet wird. Das Schweigen über die Geschichte des Rassismus geht Hand in Hand mit dem Schweigen über seine strukturelle Dimension. Wie das verkürzte Rassismusverständnis dient das breite Schweigen über die Geschichte des Rassismus dazu, Rassismus aufrechtzuerhalten. Auch im Schweigen über die Geschichte des Rassismus drückt sich also Rassismus aus. Über die rassistische Vergangenheit nichts oder nur wenig zu wissen, macht es schwerer für uns, Rassismus zu verstehen und in seinen gegenwärtigen Formen wahrzunehmen. So ist er für uns schwerer zu erkennen und schließlich auch zu bekämpfen.

Weil es bereits oben schon darum ging, nehmen wir als Beispiel noch einmal die ›Woher kommst du?‹-Frage. Wie schon gesagt, wissen viele nicht, dass die ›Woher kommst du?‹-Frage die rassistische Vorstellung transportiert, dass Deutsche *weiß* sind und BIPoC nicht deutsch sein können. Ich bin mir sicher, die Abwehr auf diesen Hinweis würde deutlich geringer ausfallen, wenn alle wüssten, wie diese Denkweise historisch entstanden ist. Vorstellungen davon, was es bedeutet, ›deutsch‹ zu sein, waren nämlich von Beginn an in den modernen Rassismus, der sich in Europa entwickelt hat, verstrickt. Sie waren von Anfang an mit Konstruktionen von *Weiß*-Sein verbunden. Ganz bestimmt wäre die Diskussionsgrundlage zur ›Woher kommst du?‹-Frage eine ganz andere, wenn jede*r in der Schule lernen würde, wie die deutsche Nation über die Konstruktion des Bildes von Schwarzen als Gegensatz zu einem geschaffenen *weißen* Selbstbild hergestellt wurde. Es gibt herausragende Untersuchungen von Fatima El-Tayeb zu Schwarzen Deutschen, dem Diskurs um ›Rasse‹ und nationale Identität[5] und zu Konstruktionen des Undeutschen[6] sowie von Katharina Walgenbach[7] zur historischen Interdependenz von *Weiß*-Sein und ›Deutschsein‹. Stellen wir uns vor, sie wären Pflichtlektüre und wir hätten sie alle gelesen. Ganz bestimmt erschiene die vehemente ›Es handelt sich nur um Neugierde und Interesse am Gegenüber‹-Abwehr als Reaktion auf die ›Woher kommst Du?‹-Frage vielen unsinnig. Denn dann wüssten wir alle, dass die Verbindung von Deutsch-Sein mit *Weiß*-Sein eine tief verinnerlichte Denkweise ist, die eine lange Geschichte hat, die sie begründet. Doch jenseits der Rassismusforschung kennt fast niemand diesen Zusammenhang.

Es fehlt uns nicht nur an Wissen dazu, dass wir rassistische Denkweisen verinnerlicht haben. Es mangelt uns auch an Wissen darüber, wo diese verinnerlichten rassistischen Denkweisen herkommen. Letzteres braucht es, um sich das Unbewusste besser bewusst zu machen. In meinen Workshops mache ich immer wieder die Erfahrung, viel eher auf Gehör zu treffen, wenn ich die historischen Wurzeln von typischen rassistischen Denkmustern erkläre, als wenn ich allein benenne, dass eine Aussage rassistisch ist. Nur zu sagen oder zu wissen, dass etwas rassistisch ist, genügt nicht. Wir müssen verstehen, warum das so ist. Doch fast nie, wenn es um Rassismus geht, wird erklärt, warum genau etwas problematisch ist. Gerade der öffentliche mediale Diskurs reduziert sich meistens auf die Diskussion ›rassistisch oder nicht rassistisch‹, statt zu versuchen, rassismuskritische Positionen anhand von mehr Kontext nachvollziehbar zu machen. Dass viele dann für sich zu dem Schluss kommen, sie ›dürften ja gar nichts mehr sagen‹, erstaunt deshalb kaum. Darin drückt sich in mehrfacher Hinsicht aus, dass rassismuskritische Argumente nicht nachvollzogen werden.

<u>Reflexionsfragen</u>

Kennst du den inneren Drang, eine BIPoC Person bei neuer Bekanntschaft fragen zu wollen, wo sie herkommt? Ich kenne ihn. Bis heute. Also trotz besseren Wissens. Automatisch schießt es mir durch den Kopf: ›Wo mag diese Person wohl herkommen?‹ So sehr ich es versucht habe, dagegen kann ich nichts tun. Ich nenne diesen Drang das ›Woher kommst du?‹-Gefühl, weil in solchen Momenten ein Empfinden dazu, wer in Deutschland ›normal‹ und wer ›fremd‹ ist, bedeutsam ist. Ich kann das offensichtlich nicht ganz abschalten. Als ich anfing, die Problematik der ›Woher kommst du?‹-Frage zu verstehen, und mir vornahm, sie nie wieder unreflektiert zu stellen, dann aber bemerkte, dass ich trotzdem in diese Richtung denke, hat mich das ziemlich erschrocken und fand ich das sehr unangenehm.

Heute weiß ich: Wir können tief verinnerlichte rassistische Vorurteile nicht einfach ablegen. Aber wir können ganz sicher einüben, dass sie unser Handeln nicht mehr so beeinflussen und steuern wie bisher. Denn wir können solche Denkmuster, in dem Moment, in dem sie in uns aufkommen, erkennen und dann innerlich zurückweisen. Wir können dem Impuls, entsprechend zu handeln, widerstehen. In dem Fall bedeutet das ganz einfach, die Frage nicht zu stellen.

1. Hast du BIPoC die ›Woher kommst du?‹-Frage auch schon einmal gestellt? Weißt du noch, wie die von dir angesprochene Person reagiert hat? Wie bewertest du die Situation rückblickend?
2. Wenn es wieder bei dir aufkommt, wie willst du für dich zukünftig mit dem ›Woher kommst du?‹-Gefühl umgehen?

Spuren der Vergangenheit in unseren Köpfen

In diesem Buch kann ich dich nur ermutigen, dich mit der Geschichte des Rassismus auseinanderzusetzen. Zumindest will ich Rassismus als koloniale Unterdrückungskategorie aber kurz herleiten:

Rassismus basiert auf der Vorstellung von ›Menschenrassen‹. Wissenschaftlich ist schon lange widerlegt, dass es ›Menschenrassen‹ gibt. Doch diese Annahme hat Hunderte Jahre lang das Denken und Handeln von Menschen geformt. Sie gab es schon vor dem Nationalsozialismus. Rassismus hat eine lange Geschichte. Sie reicht bis zum Beginn des modernen Kolonialismus zurück. Die Idee, dass es menschliche ›Rassen‹ gibt, wurde mit Beginn des modernen europäischen Kolonialismus von den Europäer*innen erfunden. Sie diente ihnen dazu, die Kolonialpolitik zu legitimieren. Hierfür identifizierten sich die Europäer*innen als ›weiße Rasse‹, die den nicht-›weißen‹ kolonialisierten Bevölkerungen überlegen sei. Die Einteilung der Menschheit in ›Rassen‹ war damit von Anfang an eine hierarchische Ordnung. Sie behauptete von Beginn an, dass ›Weiße‹ höherwertig seien. Die Grenzen zwischen den verschiedenen ›Rassen‹ wurden dabei zunächst vor allem entlang des Merkmals ›Hautfarbe‹ gezogen. Dabei wurde ›Hautfarbe‹ in diesem Zuge überhaupt erst mit Bedeutung aufgeladen. Die Vorstellung, dass bestimmte Menschengruppen verschiedene ›Hautfarben‹ haben, welche Rückschlüsse auf deren Fähigkeiten zulassen, ist somit selbst eine Erfindung des Rassismus.

Ab Mitte des 17. Jahrhunderts haben europäische Wissenschaftler*innen die Idee von ›Menschenrassen‹ untermauert. Mit der Aufklärung entstand die Vorstellung des ›zivilisierten‹, ›rationalen‹ ›aufgeklärten‹ europäischen Subjektes, das gleichermaßen als *weiß* gedacht wurde. Hierfür diente der vorgestellte ›unzivilisierte‹ und ›unmündige‹ ›schwarze Naturmensch‹ auf dem afrikanischen Kontinent als negatives Spiegelbild. Die philosophische Bewegung der Aufklärung löste damit den Widerspruch zwischen bestehender Versklavung und Kolonisierung und den gleichzeitig deklarierten Werten von Freiheit, Gleichheit und Gerechtigkeit auf. Denn sie betrachtete nur *Weiße* überhaupt als Menschen, denen diese Werte zugutekommen sollten. In Deutschland haben in der Aufklärungszeit der Naturforscher und Anthropologe Johann Friedrich Blumenbach und der Philosoph Christoph Meiners die ›Rassenideologie‹ mitentwickelt. Ebenfalls wesentlich daran beteiligt waren die Philosophen Immanuel Kant und Georg Friedrich Wilhelm Hegel. Kant unterscheidet zum Beispiel in seinem Aufsatz »Von den verschiedenen Racen der Menschen« von 1775 zwischen vier hierarchisch geordneten ›Rassen‹, an deren Spitze er *Weiße* stellt.[8] Nur sie seien zum Fortschritt fähig. Schwarze Menschen beschreibt Kant als geistig minderwertig und ›unzivilisiert‹. In seinen Vorlesungen zu »Physischer Geographie« aus dem Jahr 1802 behauptet er zum Beispiel: »Die Menschheit ist in ihrer größten Vollkommenheit in der Race der Weißen.«[9] Ähnlich argumentierte und dachte Hegel, der in seiner ›Rassentheorie‹ Afrika als kultur- und geschichtslosen Kontinent außerhalb der zivilisierten Welt darstellte. Er erklärt in seinen »Vorlesungen über die Philosophie der Geschichte« von 1837 unter anderem: »Der N. stellt den natürlichen Menschen in seiner ganzen Wildheit und Unbändigkeit dar. […] Es ist nichts an das Menschliche Anklingende in diesem Charakter zu finden.«[10] Wenn ich hiervon in meinen Bildungsveranstaltungen erzähle, sind häufig viele erstaunt. Viele wissen nicht, dass Rassismus so weit in die Geschichte und Philosophie zurückreicht und dass diese beiden bekannten deutschen Philosophen den Rassismus in Deutschland entscheidend mit vorangetrieben haben. Immer wieder kommt dann die Frage auf, wie es sein kann, dass das so wenig bekannt ist und z.B. in der Schule oder in anderen Bildungskontexten nicht thematisiert wird. Ja, so ist das mit dem deutschen Bildungswesen!

Im 19. Jahrhundert nahm die wissenschaftliche Beschäftigung mit den Rassekonstrukten Fahrt auf. Dazu sollten die neuen Disziplinen wie die vergleichende Anatomie, Sexualwissenschaft, Anthropologie und Eugenik beitragen. Hier wurden ›wissenschaftliche Rassentheorien‹ entwickelt. Sie griffen neben ›Hautfarbe‹ als Merkmale unter anderem auch Blut und Gene als angebliche Träger der Eigenschaften von Menschen auf. Angenommen wurde, dass verschiedene ›biologische Rassen‹ mit unterschiedlichen unveränderlichen körperlichen sowie seelischen und geistigen Eigenschaften existieren. Weiterhin wurde die ›entwickelte und zivilisierte weiße Rasse‹ als absolut höherwertig definiert. Ihr wurden alle positiven Eigenschaften zugeschrieben, die den anderen behaupteten ›Rassen‹ abgesprochen wurden. Schwarze Menschen wurden in der rassistischen Hierarchie ganz unten platziert. Zu den deutschen ›Rassentheoretikern‹ dieser Zeit gehörten unter anderem die Anthropologen Otto Ammon und Ludwig Woltmann.

Als Deutschland sich 1884 und damit vergleichsweise spät an der gewaltvollen Expansion Europas beteiligte, stand das rassistische Gedankengerüst also schon bereit. Das deutsche Kolonialreich war das territorial drittgrößte und im Hinblick auf seine Bevölkerungszahl fünftgrößte kolonial besetzte Gebiet. Es umfasste bisweilen rund eine Million Quadratkilometer und zwölf Millionen Menschen. Dazu gehörte eine Vielzahl von Gebieten auf dem afrikanischen Kontinent, in China und im Pazifik. Die deutsche Kolonialherrschaft stieß auf erheblichen Widerstand. Vielerorts kam es zu gewaltsamen kriegerischen Auseinandersetzungen, die in der ehemaligen deutschen Kolonie ›Deutsch-Südwestafrika‹ auf dem Gebiet des heutigen Namibia im deutschen Völkermord an den Herero und Nama gipfelte. Die koloniale Besetzung, das brutale Vorgehen des deutschen Kolonialmilitärs und die Ausbeutung der Menschen sowie der sie umgebenden Ressourcen wurde seitens Deutschlands mit der Vorstellung von vermeintlich höher- und minderwertigen ›Rassen‹ gerechtfertigt.

Die deutsche Kolonialherrschaft endete mit dem Ersten Weltkrieg im Jahr 1918. Das bedeutete aber nicht das Ende des rassistischen Denkens in Deutschland. Im Gegenteil, der deutsche Nationalsozialismus ab den 1930er-Jahren legte Rassismus seiner brutalen Praxis zugrunde und bezog sich hierfür auf den kolonialen Rassismus. Nach 1945 wurde Rassismus dann ein Tabuthema. Doch auch wenn nicht mehr darüber gesprochen wurde, existierten die tief verinnerlichten rassistischen Denkweisen weiter und prägten das gesellschaftliche Zusammenleben weiterhin. Rassismus nahm ein neues Gewand an, das der Philosoph und Soziologe Theodor Adorno treffend so beschreibt: »Das vornehme Wort Kultur tritt anstelle des verpönten Ausdrucks Rasse, bleibt aber ein bloßes Deckbild für den brutalen Herrschaftsanspruch.«[11] Die biologistische Bedeutung des Rassebegriffes verlagerte sich in den Kulturbegriff. Rassismus wurde nun nicht mehr primär mit angenommenen biologischen Unterscheidungen gerechtfertigt, sondern mit vermeintlich unüberwindbaren kulturellen Differenzen. Dieser bis heute bedeutsame Strang des Rassismus wird als ›kultureller Rassismus‹ bezeichnet. Nicht zuletzt zeigt dies, wie auch der Blick in die Geschichte des Rassismus insgesamt, dass Rassismus wandelbar und anpassungsfähig ist. Gleichzeitig, auch das wird rückblickend deutlich, ist er ein sehr stabiles System, in dem wir bis heute leben.

Reflexionsfragen

1. Was war in dem Abschnitt neu für dich und was wusstest du vorher schon über die Geschichte des Rassismus?
2. Gab es etwas in dem Abschnitt, dass dich überrascht hat?

Othering oder: ›Als *Weiße* gehören wir dazu!‹

Ich habe einen Schwarzen Freund. Er hat einen deutschen Pass und spricht Deutsch als Muttersprache. So wie ich. Vor Kurzem wurden wir gemeinsam zufällig Zeug*innen eines kleinen Auffahrunfalls. Wir liefen gerade die Straße hinunter, als es vor uns krachte. Nach dem Zusammenstoß stieg der *weiße* Fahrer des angefahrenen Wagens sichtlich aufgebracht aus seinem Auto aus und begutachtete kurz den Schaden an seinem Wagen. Dann drehte er sich auch schon zu meinem Freund und mir und kam auf uns zu. Er schaute erst mich und dann meinen Freund an. Dann setzte er an zu sprechen. Seine ersten Worte galten meinem Freund und lauteten: »Sprichst du Deutsch?«

Das ist ein Beispiel für rassistisches Othering. Bei der ›Woher kommst du?‹-Frage, ging es ebenfalls schon darum. Der Begriff Othering wurde in den 1970er- und 1980er-Jahren von postkolonialen Theoretiker*innen wie Edward Said und Gayatri Spivak geprägt. Gängige deutsche Übersetzungen sind ›Anders-Machen‹, ›Anderung‹, ›Veranderung‹, ›Fremd-Machung‹ oder ›Fremd-Markierung‹. Meistens wird aber auch im Deutschen der englische Begriff gebraucht. Mittlerweile ist Othering auch in der deutschen Rassismusforschung als Schlüsselbegriff fest etabliert. Denn es handelt sich um ein Kernelement von Rassismus.

Dabei ist Othering nicht nur für Rassismus relevant. Wenn wir eine Person beschreiben, berufen wir uns hierfür auf Eigenschaften dieser Person. Die Merkmale und Merkmalsausprägungen, die wir beim Beschreiben heranziehen, können von Situation zu Situation variieren. Unsere Identitäten sind vielschichtig. Wir können dieselbe Person als Studentin, Berlinerin, Vegetarierin, Mutter, Ehefrau, Kleingärtnerin, Hundebesitzerin, Kunstliebhaberin, Deutsche oder Musikerin beschreiben. Wir können entscheiden, welche Merkmale wir bei der Beschreibung aufgreifen und ob wir Unterschiede oder Gemeinsamkeiten mit der Person hervorheben wollen. Othering beschreibt erst einmal ganz allgemein Vorgänge, mit denen sich eine Person oder Gruppe von einer anderen Gruppe abgrenzt und damit ein günstiges Selbstbild entwirft. Wir alle nutzen ein solches Othering, um unser Selbstbild zu formen.

Mit Othering werden Menschen also in ›dazugehörig‹ und ›nicht-dazugehörig‹ eingeteilt. Das ist auch für Diskriminierung bedeutsam. Hier hat Othering allerdings eine weitreichende politische Dimension. Bei Diskriminierungen werden Menschen aufgrund der (zugeschriebenen) Merkmale, die für eine Beschreibung ausgesucht werden, ausgeschlossen und benachteiligt. Hierfür werden diese Merkmale hervorgehoben und mit Zuschreibungen versehen. Beim Rassismus sind es BIPoC, die aufgrund ihres BIPoC-Seins als andersartig markiert werden. Die ›Wir‹-Gruppe bilden *Weiße*. Indem BIPoC als anders beschrieben werden, wird gleichzeitig *Weiß*-Sein als Normalität definiert. Für die Unterscheidung werden BIPoC und *Weißen* gegensätzliche Eigenschaften zugeschrieben, die hierarchisch geordnet werden. Sie werden an beliebig gewählte (zugeschriebene) Merkmale der Gruppen geknüpft, wie ›Hautfarbe‹, Religion oder kulturelle Merkmale, die als unveränderbar und vererbbar gedacht werden. *Weißen* Menschen werden positive Charakteristika zugeschrieben und BIPoC negative Eigenschaften. So wird *Weiß*-Sein aufgewertet und BIPoC-Sein abgewertet. Wie wir oben schon gesehen haben, haben *Weiße* im Laufe der Geschichte mittels Othering von sich selbst ein überhöhtes Selbstbild entworfen. Wir halten uns beispielsweise für ›rational‹, ›zivilisiert‹, ›fortschrittlich‹ und ›fleißig‹, während BIPoC angeblich das Gegenteil, nämlich ›irrational‹, ›unzivilisiert‹, ›rückständig‹ und ›faul‹ sind. Diese Vorstellungen aus der Kolonialzeit haben sich tief in unser Denken eingeschrieben und wirken bis heute nach.

Niemand ist frei von rassistischem Othering. Kein Mensch kann aufgrund seiner gesellschaftlichen Sozialisation für sich behaupten, davon unberührt zu sein. Wir alle sind geprägt von gesellschaftlich geteiltem Wissen zu *Weiß*-Sein als vermeintlich positiver Norm und BIPoC-Sein als vermeintlich negativer Abweichung hiervon. Als der *weiße* Autofahrer aus meinem Beispiel oben meinen Schwarzen Freund ansprach, hat er sich auf dieses geteilte Wissen berufen. Wie bei der ›Woher kommst du?‹ Frage hat er meinen Freund einzig und allein aufgrund seines Schwarz-Seins im imaginären Ausland verortet. Kommuniziert hat er damit indirekt auch, dass mein Freund nicht zur sozialen Gemeinschaft der Deutschen dazugehört: »Weil du Schwarz bist, gehörst du nicht dazu.« Gleichzeitig, und das ist genauso wichtig, hat er uns subtil mitgeteilt, dass ich, die *weiß* ist, sehr wohl dazu gehöre. Obwohl es sehr gut hätte sein können, dass ich kein Deutsch spreche, ist er davon ausgegangen, dass ich das tue. Allein aufgrund meines *Weiß*-Seins. Indem er das Schwarz-Sein meines Freundes betonte, hat er gleichzeitig mir gegenüber verständlich gemacht: »Du gehörst dazu.« So wie in diesem Beispiel wird *Weiß*-Sein immer wieder in unzähligen tagtäglichen kleinen Interaktionen als Normalität hergestellt, ohne dass dies explizit so gesagt werden muss. Wir laufen ja nicht durch die Welt und erklären uns gegenseitig ständig ganz explizit: ›*Weiß* zu sein heißt, normal zu sein.‹ Im Gegenteil. Unser *Weiß*-Sein bleibt unmarkiert. Genauso läuft es. Seine Normalisierung passiert ganz automatisch, indem BIPoC immer wieder als ›anders‹ hervorgehoben werden. Für unsere Erfahrung als *Weiße* macht das viel aus. Für uns bewirkt Othering, dass wir aufgrund von Rassismus tagtäglich eine Art Willkommenskultur und entgegengebrachte wie verspürte Vertrautheit erfahren. Das lässt uns ein gewisses unhinterfragtes Zugehörigkeitsgefühl erleben. Deshalb ist es auch kein Wunder, dass wir uns in der Regel nicht als *weiß* beschreiben. Dass wir *weiß* sind, nehmen wir als normal wahr und ist deshalb nicht der Rede wert. Wir empfinden nicht, dass unser *Weiß*-Sein ein relevantes Identitätsmerkmal darstellt, was es aber sehr wohl ist.

Mit Othering wird das über Jahrhunderte tief verinnerlichte Denken in ›Menschenrassen‹ bis heute aufrechterhalten. Es ist eine direkte Folge der vergangenen wissenschaftlichen Klassifizierung von Menschen entlang der erdachten Kategorie ›Rasse‹, von der wir wissen, dass es sie nicht gibt. Doch mit Othering wird die rassistische Einteilung von Menschen gleichzeitig immer wieder aktualisiert. Die sozialen Gruppen BIPoC und *weiß* werden so bis heute immer wieder überhaupt erst hergestellt. Rassismus ist deshalb auch als ein sozialer Gruppenbildungsprozess beschreibbar. Mit ihm werden die Gruppen, die er betrifft, BIPoC und *Weiße*, überhaupt erst hervorgebracht. Dieser Prozess wird in der Forschung auch als ›Rassifizierungsprozess‹ beschrieben.[12] Dass Rassismus uns zu rassifizierten sozialen Gruppen macht, ist ein ganz wichtiger Aspekt, um zu verstehen, wie Rassismus gegenwärtig fortbesteht.

In unserem Alltag passiert Othering unentwegt: in den Medien wie Film und Fernsehen, in persönlichen Gesprächen, in Bildungskontexten wie der Schule und Hochschule oder im Arbeitskontext und Gesundheitswesen. Das sind nur wenige Beispiele, denn wir können Othering überall beobachten, wo Rassismus reproduziert wird. Immer wieder stellen wir das vermeintliche Anders-Sein von BIPoC heraus: So höre ich an der Ampel stehend die *weiße* Mutter zu ihrem *weißen* Kind sagen: »Schau mal, die Schwarze Frau ist bei rot über die Ampel gelaufen.« So erzählt mir meine *weiße* Bekannte neulich: »Ich habe gestern die Sendung mit dem Schwarzen Koch im Fernsehen gesehen«.

Bei solchen Beispielen kommt in meinen Workshops immer wieder die gleiche Frage: »Aber ist das schon rassistisch, wenn ich eine Person nur als ›Schwarz‹ beschreibe, um anzuzeigen, wen ich meine?« Meistens folgt dann auch gleich die eigene Meinung dazu: »Das ist doch nun mal ein gutes Unterscheidungsmerkmal. Dann wissen alle, wen ich meine.« Die kurze Antwort auf die Frage lautet: Ja, es ist rassistisch. Dabei ist wieder wichtig: Mit ›rassistisch‹ ist in dem Fall nicht bewusstes absichtsvolles rassistisches Handeln gemeint, sondern vielmehr ein bewertendes Differenzdenken. Das ist das gedankliche Standbein von Rassismus, seine Basis, auf der alles aufbaut. Wenn ich BIPoC, wie in den Beispielen oben, other, reproduziere ich dieses Differenzdenken und lade andere ein, es mir gleichzutun. Mit solchen Aussagen knüpfen wir immer an unser rassistisches Denken an. Wir müssen uns fragen: Warum fällt uns denn das BIPoC-Sein so auf? Was geht uns dabei durch den Kopf? Welche negativen Eigenschaften schreiben wir der jeweiligen Person zu? Zum Beschreiben einer Person gibt es meistens viele eindeutige optische Unterscheidungsmerkmale wie z.B. Kleidung oder Haarschnitt, auf die wir uns beziehen können. Wenn eine Gruppe nur aus *Weißen* besteht, greifen wir diese Unterscheidungsmerkmale auch auf. Doch wenn es um BIPoC geht, tun wir das nicht. Dann ist es das BIPoC-Sein, das für uns hervorsticht. Und selbst wenn eine Person für sich das Gegenteil behaupten möchte und meint, keinerlei anderndes Denken in sich zu tragen, fallen solche Aussagen doch auf einen gesellschaftlichen Nährboden. Sie passieren in einem sozialen Kontext, kommunizieren an uns *Weiße* erneut, dass wir ›normal‹ sind. Unabhängig von der Absicht, gehört das zur Wirkung, wenn das BIPoC-Sein von Menschen mit Rassismuserfahrung als ›anders‹ hervorgehoben wird.

Wenn Othering passiert, dann ist dies außerdem meistens offensichtlich wertend. Häufig ist leicht erkennbar, dass dann rassistische Vorurteile mitschwingen, die mit unseren Vorstellungen von BIPoC als ›anders‹ untrennbar verbunden sind. Ein Beispiel hierfür ist die Berichterstattung zu ›türkisch-arabischen Hochzeiten‹ als ein Grund für die steigende Anzahl der Coronavirus-Infektionen in der Tagespresse im Herbst 2020. Sie hat ganz deutlich negativ bewertete Unterschiede von BIPoC behauptet und betont. Diese Nachrichten haben PoC unter anderem anhand des rassistischen Vorurteils des ›besonders kriminellen‹ sowie ›rücksichtslosen‹ und ›bedrohlichen Ausländers‹ als ›anders‹ markiert und hervorgehoben. Das wurde nicht selten durch einen herabwürdigenden Tonfall deutlich. *Weiße* Personen, die die Corona-Auflagen nicht befolgt haben, wurden in den Medien hingegen nicht als *weiß* beschrieben. Und die anderen öffentlich kritisierten großen Feiern, die mehrheitlich von *Weißen* besucht wurden, wurden folgerichtig auch nicht als ›*weiße* Feiern‹ benannt. Genau hier liegt die rassistische Problematik: *Weiße* werden als soziale Gruppe nicht mit gesellschaftlichen Schieflagen assoziiert, BIPoC hingegen schon. Damit wird dann gleichzeitig ein positives Bild von *Weißen* entworfen, in diesem Fall als ehrlich, gesetzestreu, seriös, vertrauenswürdig, zuverlässig etc., ohne dass das jemals explizit so gesagt werden muss. Es gilt als selbstverständlich, als Norm.

Othering ist also niemals neutral. Es verweist nicht wertfrei auf Unterschiede zwischen Gruppen. Es umfasst Grenzziehungen, die immer in gesellschaftlichen Machtverhältnissen verankert sind. Vielleicht bemerkst du das auch an dir: Othering passiert meistens unbewusst und nur selten ist uns seine politische Dimension bewusst. Es ist Teil der strukturellen Dimension von Rassismus, die die meisten von uns nicht wahrnehmen. Wie ich es im Zusammenhang mit der ›Woher kommst du?‹-Frage schon erklärt habe und was wahrscheinlich auch für den *weißen* Autofahrer aus meinem obigen Beispiel gilt: Es braucht keine bewussten rassistischen Überzeugungen, um BIPoC ein abweichendes ›Anders-Sein‹ zuzuschreiben und damit gleichzeitig *Weiß*-Sein als vermeintliche Normalität herauszustellen. Diese Zuschreibungen können auch ohne böse

Absicht erfolgen. Sie können zum Beispiel passieren, wenn wir Witze erzählen oder Begriffe verwenden, von denen wir nicht wissen, dass sie rassistisch sind. Sie kommen zum Ausdruck, wenn wir erstaunt oder auch irritiert sind, wenn eine BIPoC Person ›gut Deutsch spricht‹, eine Frau, die Kopftuch trägt, uns als behandelnde Ärztin vorgestellt wird oder ein Schwarzer Pilot das Flugzeug fliegt, mit dem wir in den Urlaub fliegen.

Die gute Nachricht lautet: Othering ist vermeidbar. Allerdings können wir unbewusstes rassistisches Differenzdenken nicht einfach verlernen, wie wir weiter oben bereits beim ›Woher kommst du?‹-Gefühl gesehen haben. Dass es in uns aufkommt, liegt weitgehend außerhalb unserer Kontrolle. Das gilt für mich, dich und alle anderen *Weißen*. Wenn wir BIPoC begegnen, sehen wir BIPoC-Sein, das wir nun einmal gedanklich unbewusst mit rassistischen Vorurteilen verknüpft haben. Was wir aber lernen können, ist, rassistische Stereotype, die mit *othernden* Denkweisen einhergehen, als solche zu erkennen und dann bewusst abzulehnen, sodass sie unser Handeln nicht beeinflussen und wir vorurteilsbewusst agieren.

Ein Beispiel: Neulich meldete sich das rassistische Vorurteil ›BIPoC Männer sind kriminell‹ auch bei mir. Als ich nach einem langen Arbeitstag abends nach Hause kam, kam es zu folgender Situation: Ich wohne in einer großen Wohnanlage mit vielen Wohneinheiten und noch mehr Nachbar*innen. Keine*r kennt jede*n. Es sind einfach zu viele Personen und ständig ziehen Leute ein und aus. Es gibt eine Haupttür an der Straße, zu der alle einen Schlüssel haben. Als ich gerade dabei war, die Tür aufzuschließen, näherte sich ein junger Schwarzer Mann, den ich noch nie gesehen hatte. Er wollte offensichtlich auch hinein. Als ich die schwere Tür aufdrückte, huschte er neben mir hindurch. In dem Moment schoss es wie der Blitz durch mich: War es richtig, dass ich ›den‹ jetzt reingelassen habe? Der hat ja gar keinen Schlüssel! Zack, da war es, mein verinnerlichtes rassistisches Denken! Die Assoziationskette ›Schwarz – männlich – Bedrohung – kriminell‹ keimte in mir auf. Im Vergleich: Ich habe mich das noch nie bei einer der vielen *weißen* Personen gefragt, die regelmäßig mit mir durch die Tür gehen. Außerdem ist es ja nicht so, dass in dem Haus nicht auch viele BIPoC wohnen, was das rassistische Vorurteil meinerseits aber offensichtlich genauso wenig gestört hat. Und ich hätte den rassistischen Gedanken noch weiterführen können: ›Will er vielleicht ein Fahrrad klauen? Sollte ich kurz aufpassen?‹ Oder ich hätte den Mann glatt fragen können: »Wohnst du hier?« Solche Mikroaggressionen erfahren BIPoC tagtäglich – mit Auswüchsen wie beispielsweise diesem: Als der Schwarze Hamburger Lehrer Philip Oprong Spenner an einem Sonntagabend im November 2020 in seinem Klassenraum Arbeitsblätter für den kommenden Schultag verteilte, standen ihm plötzlich Polizist*innen mit gezogener Waffe gegenüber. Er wurde für einen Einbrecher in seiner Schule gehalten. Eine 14-Jährige hatte die Polizei verständigt. Nicht einmal 30 Minuten vor ihm war eine *weiße* Kollegin in der Schule. Da hat niemand angerufen. Zurück zu meinem eigenen Othering-Beispiel: Ich habe letztlich nicht so weitergedacht und gehandelt. Stattdessen habe ich mein rassistisches Denken erkannt, nicht akzeptiert und unterbrochen. Die Situation endete dann so: Der Mann bedankte sich freundlich, ging zum nächsten Aufgang und ich sah noch, wie er einen Schlüssel aus der Tasche nahm, um die Wohnungstür aufzuschließen.

Reflexionsfragen

Überleg nun selbst einmal, wo du in deinem Alltag überall rassistisches Othering beobachten kannst:

1. Wann ist dir Othering in letzter Zeit begegnet? Welche Beispiele fallen dir ein, z.B. in der Familie, unter Freund*innen, auf der Arbeit? Wen betraf es? Von wem ging es aus? Wie wurde es kommuniziert?
2. Sei ehrlich und selbstkritisch: Wann hast du in letzter Zeit selbst Othering benutzt und BIPoC ein ›Anders-Sein‹ zugeschrieben, wenn auch nur gedanklich? In welchen Situationen war das? Was hast du gedacht und ggf. gesagt oder getan? War dir dabei bewusst, dass es sich um Othering handelt oder ist dir das erst jetzt klar geworden?

Die gegenwärtige Normalität des Rassismus

Immer noch denken viele, dass es in Deutschland seit dem Ende des Nationalsozialismus kein wirklich weit verbreitetes Rassismusproblem mehr gibt. So werden die historischen Zusammenhänge wie auch die umfassende Wirkweise von strukturellem Rassismus, der sich über Jahrhunderte tief in unsere Gesellschaft eingebrannt hat, geleugnet. Die über 500-jährige Geschichte des Rassismus prägt unser Zusammenleben jedoch bis heute maßgeblich. Sie hat ihre Spuren in all unseren Köpfen hinterlassen. Die rassistischen Denkmuster aus der Vergangenheit beeinflussen uns bis heute. Wie die 2022 erschienene Studie *Rassistische Realitäten* aufzeigt, halten sich rassistische Vorstellungen hartnäckig. Bis in die Gegenwart sind sie weit verbreitet. Die Untersuchung kommt zu dem Ergebnis, dass fast die Hälfte der Bevölkerung (49%) glaubt, dass es menschliche ›Rassen‹ gibt. Ebenfalls weit verbreitet sind Vorstellungen von ›natürlichen‹ ›kulturbedingten‹ Rangunterschieden, denen kulturalistische Formen von Rassismus zugrunde liegen:

> »Ein Drittel der Bevölkerung (33%) bejaht, dass gewisse ethnische Gruppen oder Völker ›von Natur aus fleißiger [sind] als andere‹, während etwa 27% glauben, dass ›bestimmte Kulturen viel besser [sind] als andere‹.«[13]

Othering, das wir – verbunden mit unbewussten Vorurteilen über BIPoC – von klein auf lernen, hat in diesem Zusammenhang noch einen weiteren Zweck. Es bewirkt, dass das rassistische Ungleichheitsverhältnis in der Gesellschaft vielen als ganz natürlich erscheint. Nicht ein menschengemachtes Herrschaftssystem, das von *Weißen* ins Leben gerufen wurde, sondern vermeintlich minderwertige Eigenschaften von BIPoC scheinen dafür verantwortlich zu sein. Die Benachteiligung von BIPoC erleben viele deshalb nicht als ungerecht, sondern als natürlichen Zustand. In der Forschung wird der gegenwärtige Rassismus auch als ›Normalität‹ bezeichnet. Damit wird beschrieben, dass Rassismus den meisten nicht auffällt und insgesamt als ›normal‹ erscheint. Das war früher offensichtlich nicht viel anders. Doch heute kommt hinzu, dass viele Menschen überzeugt davon sind, ›gegen Rassismus‹ zu sein. Sie verstehen darunter aber ausschließlich absichtsvolles Handeln. Wir lehnen Rassismus ab, aber nehmen seine strukturelle Dimension nicht wahr, oder besser, ignorieren sie, und behandeln BIPoC gleichzeitig permanent abwertend als ›anders‹. So bestärken wir tatsächlich das, was wir vorgeben zu verurteilen. Das ist fatal! Mit Othering werden also die reale rassistische Diskriminierung von BIPoC wie auch *weiße* Privilegien in der Gesellschaft legitimiert und gesichert. Daran haben wir teil, auch wenn uns das nicht bewusst sein mag, weil wir einen verkürzten Blick auf Rassismus (eingeübt) haben.

In der gesellschaftlich dominanten *weißen* Sicht auf Rassismus interessiert nur selten, wer diskriminiert, warum die Diskriminierenden unterdrücken, wie diskriminiert wird und welche von Menschen geschaffenen (Denk-)Strukturen und Institutionen Rassismus stützen. Wenn Rassismus eingestanden und beklagt wird, dann geht es meistens um Einzelfälle oder Rassismus in anderen Ländern. In den Medien ist dieser verklärte Umgang mit Rassismus sehr gut zu beobachten. Hier kommt es immer wieder zu fast absurden, dissoziativen Diskursen, die das Problem sehr gut auf den Punkt bringen. Dazu noch ein letztes Beispiel:

Rassismus-Skandal im Berliner Wedding: Ein Autofahrer ist verantwortlich

Gerade als ich das hier schreibe, widmet sich die deutsche Presse mit großem Interesse einem Rassismusvorfall im britischen Königshaus. Bei einem Empfang von Queen Camilla hat ein *weißes* Mitglied des Hofpersonals die Schwarze Aktivistin Ngozi Fulani mehrfach gefragt, woher sie ›wirklich‹ komme. Die Schlagzeilen lauten zum Beispiel »Rassismus im Königshaus?«, »Rassismus-Skandal im Britischen Königshaus: Diese Hofdame ist verantwortlich« oder »Rassismus-Eklat der Royals«. Ich frage mich, was die *weiße* deutsche Leser*innenschaft bei diesen Artikeln denkt. Die ›Woher kommst du?‹-Frage ist schließlich nicht nur in Großbritannien, sondern auch in Deutschland gang und gäbe. Es müssten doch unter den Lesenden viele Personen sein, die sie gerade erst selbst gestellt haben. Oder aufgrund des ›Woher kommst du?‹-Gefühls zumindest in diese Richtung gedacht haben, als ihnen das letzte Mal BIPoC begegneten. Fühlen sich diese Leute von solchen Artikeln vielleicht insgeheim selbst angesprochen? Ich habe oben schon ausführlich besprochen, dass nur wenige die Problematik der Frage richtig einordnen können. Am ehesten fällt sie noch unter das, was vermeintlich ›nicht mehr gesagt werden darf‹. In der Folge werden dann rassismuskritische Argumente einfach nicht verstanden. Genau dieses Unverständnis zeigt die ›Woher kommst du?‹-Frage an und deshalb ist auch zu vermuten, dass eine Person, die die ›Woher kommst du?‹-Frage stellt, in ihrem Alltag regelmäßig noch weitere problematische Dinge sagt und tut. Das unterstelle ich besagter britischer Hofdame ebenso wie vielen *Weißen* in Deutschland. Das muss nicht bewusst erfolgen und es muss keinesfalls böse Absicht sein. Wahrscheinlich ist auch, dass sich solche unsensiblen Personen in einem Umfeld bewegen, das ihre rassistischen Sicht- und Handlungsweisen nicht herausfordert, sondern toleriert, wenn nicht gar teilt. Denn würde diesen Personen von ihrem gesamten Umfeld widersprochen, würden sie bestimmt anders handeln. Und da haben wir sie: Das ist die Normalität des Rassismus. Und das soll hier mein Punkt sein: Nicht die einzelne Person ist rassistisch, sondern wir alle zusammen in unserem Umgang miteinander und mit BIPoC.

Die Normalität des Rassismus gibt es schließlich auch bei uns. Die Rassismuserfahrung meines Schwarzen Freundes, mit dem ich einen Autounfall beobachtet habe, ist jener von Ngozi Fulani beim Empfang im Königshaus sehr ähnlich. Doch was mein Freund bei unserem Spaziergang erlebt hat, würde mit Sicherheit kaum jemand als ›Eklat‹ oder ›Skandal‹ beschreiben. Dabei mag es meinem Freund genauso ergangen sein wie der britischen Aktivistin. Der mediale Aufschrei zum britischen Geschehen erfolgte also scheinbar nicht deshalb, weil eine Person Rassismus erfährt. Für die Erfahrung meines Freundes und all die vergleichbaren alltäglichen rassistischen Erlebnisse vieler anderer BIPoC in Deutschland interessiert sich die Presse jedenfalls nicht. Sie werden weniger als Problem wahrgenommen. Entscheidend war hier augenscheinlich, dass der Vorfall im britischen Königshaus passiert ist. Bekanntermaßen ist das britische Königshaus ein Lieblingsthema der Presse, insbesondere des Boulevards. Doch die Berichterstattung geht in diesem Fall über die Boulevardpresse hinaus. Offenbar geht es hier auch um das Thema Rassismus an sich bzw. um einen bestimmten Umgang damit. Denn warum sollte das britische Königshaus, das mit Blick auf seine Kolonialgeschichte und den Umgang damit nicht gerade ein Aushängeschild für rassismuskritisches Handeln ist, denn von der Normalität des Rassismus ausgenommen sein? Was die Presse hier vorexerziert, ist, wie man Rassismus zu einem Problem andernorts macht. Und zwar ironischerweise mit einem Beispiel, wie es auch tagtäglich in Deutschland zu beobachten ist. Die Journalist*innen inszenieren einen Einzelfall und generieren eine Einzeltäterin. Sie versäumen, die Problematik der ›Woher kommst du?‹-Frage auch nur im Ansatz zu erklären. Wahrscheinlich, weil sie diese selbst nicht wirklich verstehen. Denn auch das ist ›normal‹. Was mit solchen Berichten höchstwahrscheinlich beim Gros der *weißen* deutschen Leser*innenschaft ankommt, hätten wir damit also geklärt.

Nochmal zur Sprache: Über *Weiße* und BIPoC zu sprechen, ist nicht rassistisch und spaltet nicht

Wenn ich in Workshops beginne, über Rassismus zu sprechen und dabei die Begriffe ›*weiß*‹, ›BIPoC‹ und ›Schwarz‹ verwende, begegnet mir häufig ein Unbehagen: »Ist so zu sprechen, nicht selbst rassistisch?« Diese Frage ist nicht unberechtigt. Sowohl der Begriff ›*weiß*‹ als auch rassismuskritische Selbstbezeichnungen schreiben rassismusrelevantes Gruppendenken immer ein Stück weit fort. Sie eignen sich aber trotzdem für eine diskriminierungskritische Sprache. Denn mit diesen Begriffen können wir Rassismus benennen und kritisieren. Sie bezeichnen soziale Positioniertheiten, die Diskriminierung schon längst erschaffen hat. Rassismuskritische Selbstbezeichnungen und der Ausdruck ›*weiß*‹ als kritische Analysekategorie ermöglichen es uns, über diese Positionen, die Rassismus fortwährend erzeugt, zu sprechen. Wir müssen schließlich benennen, wer ein- und wer ausgeschlossen wird, wenn wir Rassismus abbauen wollen. Anders geht es nicht.

Für diskriminierungserfahrene Menschen und Gruppen sind Selbstbezeichnungen außerdem ermächtigend. Im Kontext von Diskriminierung werden Selbstbezeichnungen immer als Reaktion auf diskriminierende Abwertung eingeführt und sind positiv gedeutete Bezeichnungen jener sozialen Positionen, die durch Diskriminierung erst geschaffen werden. Sie sind Zurückweisungen von diskriminierenden Fremdbezeichnungen, wie z.B. ›Ausländer*innen‹ oder ›Menschen mit dunkler Hautfarbe‹. Das bedeutet wiederum nicht, dass sich jede Person mit Rassismuserfahrung mit einer rassismuskritischen Selbstbezeichnung identifiziert. Wenn eine Person eine Selbstbezeichnung, die du ihr zuordnest, nicht für sich verwendet, respektiere das. Häufig macht es auch Sinn, nachzufragen, wie eine Person bezeichnet werden möchte – Achtung, ganz wichtig! –, sofern es überhaupt relevant ist, ihre soziale Positioniertheit im Hinblick auf Rassismus zu benennen. Das bedeutet, dass es beim rassismussensiblen Sprechen immer auch darum geht, genau zu prüfen, ob die soziale Positioniertheit einer Person überhaupt eine Rolle spielt oder ob die Information nicht eigentlich überflüssig ist und nicht doch weggelassen werden kann, weil sie tatsächlich nur Differenz betont. Dann handelt es sich um ein unnötiges Othering. Rassismuskritisch zu handeln, bedeutet schließlich, ein solches unnötiges Othering zu minimieren. Das Ganze braucht also einen rassismuskritischen Kontext. Wie Anne Broden, die im Feld der Bildung und Beratung in der Migrationsgesellschaft tätig ist, herausstellt, liegt die Herausforderung dann darin, »ein feines Gespür dafür zu entwickeln, wann Differenzlinien relevant sind und thematisiert werden müssen, und wann sie irrelevant sind, ihre Thematisierung zu einer Erzeugung der *Anderen* als *Andere* führen würde«[14]. Um ein solches Gespür herauszubilden, können wir uns in Momenten, in denen uns auffällt, dass wir BIPoC als ›anders‹ kategorisieren, ganz einfach fragen:

1. Geht es gerade, in welcher Form auch immer, um Rassismus, den ich ansprechen will? Will ich mich dafür auf die sozialen Positionen, die er schafft, beziehen?
2. Oder geht es gar nicht um Rassismus? Hebe ich mit der Markierung von BIPoC nur unnötig ein vermeintliches Anders-Sein von BIPoC hervor? Kann ich die unnötige Hervorhebung von BIPoC-Sein vielleicht einfach weglassen?

Es ist insgesamt wichtig, stets sorgfältig abzuwägen, wer genau warum wie bezeichnet wird. Es kommt sonst schnell zu unklaren und wenig hilfreichen Begriffsverwendungen und Gruppeneinteilungen. Wenn über Rassismus gesprochen wird, ist zum Beispiel häufig von ›Diskriminierung aufgrund des Migrationshintergrundes‹ oder ›Diskriminierung aufgrund von Hautfarbe‹ die Rede. Beides beschreibt Rassismuserfahrung allerdings nicht zutreffend. So kann auch eine *weiße* Person, die keine Rassismuserfahrungen macht, einen Migrationshintergrund haben oder eine BIPoC Person ohne ›Migrationshintergrund‹ Rassismuserfahrungen machen. Der Begriff ›Hautfarbe‹ ist wiederum problematisch, weil die Idee, dass Menschen entlang von unterschiedlichen ›Hautfarben‹ in verschiedene Gruppen eingeteilt werden können, selbst eine Erfindung des Rassismus ist. Außerdem geht es beim Rassismus gar nicht ausschließlich um Hauttöne. BIPoC können den gleichen Hautton haben wie ich, also eine *Weiße*, und erleben trotzdem Rassismus. Denn für Rassismus können neben der Hautfarbe noch weitere körperliche Merkmale, wie zum Beispiel Haarstruktur oder Gesichtszüge, relevant sein. Außerdem bezieht er sich zusätzlich noch auf weitere Vorstellungen von Merkmalen von Menschengruppen, wie z.B. (zugeschriebene) kulturelle Eigenschaften, Religionszugehörigkeit oder Nationalität. Rassismus ist also sehr flexibel und bedient sich vieler verschiedener Mittel, um zwischen sozialen Gruppen zu unterscheiden.

Individuelle Verhaltensänderungen reichen nicht, auch Institutionen müssen sich rassismuskritisch öffnen

Als Form von Diskriminierung schlägt sich Rassismus nicht nur in unserem individuellen Denken und Handeln nieder. Er zeigt sich auch in den Praktiken von Institutionen. Institutionen wie z.B. Kita, Kindergarten und die Bildungsinstitutionen Schule und Hochschule, Kulturinstitutionen wie Theater und Museen oder die Polizei und das Justizsystem sind nicht von Rassismus unberührt. Das gilt ebenso für das Gesundheitswesen, den Wohnungsmarkt, Behörden und die öffentliche Verwaltung sowie die Politik, die Medien und den Sport. Natürlich handeln in Institutionen, die ja nicht anonym sind, Individuen. Die individuelle Ebene gibt es damit auch hier. Für institutionellen Rassismus sind aber nicht einzelne Menschen verantwortlich, sondern eingeschliffene Gewohnheiten und Vorgehensweisen in den Institutionen, die eine gleichberechtigte Teilhabe in Organisationen und in der Gesellschaft verhindern. Es gibt institutionellen Rassismus sozusagen, weil innerhalb von Institutionen viele Menschen ähnlich problematisch denken und handeln und sich das über die Zeit auch in institutionelle Abläufe eingeschrieben hat. Das ist mittlerweile auch in vielen Studien gut belegt. Der gerade erschienene Lagebericht der Bundesregierung zu Rassismus *Rassismus in Deutschland: Ausgangslage, Handlungsfelder, Maßnahmen* führt dazu beispielsweise wichtige Erkenntnisse zusammen.[15] Ich möchte hier zwei ausgewählte Bereiche, an die ich später noch anknüpfen werde, ansprechen und einige Beispiele geben, nämlich für die Schule und das Arbeitsleben.

Dass Rassismus zum Schulalltag gehört, ist mittlerweile gut erforscht. Das gilt auch für die spezifisch institutionellen Ausdrucksweisen von Rassismus in der Schule. Eine Studie an der Uni Mannheim zeigt zum Beispiel, dass angehende Lehrkräfte schlechtere Diktat-Noten für Schüler*innen mit ›ausländisch‹ klingendem Namen vergeben. An der Studie nahmen angehende Lehrende teil, die ein Diktat benoten sollten. Eine Gruppe benotete ein Diktat von ›Max‹, die andere Gruppe erhielt ein identisches Diktat von ›Murat‹. Zwar war die Anzahl der gefundenen Fehler in beiden Gruppen gleich, doch die Studienteilnehmenden leiteten davon unterschiedliche Noten ab, und zwar mit Nachteilen für die PoC Schüler*innen, für die der Name ›Murat‹ stand, und Vorteilen für *weiße* Schüler*innen, die der Name ›Max‹ repräsentierte.[16] Gut belegt ist auch, dass bei den Übergangsempfehlungen ähnliche Benachteiligungen von BIPoC Schüler*innen zu beobachten sind. Die vielen Gesichter des Rassismus in der Schule führen zusammen dazu, dass die Chancen von BIPoC Schüler*innen, die Hochschulreife zu erlangen, geringer sind als von *weißen* Schüler*innen. Die rassistische Ungleichbehandlung im Bildungssystem hat also Auswirkungen auf Bildungswege und schließlich berufliche Chancen der Gruppen. Für BIPoC ist es deshalb wahrscheinlicher als für *Weiße*, in niedrig qualifizierten und schlecht bezahlten Berufen zu arbeiten.

Gleichermaßen ist auch der Berufsalltag von Rassismus durchzogen. Zum Beispiel kommt die 2020 von Gesicht Zeigen!, EY und Civey vorgelegte Studie *Rassismus im Kontext von Wirtschaft und Arbeit. Bestandsaufnahme und Handlungsoptionen* zu dem Ergebnis, dass jede*r fünfte Deutsche schon einmal Rassismus am Arbeitsplatz erlebt hat. Die Untersuchung basiert auf Online-Befragungen unterschiedlicher Personengruppen. Von den Befragten gaben 17 Prozent an, beobachtet zu haben, dass andere Menschen rassistisch diskriminiert wurden. Drei Prozent haben selbst rassistische Diskriminierung erfahren.[17] Ebenso dokumentiert das von *Each One Teach One* (EOTO) und *Citizens For Europe* durchgeführte Projekt Afrozensus 2020 mit seiner Online-Befragung zu Lebensrealitäten und Diskriminierungserfahrungen Schwarzer, afrikanischer und afrodiasporischer Menschen in Deutschland, dass Rassismus im Arbeitsleben alltäglich stattfindet. Der Arbeitskontext ist der Bereich, in dem die Befragten am vierthäufigsten angeben, in den letzten zwei Jahren Diskriminierung erlebt zu haben. In diesem Zeitraum haben 8 von 10 Befragten im Arbeitsleben Diskriminierung erfahren, davon fast jede dritte Person sogar ›oft‹ oder ›sehr häufig‹. Meistens hatte dies rassistische Gründe.[18] Neben verbalen und psychischen rassistischen Übergriffen wiederholt sich Rassismus im Arbeitsalltag zum Beispiel in der Benachteiligung von BIPoC bei Bewerbungsprozessen sowie bei Leistungsbewertungen und Beförderungen. Hier kommen unbewusste rassistische Vorurteile besonders wirkungsvoll zum Tragen. Frauen mit Kopftuch und türkisch klingendem Namen müssen z.B. viermal so viele Bewerbungen schreiben wie gleichqualifizierte Frauen, die einen typisch deutschen Namen haben und kein Kopftuch tragen, um zu einem Vorstellungsgespräch eingeladen zu werden. Bei Stellen, die eine höhere Qualifikation verlangen, sogar achtmal so viele.[19] Offensichtlich fehlt es vielen Organisationen an Strukturen, die gleiche Teilhabechancen sicherstellen. Auch fehlt es häufig an Regeln zum Umgang mit Rassismusvorfällen und Beschwerden sowie klar benannten vertrauensvollen und verlässlichen Ansprechpartner*innen, um nur einige Baustellen für eine rassismuskritische Öffnung von Organisationen zu nennen.

Zusammengefasst: Rassismus basiert nicht auf individuellen Haltungen. Er ist kein Problem einzelner Personen, keine individuelle Befindlichkeit, aus der kurzlebige rassistische Einzelfälle hervorgehen. Rassismus auf der individuellen Ebene, wo er sich in rassistischen Vorurteilen, Othering und Rassifizierungsprozessen manifestiert, ist verzahnt mit institutionellen rassistischen Strukturen, die wiederum dazu beitragen, dass wir unser individuelles rassistisches Handeln kaum hinterfragen. All das hat den Anschein, natürlich zu sein. Tatsächlich ist Rassismus nur schwer durchschaubar, gerade weil er so normal ist.

Reflexionsfragen

1. Fallen dir weitere Beispiele für institutionellen Rassismus ein, mit denen du vielleicht auch schon selbst in Berührung gekommen bist?
2. Hast du in deinem Arbeitsalltag schon einmal Rassismus wahrgenommen? Wie wurde damit umgegangen? Wurde er thematisiert? Steht Rassismus generell auf der Tagesordnung oder gelten Diskussionen über ihn als Ablenkung?

2 Sozialisiert, um *weiß* zu sein – Wie wir unsere *weißen* Privilegien verteidigen

Lass uns jetzt einen Schritt weiter gehen und noch genauer klären, was es für uns bedeutet, *weiß* zu sein. Vielleicht hast du dazu schon einige Ideen, weil du dich schon vor dem Lesen dieses Buches mit deinem *Weiß*-Sein beschäftigt hast. Vielleicht ist dies für dich aber auch die erste Auseinandersetzung mit deiner *weißen* Position. Zu Beginn dieses Kapitels möchte ich dich bitten, dir einen Moment Zeit zu nehmen und einmal in Ruhe zu überlegen, wann du angefangen hast zu merken, dass du *weiß* bist.

Reflexionsfragen

1. Wann ist dir das erste Mal bewusst geworden, dass du *weiß* bist? Was war der Auslöser?
2. Welche Erfahrungen und Situationen waren ggf. weitere Schlüsselerlebnisse für dich, dank der du dein *Weiß*-Sein noch mehr erkannt hast?
3. Wie hast du dich in diesen Momenten gefühlt?

Nicht ›normal‹, sondern *weiß*: Schlüsselmomente

In meinen Workshops zu Kritischem *Weiß*-Sein stelle ich die letzten drei Reflexionsfragen regelmäßig. Sie führen immer wieder zu ähnlichen Antworten. Offensichtlich ähneln sich unsere Erfahrungen als *Weiße* auch in Bezug darauf, wie uns unser *Weiß*-Sein bewusst wird. Ich finde das beeindruckend. Schon wenige Reflexionsfragen in einer Workshoprunde können so deutlich machen, wie Rassismus uns allen seinen Stempel aufdrückt und systematisch wirkt. Auch deshalb halte ich den Austausch zu diesen Fragen für gewinnbringend. Häufig berichten Teilnehmende von Auslandserlebnissen im Jugendalter oder als junge erwachsene Person. Dann geht es um die Erfahrung, in einer Situation die einzige *weiße* Person gewesen zu sein, weil BIPoC in der Mehrzahl waren. Oftmals wird hinzugefügt, sich in diesen Momenten deshalb ›fremd‹ und ›komisch‹ gefühlt zu haben. Kennst du das auch? Mir ging es genauso.

Ich komme aus einer kleinen niedersächsischen Gemeinde. In meiner Kindheit wohnten hier fast nur *Weiße*. Mit 16 saß ich dann in den

USA in Houston in einem voll besetzten öffentlichen Bus, in dem ich die einzige *Weiße* war. Alle anderen Fahrgäste waren Schwarz. Ich erinnere mich genau an diese Situation, weil sie sehr prägend für mich war. Auf einmal fühlte ich mich ›anders‹. Ich fühlte mich so, als würden mich alle anstarren, obwohl das natürlich nicht der Fall war, was ich auch durchaus wahrnahm. Deshalb lies mich die Situation lange Zeit nicht los. Ich begann damals, mein *Weiß*-Sein wahrzunehmen, indem ich anfing zu realisieren, dass es für meine alltäglichen Erfahrungen bedeutsam war, dass ich *nicht* BIPoC bin. Während meines Auslandsjahres in den USA habe ich schließlich auch den Ausdruck ›white‹ als Beschreibung meiner sozialen Positioniertheit hinsichtlich Rassismus kennenlernen dürfen. In Deutschland wurde der Begriff *weiß* damals noch nicht auf diese Weise gebraucht. Der für die Kritische Weißseinsforschung in Deutschland einschlägige Sammelband *Mythen, Masken und Subjekte: Kritische Weißseinsforschung in Deutschland* erschien erst einige Jahre später in 2005. Auch wenn es noch etwas dauern sollte, bis ich mich ausführlicher mit meiner *weißen* Position beschäftigen sollte, haben mir diese Erfahrungen rückblickend ganz sicher dabei geholfen, mich überhaupt auf einen Lernprozess zu Kritischem *Weiß*-Sein einzulassen. Dass meine *weiße* Position, für die ich schon eine Bezeichnung kannte, benannt wird, war nicht völlig neu für mich, dafür aber vieles andere.

In meinen Workshops berichten Teilnehmende häufig, dass für sie Momente relevant waren, in denen sie besser behandelt wurden als BIPoC. Bei einer Fahrt mit öffentlichen Verkehrsmitteln nicht nach der Fahrkarte gefragt zu werden, während BIPoC kontrolliert werden, kann solch eine Situation sein. Auch die Rassismuserfahrungen von nahestehenden BIPoC, wie Partner*innen, Familienangehörigen oder befreundeten Personen, können uns für die eigene *weiße* Position sensibilisieren. Einmal erklärte eine Teilnehmende eines Workshops, ihr *Weiß*-Sein erstmals bemerkt zu haben, als sie mitbekam, dass eine PoC Freundin aus Furcht vor rassistischen Anfeindungen bestimmte Straßen in der Stadt mied. Für einen anderen Teilnehmer war es wiederum bedeutsam gewesen, eine Schwarze Person mit einem Pflaster in hellem Hautton gesehen zu haben. Für viele von uns waren es die Geschehnisse um den rassistischen Mord von George Floyd und die erstarkende Black-Lives-Matter-Bewegung im Jahr 2020, die persönlich wichtig waren.

In den Reflexionsrunden in meinen Workshops geht es oft auch darum, wie es Teilnehmenden vor den persönlichen Schlüsselerlebnissen zum eigenen *Weiß*-Sein ergangen ist. Häufig berichten die Teilnehmenden dann, dass sie BIPoC zuvor als ›anders‹ wahrgenommen haben. Viele müssen an Freund*innen oder Mitschüler*innen aus der eigenen Schulzeit zurückdenken. Ohne es zu wissen, hätten sie häufig Othering angewendet. Eine Teilnehmende, nennen wir sie Monika, der es so ergangen war, nannte diesen Zustand einmal »die Abwesenheit der Erfahrung des eigenen *Weiß*-Seins«. Monika war damals ihre *weiße* Position nicht bewusst gewesen, und dennoch war diese für ihre Erfahrungen sehr bedeutsam: Monika hat das, was sich von ihr unterscheidet, als ›abweichend‹ wahrgenommen. Ihr *Weiß*-Sein hat sie damit gleichzeitig als normal aufgefasst. Einem anderen Teilnehmer des gleichen Workshops ging es ähnlich. Er war ernst und betroffen, als er sagte: »Ich frag mich, wie ich so habe denken können«. Eine weitere Person im Workshop erinnerte sich an die eigene Grundschulzeit, an die »kleinen Späße« über BIPoC, die sie treffend beschrieb als Ausdruck der »Differenzlinien, die man selbst als Kind gezogen hat«.

Reflexionsfragen

1. Hast du auch Erinnerungen daran, wie es dir vor deinen Schlüsselsituationen, in denen du dein *Weiß*-Sein wahrgenommen hast, ging? Wie hast du BIPoC davor wahrgenommen, zum Beispiel in deiner Kindheit und Jugend? An welche persönlichen Begegnungen und Beziehungen kannst du dich erinnern? Wie hast du dich selbst im Vergleich zu den Personen wahrgenommen?
2. Wie hat das deine damaligen Beziehungen zu BIPoC beeinflusst?
3. Wie fühlst du dich dabei, wenn du heute daran zurückdenkst?

Weiß-Sein: Häufig unbewusst, manchmal bewusst, in jedem Fall relevant

Meistens wird uns erst rückblickend bewusst, wie sehr Rassismus schon immer unsere zwischenmenschlichen Beziehungen, selbst unsere Freundschaften und Liebesbeziehungen beeinflusst hat. Ab der frühesten Kindheit sind wir rassistisch geprägt und wissen unbewusst um rassistische Hierarchisierungen in der Gesellschaft, die gleichermaßen früh beeinflussen, wie wir fühlen, denken und handeln. Um dazu die wissenschaftlichen Fakten sprechen zu lassen: Eine US-amerikanische

Forscher*innengruppe der New York University hat jüngst die rassistischen Vorurteile gegen Schwarze seitens *weißer* Kinder im Alter von vier bis acht Jahren untersucht. Sie stellte *weißen* Kindern die Aufgabe, sich eines von vier Fotos auszusuchen, auf denen ein *weißes* Kind, zwei PoC Kinder und ein Schwarzes Kind zu sehen sind. Sie sollten das Kind auswählen, mit dem sie am liebsten spielen würden. Herausgekommen ist, dass die jungen *weißen* Versuchspersonen sich überdurchschnittlich häufig für den*die *weiße* Spielkamerad*in und am seltensten für das Schwarze Kind entschieden.[20]

Wir wissen unbewusst schon früh, dass wir zu den ›normalen‹ *Weißen* gehören. Das ist keine gewollte oder freie Entscheidung. Dass wir rassistisches Wissen erwerben, erfolgt unfreiwillig im Kindergarten und in der Schule, über die Medien, Werbung und Konsumartikel, in der Familie und im Freundeskreis. Obwohl Kleinkinder ab drei Jahren Unterschiede zwischen Menschen aufgrund von Rassismus wahrnehmen, lernen wir von klein auf meistens, diese Unterschiede gerade nicht im Zusammenhang mit ihrer strukturellen Dimension zu betrachten. Kinder beobachten rassistische Ungleichheiten um sich herum schon früh, ab vier bis fünf Jahren, und sie versuchen, sich diese zu erklären. Was hierfür bereitsteht, sind die in ihrem Umfeld transportierten rassistischen Vorurteile, die BIPoC als ›andere‹ mit vermeintlich minderwertigen Eigenschaften herabwürdigen. Sei dies in Kinderbüchern und Kinderliedern oder mit Spielzeugen. Mit rassistischen Vorurteilen im Gepäck *othern* wir schon im Kindesalter unentwegt. Sicherlich können kleine Kinder politische Machtstrukturen noch gar nicht richtig erfassen. Mit zunehmendem Alter sind wir aber kognitiv immer mehr dazu in der Lage, Rassismus als politisches System theoretisch zu verstehen. Doch stattdessen kommen wir zu der Ansicht, ›keine Unterschiede zwischen den Menschen zu machen‹. Wir nehmen eine ›farbenblinde‹ Haltung ein und sind der festen Überzeugung, alle Menschen vermeintlich gleich zu betrachten. So verleugnen wir unsere rassistischen Vorurteile und unser darauf aufbauendes rassistisches Verhalten. Wenn wir dann rückblickend erkennen, dass wir zum Beispiel gute Freund*innen aus jungen Jahren geothert haben, kann das weh tun. Das zu realisieren, ist keine schöne Erkenntnis. Eine Workshop-Teilnehmende hat dazu einmal für sich festgehalten: »Ich schäme mich wahnsinnig, dass mir das erst so spät bewusst wurde und ich so naiv war«.

Unser *Weiß*-Sein kann uns bewusst sein oder nicht, bedeutsam ist es immer. Ob wir es wollen oder nicht, es prägt zu jeder Zeit unsere alltäglichen Erfahrungen. Als ich neulich bei einem Workshop die Teilnehmenden fragte, wann ihr *Weiß*-Sein das letzte Mal für sie relevant gewesen sei, erklärte eine Person: »Gestern, als ich auf dem Markt in einer sächsischen Kleinstadt unterwegs war. Eine BIPoC Person hätte sich hier bestimmt nicht so unbeschwert bewegen können wie ich.«

Reflexionsfragen

1. Was fällt dir dazu ein? Wann war dein *Weiß*-Sein für dich das letzte Mal bedeutsam?
2. Ist dir das schon in der Situation aufgefallen oder wird das erst jetzt, beim Nachdenken, klarer für dich?

Weiße Privilegien

Falls es dir gerade schwergefallen ist, auf meine Reflexionsfragen eine Antwort zu finden, hilft dir die Auseinandersetzung mit *weißen* Privilegien bestimmt dabei. Lass uns diese deshalb jetzt einmal genauer anschauen.

Rassismus berührt alle Menschen. Er ist Lebensrealität von uns allen, aber bedeutet nicht für uns alle das Gleiche. Als Form von Diskriminierung hat Rassismus zwei Seiten. Während er BIPoC benachteiligt, verschafft er uns *Weißen* Privilegien. Und damit sind wir tagtäglich meist unbemerkt konfrontiert. Eine gut gelungene Beschreibung von Privilegien im Zusammenhang mit Diskriminierung enthält ein Themenblatt zu Privilegien, das der Bundesverband der Arbeiterwohlfahrt herausgegeben hat:

> »Privilegien [statten] bestimmte Personengruppen mit mehr Vorteilen aus [...], sodass für sie Zugänge leichter und Barrieren niedriger werden. Privilegierte Personen können daher Ziele schneller erreichen und erfahren weniger Widerstand bei deren Umsetzung. Sie erleben sich dadurch häufig als wirksamer und selbstbestimmter. Sie begegnen in vielen Lebensbereichen mehr ›offenen Türen‹ und müssen weniger Konflikte bei der Umsetzung ihrer Wünsche und Bedürfnisse bewältigen. Dadurch haben privilegierte Menschen z.B. in ihrer Lebensgestaltung mehr Freiheiten als andere Menschen.« [21]

Die Vorteile, die wir als *Weiße* aufgrund von Rassismus besitzen, werden auch *weiße* Privilegien genannt. Sie lassen sich in allen gesellschaftlichen Bereichen finden, eben überall da, wo sich Rassismus niederschlägt. *Weiß* zu sein macht es beispielsweise wahrscheinlicher, bei der Job- oder Wohnungssuche erfolgreich zu sein. Davon habe ich selbst auch schon profitiert. Es ist mittlerweile viele Jahre her, aber ich erinnere mich genau, wie der *weiße* Vermieter meiner ersten Wohnung beim Besichtigungstermin der Wohnung zu mir sagte: »Wir würden uns freuen, wenn Sie einziehen. Wir wollen hier nicht so viele Ausländer.« Ob ich einen deutschen Pass besitze, wusste er in dem Moment noch gar nicht. Darum ging es ihm auch nicht. Entscheidend war für ihn offensichtlich, dass ich *weiß* bin und nicht BIPoC, die er othernd als »Ausländer« bezeichnete und als Mieter*innen ablehnte. Ein weiteres *weißes* Privileg, um das es oben schon ging, ist beispielsweise, dass wir als *Weiße* nicht allein aufgrund unseres Aussehens nach unserer Herkunft gefragt werden, dass wir als ›deutsch‹ wahrgenommen werden, weshalb wir uns als zugehörig zur deutschen Gesellschaft erleben. Uns wird auch nicht zugeschrieben, alle *Weißen* zu repräsentieren und für alle *Weißen* zu sprechen. Es gibt sehr viele *weiße* Privilegien und ich nenne gleich noch mehr. Aber eins vorweg, weil das ganz wichtig ist: Der Begriff ›*weiß*‹ beschreibt nicht mehr und nicht weniger, als *weiße* Privilegien zu besitzen. Es ist also nicht so, dass es *weiße* Menschen gibt und unabhängig davon noch *weiße* Privilegien, die *Weiße* haben können, aber nicht besitzen müssen. Vielmehr ist es die gemeinsame Erfahrung *weißer* Privilegien, die uns *Weiße* überhaupt zu einer Gruppe macht. Das bedeutet: *Weiß*-Sein gibt es nicht ohne Rassismus. Jedes Mal, wenn wir von *Weißen* sprechen, geht es also um Rassismus, und zwar um eine sozial privilegierte Position in diesem Zusammenhang. Ich möchte auf diesen Punkt etwas ausführlicher eingehen, denn ich halte es für wichtig, das zu verstehen.

Von ›*Weißen*‹ zu sprechen, heißt, über Rassismus zu sprechen

Wenn auch zögerlich, findet der deutsche Begriff ›*weiß*‹ doch immer mehr Eingang in das öffentliche Bewusstsein, nicht zuletzt, weil immer mehr Menschen rassismuskritische Ansprüche an sich selbst, das Zusammenleben und an Institutionen stellen. Doch in letzter Zeit wird der Begriff immer häufiger anders verwendet, als dies rassismuskritische Ansätze tun. Denn genau der wesentliche Punkt, dass *Weiß*-Sein eine sozial privilegierte Position meint, geht oft unter. Ein Beispiel: Immer wieder wird Autor*innen, die rassismuskritische Bücher und Artikel schreiben, unterstellt, sie würden *weiße* Menschen hassen. Mir wurde das auch schon vorgeworfen. Das finde ich nicht nur fragwürdig, weil ich selbst *weiß* bin. Mit einer solchen Unterstellung wird Rassismuskritik völlig falsch verstanden. Denn demnach scheinen *Weiße* *Weiß*-Sein auch jenseits von gesellschaftlichen Privilegien zu erfahren. Das ist aber nicht der Fall. Rassismuskritik einschließlich seiner Kritik an *Weiß*-Sein hinterfragt weniger bestimmte Menschen als gesellschaftliche Ungleichheitsverhältnisse. In diese Verhältnisse sind wir wiederum sehr wohl eingebunden. Als *Weiße* eben mit unserer sozial privilegierten Position, die Rassismus für uns bereithält. Unsere *weiße* Position beeinflusst, wie wir tagtäglich fühlen, denken und handeln auf die Art, dass wir damit häufig Rassismus reproduzieren. Dass Rassismuskritik nicht Menschen an sich kritisiert, sondern vielmehr ein rassistisches System und wie Menschen dieses unterstützen, wird etwa auch bei der Formulierung des ›alten *weißen* Mannes‹ in der hitzigen öffentlichen Diskussion um Rassismus meistens vergessen. Die Formulierung wird von vielen als Kampfansage gegen bestimmte oder alle alten *weißen* Männer missverstanden. Dabei handelt es sich um eine rassismuskritische Metapher. In der sozialen Position des alten *weißen* Mannes verschränken sich verschiedene Herrschaftsverhältnisse und dafür gibt diese Formulierung eine Idee.

Die Dominanzgesellschaft eignet sich den Ausdruck ›*weiß*‹ immer mehr an. Sie ist dabei, ihn mehr und mehr seiner rassismuskritischen Bedeutung als kritische Analysekategorie zu berauben. Deshalb halte ich persönlich den Begriff *weiß*privilegiert für praktisch. Er beschreibt unmissverständlicher, dass *weiß* zu sein heißt, sozial privilegiert zu sein. Wenn ich von ›*weiß*privilegierten‹ Menschen statt von ›privilegierten *Weißen*‹ spreche, ist das präziser. Es betont, dass dieses Privilegiert-Sein als Ausdruck sozialer Ungleichheit problematisch ist und nicht der einzelne *weiße* Mensch. Vielleicht würde es den Gegenbewegungen zur pluralen Gesellschaft etwas Wind aus den Segeln nehmen, zumindest sprachlich, wenn wir ab jetzt nur noch den Begriff *weiß*privilegiert verwenden würden.

Weiße Privilegien – Und jetzt?

Vielleicht hast du beim Lesen der letzten Abschnitte gedacht: ›*Weiße* Privilegien, schön und gut. Was kann ich tun, um mich davon freizumachen? Let's go.‹ Doch leider ist es nicht so einfach. Toll, dass du so motiviert bist, wir brauchen aber noch etwas Theorie und Reflexion für den Weg. *Weiße* Privilegien sind nicht einfach ablegbar. Weder wie du über Rassismus denkst, noch wie du dich zu ihm verhältst, ändert irgendetwas an deiner *weiß*privilegierten Position. Wir können uns nicht aussuchen, welche soziale Position Rassismus uns verschafft. Ob wir BIPoC oder *weiß* sind, ist nicht frei wählbar. Das wird uns von außen zugewiesen, durch andere und die Gesellschaft. Egal wie sehr ich mich als *weißer* Mensch gegen Rassismus einsetze, andere nehmen mich als *weiß* wahr. Deshalb werde ich in vielen alltäglichen Situationen besser behandelt als BIPoC. Das beeinflusst, wie ich mich selbst erfahre, wie ich meine Identität ausbilde und definiere. So wird meine Identität rassifiziert. Dabei kommt heraus, was die Fachärztin für Psychiatrie und Psychotherapie Amma Yeboah treffend als »*weiß* konstruierte Psyche«[22] beschreibt: Ich habe unbewusst gelernt und verinnerlicht, mich aufgrund meines *Weiß*-Seins als dazugehörig wahrzunehmen. Seit ich denken kann, sehe ich mein eigenes *Weiß*-Sein überall als gesellschaftliche Norm repräsentiert. Von klein auf, durch die Kinder- und Schulbücher, die ich gelesen habe, die Filme und Sendungen in Kino und Fernsehen, die ich geschaut habe, habe ich gelernt, dass es in Deutschland normal ist, *weiß* zu sein und dass mein *Weiß*-Sein normal ist. Im gleichen Zug habe ich gelernt, *weiße* Privilegien, inklusive meiner eigenen, als normal anzusehen. Noch einmal: *Weiß*-Sein beschreibt ja überhaupt nur eine sozial privilegierte Position.

Hast du dir vor dem Lesen dieses Buches schon einmal Zeit genommen, um deine *weißen* Privilegien zu reflektieren? Was hat die Reflexion ausgelöst? Ich tat das lange nicht. Wenn ich in meinem Amerikanistik-Studium nicht die Gelegenheit gehabt hätte, mich mit Theorien zu Kritischem *Weiß*-Sein auseinanderzusetzen und die Werke von W. E. B. Du Bois, James Baldwin, Richard Dyer, Ruth Frankenberg, David Roediger und Eduardo Bonilla-Silva studieren zu dürfen, hätte es wahrscheinlich noch länger gedauert, bis dies passiert wäre – wenn überhaupt. Doch so begegnete ich den bekannten Worten des Schwarzen US-amerikanischen Schriftstellers und Bürgerrechtlers James Baldwin, die mich nicht mehr losließen: »*Weiß* zu sein bedeutet, nie darüber nachdenken zu müssen.« Dieser Satz bringt für mich auch auf den Punkt, worin für mich bis heute die größte Herausforderung beim rassismuskritischen Handeln besteht: Mein *Weiß*-Sein niemals zu vergessen.

Als *Weiße* sind uns unsere *weißen* Privilegien in der Regel kaum bewusst. Obwohl sie unsere Lebenserfahrungen weitreichend prägen. In unserer Unreflektiertheit erscheint es als normal, dass Rassismus uns bevorteilt, wie wir auch die rassistische Benachteiligung von BIPoC für gegeben nehmen. Für unser Selbstverständnis bedeutet das, dass wir uns selbst gerade nicht als *weiß*, also rassifiziert, wahrnehmen. Wir verstehen uns nicht als Teil einer Gruppe, deren Angehörige täglich die gleichen privilegierten Erfahrungen machen. Deshalb bezeichnen wir uns auch nicht als *weiß*, geschweige denn als *weiß*privilegiert. Was Rassismus angeht, sehen wir uns als individuelle Menschen. Auf diese Weise, indem wir *weiße* Privilegien als selbstverständlich und normal betrachten, verleugnen wir, wie Rassismus strukturell wirkt und damit auch uns beeinflusst. »[D]ie *weiße* Psyche«, wie Amma Yeboah es auf den Punkt bringt, »sieht von sich aus keine Notwendigkeit der Auseinandersetzung mit Weißsein, denn sie versteht sich ja als normal!«[23] Deshalb geht die Kritische Weißseinsforschung davon aus, dass *weiße* Personen ihre *weißen* Privilegien zunächst erkennen müssen. Erst so können wir Rassismus in seiner Komplexität verstehen lernen. Für ein nachhaltig wirksames Handeln gegen Rassismus aus *weißer* Position braucht es also neben einem Blick auf seine Geschichte auch die kritische Reflexion unserer eigenen *weißen* Privilegien. Hierfür gibt es mittlerweile viele Hilfsmittel. Es existieren viele Auflistungen *weißer* Privilegien, die uns unsere Vorteile aufgrund von Rassismus ins Bewusstsein rücken sollen. Am bekanntesten ist die Zusammenstellung der US-amerikanischen Erziehungswissenschaftlerin Peggy McIntosh aus dem Jahr 1988.

McIntosch entwirft die Metapher eines ›unsichtbaren Rucksacks‹ voller Privilegien, mit dem wir als *Weiße* im Alltag jederzeit ausgestattet sind. Sie schreibt zum Beispiel davon, dass wir den Fernseher einschalten oder die Titelseite der Zeitung anschauen können und Menschen wie uns, die *weiß* sind, repräsentiert sehen. Dass wir unsere *weißen* Kinder nicht dazu erziehen müssen, sich zu ihrem tagtäglichen physischen Schutz des Rassismus in der Gesellschaft bewusst zu sein. Dass wir mit vollem Mund reden können, ohne dass Menschen das darauf zurückführen, dass wir *weiß* sind. Dass wir, wenn wir Geld ausgeben, darauf zählen können, dass unser *Weiß*-Sein nicht gegen den Anschein unserer finanziellen Zuverlässigkeit arbeitet. Dass wir, wenn ein*e Verkehrspolizist*in uns herauswinkt oder das Finanzamt unsere Steuererklärung prüft, sicher sein können, dass wir nicht ausgewählt wurden, weil wir *weiß* sind.

Dass wir leicht Poster, Postkarten, Bilderbücher, Grußkarten, Puppen und Spielzeug mit Darstellungen von Menschen kaufen können, die, wie wir, *weiß* sind. Dass wir ›fleischfarbene‹ Abdeckstifte oder Pflaster nehmen können und sie mehr oder weniger zu unserer Hautfarbe passen.[24] McIntosh's Liste ist lang und enthält noch viele weitere *weiße* Privilegien. Zur Erinnerung: Von allen diesen *weißen* Privilegien lassen sich Ausschlüsse von BIPoC ableiten. Die *weißen* Privilegien existieren nur, weil BIPoC in diesen Zusammenhängen Benachteiligung erleben. Damit könnte ein Privileg eigentlich leicht erkennbar sein: Wir nehmen eine Benachteiligung von BIPoC und drehen sie einfach um. So wird aus der Benachteiligung ›BIPoC erleben in öffentlichen Verkehrsmitteln gezielte Fahrschein-Kontrollen, weil ihnen unterstellt wird, keinen Fahrschein zu besitzen‹ das *weiße* Privileg ›Aufgrund unseres *Weiß*-Seins wird uns in öffentlichen Verkehrsmitteln von Fahrkartenkontrolleur*innen nicht unterstellt, dass wir keinen Fahrschein besitzen. Deshalb erleben wir aufgrund unseres *Weiß*-Seins keine gezielten Fahrscheinkontrollen‹.

Auch ich habe zwei Privilegienlisten aufbereitet. Die Listen umfassen *weiße* Privilegien, die wir als *Weiße* in der Schule und im Arbeitsalltag genießen. Ich möchte die Listen hier mit dir teilen, um zwei unserer Lebensbereiche – Schule und Arbeitsalltag – einmal noch genauer auf *weiße* Privilegien hin zu betrachten. Viele der genannten *weißen* Privilegien gelten in gleicher oder ähnlicher Form auch über den Schul- bzw. Arbeitskontext hinaus. Manche sind für diese Bereiche hingegen spezifisch. Viele überschneiden sich oder wirken eng zusammen, denn grundsätzlich stützen sich alle *weißen* Privilegien gegenseitig.

Mit meinen zwei Privilegienlisten möchte ich dich zu einer Reflexion deiner eigenen *weiß*privilegierten Position einladen. Am Ende findest du einige Fragen, die dir bei der Reflexion helfen können. Achte bitte schon beim Lesen einmal bewusst darauf, welche Gefühle bei dir aufkommen. Die Gefühle, die wir verspüren, wenn wir uns mit unseren *weißen* Privilegien beschäftigen, sind relevant für unser Lernen zu Rassismus. Das soll uns in den folgenden Kapiteln noch ausführlich beschäftigen.

Rassismus in der Schule: Privilegien *weißer* Schüler*innen

Lass uns mit den Privilegien beginnen, die *weiße* Schüler*innen genießen. Rassismus bewirkt, dass die Institution Schule auf *weiße* Menschen zugeschnitten ist. Sie ist für *weiße* Schüler*innen im Hinblick auf den Ressourcenaufwand entsprechend einfacher zu durchlaufen als für BIPoC Schüler*innen. Die folgenden *weißen* Privilegien sind Beispiele für schulische Strukturen, die es für *weiße* Schüler*innen leichter machen, den schulischen Anforderungen gerecht zu werden, und für sie mehr Chancen bereithalten. Aufgrund dieser Vorteile umschiffen sie Anstrengungen und Benachteiligungen, die für BIPoC Schüler*innen zum Schulalltag gehören.

1. Aufgrund ihres *Weiß*-Seins erfahren *weiße* Schüler*innen im Schulalltag ein gewisses unhinterfragtes Zugehörigkeitsgefühl, eine Art Willkommenskultur, Vertrautheit und Sicherheit. Das wirkt sich positiv auf ihre Identifikation mit der Schule aus.
2. *Weiße* Schüler*innen können mit hoher Wahrscheinlichkeit davon ausgehen, dass ihre Lehrkräfte und das übrige pädagogische Personal, wie sie, *weiß* ist.
3. *Weiße* Schüler*innen können mit hoher Wahrscheinlichkeit davon ausgehen, dass die meisten ihrer Mitschüler*innen, wie sie, *weiß* sind.
4. Wenn sie zur Schulleitung bestellt werden, können *weiße* Schüler*innen in der Regel sicher sein, dass sie dort Personen antreffen, die, wie sie, *weiß* sind.
5. *Weiße* Schüler*innen werden von Lehrkräften, pädagogischem Personal und anderen Schüler*innen aufgrund ihres *Weiß*-Seins nicht automatisch als fremd betrachtet.
6. *Weiße* Schüler*innen müssen nicht mit rassistischen Fremdbezeichnungen rechnen, wenn sie angesprochen werden oder über sie gesprochen wird.
7. *Weiße* Schüler*innen erhalten Lernangebote, in denen Wissensbestände vorherrschen, die von und für Menschen, die wie sie *weiß* sind, (re)produziert wurden und die *weiße* Menschen als Norm darstellen, zentrieren und aufwerten.

8. *Weiße* Schüler*innen können sicher sein, aufgrund ihres *Weiß*-Seins anderen nicht erklären zu müssen, wo sie herkommen, bzw. sie müssen sich nicht rechtfertigen, weshalb sie in diesem Land leben.
9. Wenn ihre Leistungen bewertet werden, müssen *weiße* Schüler*innen sich bei schlechten Noten nicht fragen, ob für die Benotung ihr *Weiß*-Sein eine Rolle spielt.
10. Wenn an sie geringere Leistungserwartungen gestellt werden, können sich *weiße* Schüler*innen sicher sein, dass ihr *Weiß*-Sein nicht der Grund dafür ist.
11. *Weiße* Schüler*innen müssen in Testsituationen keine Angst haben, dass andere, falls ihre Leistungen schwach ausfallen sollten, ihre rassistischen Stereotype darin bestätigt sehen.
12. Weil *weiße* Schüler*innen keine negativen Stereotype über *Weiß*-Sein verinnerlicht haben, kann sich dies nicht auf ihre intellektuelle Leistungsfähigkeit auswirken und nicht zu Leistungseinbußen führen.
13. *Weiße* Schüler*innen können sich insgesamt sicher sein, dass ihre schulischen Leistungen nicht aufgrund von Rassismus in der Schule beeinträchtigt werden.
14. Wenn *weiße* Schüler*innen und BIPoC Schüler*innen die gleichen Leistungen erbringen, ist die Wahrscheinlichkeit hoch, dass die Leistungen der *weißen* Schüler*innen besser bewertet werden.
15. Wenn *weiße* Schüler*innen und BIPoC Schüler*innen die gleichen Leistungen erbringen, ist die Wahrscheinlichkeit hoch, dass die *weißen* Schüler*innen nicht auf die Förderschule verwiesen werden.
16. Wenn *weiße* Schüler*innen und BIPoC Schüler*innen die gleichen Leistungen erbringen, ist die Wahrscheinlichkeit hoch, dass die *weißen* Schüler*innen eine Übergangsempfehlung für ein Gymnasium erhalten.
17. *Weiße* Schüler*innen können sicher sein, dass ihr *Weiß*-Sein nicht gegen ihr Wohlbefinden in der Schule arbeitet.
18. *Weiße* Schüler*innen können sicher sein, die Schule besuchen zu können, ohne aufgrund von Rassismus Stress ausgesetzt zu sein und psychische Belastungen zu erleben, die ihren Lernerfolg beeinträchtigen können.
19. *Weiße* Schüler*innen können zu spät zum Unterricht kommen, ihre Hausaufgaben nicht machen oder den Unterricht stören, ohne dass Lehrkräfte, pädagogisches Personal und die Schulleitung dies darauf zurückführen, dass sie *weiß* sind.

20. *Weiße* Schüler*innen lernen in der Schule, dass sie ihr *Weiß*-Sein und *weiße* Privilegien als selbstverständlich und normal betrachten können.
21. *Weiße* Schüler*innen lernen mit Bildungsmaterialien, die *weiße* Menschen adressieren.
22. *Weiße* Schüler*innen können ihre Schulbücher aufschlagen und in diesen eine Auswahl an positiven, nicht-stereotypen Vorbildern und Identifikationsfiguren finden, die, wie sie, *weiß* sind. Sie finden dort Menschen, die, wie sie, *weiß* positioniert sind, nicht in der Rolle des Opfers oder des*der Außenseiter*in, sondern als selbstbestimmte Akteur*innen.
23. In der Schulbibliothek können *weiße* Schüler*innen leicht Materialien finden, die Darstellungen, Bilder, Geschichten und Perspektiven von Menschen enthalten, die wie sie, *weiß* sind.
24. *Weiße* Schüler*innen erhalten Lernangebote, die das nationale Erbe und ›Zivilisation‹ als Errungenschaften von Menschen definieren, die, wie sie, *weiß* sind.
25. *Weiße* Schüler*innen können sicher sein, auf Bildern und Postern an den Wänden in der Schule Darstellungen von Menschen zu finden, die, wie sie, *weiß* sind.
26. *Weiße* Schüler*innen können sicher sein, dass sie bei Fehlverhalten nicht aufgrund ihres *Weiß*-Seins härter, schneller oder auch nur alleine bestraft werden.
27. *Weiße* Schüler*innen werden nicht als Repräsentant*innen aller *Weißen* wahrgenommen. Ihr *Weiß*-Sein arbeitet dafür, dass sie als Individuen betrachtet werden.
28. *Weiße* Schüler*innen werden nie von Lehrkräften und weiterem pädagogischen Personal aufgefordert, für alle *Weißen* zu sprechen.
29. *Weiße* Schüler*innen können sicher sein, dass der Umstand, dass sie *weiß* sind, nicht gegen ihre Bildungs- und Leistungsmotivation bzw. die Identifikation mit der Schule arbeitet.
30. Die Normalität des Rassismus in der Schule mindert nicht ihre Chancen auf ein ausgeprägtes Selbstwertgefühl.
31. *Weiße* Schüler*innen können sicher sein, dass ihr *Weiß*-Sein kein Risikofaktor für angstbedingte Schuldistanz darstellen wird.
32. *Weiße* Schüler*innen können sicher sein, dass ihr *Weiß*-Sein sich nicht als Grund dafür herausstellen wird, dass sie die Schule wechseln müssen.

33. *Weiße* Schüler*innen können über Ausbildungswege und berufliche Optionen nachdenken, ohne sich darüber Gedanken machen zu müssen, ob eine Person, die, wie sie, *weiß* ist, dort in der Unterzahl ist und akzeptiert, eingebunden und gehört werden würde.
34. Bei Rollen- oder Theaterspielen können *weiße* Schüler*innen sicher sein, dass sie für eine Rolle nicht ausgewählt wurden, weil sie *weiß* sind.
35. *Weiße* Schüler*innen können mit hoher Wahrscheinlichkeit davon ausgehen, dass sie beim Besuch außerschulischer Lernorte Personen begegnen, die, wie sie, *weiß* sind, und ihre Anwesenheit als normal angesehen wird.
36. *Weiße* Schüler*innen werden nicht aufgrund ihres *Weiß*-Seins als bildungsfern angesehen.
37. *Weiße* Schüler*innen können gute Leistungen erbringen, ohne ›eine Ehre für *Weiße*‹ genannt zu werden.
38. *Weiße* Schüler*innen müssen keine Bewältigungsstrategien gegen Rassismus in der Schule entwickeln.
39. *Weiße* Schüler*innen können sich entscheiden, Rassismus in der Schule zu ignorieren.
40. *Weiße* Schüler*innen können sich gegen Rassismus einsetzen, wenn sie Lust dazu haben, und es wieder sein lassen, wenn es sie nicht mehr interessiert.
41. Wenn *weiße* Schüler*innen Rassismus in der Schule problematisieren, wird ihr *Weiß*-Sein ihnen mehr Glaubwürdigkeit verleihen, als Schüler*innen mit Rassismuserfahrung zugestanden wird.
42. Wenn *weiße* Schüler*innen Rassismus in der Schule zur Sprache bringen, wird ihnen nicht unterstellt, dass sie sich als Opfer darstellen und nur von ihrem eigenen Fehlverhalten ablenken wollen.
43. Wenn *weiße* Schüler*innen Rassismus in der Schule melden, können sie sicher sein, nicht selbst zum*zur Verursacher*in des Problems gemacht zu werden, auch wenn ihre Rassismusbeschwerden möglicherweise abgewiesen werden.
44. *Weiße* Schüler*innen können sicher sein, dass die Normalität des Rassismus nicht gegen ihr Vertrauen in die Lehrkräfte bzw. in die Schule arbeitet.
45. Das Sprechen über Rassismus im Unterricht bedeutet für *weiße* Schüler*innen mit hoher Wahrscheinlichkeit kein Diskriminierungsrisiko.

46. Ein Projekttag oder eine Projektwoche zum Thema Rassismus bedeuten für *weiße* Schüler*innen mit hoher Wahrscheinlichkeit kein Diskriminierungsrisiko.
47. Bildungsinhalte über ›Afrika‹, ›Kolonialismus‹, ›Migration‹, ›Integration‹ und ›Flucht und Asyl‹ stellen für *weiße* Schüler*innen mit hoher Wahrscheinlichkeit kein Diskriminierungsrisiko dar. Bei ihrer Behandlung erfolgen keine negativen Zuschreibungen gegenüber Menschen, die wie sie, *weiß* sind.
48. *Weiße* Schüler*innen können im Unterricht kritische Rückfragen stellen, ohne als Außenseiter*innen aufgrund ihres *Weiß*-Seins angesehen zu werden.
49. *Weiße* Schüler*innen können laut sprechen, schreien, fluchen oder Schimpfwörter benutzen, ohne dass dies auf die schlechte Moral, Aggressivität und Gewaltbereitschaft der *Weißen* zurückgeführt wird.
50. *Weißen* Schüler*innen wird nicht akut bewusstgemacht, dass ihr Verhalten auf alle Schüler*innen zurückfallen wird, die, wie sie, *weiß* sind.
51. *Weiße* Schüler*innen können sicher sein, aufgrund ihres *Weiß*-Seins von einer Lehrkraft nicht vor der ganzen Klasse gedemütigt zu werden.
52. *Weiße* Schüler*innen können auf dem Pausenhof und im Klassenzimmer sicher sein, dass sie von ihren Mitschüler*innen nicht rassistisch angefeindet und beleidigt werden sowie rassistische körperliche Gewalt erleben.
53. *Weiße* Schüler*innen können sich alleine auf den Schulweg machen oder zur Pause das Schulgelände verlassen und davon ausgehen, dass sie nicht aufgrund ihres *Weiß*-Seins verfolgt oder rassistisch belästigt werden.
54. Wenn ihre Potenziale und Interessen nicht wahrgenommen und sie schlechter gefördert werden, können *weiße* Schüler*innen sicher sein, dass ihr *Weiß*-Sein nicht der Grund dafür ist.
55. *Weiße* Schüler*innen können sicher sein, dass die Unterstützungskompetenzen ihrer Eltern nicht deshalb infrage gestellt werden, weil sie *weiß* sind.
56. Zusammengefasst: *Weiße* Schüler*innen besitzen das Privileg, aufgrund ihres *Weiß*-Seins nicht anders und benachteiligend behandelt zu werden. Sie haben das Privileg, ihr *Weiß*-Sein und ihre *weißen* Privilegien als normal zu erfahren und nicht hinterfragen zu müssen sowie sich benehmen zu können, als spiele ihr *Weiß*-Sein keine Rolle.

Weiße Privilegien im Arbeitsalltag

Jetzt schauen wir uns den Arbeitsalltag an. Genauso wie die Rassismusrealität im Arbeitskontext für BIPoC Beschäftigte ein diskriminierendes Arbeitsumfeld bedeutet, hält diese Realität für *weiße* Mitarbeitende vielfältige Vorteile bereit. Viele Arbeitsumgebungen sind *weiße* Räume, die auf *weiße* Menschen zugeschnitten sind und uns im Vergleich zu BIPoC geringere Anstrengungen abverlangen. *Weiße* Privilegien im Arbeitskontext machen es uns leichter, den Anforderungen am Arbeitsplatz gerecht zu werden und bieten uns mehr Möglichkeiten. Das betrifft die täglichen Aufgaben ebenso wie den beruflichen Aufstieg. Strukturell betrachtet werden wir als *Weiße* im Arbeitskontext systematisch bevorzugt. Das fängt bereits bei der Arbeitssuche und Bewerbung um eine Anstellung und damit beim Zugang zum Arbeitsmarkt an. Ausgehend von meiner eigenen Erfahrung habe ich diese Privilegienliste in ›Ich-Form‹ geschrieben.

1. Die Bevorteilung von *weißen* Personen im Bildungssystem hat sich positiv auf meine beruflichen Chancen ausgewirkt. Mein *Weiß*-Sein macht es nicht wahrscheinlich, dass ich in einem niedrigqualifizierten und schlecht bezahlten Beruf tätig bin.
2. Aufgrund meines *Weiß*-Seins habe ich es nicht besonders schwer, zu einem Vorstellungsgespräch eingeladen zu werden, und ich muss aufgrund meines *Weiß*-Seins auch nicht mehr Bewerbungen schreiben.
3. Wenn ich zu einem Vorstellungsgespräch eingeladen werde, kann ich mit hoher Wahrscheinlichkeit davon ausgehen, dass meine Gesprächspartner*innen, so wie ich, *weiß* sind.
4. Ich frage mich nicht, ob ich in einer *weißen* Organisation arbeiten will und habe diesbezüglich keine Sorgen und Ängste.
5. Wenn es nach einem Vorstellungsgespräch nicht zu einer Einstellung kommt, liegt dies nicht daran, dass ich *weiß* bin.
6. Wenn ich mich in einem Arbeitsverhältnis wiederfinde, das unterhalb meiner beruflichen Qualifikation liegt, hängt dies nicht mit meinem *Weiß*-Sein zusammen.
7. Ich muss mir keine Gedanken darüber machen, ob ich bei der Jobsuche oder auf der Arbeit eventuell als ›unseriös‹ und ›unprofessionell‹ oder gar als ›unhygienisch‹ wahrgenommen werde, wenn ich eine natürliche Frisur trage.

8. Beim ersten Arbeitstag muss ich nicht befürchten, von anderen Mitarbeitenden mit dem Putzpersonal verwechselt zu werden oder beim Parken darauf hingewiesen zu werden, dass ich mein Auto hier nicht abstellen könnte, da dies ein Mitarbeiter*innen-Parkplatz sei.
9. Mit hoher Wahrscheinlichkeit sind meine Kolleg*innen, meine Vorgesetzten und die Geschäftsleitung, wie ich, *weiß*.
10. Ich muss nicht erleben, dass ich aufgrund meines *Weiß*-Seins eingestellt werde, um als Aushängeschild benutzt zu werden und nach außen das Image einer Firma als ›divers‹ und ›weltoffen‹ aufzupolieren.
11. Ich kann sicher sein, dass meine Kolleg*innen nicht denken, dass ich nur eingestellt wurde, um den Anteil von *weißen* Mitarbeitenden zu erhöhen.
12. Ich kann sicher sein, dass ich im Team nicht aufgrund meines *Weiß*-Seins auf eine Sonderrolle reduziert werde, z.B. als Sprachmittler*in bei Kund*innengesprächen.
13. Aufgrund meines *Weiß*-Seins erfahre ich im Arbeitsalltag ein gewisses unhinterfragtes Zugehörigkeitsgefühl, eine Art Willkommenskultur, Vertrautheit und Sicherheit. Das wirkt sich positiv auf meine Identifikation mit meinem Arbeitsplatz aus.
14. Ein mehrheitlich *weißes* Arbeitsumfeld erzeugt keinen Stress und ich kann sicher sein, dass sich meine Behandlung als *Weiße*r* im Berufsalltag nicht negativ auf meinen Gemütszustand und meine psychische und körperliche Gesundheit auswirkt.
15. Ich kann sicher sein, dass ich von anderen, sei dies von Kolleg*innen, Vorgesetzten oder Kund*innen, aufgrund meines *Weiß*-Seins keine diskriminierenden Beleidigungen oder kulturalisierenden und exotisierenden Zuschreibungen erfahre.
16. Ich muss nicht mit rassistischen Fremdbezeichnungen rechnen, wenn ich angesprochen werde oder über mich gesprochen wird.
17. Ich kann sicher sein, dass mir nicht in die Haare gefasst wird.
18. Ich kann sicher sein, dass ich nicht aufgrund meines *Weiß*-Seins anderen erklären muss, wo ich herkomme, bzw. dass ich mich nicht rechtfertigen muss, weshalb ich in meinem Geburtsland lebe.
19. Ich muss keine individuellen Bewältigungsstrategien gegen Rassismus im Arbeitsalltag entwickeln.
20. Ich muss nie darüber nachdenken, ob ich an meinem Arbeitsplatz aufgrund meines *Weiß*-Seins diskriminiert werde.

21. Wenn meine Zusammenarbeit mit meinen Kolleg*innen oder Kund*innen schlecht läuft, brauche ich mich nicht zu fragen, ob dies rassistische Gründe hat.
22. Wenn Geschäftspartner*innen oder Kund*innen mir weniger Glaubwürdigkeit entgegenbringen, kann ich sicher sein, dass dies nicht an meinem *Weiß*-Sein liegt.
23. Ich kann sicher sein, dass ich aufgrund meines *Weiß*-Seins von Geschäftspartner*innen und Kund*innen nicht weniger akzeptiert und respektiert werde.
24. Ich habe nicht das Gefühl, dass ich mehr leisten muss als meine BI-PoC Kolleg*innen.
25. Meine fachlichen Qualifikationen und Kompetenzen für meinen Beruf sowie meine Fähigkeit, wichtige Entscheidungen zu treffen, wie auch mein allgemeines Leistungsvermögen werden nicht deshalb infrage gestellt, weil ich *weiß* bin.
26. Ich kann zu spät zur Arbeit oder zu Meetings kommen, ohne dass dies darauf zurückgeführt wird, dass ich *weiß* bin.
27. Meine Autorität und Vertrauenswürdigkeit als Führungskraft werden nicht aufgrund meines *Weiß*-Seins infrage gestellt.
28. Wenn ich nicht in einer höheren Position eingestellt werde, liegt es nicht daran, dass angenommen wird, dass sich die untergeordneten Mitarbeitenden von mir als *weiße* Person keine Anweisungen geben lassen wollen.
29. Wenn ich nicht in den Kund*innenkontakt gelassen werde, liegt dies nicht daran, dass ich *weiß* bin.
30. Wenn ich etwas problematisiere, werde ich aufgrund meines *Weiß*-Seins nicht weniger ernst genommen.
31. Mir werden aufgrund meines *Weiß*-Seins nicht Neutralität oder Objektivität abgesprochen.
32. Wenn ich verantwortungslos mit meinen Aufgaben umgehe, wird dies nicht auf mein *Weiß*-Sein zurückgeführt.
33. Mein *Weiß*-Sein wirkt sich nicht negativ auf meine beruflichen Chancen aus: Wenn ich nicht befördert werde oder bei Umstufungen oder Lohnerhöhungen benachteiligt werde, ist mit Sicherheit nicht mein *Weiß*-Sein dafür verantwortlich.
34. Mein *Weiß*-Sein arbeitet dafür, als Individuum betrachtet zu werden. Ich werde nicht nur als Repräsentant*in aller *Weißen* wahrgenommen: Aufgrund meines *Weiß*-Seins wird mir meine eigene Per-

spektive nicht abgesprochen. Meine Vorgesetzten, Kolleg*innen und Kund*innen sehen es nicht als typisches Verhalten aller *Weißen* an, wenn ich Fehler mache. Ich werde nie von Kolleg*innen aufgefordert, für alle *Weißen* zu sprechen.

35. Ich kann sicher sein, dass auf der Unternehmenswebseite, Flyern und anderen Werbematerialien Personen dargestellt sind und das Unternehmen repräsentieren, die, wie ich, *weiß* sind.
36. Ich kann sicher sein, auf Bildern und Postern an den Wänden Darstellungen von Menschen zu finden, die, wie ich, *weiß* sind.
37. Ich kann mit hoher Wahrscheinlichkeit davon ausgehen, bei Dienstreisen, Personalausflügen und Betriebsfeiern Personen zu begegnen, die, wie ich, *weiß* sind, dass meine Anwesenheit als normal angesehen wird und ich mich nicht in Räumen wiederfinde, die für mich aufgrund meines *Weiß*-Seins nicht sicher sind.
38. Ich kann davon ausgehen, beim Besuch externer Fortbildungsveranstaltungen von Personen umgeben zu sein, die, wie ich, *weiß* sind, und dass meine Anwesenheit als normal angesehen wird.
39. Ich kann alleine zu meinem Arbeitsplatz gehen und wieder nach Hause und sicher sein, dass ich nicht aufgrund meines *Weiß*-Seins verfolgt oder rassistisch belästigt werde.
40. Wenn ich außerhalb der regulären Arbeitszeit, z.B. am Wochenende, in der Nacht oder an Feiertagen, zu meinem Arbeitsplatz gehe, werde ich aufgrund meines *Weiß*-Seins nicht für eine*n Einbrecher*in gehalten und es wird nicht die Polizei verständigt.
41. Ich muss nicht auf rassistische Vorfälle reagieren und kann mich dazu entscheiden, den alltäglichen Rassismus im Arbeitsalltag zu ignorieren. In meinem *weißen* Arbeitsumfeld wird meine berufliche Eignung und Professionalität aufgrund einer solchen Gleichgültigkeit nicht infrage gestellt.
42. Wenn ich Rassismus im Arbeitsumfeld anspreche, wird mir wahrscheinlich nicht unterstellt, dass ich sensibel, aggressiv, wütend und emotional sei. Mir wird nicht unterstellt, dass ich mich als Opfer darstellen und nur von meinem eigenen Fehlverhalten ablenken will oder dass ich ein persönliches Anliegen verfolge und eigennützig sei. Ich erfahre mehr Glaubwürdigkeit als BIPoC Kolleg*innen und brauche keine Angst zu haben, meine Stelle zu verlieren.
43. Das Sprechen über Rassismus am Arbeitsplatz bedeutet für mich mit hoher Wahrscheinlichkeit kein Diskriminierungsrisiko.

44. Wenn ich keine Lust mehr dazu habe, mich gegen Rassismus an meinem Arbeitsplatz einzusetzen, kann ich eine Pause einlegen oder es ganz sein lassen.
45. Zusammengefasst: Ich besitze das Privileg, aufgrund meines *Weiß*-Seins nicht anders und benachteiligend behandelt zu werden, mein *Weiß*-Sein und meine *weißen* Privilegien als normal zu erfahren und nicht hinterfragen zu müssen sowie mich benehmen und arbeiten zu können, als spiele mein *Weiß*-Sein dabei keine Rolle.

Reflexionsfragen zu den Privilegienlisten

1. Wie hast du dich beim Lesen der Liste gefühlt? Welche Emotionen sind aufgekommen? Womit hängt das deiner Meinung nach zusammen?
2. Kannst du dich mit den *weißen* Privilegien identifizieren? Spiegeln sie deine Erfahrungen wider?
3. Was war neu für dich? Welche der Privilegien hattest du bisher noch nie reflektiert?
4. Oben habe ich dich gefragt, wann dein *Weiß*-Sein das letzte Mal relevant für dich war. Kannst du deine erste Antwort jetzt noch ergänzen?

»Erklären Sie mir mal meine Privilegien!« – Das mache ich gern!

Ist es dir schwergefallen, dich mit den *weißen* Privilegien in den Listen zu identifizieren? Vielleicht musstest du beim Lesen an eigene Ausschlusserfahrungen aus deiner Schulzeit denken? Oder an besondere Herausforderungen, die dir im Arbeitsalltag begegnet sind? Ich kenne aus eigener Erfahrung und weiß aus meinen vielen Workshops mit *Weißen*, dass unsere Gedanken schnell zu eigenen Benachteiligungen schweifen können, wenn wir uns mit *weißen* Privilegien befassen. Viele von uns fühlen sich nicht bevorteilt oder in irgendeiner Weise bessergestellt. Hierfür gibt es gute Gründe. *Weiß* zu sein, bedeutet nicht, keine Sorgen und Probleme zu haben oder ein Leben im Überfluss zu leben. Mir schrieb einmal ein *weißer* Mann, dem es beim Lesen eines Beitrages von mir zu *weißen* Privilegien anscheinend so ging, dass er sich damit nicht identifizieren konnte, folgende Nachricht:

»Erklären Sie mir mal meine Privilegien! Ich besitze keine Privilegien. Ich hatte bis heute ein verdammt hartes Leben und musste hart um alles kämpfen. Ich habe täglich Prügel und Demütigungen von meinen Eltern erfahren, bin dann mit 13 von zuhause abgehauen und bis 18 ins Kinderheim, weil ich nirgends anders hinkonnte. Zeitweise war ich obdachlos. Ich bin am Ende der Nahrungskette und in der sozialen Hierarchie ganz unten. Nicht alle Weißen sind privilegiert.«

Zuerst: Ganz sicher hat diese Person kein leichtes Leben gehabt. Vielleicht hat sie das auch immer noch nicht. Das ist ganz wichtig: Wenn wir über *weiße* Privilegien sprechen, soll das niemandem die eigenen schlimmen Erfahrungen absprechen oder diese relativieren. Zum einen sind unsere Identitäten vielschichtig und komplex, was Diskriminierung angeht. Viele von uns erleben selbst täglich Benachteiligungen und Ausgrenzungen, sind von Diskriminierungen wie Sexismus, Homo- und Transfeindlichkeit, Klassismus, Behindertenfeindlichkeit oder Altersdiskriminierung betroffen. Ich selbst bin zum Beispiel nicht nur *weiß*, sondern auch Frau. Ich erlebe Sexismus und kenne Diskriminierung damit auch selbst nur zu gut. Ich habe Sexismus in meiner Schulzeit erlebt und erlebe ihn in meiner Arbeit immer wieder – genauso wie darüber hinaus. Unsere individuellen Erfahrungen sind abhängig von vielen Diskriminierungsformen. Sie wirken in unseren Identitäten und Erfahrungen zusammen. Zum anderen können wir noch aus ganz anderen persönlichen Gründen ein schweres Leben haben. Doch all das ändert nichts an unseren strukturellen *weißen* Privilegien. Diese beziehen sich nämlich nur auf Rassismus. In Bezug auf Rassismus bleiben wir privilegiert. Das bedeutet, dass ich, obwohl ich als *weiße* Frau Sexismus erlebe und mich in einer, aus welchem Grund auch immer, persönlich schwierigen Lebenssituation befinden kann, ich hinsichtlich Rassismus privilegiert bin und bleibe. Bei *weißen* Privilegien geht es um unsere Lebensrealität *im Vergleich zu BIPoC*. Um nichts anderes.

Von dem Beispiel meiner eigenen Erfahrung ausgehend heißt das: BIPoC Frauen erleben auch Sexismus, aber sie erleben außerdem noch Rassismus. Von dem Beispiel in der obigen Nachricht an mich ausgehend bedeutet das: Ein *weißer* obdachloser Mann kann Klassismus erleben, mit dem Menschen aufgrund ihrer Klassenzugehörigkeit herabgewürdigt und benachteiligt werden. Gleichzeitig sind seine Erfahrungen andere als die von obdachlosen BIPoC Männern. In ihren Erfahrungen überschneiden sich Klassismus und Rassismus. Seine Erfahrungen sind auch andere als die von *weißen* obdachlosen Frauen, die Klassismus und Sexismus erleben. Und die Erfahrungen von *weißen* obdachlosen Frauen und BIPoC obdachlosen Männern sind wiederum andere als die von BIPoC obdachlosen Frauen. Sie können gleichzeitig Klassismus, Sexismus und Rassismus erleben. In der Intersektionalitätsforschung wird untersucht, wie die Überschneidung und Gleichzeitigkeit von verschiedenen Diskriminierungsformen in einer Person zu jeweils ganz eigenständigen Diskriminierungserfahrungen führen.

Das bedeutet: Um deine *weißen* Privilegien aufzuspüren, kann es hilfreich sein, dich zu fragen, ob eine BIPoC Person *in derselben Situation wie du* die gleichen Erfahrungen machen würde wie du, und dann die möglichen Unterschiede in der Erfahrung auszumachen. Du kannst dich hierfür ganz einfach fragen:

1. Würde eine Person mit Rassismuserfahrung das jetzt genauso erleben wie ich?
2. Würde mit ihr genauso umgegangen werden wie mit mir?
3. Was wäre möglicherweise anders?
4. Welchen Einfluss könnte das auf unsere Sichtweisen und Einschätzungen der Situation haben?
5. Inwiefern baut meine Erfahrung auf *weißen* Privilegien auf? Welche *weißen* Privilegien sind möglicherweise für meine spezifische *weiße* Erfahrung relevant?

Und noch ein wichtiger Punkt: Genauso wie wir als *Weiße* hinsichtlich Rassismus privilegiert sind, können BIPoC im Hinblick auf andere Diskriminierungsformen Privilegien genießen. Wenn wir selbst im Hinblick auf diese Diskriminierungsformen benachteiligt sind, können das auch Privilegien sein, die wir nicht erfahren. Die *weiße* Person, von der die Nachricht oben stammt, schrieb mir in diesem Zuge auch, dass sie als medizinische Hilfskraft mit einer Schwarzen Chefärztin zusammenarbeitet, die einen Mercedes fährt. Für sie ist das offenbar ein Argument dafür, dass nicht alle *Weißen* privilegiert sind. Das kann für sie anscheinend nicht stimmen, da sie selbst tagtäglich eine Schwarze Person vor sich hat, der es ihrer Ansicht nach offensichtlich ›besser geht‹ als ihr selbst. Doch auch dieser Umstand ändert nichts an den strukturellen *weißen* Privilegien, von denen wir hier sprechen. Die *weiße* Hilfskraft macht Klassismuserfahrungen, die sicherlich auch mit den schwierigen, unwürdigen Arbeitsbedingungen ihres Berufs zu tun haben. In Bezug auf Rassismus hingegen ist sie privilegiert. Rassistische Diskriminierung erfährt sie nicht. Die Schwarze Chefärztin mag aufgrund ihrer Bildung, ihrer beruflichen Position und ihrem annehmbaren finanziellen Wohlstand hinsichtlich Klassismus privilegiert sein. Hinsichtlich Rassismus ist sie es nicht. Sie wird wahrscheinlich in ihrem Arbeitsalltag und mit Sicherheit darüber hinaus mit Rassismus konfrontiert sein. Ich muss hier an ein rassistisches Erlebnis der berühmten Schwarzen US-amerikanischen Talkmasterin und Milliardärin Oprah Winfrey als Beispiel denken. Bei einem Boutique-Besuch in Zürich verweigerte ihr eine *weiße* Verkäuferin den Service mit den Worten: »Die Tasche ist zu teuer für Sie.« Oprah genießt augenscheinlich klassistische Privilegien. Das bedeutet aber nicht, dass sie alltäglichen Rassismus, wie bei dieser Shopping-Tour erlebt, nicht kennt.

Wenn es um Diskriminierung insgesamt geht, ist kein Mensch einfach nur privilegiert oder benachteiligt. Jeder Mensch erlebt in seinem hoffentlich langen Leben mindestens zwei Formen von Diskriminierung: nämlich Adultismus, die Diskriminierung von Kindern, und Ageismus, die Diskriminierung von alten Menschen. Damit will ich nicht sagen, dass wir alle ein bisschen privilegiert und ein bisschen diskriminiert sind. Das würde real existierende soziale Macht- und Ungleichheitsverhältnisse, die sich entlang unserer sozialen Differenzen auftun, verleugnen. Denn es gibt sehr wohl Gruppen, die mehr Privilegien genießen als andere, wie insbesondere *weiße* nicht-behinderte heterosexuelle Männer im mittleren Alter, die auch noch wohlhabend sind. Sie sind mehrfach-, oder besser, vielfachprivilegiert. Die verschiedenen privilegierten Identitätsanteile wirken im Hinblick auf soziale Teilhabechancen verstärkend. Eine mehrfachprivilegierte Person hat eine *soziale Position*, die in der Gesellschaft mit deutlich mehr Teilhabechancen verbunden ist, als eine mehrfachdiskriminierte Person. Auch wenn es vielleicht die ein oder andere Schwarze Oberärztin gibt, sieht die Realität doch so aus, dass nicht nur im medizinischen Bereich, sondern insgesamt unter Führungskräften, bis heute vor allem *weiße* Männer vertreten sind. Sie sind nicht von Natur aus besser als Frauen oder BIPoC, sondern treffen aufgrund ihrer strukturellen Privilegien auf weniger Barrieren, um in diese Positionen zu kommen.

Rassismus ist ein *weißes* Problem

Und noch eine Reflexionsfrage zu den Privilegienlisten oben: War es ungewohnt für dich, über Rassismus auf diese Art, also wie er sich in *weißen* Privilegien manifestiert, zu lesen und sich dem Thema so anzunähern? Falls ja, dann bist du nicht allein. Es ist ungewöhnlich, *weiße* Privilegien als Ausdruck von Rassismus zu thematisieren. Wenn ich in meinen Workshops Teilnehmende bitte, *weiße* Privilegien zu sammeln, landet der Austausch meistens früher oder später trotzdem bei Beispielen für Rassismuserfahrungen von BIPoC. Wenn ich gar nicht erst konkret nach Beispielen für *weiße* Privilegien frage, sondern nur darum bitte, Beispiele für Rassismus zu sammeln, dann werden erst recht keine Vorteile *Weißer* angesprochen. *Weiße* Privilegien werden in der Regel nicht als Ausdruck von Rassismus diskutiert. Dabei sind sie genau das.

Rassismus wird meistens als Problem anderer aufgefasst. Und damit sind BIPoC gemeint. So wie Rassismus meistens verhandelt wird, scheint er nur sie zu betreffen. Für uns *Weiße* scheint er hingegen weitgehend irrelevant zu sein. In der Regel wird schlichtweg ignoriert, dass die rassistische Diskriminierung von BIPoC immer an ein Vorrecht *Weißer* gekoppelt ist. Es wird ausgeblendet, dass es bei Rassismus außerdem um genau dieses Vorrecht *Weißer* geht, aufgrund dessen die rassistische Benachteiligung überhaupt existiert. Das ist außerdem kein zufälliges Vergessen. Es ist nicht so, dass die Privilegien der *weißen* Mehrheitsbevölkerung versehentlich nicht mitgedacht werden. Wir verleugnen sie aktiv.

Schon seit Langem zeigen BIPoC auf unterschiedlichste Weise auf, wie Rassismus *weißen* Menschen Privilegien einräumt. Bereits 1935 beschrieb der US-amerikanische Soziologe, Historiker und Vertreter der Bürger*innenrechtsbewegung W. E. B. Du Bois in seinem Werk *Black Reconstruction in America* Vorzüge, die *Weiße* durch Rassismus erlangen.[25] Doch *Weiße* vermeiden es schon genauso lange, die eigene Betroffenheit von Rassismus, das eigene *Weiß*-Sein, zu reflektieren. Zusammen mit der verbreiteten Vorstellung, dass sich Rassismus nur in beabsichtigten rassistischen Taten einzelner Individuen festmacht, ist die Verleugnung *weißer* Privilegien Teil des eingeschliffenen rassistischen Systems. So hat es Rassismus geschafft, gesellschaftlich so verhandelt zu werden, dass er nicht grundsätzlich infrage gestellt wird. Als *Weiße* können wir komfortabel über ihn sprechen, ohne uns selbst als Teil des Problems erkennen zu müssen.

Rassistische Diskriminierung ist für diejenigen, die rassistisch ausgegrenzt werden, ein unfreiwilliger Zustand. Hingegen müssen Privilegien angestrebt, erworben und verteidigt werden. Ist es dann nicht irritierend, dass der öffentliche und politische Diskurs zum Thema Rassismus sich nicht um die Interessen der Privilegierten und ihre Rolle als gesellschaftliche Agent*innen schert? Erst wenn wir berücksichtigen, dass *Weiße* von Rassismus profitieren und der öffentliche und politische Diskurs von *weißer* Dominanz geprägt ist, wird die Verleugnung nachvollziehbar. *Weiße* Privilegien nicht zu thematisieren, sichert *weiße* Privilegien ab. So bleiben uns unangenehme Auseinandersetzungen mit der eigenen sozial bedeutsamen Position und die Frage, wie wir zu den Privilegien, die wir genießen, gekommen sind, erspart.

Dabei ist Rassismus ein *weißes* Problem. Mit Rassismus verschaffen wir uns tagtäglich strukturelle Privilegien. *V*on Beginn an waren und sind wir nach wie vor als *Weiße* die Protagonist*innen von Rassismus. Struktureller Rassismus geht von *Weißen* aus. Ja, wir alle, ob *weiß* oder BIPoC, haben rassistische Denkweisen verinnerlicht. Wir sind alle mit rassistischen Vorurteilen aufgewachsen und viele BIPoC benutzen Othering genauso häufig und unreflektiert wie *Weiße*. Niemand kann sich von rassistischen Wissensbeständen ganz freimachen. Der wichtige Punkt ist aber, dass *weiße* Menschen in Institutionen an den Stellschrauben sitzen. Unsere rassistischen Denkweisen münden folglich in institutionellen Praxen, sodass Rassismus eben nicht nur individuell, sondern auch institutionell und strukturell wirkt. Wir sitzen in Institutionen an den Schlüsselpositionen und organisieren als Gruppe Institutionen so, dass sie unsere strukturellen *weißen* Privilegien stützen. Noch einmal und um Missverständnissen vorzubeugen: Das soll hier nicht heißen, dass alle *weißen* Menschen bewusst rassistisch sind und willentlich rassistische soziale Strukturen schaffen, um sich selbst zu bereichern. Es geht mir also nicht darum, *Weiße* in einem schlechten Licht zu zeichnen. Es geht um das soziale Ergebnis des verinnerlichten Handelns von vielen *weißen* Menschen zusammengenommen und nicht um die Interessen von ganz bestimmten *weißen* Personen. Ganz sicher gibt es außerdem sehr wohl *weiße* Personen, die sich für die rassismuskritische Öffnung von Institutionen einsetzen. Ich selbst kenne viele solcher Personen. Zusammengenommen sind das nur noch lange nicht genug.

Als *Weiße* erfahren wir keinen Rassismus

Quasi alle bisherigen Ausführungen verdeutlichen, dass *weiße* Menschen keinen Rassismus erfahren können. Diese Tatsache führt regelmäßig zu Verwirrung, auch in meinen Workshops. Oder sagen wir besser: zu hitzigen Diskussionen. Und das nicht nur in meinen Veranstaltungen. Diese Reaktion beruht offensichtlich ebenfalls darauf, dass viele *Weiße* Rassismus nicht als strukturelles Phänomen verstehen. Sie denken an dieser Stelle stattdessen an Erlebnisse, in denen sie oder andere *Weiße* aufgrund Ihres *Weiß*-Seins ausgeschlossen oder schlechter behandelt wurden. Zum Beispiel sagte einmal eine Pädagogin: »Aber auf unserem Schulhof sind es die *weißen* Schüler*innen, die Rassismus erleben.« Häufig werden auch positive Maßnahmen (*Affirmative Action*) im Arbeitsalltag als Rassismus gegen *Weiße* ausgelegt. Das sind Maßnahmen zur Verhinderung oder zum Ausgleich bestehender Nachteile von BIPoC. Ich habe auch schon mehrfach mitbekommen, dass *weiße* Personen sogar *Safer Spaces* für BIPoC für rassistisch gegenüber *Weißen* halten. Solche Schutzräume sind für BIPoC reserviert, damit ein Raum entstehen kann, in dem sich Teilnehmende möglichst akzeptiert und ernst genommen fühlen können, insbesondere auch was eigene Rassismuserfahrungen angeht. Das heißt, *Weiße* sind hier ausgeladen.

Auf den ersten Blick erscheint es so, als würden solche Beispiele dem Umstand, dass *Weiße* keinen Rassismus erfahren können, widersprechen: *Weiße* werden benachteiligt und ausgeschlossen, nur weil sie *weiß* sind. Es ist aber kein Widerspruch. Vielmehr handelt es sich um eine unterkomplexe Auslegung von Rassismus, nach der Rassismus die Benachteiligung eines Menschen aufgrund seiner rassifizierten Position ohne Berücksichtigung des historischen und sozialen Kontextes darstellt. Eine Benachteiligung mag da sein, keine Frage. Sie passiert aber nur situativ auf der individuellen Ebene. Sie ist nicht mit einer institutionellen und strukturellen Ebene verbunden. Der situative Ausschluss ist damit nicht Ausdruck und Bestärkung einer strukturellen Diskriminierung aller *Weißen*. Denn diese strukturelle Diskriminierung von *Weißen* gibt es schlichtweg nicht. Ein solcher sozialer Bezugsrahmen und Kontext besteht nicht, genauso wenig wie eine jahrhundertelange Geschichte der Diskriminierung *Weißer* durch koloniale Ausbeutung und Versklavung, an die hier angeschlossen wird.

Dazu wieder ein Beispiel: *Weiße* Schüler*innen werden auf dem Schulhof als ›Kartoffel‹ beleidigt. Zwar wird mit dieser Beleidigung sehr wohl auf die Kategorie ›*Weiß*-Sein‹ Bezug genommen, die für Rassismus relevant ist. Das ändert aber an der gesellschaftlichen Machtposition von *Weiß*-Sein nichts, die die *weißen* Schüler*innen innehaben. Wir erinnern uns: *Weiß*-Sein beschreibt die privilegierte Position beim Rassismus. Und diese historisch gewachsene machtvolle privilegierte Position ist eben aktuell gegeben. Mit anderen Worten: BIPoC verfügen über keine Durchsetzungsmacht in der Gesellschaft, die in einem Rassismus gegen *Weiße* münden könnte. Wie meine Privilegienliste oben aufzeigt, werden *weiße* Schüler*innen in der Schule institutionell bevorteilt, genauso wie darüber hinaus. Daran ändert die Beleidigung ›Kartoffel‹ nichts. Wir finden weder in Schulbüchern und anderen Bildungsmedien noch in medialen Repräsentationen über den Schulkontext hinaus entsprechende Darstellungen und Erzählungen, die *Weiße* herabwürdigen und die wir alle verinnerlicht haben, sodass sie unser aller Umgang mit *Weißen* täglich prägen. Auch der Aspekt der kollektiv geteilten abwertenden diskriminierenden Vorurteile, auf denen Rassismus aufbaut, ist also nicht gegeben. Ich möchte hier schmerzhafte Erlebnisse *weißer* Schüler*innen aufgrund ihres *Weiß*-Seins weder aberkennen noch relativieren. Mein Punkt soll lediglich sein: Es handelt sich dabei nicht um eine rassistische Erfahrung. »Und wie würdest du das dann nennen?«, werde ich häufig gefragt. Na, eben eine Beleidigung und wenn diese über längere Zeit und systematisch erfolgt: Mobbing. Es geht mir hier insgesamt weniger um eine Bewertung von Erfahrungen als um eine Einordnung von Erlebnissen hinsichtlich Rassismus, um diesen besser zu verstehen.

Wer also meint, es gibt Rassismus gegen *Weiße*, versteht Rassismus nicht. Er*Sie vergisst den sozialen Kontext und bestehende gesellschaftliche Hierarchien genauso wie die historische und ideologische Komponente, die Rassismus ausmachen.

»Das darf aber nicht sein!« – Warum denn nicht?

Wenn wir in meinen Workshops anhand der Auseinandersetzung mit Beispielen für situative Benachteiligungen von *Weißen* die strukturelle Wirkweise von Rassismus besprechen, ist das für viele Teilnehmende eine große Hilfestellung, um Rassismus besser zu verstehen. So wird es für viele gut nachvollziehbar, wie Rassismus individuell, institutionell und strukturell wirkt. Alle drei Ebenen müssen involviert sein, damit wir von einer rassistischen Erfahrung sprechen können. Doch häufig wird es gerade an diesem Punkt, dass *Weiße* eben keinen Rassismus erleben können, auffällig emotional, nach dem Motto: ›Das kann doch nicht sein!‹ Dann scheint es egal zu sein, wie viele Beispiele und Gegenbeispiele ich gebe und wie viele Erklärungsversuche ich unternehme. Der Aspekt scheint einfach kaum vermittelbar zu sein. Manchmal scheinen *weiße* Teilnehmende so emotional aufgewühlt und entrüstet, dass ich mir fast sicher bin, dass mir gar nicht mehr richtig zugehört wird. Es kommt auch immer wieder vor, dass mir an dieser Stelle unverblümt erklärt wird, ich läge schlichtweg falsch.

Der kraftraubende Aufwand, den einige *Weiße* betreiben, ihr Einsatz, um klarzustellen, dass auch wir von Rassismus betroffen sein können, ist immer wieder beeindruckend. Bei einem Workshop neulich wollte eine Teilnehmende nicht aufhören, vermeintliche Beweise dafür zu nennen, warum *Weiße* Opfer von Rassismus sein können. Hierfür unterbrach sie mich immer wieder. Ich bin mir sicher, es wirkte nicht nur auf mich so, als dürfe das, was ich erklärt habe, dass *Weiße* eben keinen Rassismus erfahren, für sie einfach nicht sein. In solchen Momenten liegt mir auf der Zunge zu fragen, warum es der Person so wichtig ist, dass auch *Weiße* Rassismus erleben können und das klarzustellen. Ich stelle die Frage aber meistens nicht, weil sie eine Bereitschaft zur Selbstreflexion voraussetzt, die in diesem Moment oftmals kaum ausgeprägt zu sein scheint. In der Vergangenheit durfte ich mir dann schon häufiger die Antwort ›Weil das eben so ist‹ anhören. Dabei ist die Frage grundsätzlich wichtig. Offensichtlich geht es hier um mehr als nur um verschiedene Ansichten bzw. Meinungen. Und Meinungen ist kaum mit dem Hinweis auf wissenschaftliche Erkenntnisse zu begegnen. Ich weiß, dass viele meiner Kolleg*innen in ihren Veranstaltungen zu Rassismus mit *Weißen* genau dieselben Erfahrungen machen wie ich. Es handelt sich offensichtlich um ein typisches *weißes* Verhalten, das wir zum Beispiel auch in den Sozialen Medien immer wieder beobachten können. Auch hier wird regelmäßig ein ›umgekehrter Rassismus‹ gegen *Weiße* behauptet.

Meines Erachtens müssen wir uns offensichtlich und ernsthaft fragen: Was bewegt *weiße* Menschen – ohne Expertise zum Thema Rassismus – dazu, Expert*innen im Bereich Rassismus so vehement zu widersprechen? Wie kann es sein, dass Menschen, wenn sie sich bisher so gut wie gar nicht mit dem Thema Rassismus befasst haben, trotzdem meinen, es besser zu wissen als die deutsche und internationale Rassismusforschung sowie diejenigen, die seit über 500 Jahren Rassismus erleben und bekämpfen?

Tatsächlich gibt es auch dazu Forschung. Kurz zusammengefasst: In der beschriebenen Täter-Opfer-Umkehr kommt *weiße* Abwehr zum Ausdruck. Im übernächsten Kapitel gehe ich auf *weiße* Abwehr, die rassismuskritische Bildungsarbeit so herausfordernd macht, ausführlich ein. Diese Abwehr hat viel mit den Gefühlen zu tun, die das Sprechen über Rassismus bei uns *Weißen* auslösen kann. An dieser Stelle möchte ich schon einmal einen ganz wichtigen Punkt in diesem Zusammenhang betonen: Beim Sprechen über *Weiß*-Sein als sozial privilegierte Position geht es nicht darum, *weiße* Menschen als schlechte Menschen darzustellen, sie zu beschuldigen oder bei ihnen ein schlechtes Gewissen oder Schuldgefühle auszulösen. Das würde auch nichts an der rassistischen Realität ändern. Außerdem ist keine *weiße* Person alleine schuld daran, dass es Rassismus gibt. Keine*r von uns hat sich die *weiß*privilegierte Positioniertheit selbst ausgesucht. Unser *Weiß*-Sein wird uns gesellschaftlich zugeschrieben, ob wir das wollen oder nicht. Das ist nun wiederum in vielerlei Hinsicht bedeutsam für unser rassismuskritisches Handeln. Deshalb müssen wir diese, eben *weiß*privilegierte Ausgangsposition für unser Handeln gegen Rassismus zunächst einmal bestimmen. Darum geht es. Wir müssen uns mit unseren *weißen* Privilegien auseinandersetzen, weil sie zu Rassismus dazugehören und eine Rolle spielen, wenn wir diesen bekämpfen wollen. Wenn wir unsere *weiß*privilegierte Position reflektieren, dann können wir bewusst mit ihr umgehen, als Ausgangspunkt unseres rassismuskritischen Handelns. Wir können uns der Herausforderungen annehmen, die sie für die rassismuskritische Praxis mit sich bringt und wir können ihre besonderen Chancen hierfür nutzen. Dafür tragen wir Verantwortung. Zwar ist Rassismus ein überindividuelles System, er wird aber nicht anonym und ohne menschliches Zutun geschaffen. Wie wir uns verhalten, kann Rassismus bestärken oder ihn herausfordern. Neutral ist unser Handeln niemals, weil wir in einer rassistischen Gesellschaft sozialisiert wurden und leben. Wenn wir nicht aktiv gegen Rassismus eintreten, dann ist die Wahrscheinlichkeit groß, dass wir ihn unterstützen. Das wiederum ist sehr wohl kritikwürdig.

Reflexionsübung

Bestimme zum Abschluss dieses Kapitels deine *weiß*privilegierte Ausgangssituation für rassismuskritisches Handeln noch genauer! Auf die Schule und das berufliche Umfeld haben wir schon einen Blick geworfen. Wie sieht es in deinen anderen Lebensbereichen aus? Welche *weißen* Privilegien genießt du zum Beispiel in deinen privaten Beziehungen, im Kreis deiner Familie und in deinen Freund*innenschaften, oder in deiner Freizeit und bei deinen Hobbys? Schreibe deine persönliche Privilegienliste und vervollständige hierfür mindestens zehn Mal den Satz »Als *weiße* Person genieße ich das Privileg, dass…«! Dafür noch ein Tipp: Erinnerst du dich an mein Privilegien-Beispiel oben zur Fahrschein-Kontrolle? Um *weiße* Privilegien aufzuspüren kann es hilfreich sein, beobachteten Rassismus gegen BIPoC einfach in ein *weißes* Privileg umzudrehen.

3 »Was habe ich davon?« – Warum es sich für uns lohnt, gegen Rassismus einzutreten

Jedes Handeln ist interessengebunden. Wenn ich aus *weißer* Position gegen Rassismus eintreten will, ist auch das mit einem persönlichen Interesse verbunden. Hast du dir schon einmal Gedanken darüber gemacht, was für dich dieses Interesse ausmacht? Nimm dir zum Anfang dieses Kapitels wieder ein paar Minuten Zeit und überleg einmal: Warum willst du gegen Rassismus vorgehen?

Reflexionsfragen

1. Was ist deine Motivation dafür, rassismuskritisch zu handeln?
2. Welchen Nutzen ziehst du für dich daraus?
3. Hast du dir darüber überhaupt schon einmal Gedanken gemacht?

Allies sind keine Held*innen

Es ist wichtig, dass wir uns als *Weiße* damit beschäftigen, warum wir gegen Rassismus eintreten wollen. Aus mehreren Gründen. Ein Grund ist, dass Rassismus häufig gerade dann beobachtet werden kann, wenn wir voller guter Dinge und mit bester Absicht gegen ihn vorgehen wollen. Und das liegt vor allem an einem zweifelhaften Interesse, das wir damit oftmals verbinden. Unser *weißer* Aktionismus wird nicht selten angetrieben von unserem Bestreben, BIPoC zu ›helfen‹. Dabei orientieren wir uns meist an ethischen und moralischen Werten, auf deren Grundlage wir ›für eine gerechtere Gesellschaft‹ eintreten wollen. So gutmeinend, wie das sein mag, so ist das doch gleichzeitig wenig zielführend. Dieses Phänomen samt seiner Problematik benennt der Begriff *White Saviorism*, zu Deutsch auch: ›*weißes* Rettertum‹.

Mit White Saviorism werden BIPoC als bedauernswerte, hilfsbedürftige und selbst handlungsunfähige Objekte festgeschrieben. So ergibt sich auf der anderen Seite ein wohltuendes positives Selbstbild als überlegene*r *weiße*r* Retter*in, der*die selbstlos handelnd ›Gutes‹ tut und weiß, was zu tun ist, um BIPoC aus der Not zu helfen. White Saviorism liegen damit verinnerlichte rassistische Vorurteile und ein *weißes* Überlegenheitsdenken zugrunde, die bis in die Kolonialzeit zurückreichen.

Mit White Saviorism kommen wir also nicht weit. Zu glauben, dass wir mit unserem rassismuskritischen Handeln etwas für andere tun, ist scheinheilig. Was könnte stattdessen für uns handlungsleitend sein? »Allies sind keine Held*innen«[26], schreibt der US-amerikanische Autor, Pädagoge und Aktivist Paul Kivel. »Sie sind Mitglieder der Gemeinschaft, die Ungerechtigkeit verstehen, wenn sie sie sehen und tun, was sie können, um sie zusammen mit anderen zu beseitigen.«[27] Das mag sich erst einmal weniger aufregend anhören als ›für andere einzutreten‹. Doch die gefühlte Held*innenrolle aufzugeben, ist tatsächlich sehr vielversprechend für uns. Denn wenn jedes Handeln interessengebunden ist, stellt sich lediglich die Frage, welches Eigeninteresse wir als *Weiße* am Abbau von Rassismus haben, das nicht in die Falle von White Saviorism tappt. Warum lohnt es sich, aus *weißer* Position gegen Rassismus einzutreten? Was macht das Ganze attraktiv für uns?

Warum rassistisch diskriminierte Menschen Rassismus bekämpfen, ist einfach nachzuvollziehen. Warum wir uns als *weiße* Menschen gegen Rassismus einsetzen, scheint auf den ersten Blick nicht so offensichtlich zu sein. Wir werden nicht rassistisch unterdrückt. Im Gegenteil: Wir profitieren von Rassismus. Er verschafft uns strukturelle Privilegien und macht uns damit tagtäglich auf vielfältige Art und Weise das Leben einfacher. Wenn ich mich dann auch noch im Rahmen von Lohnarbeit mit Rassismus auseinandersetze, zum Beispiel als Wissenschaftler*in, Antirassismustrainer*in oder Integrationsbeauftragte*r, dann profitiere ich noch zusätzlich materiell von ihm. BIPoC und *Weiße* verfolgen also offensichtlich verschiedene Interessen, wenn sie sich dafür einsetzen, dass Rassismus an Macht verliert. Das gleiche Ziel wird aus unterschiedlichen Gründen verfolgt. Für uns als *Weiße* kann der Abbau von Rassismus gar nicht im gleichen Interesse sein wie für BIPoC, weil er uns anders betrifft als sie, wie sich auch rassismuskritische Veränderungen anders auf uns als auf BIPoC auswirken. Ich bin mir allerdings sicher: Auch für *Weiße* gibt es gute Gründe, gegen Rassismus einzutreten. Diese Gründe haben damit zu tun, wie Rassismus auf uns einwirkt. Zu dieser Wirkung, die Rassismus auf uns hat, gehören vor allem die *weißen* Privilegien, die er uns verschafft. Aber es gibt noch mehr Effekte, die wir von Rassismus davontragen und um die geht es hier.

Reflexionsfragen

1. Welche *weißen* Retter*innengeschichten kennst du, z.B. aus Büchern und Filmen oder auch aus dem Umgang mit BIPoC in deinem *weißen* Freundes- und Bekanntenkreis?
2. Wolltest du bisher gegen Rassismus kämpfen, um BIPoC zu helfen?

Rassismus bedeutet auch für *Weiße* Nachteile

Rassismus bedeutet für alle Menschen einen Missstand. Auch für uns *Weiße*. Wenn wir darüber sprechen, wie Rassismus nachteilig auf *Weiße* einwirkt, ist allerdings wichtig, dass wir den Missstand, den Rassismus für *Weiße* darstellt, nicht mit dem Leid gleichsetzen, das BIPoC aufgrund von rassistischer Diskriminierung erleben. Es ist deshalb unpassend, *Weiße* als ›Opfer‹ von Rassismus zu beschreiben. Eine solche Sprache würde die Ausübenden von Rassismus viktimisieren und dazu führen, dass unsere *weiße* Akteursrolle aus dem Blick gerät. Sie müssen wir aber grundsätzlich und in erster Linie reflektieren, wenn wir aus *weißer* Position heraus Rassismus abbauen wollen. Schließlich existieren die Nachteile des Rassismus für *Weiße*, um die es hier geht, auch nicht neben den *weißen* Privilegien. Vielmehr hängen sie eng mit diesen Vorteilen zusammen. Sie sind eine Folge der strukturellen Privilegierung und kollektiven *weißen* Ausübung von Rassismus. Wenn wir uns mit den Nachteilen des Rassismus für *Weiße* auseinandersetzen, dürfen wir außerdem niemals vergessen, dass es beim Kampf gegen Rassismus an erster Stelle darum geht, die systematische Diskriminierung von BIPoC zu überwinden. Um über die Nachteile des Rassismus für uns *Weiße* zu sprechen, braucht es also immer einen angemessenen Rahmen, der ihren Kontext sowie die Erfahrung und das Anliegen von BIPoC berücksichtigt.

Das gesagt, halte ich es für überaus wichtig, die Kosten des Rassismus für *Weiße* zu thematisieren, um rassismuskritische Potenziale zu mobilisieren. Damit bin ich nicht allein. Mit dem Begriff ›Kosten des Rassismus für *Weiße*‹ schließe ich an Paul Kivel an. Er hat die Formulierung in seinem Buch *Uprooting Racism. How White People Can Work for Racial Justice* (2011) geprägt.[28] Und wie Kivel gehe ich begründet davon aus, dass die Nachteile, die Rassismus für *Weiße* hat, *Weiße* motivieren können, gegen Rassismus einzutreten. Das ist neben der Problematik von

White Saviorism der zweite Grund, weshalb wir uns als *Weiße* mit unserem Interesse am rassismuskritischen Handeln auseinandersetzen sollten.

Die Kosten des Rassismus für *Weiße* liegen auf vielen verschiedenen Ebenen. Dazu wurde auch schon einiges zusammengetragen. Bisher am meisten diskutiert und untersucht sind die negativen psychischen Konsequenzen von Rassismus für *Weiße*. In Deutschland beschäftigt sich Amma Yeboah mit diesen psychischen Folgen, die es sich lohnt, genauer in den Blick zu nehmen. Für Yeboah haben die psychischen Kosten wesentlich mit unserer rassistischen Sozialisation zu tun. Sie trainiert uns zum *Weiß*-Sein als vermeintlicher Normalität[29]:

> »*[W]eiße* Personen zahlen neben den zahlreichen Privilegien sehr wohl enorme Kosten für den Rassismus, den sie genießen. Diese sind nur häufig unsichtbar. [...] Denn die *weiß* sozialisierte Person wurde ja nicht weiß geboren, sie muss sich erst das *Weißsein* aneignen. Und dieses *Weißsein* muss sie trainieren. Durch ihre Sozialisation hindurch gibt es Wissensbestände, die sie sich aneignen muss, ob sie es will oder nicht, und es gibt Performance-Druck, dem sie unterliegt, ob sie es will oder nicht, um eben in der *weißen* Position sitzen zu können und zu dürfen. Und das heißt, es gibt Impulse, die sie unterdrücken muss, und das ist auch ein Preis, den sie zahlt.«[30]

Die Theologin Eske Wollrad bringt es so auf den Punkt: Durch Rassismus haben *Weiße* an Würde verloren.[31] Sie schreibt dazu:

> »Die ›Betroffenheit‹ Weißer besteht in einer tiefgreifenden Beschädigung der eigenen Existenz durch sorgsam antrainierte Abstumpfung. [...] Was abstumpfen soll, ist das Gefühl des Unbehagens angesichts der eigenen KomplizInnenschaft und des Wissens um die Widerrechtlichkeit der eigenen Privilegierung.«[32]

Nach Yeboah durchlaufen wir ab der frühen Kindheit eine »spezifische psychische Entwicklung«[33], die es uns ermöglicht, BIPoC meistens unbewusst, aber teilweise auch bewusst, rassistisch zu diskriminieren. Die Forschung greife in diesem Zusammenhang auch den Begriff der Schizophrenie auf. Dabei sei die Beschreibung einer bestimmten Form von Schizophrenie bei *Weißen* erwähnenswert[34]:

> »Mit dem Begriff Schizophrenie wird die psychische Spannung umschrieben, die Weiße aufgrund der Diskrepanz zwischen ihrem eigenen Selbstbild und ihren rassistischen Praktiken aushalten (müssen). Die Weiße Person empfindet sich selbst in der Regel als gütig, fair, demokratisch und individuell, und glaubt an Gleichberechtigung, Chancengleichheit, Freiheit und Unantastbarkeit der Würde des Menschen. In der Realität existiert jedoch ein Paradoxon; Trotz ausreichender Ressourcen und Reichtum in der Gesell-

> schaft existiert strukturelle rassistische Diskriminierung mit Ausgrenzung und Ausbeutung von Schwarzen und PoC. Um diese Realität auszuhalten, müssen Weiße ihre Selbstwahrnehmung von ihren reellen Erlebnissen abspalten […].«[35]

Um strukturellen Rassismus zu verleugnen, blenden wir also unsere *weiße* Identität und unsere Teilhabe am Rassismus aus. So erschaffen und pflegen wir ein verzerrtes Selbstbild. Für unsere Selbstwahrnehmung orientieren wir uns daran, wie wir gerne sein möchten in einer Gesellschaft, die als Idealbild Rassismus verachtet, ohne dabei seine strukturelle Dimension mitzudenken. Das Wunschbild, das wir von uns haben, bleibt so unerreichbar. Wenn die Vorstellungen vom Selbst derart stark von der Realität abweichen, dann führt dies in der Regel zu psychischen Problemen. Deshalb setzt bei einem solchen verzerrten Selbstbild die psychologische Behandlung als hilfreicher Ansatz an. Wie Yeboah bemerkt, ist eine Pathologisierung der *weißen* Psyche allerdings aus einem einfachen Grund obsolet: Es fehlt ein Beklagen von Leid. Zudem sind wir als *Weiße* mit vollem Einsatz selbst für die Aufrechterhaltung der rassistischen Strukturen verantwortlich, die wiederum nachteilig auf unsere Psyche zurückwirken. Mit Yeboahs Worten: »Aus Schwarzer Perspektive sind die Kernelemente Weißen Verhaltens Ignoranz, Dominanz, Aggression, Gewalt und Terror.«[36] Um dieses rücksichtslose, gewaltvolle *weiße* Handeln zu verändern, lohnt sich wiederum ein Blick auf die Einschränkungen im Leben, die Rassismus für uns als *Weiße* neben allen Privilegien bedeutet.

Die Psychologinnen Lisa Spanierman und Mary Heppner erforschen die negativen Effekte des Rassismus für *Weiße* im Detail und stellen damit die Relevanz heraus, die das Eintreten gegen Rassismus für uns hat.[37] Sie unterscheiden zwischen affektiven, kognitiven und verhaltensbezogenen Kosten, die eng zusammenhängen. Zusammengenommen bezeichnen sie diese Kosten als »psychosoziale Kosten des Rassismus für *Weiße*«. Für ihre Definition greifen sie auf den Forschungsstand zurück: Zu den kognitiven Kosten gehört eine verzerrte Wahrnehmung der Realität verbunden mit einer Verwirrtheit hinsichtlich der Koexistenz von Demokratie und Ungleichheit aufgrund von Rassismus. Weil uns die eigene rassifizierte Identität nicht bewusst ist, zählt außerdem ein verzerrtes Selbstbild dazu. Genauso existiert ein verzerrtes Bild von anderen, weil BIPoC unter Rückgriff auf rassistische Stereotype und aus einer ›farbenblinden‹ Haltung heraus wahrgenommen werden. Zu den emotionalen Kosten gehört eine ganze Palette an *weißen* Emotionen, die im Zusammenhang mit unserem Umgang mit Rassismus stehen: Eine dieser Emotionen ist *weiße* Angst. Sie umfasst die Angst vor BIPoC und die Angst, *weiße* Privilegien zu verlieren. *Weiße* Wut, *weiße* Traurigkeit und *weiße* Hilflosigkeit sind emotionale Reaktionen, wenn rassistische Vorfälle und Strukturen wahrgenommen werden. Zu Schuld- und Schamgefühlen kommt es, wenn das eigene *Weiß*-Sein und eigene unverdiente *weiße* Privilegien erkannt werden. Das generelle *weiße* Desinteresse an der Problematik Rassismus ist *weißer* Apathie geschuldet. Zu den Verhaltenskosten zählen Spanierman und Heppner Einschränkungen des eigenen Verhaltens, um rassistische Situationen zu vermeiden. Hierfür können die negativen Kosten selbst, nämlich die negativen Emotionen, die solche Situationen auslösen, verantwortlich sein. Zu den Verhaltenskosten gehören eingeschränkte Beziehungen mit BIPoC genauso wie begrenzte Beziehungen mit anderen *Weißen*. Die Beziehung zu anderen *Weißen* wird belastet, wenn *Weiße* sich strukturellem Rassismus bewusst werden und deshalb von anderen *Weißen* abgelehnt werden. Das führt zu gefühltem Druck, über Rassismus zu schweigen, und Selbstzensur, um wahrgenommene Spannungen zu vermeiden.[38] Spanierman und Heppner untersuchen diese bisher vor allem theoretisch beschriebenen Kosten des Rassismus für *Weiße* empirisch mittels einer Befragung von *weißen* Studierenden.

Die Kosten des Rassismus für *Weiße*

Ähnlich wie oben bei den *weißen* Privilegien möchte ich einige Kosten des Rassismus für *Weiße* hier überblicksartig in einer Liste zusammenfassen. Die Nachteile beschreiben kollektive Erfahrungen, die in der Gesellschaft mit der sozialen Positionierung *Weiß*-Sein verbunden sind. Sie meinen also weniger die Erlebnisse einzelner *weißer* Personen. Das bedeutet, dass du dich wahrscheinlich mit vielen, aber vielleicht nicht mit allen Nachteilen aus der Liste identifizieren kannst. Viele der Nachteile hängen außerdem eng miteinander zusammen. Und vielleicht ahnst du es schon: Ich möchte dich mit der Liste einladen, über die Nachteile, die Rassismus für dich bzw. uns als *Weiße* hat, nachzudenken. Die Fragen für die Reflexion findest du wieder unter der Liste.

1. Wir haben verzerrte Vorstellungen von Rassismus und uns selbst, weil wir ahnungslos über strukturellen Rassismus und unser eigenes *Weiß*-Sein sind. Deshalb können wir unsere Wirkung bzw. die Wir-

kung unseres Handelns auf andere Menschen und in Hinblick auf Rassismus nicht richtig einschätzen.

2. Wir haben verzerrte Vorstellungen über BIPoC, die wir durch die Brille rassistischer Vorurteile und aus einer ›farbenblinden‹ Haltung heraus wahrnehmen.
3. Rassismus verursacht Konflikte, Streitigkeiten und Meinungsverschiedenheiten mit BIPoC. Das führt so weit, dass wir Beziehungen zu BIPoC verlieren, zu Freund*innen, Partner*innen, Familienangehörigen und Arbeitskolleg*innen mit Rassismuserfahrung.
4. Aufgrund von Rassismus haben wir Menschen mit Rassismuserfahrung, die wir mögen und lieben, tief verletzt. Wir laufen Gefahr, dies jederzeit unabsichtlich wieder zu tun, und sind für unsere BIPoC Liebsten deshalb unberechenbar und eine laufende Gefahr.
5. Aufgrund unserer rassistischen Voreingenommenheit sowie der Unsicherheiten und Ängste, die wir aufgrund von Rassismus im Beisein von BIPoC erleben, vermeiden wir es, Beziehungen zu BIPoC einzugehen.
6. Aufgrund von Rassismus haben wir keinen persönlichen Kontakt zu BIPoC. Er verhindert, dass wir überhaupt Beziehungen zu BIPoC eingehen können, wenn wir es wollen. Rassismus und Kapitalismus führen zusammen zu sozialer Segregation, weshalb wir in der Schule, in unserer Nachbar*innenschaft und auf der Arbeit meist nur unter *Weißen* sind und hier Begegnungen mit BIPoC missen.
7. Weil wir uns überwiegend in *weiß*dominierten Räumen bewegen, sind unsere Erfahrungen einseitig und begrenzt. Wir erleben ausschließlich bzw. überwiegend *weiße* Perspektiven, weshalb uns viele Erfahrungen, die BIPoC einbringen können, inklusive diskriminierungskritischer Perspektiven, verwehrt bleiben.
8. Es ist wahrscheinlich, dass uns als Kind von *weißen* Erwachsenen nahegelegt wurde, dass wir nicht mit BIPoC Kindern spielen sollen. Freund*innenschaften, die wir gerne zu BIPoC Kindern gehabt hätten, sind wir deshalb nicht eingegangen. Freund*innenschaften zu BIPoC Kindern, die wir hatten, wurden so erschwert oder zerbrachen deshalb gar.
9. Bis heute schämen wir uns vor manchen anderen *Weißen* für unsere Beziehungen zu BIPoC.
10. Wenn wir mit BIPoC im Alltag auf engem Raum zusammentreffen, zum Beispiel im öffentlichen Raum, wie im Fahrstuhl oder Bus, oder

im Kino und Theater, fühlen wir uns unwohl. Wir werden ängstlich, nervös und verspüren Unsicherheit.

11. Rassismus beeinflusst unser Sicherheitsgefühl negativ. Er schürt in uns irrationale Angst vor BIPoC.
12. In Zeitungen, Film und Fernsehen sowie Literatur und Kunst und anderen kulturellen Angeboten, insbesondere des Mainstreams, werden wir mit einem eurozentrischen Politikverständnis sowie einer eurozentrischen Geschichte und Weltsicht und rassistischen Stereotypen konfrontiert, mit denen Menschen in rassistische Hierarchien eingeteilt werden. So werden eindimensionale Sichtweisen an uns herangetragen und wir über die Realität, dass es keine ›Menschenrassen‹ gibt, getäuscht.
13. Aufgrund von Rassismus wird uns viel Wissen vorenthalten. Zum Beispiel lernen wir in der Schule nichts über die Geschichte des Rassismus und den Widerstand gegen ihn.
14. Als kleine Kinder haben wir entwicklungspsychologisch betrachtet noch gar keine Chance, die Dimension von Rassismus als strukturelles Phänomen und politische Tragweite des eigenen Handelns zu erfassen. Wir werden unwissentlich zu Handlanger*innen des Rassismus, indem wir von klein auf Rassismen reproduzieren, z.B. gegenüber BIPoC Spielgefährt*innen im Kindergarten oder bei Begegnungen auf dem Spielplatz.
15. Unsere rassistische Sozialisation erfolgte unfreiwillig und unbewusst. Das Gefühl *weißer* Dominanz ist also die Folge einer Zwangsmaßnahme.
16. Wir müssen viele Wissensbestände in unserer Gesellschaft ablehnen und viele sozial unerwünschte Gedanken und Handlungen unterdrücken, um zum *weißen* ›Wir‹ dazuzugehören und tagtäglich in unseren verschiedenen Lebensbereichen zu funktionieren.
17. Wir fügen BIPoC bewusst oder unbewusst Schaden zu, lösen Stressreaktion und Traumata aus. Wir stützen ein System, das BIPoC die gleichen Teilhabechancen in der Gesellschaft verwehrt und immer wieder im Extremen sein Gesicht in rassistischen Übergriffen und Morden findet. Das widerspricht unserem Selbstbild, dass wir Rassismus ablehnen, das so so zur Illusion verkommt.
18. Rassismus führt unsererseits zu Apathie und fehlender Empathie (nicht nur) für BIPoC. Zum Beispiel erleben wir alltäglichen Rassismus mit, hören etwa rassistische Witze und abwertende rassistische

Kommentare, und schreiten nicht ein. Oder wir arbeiten in Organisationen, in denen BIPoC schlechter behandelt und bezahlt werden und tun nichts dagegen.

19. Rassismus lässt unser Demokratieverständnis und unsere Verständnisse von Gleichheit und Gerechtigkeit zur Farce verkommen.
20. Wenn wir uns in Situationen wiederfinden, in denen BIPoC von anderen rassistisch diskriminiert werden, erkennen wir das nicht oder wir verfallen in Schockstarre und bekommen Angst, etwas dagegen zu unternehmen. Als Zeug*innen von Rassismus, die nicht einschreiten, ist unsere moralische Integrität zutiefst erschüttert.
21. Rassismuskritik führt dazu, dass wir Stress und Unwohlsein erleben, dass wir wütend, frustriert und müde sind, uns zurückgewiesen und ungemocht fühlen. Unsere Abwehr von Rassismuskritik bedeutet einen andauernden Energieverbrauch, der die Kraft für andere Aktivitäten des Lebens, z.B. Familie und Freund*innen, reduziert.
22. Wenn wir beginnen, strukturellen Rassismus wahrzunehmen und *weiße* Privilegien zu reflektieren, erzeugt das unangenehme Emotionen von Schuld, Scham, Wut, Trauer und Frustration. Das kann unser Selbstbewusstsein schmälern.
23. Rassismus schürt Konflikte, Streits und Meinungsverschiedenheiten, die unsere Beziehungen zu anderen *Weißen* belasten und sogar zerstören können.
24. All das erschwert den Dialog und die Verbindung in der Begegnung mit BIPoC. Es gelingt uns selten, eine vertrauensvolle Beziehung zu BIPoC aufzubauen, z.B. im Arbeitsalltag mit BIPoC Kund*innen oder Klient*innen oder als Pädagog*in mit BIPoC Schüler*innen.
25. Rassismus macht es schwer für uns, gesellschaftliche Strukturen auszumachen und uns als selbst darin eingebettet zu erfassen. Er macht uns unfähig, uns selbst in Beziehung zu BIPoC zu betrachten. Das gilt auch für globale Zusammenhänge.
26. Werden wir als Erwerbslose klassistisch abgewertet und als Arbeiter*innen ökonomisch ausgebeutet, sind wir unfähig, diese Abwertung und Ausbeutung zu sehen und zu bekämpfen, weil wir gelernt haben, dass BIPoC als Sündenböcke für Arbeitslosigkeit und andere soziale Probleme verantwortlich sind.
27. Als Frauen ist unser Kampf gegen Sexismus hoffnungslos, weil wir aufgrund von Rassismus nicht realisieren, dass Sexismus nur überwindbar ist, wenn wir uns auch gegen Rassismus stellen.

28. Zusammen mit anderen Unterdrückungsformen, die auch uns negativ betreffen, spielt Rassismus benachteiligte Gruppen – denen wir vielfach ebenfalls angehören – gegeneinander aus und treibt so die Spaltung in unserer Gesellschaft voran.
29. Als Klimaaktivist*innen ist unser Kampf gegen die Klimakrise hoffnungslos, weil wir aufgrund von Rassismus nicht realisieren, dass die Klimakrise nur überwindbar ist, wenn Klimagerechtigkeit hergestellt und hierfür auch Rassismus bekämpft wird.

Zusammengenommen: Rassismus erschwert uns eine realistische Selbst-, Fremd- und Weltwahrnehmung. Er nimmt uns die Chance, einen gesunden Umgang mit uns selbst, mit anderen und mit der Welt zu finden. Er verhindert, dass wir so leben, wie mit Sicherheit viele von uns würden leben wollen, wenn wir um das wüssten, was uns Rassismus vorenthält – im Sinne unserer eigenen Befreiung und der Befreiung von BIPoC.

Reflexionsfragen

1. Wie ist es dir beim Lesen der Liste ergangen? Was war für dich neu? Welche Punkte fandest du besonders wichtig?
2. Welche Nachteile spiegeln deine persönliche Erfahrung wider? Welche Kosten zahlst du für Rassismus? Lies die Liste noch einmal und kreuze an, welche Punkte das sind.
3. Empfindest du die Liste als motivierend, rassismuskritisch zu handeln?
4. Gibt es Aspekte, die für dich noch nicht ganz klar waren und mit denen du dich noch mehr beschäftigen möchtest? Falls ja, welche sind das?
5. Ich bin mir sicher, dass es noch viele weitere Nachteile des Rassismus für *Weiße* gibt. Fallen dir noch andere ein?

Spread the Word: Als *Weiße* gewinnen wir durch Rassismuskritik

Für uns *Weiße* ist es schwer, die Kosten des Rassismus für uns überhaupt wahrzunehmen. Wir sind trainiert, sie zu ignorieren, zu verleugnen oder wegzurationalisieren. Das ist kein Wunder, denn Rassismus will das so. So funktioniert er besser. Wenn wir nicht wissen, wie Rassismus uns benachteiligt, gibt es für uns scheinbar weniger triftige Gründe, uns gegen ihn zu stellen. In einem Workshop, in dem wir uns mit den Nachteilen des Rassismus für *Weiße* beschäftigt haben, brachte eine Teilnehmende ihre Gedanken dazu so auf den Punkt: »Warum wird uns das vorenthalten?« Sie war wütend und traurig. Selbst in Bildungsveranstaltungen zu Rassismus sind die Nachteile des Rassismus für *Weiße* bisher so gut wie kein Thema. Zwar wurden noch nie so viele Sensibilisierungsmaßnahmen umgesetzt wie jetzt, gerade auch in Organisationen wie Unternehmen, Kulturinstitutionen oder öffentlichen Verwaltungen. Doch die meisten *Weißen* gehen aus diesen zunehmend auch verpflichtenden Formaten heraus und wissen immer noch nicht, warum die Auseinandersetzung mit Rassismus und mit *Weiß*-Sein gewinnbringend für sie sein soll. Die Beschäftigung bleibt ein ›Thema‹, das scheinbar vor allem andere, nämlich BIPoC, betrifft. Der Auftakt zu einer bedeutungsvollen und anhaltenden persönlichen Reise sieht anders aus.

Deshalb möchte ich noch einmal explizit festhalten: Als *Weiße* profitieren wir von rassismuskritischem Handeln. Denn Rassismus birgt auch für uns Nachteile. Das sollten alle *Weißen* wissen, damit sich noch mehr von uns rassismuskritisch einsetzen. Denn auch wenn die meisten von uns für sich behaupten, Rassismus abzulehnen und nicht vorsätzlich rassistisch zu handeln, werden nur die wenigsten gegen Rassismus aktiv. Stattdessen wehren immer noch zu viele *Weiße* Rassismuskritik ab, empfinden sie als übertrieben oder gar gefährlich. Viele glauben, dass Menschen, die sich über Rassismus beschweren, überempfindlich seien und die Rassismusängste der Betroffenen übertrieben.[39] Offensichtlich sind viele nicht motiviert, rassismuskritisch zu handeln. Und unsere Reflexe der *weißen* Abwehr fallen umso heftiger aus, desto konkreter es der Rassismuskritik um unsere alltägliche Lebenswelt geht. Zum Beispiel wehrt sich mehr als die Hälfte der Bevölkerung gegen die Kritik an rassistischem Sprachgebrauch.[40] Diese Kritik an rassistischem Sprachhandeln löst immer wieder Empörung und Unverständnis aus, die regelmäßig auch ein mediales Sprachrohr und Ventil finden. Die Argumentation der Verfechter*innen des rassistischen Status Quo lautet immer wieder, Rassismuskritik sei eine Zumutung für die Mehrheit.

Ich möchte es laut von den Dächern rufen: Das ist sie nicht! Die Nachteile des Rassismus zeigen offensichtlich, dass wir als *Weiße* viel von Rassismuskritik gewinnen. Wir schneiden bei dem Ganzen sehr gut ab. Das wissen nur die meisten nicht. Deshalb muss das Wissen über die

Nachteile von Rassismus für *Weiße* verbreitet werden. Als *Weiße* müssen wir wissen, warum Rassismuskritik in unserem Interesse ist. Damit wir erkennen können, dass sich der Kampf gegen Rassismus auch für uns lohnt. Als Motivation dafür, sich auf eine kritische Beschäftigung mit Rassismus einzulassen, der vielen von uns kaum für unsere Lebensrealität relevant, sondern als Problem anderer erscheint. Als Motivation dafür, aktiv zu werden und rassismuskritisch zu handeln. Meine Schlussfolgerung lautet: An jedes Lernen über *weiße* Privilegien, mit dem sich *Weiße* bewusst werden, nicht-›normal‹, sondern *weiß* zu sein, muss sich eine Auseinandersetzung mit den Kosten des Rassismus für *Weiße* anschließen. Informationen zu den Nachteilen des Rassismus für *Weiße* gehören für mich zu den Inhalten einer rassismuskritischen Didaktik. Wenn wir uns außerdem regelmäßig vergegenwärtigen, welchen Mehrwert Rassismuskritik für uns hat, kann uns das zudem dabei unterstützen, schwierige rassismuskritische Lernprozesse durchzuhalten. Eine Erinnerung an die Kosten des Rassismus für *Weiße* kann uns in unbequemen Situationen, die rassismuskritisches Lernen und Handeln für uns bereithält, helfen weiterzumachen. Denn dieses Unbequeme, um das es im nächsten Kapitel geht, fängt bereits mit der ersten Bewusstwerdung an.

4 Bewusstwerdung: Entwicklung einer rassismuskritischen Haltung

Nimm dir zu Anfang dieses Kapitels etwas Zeit, um die folgenden Fragen für dich zu beantworten.

Reflexionsfragen

1. Welche Emotionen kommen in dir auf, wenn dir jemand sagt, dass eine Handlung oder Aussage von dir rassistisch sei?
2. Welchen Einfluss haben diese Emotionen möglicherweise auf dein Handeln in solchen Situationen?

Weiße Abwehr und ihre Gründe

Neulich veranstaltete ich einen Grundlagen-Tagesworkshops für eine rein *weiße* Gruppe. Als wir am Ende die wichtigsten Erkenntnisse zusammenfassten, hob eine Teilnehmerin die Hand und sagte: »Also ich möchte eigentlich etwas anderes sagen: Ich sehe das anders. Ich bin nicht der Meinung, dass ich mit meinen Privilegien irgendjemandem weh tue. Ich handel nicht rassistisch.« Fertig war sie. Stille im Raum. Quasi alles, was ich in den letzten acht Stunden argumentiert hatte, was wir uns den ganzen Tag gemeinsam erarbeitet hatten, stellte sie mit diesem einen Satz wieder infrage. Solche Momente sind immer sehr ernüchternd. Ich erlebe sie regelmäßig.

Wenn Rassismus hinterfragt wird, erfährt die Normalität des Rassismus einen Riss. Darauf ist Rassismus aber gut vorbereitet. Denn ihm liegt alles daran, diese Risse schnellstmöglich wieder zu kitten. Rassismus hat uns als *Weiße* dazu konditioniert, Rassismus als gesellschaftlichen Normalzustand zu verteidigen. Das haben wir von klein auf gelernt. Wenn Rassismus infrage gestellt wird, wenden wir immer wieder unterschiedliche Strategien an, um dies abzuwehren. Darüber müssen wir noch nicht einmal nachdenken. Es passiert ganz automatisch. Wir beherrschen die Abwehrstrategien unbewusst. Auch sie erscheinen uns als normal. Schließlich sind auch sie Ausdruck von Rassismus. Dass wir Rassismus mit unserem Verhalten stützen, ist uns in der Regel nicht klar. Rassismus sozialisiert uns als *Weiße* so, dass wir ihn zwar mehrheitlich unbewusst, aber mit viel Energie aufrechterhalten.

Meine eigene lebhafteste Erinnerung an *weiße* Abwehr ist, dass ich einen Artikel einer Schwarzen Autorin über Alltagsrassismus in Deutschland gelesen habe und wütend war, weil ich mich an den Pranger gestellt fühlte. Ich dachte, dass all das Leid und die Probleme von BIPoC, von denen die Autorin schrieb, doch für mich als Frau genauso gelten würden und war überzeugt, dass die Autorin zu sehr einem Schwarz-Weiß-Denken verhaftet sei. Außerdem fand ich den Ton der Autorin zu ›zornig‹ und zu ›aggressiv‹ und deshalb insgesamt ›kontraproduktiv‹. Mehrmals kritisierte ich das Buch dafür sogar anderen gegenüber. Indem ich die Opferrolle einnahm und als Tonzensor fleißig *Tone-Policing* betrieb, war ich nicht in der Lage, die Erfahrungen von BIPoC, in die das Buch einen Einblick bot, richtig zu verstehen. Hingegen habe ich die rassistische Vorstellung bestätigt, dass *Weiße* alles besser wissen.

Woher kommt unsere Abwehr auf Rassismuskritik? Warum reagieren wir so? Die US-amerikanische Rassismusforscherin Robin DiAngelo beschreibt Rassismuskritik auch als Stressfaktor für *weiße* Menschen.[41] Der Stress durch Rassismuskritik resultiert daraus, dass wir uns daran gewöhnt haben, Rassismus als unhinterfragte Normalität wahrzunehmen. Was damit einhergeht, nennt DiAngelo »*weiße* Fragilität«:

> »Bereits der geringste Stress durch Konfrontation mit Rassismus ist unerträglich. Allein schon die Andeutung, Weißsein sei von Belang, löst häufig eine ganze Reihe von Abwehrreaktionen aus. Dazu gehören Emotionen wie Wut, Angst und Schuldgefühle und Verhaltensweisen wie Argumentieren, Schweigen und Rückzug aus der Stresssituation. Mit solchen Reaktionen versuchen weiße Menschen, ihr inneres Gleichgewicht wiederherzustellen, indem sie die Kritik abwehren, wieder in ihre Komfortzone zurückkehren und ihre Dominanz in der Rassenhierarchie aufrechterhalten. Diesen Mechanismus bezeichne ich als ›weiße Fragilität‹ (White Fragility) – eine Empfindlichkeit, die zwar durch Unbehagen und Angst ausgelöst wird, aber aus einer Überlegenheits- und Anspruchshaltung erwächst. Sie ist nicht per se Schwäche, sondern ein starkes Mittel in der Machtausübung der weißen ›Rasse‹ und der Bewahrung ihrer Privilegien.«[42]

Mit den abwehrenden Reaktionen gegenüber Rassismuskritik vergewissern wir uns unseres *weißen* Selbst, das zur rassistischen Normalität gehört. Wir vermeiden die unbequemen Konsequenzen, die es mit sich bringt, wenn es infrage gestellt wird. Unser *weißes* Selbst, das sind zum einen die gesellschaftlichen Privilegien, die wir aufgrund von Rassismus genießen. Mit unserem Abwehrverhalten verteidigen wir sie und halten so rassistische Ungleichheitsverhältnisse stabil. Zum anderen halten wir mit unserer Abwehr unser positives Selbstbild als gute Menschen stabil. Denn Rassismuskritik erschüttert dieses positive Selbstbild. Sie zeigt auf, inwiefern wir von Rassismus profitieren und daran beteiligt sind, ihn aufrechtzuerhalten. Das ist mit einem positiven Selbstbild erst einmal nur schwer zu vereinbaren. »Die weiße Psyche muss sich schützen«[43], schreibt Anna Yeboah in diesem Zusammenhang und bringt es damit auf den Punkt.

Das Repertoire an Mechanismen *weißer* Abwehr ist breit. Es ist aber nicht so breit, dass sich nicht schnell typische Muster in unserem *weißen* Verhalten erkennen ließen, wenn rassistische Realitäten hinterfragt werden. Zum Beispiel nehmen wir dann eine Opferrolle ein, kehren den Rassismus um (*reverse racism*) oder behaupten, dass Betroffene das Thema für sich instrumentalisieren. Oder wir werfen BIPoC vor, das Thema Rassismus künstlich aufzubauschen. Typisch ist auch, dass wir rassistische Diskriminierung einfach negieren, abstreiten, abschwächen, verharmlosen oder entschuldigen. Häufig meiden wir eine Thematisierung von Rassismus insgesamt. Wir ignorieren und schweigen und tun damit genau das, was Rassismus von uns erwartet, um als System mit den verschiedenen Gesichtern der alltäglichen subtilen wie offenen Diskriminierung unhinterfragt fortbestehen zu können. Yeboah sagt über unser Schweigen:

> »(E)s ist das Schweigen der Mehrheit, das die Aggressivität und den Terror in der Gesellschaft legitimiert. Diejenigen, die schweigen, glauben, dass wenn sie schweigen, dass sie neutral sind, und das ist die Krux. Zu schweigen oder passiv zu sein, ist das Beste, was Rassismus passieren kann, um fortzubestehen.«[44]

Auch die Daten der Studie *Rassistische Realitäten* zur Wahrnehmung von Rassismus in Deutschland zeigen, dass ein nicht unbeträchtlicher Teil der Bevölkerung auf Rassismuskritik mit Abwehr reagiert. Fast jede zweite Person vertritt die Position, dass Kritik an Rassismus die Meinungsfreiheit einschränkt oder in anderer Hinsicht unangemessen und überzogen ist.[45]

Beispiele aus meinen Workshops

In meinen Workshops erlebe ich zahlreiche Formen *weißer* Abwehr. Hier sind das vor allem Themen- und Problemverschiebung, die Abwertung von Informationen, eine Opfer-Täter*innenverschiebung, eine ›farbenblinde‹ Haltung oder besserwisserisches Verhalten. Arbeitsaufträge werden selbstständig abgewandelt, zu etwas ›Passenderem‹, weg vom Thema. Oder der von mir geplante inhaltliche Ablauf wird gleich ganz infrage gestellt. Mir wird auch immer wieder die Expertise abgesprochen, mal mehr und mal weniger unverblümt. Meistens passiert das mit der Aussage: »Da bin ich anderer Meinung.« Nicht selten geht es so schon los, bevor wir überhaupt richtig eingestiegen sind. Spätestens nachdem ich Rassismus als Form von struktureller Diskriminierung erklärt habe, womit ich meine Workshops gerne beginne, um eine gemeinsame begriffliche Grundlage zu legen, ist auf die *weiße* Abwehr Verlass. Dann schlägt sie mir nicht selten mit voller Wucht entgegen, wenn mein Input nicht schon unterbrochen wurde, um die Abwehr kundzutun.

Hier sind einige Beispiele für abwehrende Aussagen aus meinen Workshops, die ich im Anschluss an meine einführende Erklärung von Rassismus erlebt habe. Sie sind in ihrer Art ziemlich typisch. Häufig werden sie von heftigen Gefühlsausbrüchen, Empörung und Wut begleitet.

> »Das wissen wir alles schon und das brauchen wir nicht. Das entspricht nicht unserem Bedarf.«
>
> »Können wir den Ablauf ändern?«
>
> »Ich dachte es geht um Diskriminierung und jetzt geht es nur um Rassismus. Was ist mit Sexismus?«
>
> »Ist das wissenschaftlich untermauert oder erzählen Sie hier einfach nur ihre Meinung?«
>
> »Wollen Sie damit sagen, ich sei rassistisch? Das lasse ich mir nicht sagen!«
>
> »Ich bin nicht *weiß*, sondern ein Homo sapiens.«
>
> »Sie haben das offensichtlich nicht verstanden.«
>
> »Also, das geht mir jetzt wirklich zu weit. Lassen Sie mal die Kirche im Dorf.«
>
> »Sie übertreiben.«

Die Abwehr zieht sich oft durch den gesamten Ablauf von Veranstaltungen. Gängig ist zum Beispiel, dass Teilnehmende die beginnende Diskussion um die Bedeutsamkeit kritischer Selbstreflexion für unser Handeln gegen Rassismus verschieben, hin zu der selbst eingebrachten Frage, wie »man am besten mit einem unbegründeten ›Rassismusvorwurf‹ umgehen kann«. Dazu ist der Redebedarf nicht selten groß. Genauso geballt wie am Anfang von Veranstaltungen, erlebe ich *weiße* Abwehr zum Ende von Workshops. Das ist dann in Check-Out-Runden, in denen wir die wichtigsten persönlichen Erkenntnisse teilen, oder in Feedbackrunden. Ein paar Beispiele:

> »Ich werde nichts verändern, weil ich alle gleich behandle.«
>
> »Ihre emotionale Art ist schwierig.«
>
> »Ich arbeite zu Gender und kann mich jetzt nicht noch um Rassismus kümmern, das schaffe ich einfach nicht.«
>
> »Als junge Frau fehlt es ihnen wahrscheinlich noch ein bisschen an Lebenserfahrung, um das zu verstehen.«

Auch nonverbal wird die *weiße* Abwehr zum Ausdruck gebracht. Das passiert zum Beispiel durch Kopfschütteln, demonstratives Beschäftigen mit dem Handy oder breitbeiniges Sitzen mit den Armen hinterm Kopf, sodass bloß alle mitbekommen, dass das Thema für die Person nicht von Interesse ist. Ich bin es gewohnt, dass Teilnehmende teilnahmslos und passiv sind, einfach nicht mitarbeiten. Im Kern geht es immer darum, die von mir oder auch anderen Teilnehmenden geäußerte Kritik am Rassismus zurückzuweisen. Ob die Abwehr bewusst oder unbewusst geschieht, rassismuskritische Lernprozesse werden so beeinträchtigt. Eine weiterführende Beschäftigung mit den Lerninhalten wird so verhindert. Am offensichtlichsten ist das, wenn der Lernraum frühzeitig verlassen wird. Auch das kommt immer wieder vor. Bei Online-Veranstaltungen braucht das nur einen Klick. Bei Präsenzveranstaltungen kann das schon mal unangenehmer werden. Hier ist es anscheinend ein verspürter ›Rassismusvorwurf‹, der die Emotionen derart aufkochen lässt, dass die Personen ihre Unzufriedenheit häufig noch mit einem bühnenreifen Abgangsstatement mitteilen. Dabei waren es bisher immer Frauen, die die Veranstaltung derart aufgebracht verlassen haben, weil sie der Meinung waren, ich würde ihnen Rassismus vorwerfen. Ich erinnere mich an einen Workshop mit Pädagog*innen, in der eine Teilnehmerin empört erklärte, sie lasse »das so nicht auf sich sitzen« und werde sich über mich beschweren, bevor sie wütend den Raum verließ. Für das Abwehrverhalten von Männern, das ich erlebe, ist wiederum typisch, dass Männer meine Expertise unverblümt infrage stellen. Dann heißt es etwa herablassend freundlich: »Das schätzen Sie falsch ein«, »Sie widersprechen sich« oder »Schauen Sie das besser noch einmal nach.« Männer kommunizieren auch häufiger durch ihre Körpersprache, dass sie mir nicht mehr zuhören und von dem, was ich erzähle, nichts halten.

Hartnäckig, aber veränderbar

Zusammengefasst: Rassismuskritik stößt auf Widerstand in Form von *weißer* Abwehr. Davon sind auch intentional angelegte rassismuskritische Bildungsprozesse keinesfalls ausgenommen. Im Gegenteil. Hier kommt die Abwehr nicht selten mit auffällig hohem Energieeinsatz zum Tragen. In Räumen, die *Weiße* zu rassismuskritischen Lernprozessen anregen sollen, fällt *weißes* Abwehrverhalten oft heftig aus. Diese Räume sind für ihre angespannten Atmosphären und heftigen Gefühlsausbrüche bekannt. Denn sie fordern *weiße* Abwehr geradezu heraus. Das ist ihr Anliegen. Meistens bestehen Workshops mit *Weißen* für mich tatsächlich vor allem daraus, mit *weißer* Abwehr umzugehen. Sie sind der Versuch, sie produktiv zu wenden. Das klappt keinesfalls immer. *Weiße* Abwehr gibt sich nicht schnell geschlagen. Rassismus braucht sie, um weiter existieren zu können. Es geht damit um den Erhalt eines über 500 Jahre erfolgreichen Systems. Wäre *weiße* Abwehr einfach veränderbar, wäre Rassismus tatsächlich schnell überwindbar.

Bei dem Ganzen ist außerdem viel Psychologie im Spiel. Das gilt insbesondere für die gesellschaftliche Mitte. Gerade wenn wir ›wohlmeinend‹ progressiv eingestellt sind, kann es uns schwerfallen, ausgrenzende Tendenzen auch vor uns selbst zuzugeben. In der Studie *Rassistische Realitäten* heißt es, die Literatur deute an, dass *weiße* Abwehr »insbesondere bei Angehörigen der besser gebildeten Mittel- und Oberschicht zu beobachten sind, da unter ihnen ein besonderer Druck bestünde, rassistische Realitäten mit ihren tendenziell liberalen Gleichheitsidealen in Einklang zu bringen«.[46] Die Studie berücksichtigt bei der Befragung zur Wahrnehmung von Rassismus in Deutschland auch selbst den Bildungsgrad der Befragten. Ihre Ergebnisse weisen genauso darauf hin, dass *weiße* Abwehr »auch und gerade in den Bevölkerungsteilen verbreitet ist, die ihr Selbstbild als demokratische Mittelschicht mit rassistischen Realitäten kognitiv in Einklang bringen müssen«[47]. Die Abwehr erfolgt sozusagen reflexartig, damit es uns nicht unbequem wird, besonders wenn wir von uns behaupten, Rassismus abzulehnen.

Weiße Abwehr macht das Lernen über Rassismus und rassismuskritisches Handeln aus *weißer* Position schwer. Es ist wichtig, das anzuerkennen. Aber nicht, um damit herauszustellen, wie arm wir als *Weiße* dran sind. Das Ganze ist nicht vergleichbar mit dem Kraftaufwand, mit dem sich BIPoC Rassismus widersetzen. Wir müssen beachten, dass es schwer ist, *weiße* Abwehr zu überwinden, um die kognitiven Prozesse mitzudenken, die wir als *Weiße* durchlaufen, wenn uns Rassismus und unser *Weiß*-Sein bewusst werden. Von den (entwicklungs)psychologischen Erkenntnissen hierzu können wir viel für unser Lernen über Rassismus mitnehmen. Für all diejenigen, die in der Bildungsarbeit tätig sind, ist ein Blick hierhin ohnehin unabdingbar, um ein solches Lernen bestmöglich zu unterstützen.

Außerdem: Statisch ist die *weiße* Abwehr wiederum auch nicht. Rassismus ist als soziales Konstrukt veränderbar. Die *weiße* Abwehr muss abschwächbar sein. Sonst bräuchten wir Rassismus gar nicht erst zu kritisieren. Und hier kommt rassismuskritische Bildung ins Spiel. Vielleicht nicht so häufig, wie ich *weiße* Abwehr wahrnehme, doch oft genug erlebe ich, dass *Weiße* beginnen, sich mit ihrer Abwehr auseinanderzusetzen. Dass sich *Weiße* auf den Weg machen, einen neuen Umgang mit ihr zu finden. Das sind für mich die Erfolge meiner Arbeit. Mit Rassismuskritik in Berührung zu kommen, führt also nicht automatisch zu veränderten rassismuskritischen Einstellungen und Handlungen. Es kann aber einen Prozess einleiten, der dazu führt. Auf diesem Weg ist es unabdingbar, unsere Abwehr in ihrer politischen Tragweite zu verstehen und einen besseren Umgang mit ihr finden.

Weiße Abwehr ist auch so effektiv, weil wir sie nicht einfach abschalten können, selbst wenn wir das wollen. Was wir aber können, ist sie wahrzunehmen und uns weniger von ihr beeinflussen zu lassen. Auch wenn sie vielleicht niemals weg sein wird, können wir sie so mit der Zeit minimieren. Hier sind einige Gedanken, die mir helfen, mit *weißer* Abwehr umzugehen, wenn ich merke, dass sie in mir aufkommt:

1. Ich kenne das Gefühl, das gerade aufkommt. Es ist nicht schön, aber ich weiß, welche politische Funktion es erfüllen soll. Es ist Abwehr zugunsten von Rassismus. Ich weiß, dass das Gefühl auch wieder vorbeigeht. Es ist halb so schlimm. Die Situation hält keine Nachteile für mich bereit.
2. Es geht jetzt nicht um mich als Person. Es geht darum, verantwortungsvoll gegen Rassismus zu handeln. Das ist mein Anliegen und in meinem Interesse.
3. Jetzt nicht aus dem Affekt handeln, denn das geht wahrscheinlich schief. Erst einmal drei Mal tief Luft holen.
4. Bleib jetzt dabei und sei aufmerksam, jetzt wird es wichtig. Entziehe dich nicht.

5. Dies ist eine besondere Chance für mich, für mein rassismuskritisches Lernen und Handeln. Wenn ich dem Impuls der Abwehr jetzt widerstehe, komme ich einen Schritt weiter und meinem Ziel näher.

Reflexionsfragen

Dies ist eine etwas längere Reflexionsübung. Bitte nimm dir ausreichend Zeit und die dafür notwendige Ruhe, um nun einmal zu reflektieren, welche Formen *weißer* Abwehr du kennst, von anderen und von dir selbst. Wenn es um dich selbst geht, sei dabei bitte ehrlich zu dir selbst. Führe dir vor Augen, dass wir alle, wenn wir mit Rassismuskritik in Berührung kommen, *weiße* Abwehr erleben. Davon ist niemand ausgenommen. Es geht darum, die eigene Abwehr anzuerkennen und besser zu erkennen, um daraus etwas Gutes machen zu können.

1. Hast du schon einmal bei anderen *Weißen weiße* Abwehr wahrgenommen? Z.B. in deiner Familie, unter deinen Freund*innen und Bekannten oder auf der Arbeit, als es um Rassismus ging? Auf was folgte die Abwehr als Reaktion? Wie hat sie sich geäußert? Wie glaubst du, haben sich die *weißen* Personen in diesen Momenten gefühlt?
2. An welche eigenen abwehrenden Reaktionen beim Thema Rassismus erinnerst du dich? Was hat deine Abwehr ausgelöst? Wie hat sich die Abwehr geäußert? Kannst du dich noch an deine Gefühle in diesen Momenten erinnern? Welche waren das? Wie standen sie möglicherweise im Zusammenhang mit deinem Verhalten?
3. Kam bei dir beim bisherigen Lesen dieses Buches *weiße* Abwehr auf? Bei welchen Teilen war das? Welche Emotionen gingen damit einher?
4. Ruf dir noch einmal deine Antworten zu den zwei Reflexionsfragen zu deinem Umgang mit Hinweisen auf rassistisches Verhalten zu Beginn dieses Kapitels in Erinnerung. Würdest du deine Antworten jetzt, nach dem Lesen des Abschnittes und der Reflexion, als Form von *weißer* Abwehr beschreiben? Würdest du die Fragen jetzt anders beantworten?
5. Was glaubst du, könnte dir helfen, deine *weiße* Abwehr zu regulieren, wenn du sie das nächste Mal erlebst? Was nimmst du dir vor, dann zu tun, um besser mit ihr umzugehen? Vervollständige dafür den folgenden Satz, um einen Wenn-Dann-Plan zu entwickeln:

»Wenn ich das nächste Mal merke, dass *weiße* Abwehr in mir aufkommt, dann werde ich…« Schreibe das auf oder spreche es drei Mal laut aus.

6. Und zuletzt: Wie war diese Reflexion für dich? Was hast du dabei empfunden? Was möchtest du daraus für dich und deinen Umgang mit *weißer* Abwehr mitnehmen?

Stadien der Bewusstwerdung

Weiße Abwehr ist der Anfang. Wie unser Lernfortschritt zu Rassismus als *Weiße* vonstattengeht, dazu gibt es schon viel Forschung. Lohnenswert ist ein Blick in die englischsprachige Diskussion, die hier nicht nur in die Psychologie, sondern auch in die Pädagogik hineinreicht. Hier wird angenommen, dass wir alle psychologisch mehrere Stadien durchlaufen müssen, um zu erkennen, wie Rassismus uns berührt. Das gilt für *Weiße* und BIPoC gleichermaßen. Die Stadien fallen für *Weiße* und BIPoC aber unterschiedlich aus. Für *Weiße* beschreibt beispielsweise die Psychologin Grada Kilomba diese Stadien. Kilomba, hier auf den postkolonialen Theoretiker Paul Gilroy zurückgreifend, identifiziert fünf Stadien, die wir als *Weiße* durchlaufen, um das eigene *Weiß*-Sein wahrzunehmen: Verleugnung, Schuld, Scham, Anerkennung und Wiedergutmachung.[48]

Rassismusforschende beobachten immer wieder die gleichen Reaktionen, die wir als *Weiße* zeigen, wenn wir über Rassismus lernen. So sind *Racial Identity Development*-Theorien (dt. ›Theorien der Identitätsentwicklung im Kontext von Rassismus‹) entstanden, die diese Reaktionen verschiedenen Stadien des Lernprozesses zuordnen. Einschlägig waren die Arbeiten der Psychologin Janet Helms. Oft zitiert werden auch die daran anknüpfenden und sehr lesenswerten Beiträge der Psychologin und Pädagogin Beverly Tatum.[49] Mittlerweile gibt es verschiedene Modelle, die sich im Wesentlichen aber gleichen:

Startpunkt der *weißen* Identitätsentwicklung im Kontext von Rassismus ist grundsätzlich eine Position der Abwehr. Wir befinden uns als *Weiße* hier, wenn wir unter Rassismus nur eine Ausnahmeerscheinung und das absichtsvolle böse Handeln einzelner Personen verstehen. Kurz: wenn wir kein Verständnis von strukturellem Rassismus haben und uns unsere eigene *weiß*privilegierte Position nicht bewusst ist. Ausdruck dieser Phase sind zum Beispiel Aussagen wie:

»Das war nicht so gemeint.« (in der Annahme, eine Handlung war deshalb nicht rassistisch)
»Ich sehe keine Unterschiede zwischen den Menschen.« (›farbenblinde‹ Haltung)
»Rassismus gibt es bei uns nicht. Damit haben wir kein Problem.«
»Ich bin nicht rassistisch.«

Setzen wir uns dann intensiver mit strukturellem Rassismus auseinander, lernen wir, dass Rassismus auch uns beeinflusst und uns unverdiente *weiße* Privilegien verschafft. Wir beginnen, auch das eigene Zutun zu Rassismus zu erkennen. Und wir nehmen wahr, wie Rassismus unser Fühlen, Denken und Handeln prägt und wir ihn damit wiederum verfestigen. Unser Selbstbild gerät ins Wanken. Wir empfinden Schuld und Schamgefühle, die nun unser Denken und Handeln beeinflussen. Zudem können wir einen gesellschaftlichen Druck verspüren, den rassistischen Status quo nicht infrage zu stellen. Nach Tatum kann es an diesem Punkt auch zur Phase der Reintegration kommen. Die negativen Gefühle, die die neuen Erkenntnisse über Rassismus ausgelöst haben, laufen Gefahr, auf BIPoC umgeleitet zu werden. Sie werden als Quelle des Unbehagens beschuldigt.[50] Unser Lernprozess kommt ins Stocken.

Idealerweise hält der Lernprozess an und es kommt zu einer Phase der Anerkennung. Nun akzeptieren wir, dass unsere eigene Lebenserfahrung eine spezifisch *weiß*privilegierte Lebenserfahrung ist, die sich von den alltäglichen Erfahrungen von BIPoC unterscheidet. Wir erkennen außerdem an, dass Rassismus zu bekämpfen bedeutet, dass wir unser Verhalten ändern müssen. Das ist die Voraussetzung für den nächsten Schritt: *Allyship*. Ein *White Ally* ist eine *weiße* Person, die Verantwortung dafür übernimmt, gegen rassistische Diskriminierung einzutreten und selbstreflexiv, also im Bewusstsein der eigenen *weiß*privilegierten Position, gegen Rassismus handelt.

Nun kommt vielleicht das Wichtigste: Auch wenn die Stadien der Bewusstwerdung von Rassismus aufeinander aufbauen, sind sie nicht linear zu denken. Wenn ich mich in einem der späteren Stadien befinde, kann es jederzeit passieren, dass ich mich plötzlich wieder in einem der früheren Stadien wiederfinde, z.B. ausgelöst durch eine bestimmte Situation. Auch ist es möglich, sich in verschiedenen Kontexten, z.B. im Arbeitsalltag oder in der Familie, zur selben Zeit in unterschiedlichen Phasen zu befinden.

In meinen Workshops arbeite ich viel mit den Stadien der Bewusstwerdung. Ich stelle sie vor und dann reflektieren wir unseren eigenen Lernprozess. Welche Stadien kennen wir? Von anderen, von uns selbst? Wo befinden wir uns jetzt gerade? Eine Teilnehmende berichtete einmal, dass sie manchmal an einem Tag mehrmals alle Stadien durchläuft. Auch das ist gut möglich. Wir sind niemals einfach am Ende oder Ziel angekommen. Die Sache mit dem rassismuskritischen Lernprozess ist für uns niemals einfach erledigt. Und geht der rassismuskritische Reflexionsprozess nicht weiter, ist jederzeit eine Reintegration in die bekannte, zweifelhafte, aber schmeichelhafte erste Phase möglich, die die Autorin und Beraterin für Rassismuskritik und Antirassismus Tupoka Ogette treffend als »Happyland«[51] beschreibt. Wir können Rassismus (wieder) ignorieren und uns auch noch gut dabei fühlen. Das erlaubt uns zumindest unser Umfeld, die rassistische Gesellschaft. Sie arbeitet ständig daran, uns wieder einzuverleiben in ihr System, in dem wir uns nicht mit ihr beschäftigen, sondern – was Rassismus angeht – in unserer Komfortzone leben sollen.

Racial Identity Development-Theorien machen eins augenscheinlich deutlich, nämlich dass ein anhaltendes Lernen über Rassismus notwendig ist, um eine bewusste rassismuskritische Haltung auszubilden und zu erhalten und rassismuskritisch handlungsfähig zu werden und dann auch zu bleiben. Das ist nicht einfach mal schnell gemacht, sondern ein lang andauernder bzw. lebenslanger Prozess. Was wir ein ganzes Leben lang unbewusst gelernt und verinnerlicht haben und was von unserem Umfeld permanent weiter an uns herangetragen wird, können wir nicht mit einem plötzlichen Bewusstseinswandel verlernen. Ein Workshop reicht hierfür allemal nicht aus. Rassismuskritische Bildungsveranstaltungen können immer nur einen Versuch darstellen, Teilnehmende da abzuholen, wo sie gerade sind, und sie dabei zu unterstützen, von da aus ein kleines Stück in ihrem Lernprozess voranzukommen. Und je nachdem, wo wir uns gerade befinden, haben wir unterschiedliche Lernbedürfnisse.

Racial Identity Development-Theorien sind für die rassismuskritische Bildungsarbeit mit *Weißen* unverzichtbar. Sie bilden sozusagen die theoretische Grundlage. Für meine Arbeit heißt das zum Beispiel, dass ich Angebote für verschiedene Zielgruppen mache. Das sind zum Beispiel einführende Veranstaltungen zu Diskriminierung und Rassismus für Personen, die noch nicht mit dem Thema in Berührung gekommen sind, Veranstaltungen zu Kritischem *Weiß*-Sein für Menschen, die schon einiges über Rassismus wissen und nun ihre eigene Rolle darin noch mehr reflektieren wollen und Allyship Workshops für *Weiße*, die um Rassismus und ihr eigenes *Weiß*-Sein wissen und sich nun fragen, was daraus praktisch folgen kann. Ich habe zwischenzeitlich eine ganze Reihe solcher Workshops durchgeführt. Sie zeigen mir auch praktisch, dass es ziemlich vorhersehbar ist, wie *Weiße* während ihres Lernprozesses zum Thema Rassismus reagieren. Dass es sinnlos ist, einer Person, die sich noch nie mit Rassismus beschäftigt hat, mit dem voraussetzungsvollen Konzept Allyship zu kommen. Abwehr kenne ich allerdings aus all diesen Formaten. Aber sie drückt sich bei den verschiedenen Themen jeweils anders aus. Je weiter der Lernprozess, desto komplexer kommt sie zum Vorschein. In späteren Stadien des Lernprozesses handelt es sich nicht mehr um die simple Zurückweisung rassismuskritischer Lernangebote durch Verneinung, Verharmlosung oder Ablenkung. Die Abwehr verbirgt sich nun besonders im Umgang mit der mittlerweile erkannten eigenen Verstrickung in Rassismus. Trotz des Wissens um Rassismus und das eigene *Weiß*-Sein sowie bester Absichten und des Willens, weiter zu lernen, kann das *weiße* Selbst nicht anders, als weiter alles daranzusetzen, sich selbst nicht auszuhebeln. Das führt manchmal zu einer regelrechten *weißen* Abwehr-Akrobatik, bei der die Teilnehmenden sich nicht selten untereinander ins Kreuzfeuer der Kritik nehmen. Bei all dem hilft mir als Referentin, dass ich alle Stadien der Bewusstwerdung selbst sehr gut kenne, und zwar inklusive der damit einhergehenden Herausforderungen. Ich erkenne mich in den Lernenden wieder und kann sie nachvollziehen, wenn sie *weiße* Abwehr äußern, weil ich sie selbst erlebt habe und immer wieder selbst erlebe.

Zuletzt: Fällt dir auf, wie die öffentlich geführte Diskussion über Rassismus und ein strukturelles Rassismusverständnis immer weiter auseinanderklaffen, je tiefer wir einsteigen? Wenn es im Alltag um Rassismus geht, gibt es gerade mal die Rollen Rassist*innen (=schlechte Menschen) und Antirassist*innen (= gute Menschen). Das ist total verkürzt. Und das auch, weil wir uns an so vielen unterschiedlichen Stellen unserer *weißen* Identitätsentwicklung befinden. Sicherlich, *weiße* Abwehr ist als das unbefleckte Ausgangsstadium für jedes Lernen über Rassismus weit verbreitet. Doch diejenigen von uns, die sich mit Rassismus auseinandersetzen, bewegen sich entlang der Stadien der rassismuskritischen Identitätsentwicklung – und bleiben immer in Bewegung.

Reflexionsfragen

Die Stadien der Bewusstwerdung können uns helfen, einzuschätzen, wo wir uns gerade in unserem Lernprozess zu Rassismus und der eigenen Identität befinden. Sie können uns auch dabei unterstützen, das Verhalten anderer besser zu verstehen. Probiere es einmal aus! Reflektiere jetzt deine eigene *weiße* Identität im Zusammenhang mit deinem rassismuskritischen Lernprozess! Weil es das einfacher machen kann, schau dafür ruhig erst einmal auf andere *Weiße*:

1. Gibt es *weiße* Personen und Verhaltensweisen, an die du beim Lesen der Beschreibung der Lernstadien (Verleugnung und Abwehr, Schuld, Scham, Anerkennung, Allyship) spontan denken musstest?
2. Was glaubst du, wo sich die *Weißen*, mit denen du derzeit in engen Beziehungen stehst, in ihrem Lernprozess befinden? Deine Familienmitglieder, Freund*innen und Arbeitskolleg*innen?
3. Welche Stadien kennst du von dir selbst? Wann hast du diese Stadien durchlaufen?
4. Wo befindest du dich selbst gerade? Gibt es hier in verschiedenen Lebensbereichen Unterschiede? Woran machst du das fest?
5. Was war in diesem Kapitel neu für dich? Was nimmst du für deinen Lernprozess mit?

5 Can't Stop the Feeling – Rassismuskritisches Handeln ist ein emotionaler Lernprozess

Ich habe dich mit den bisherigen Reflexionsfragen ein paar Mal nach deinen Gefühlen gefragt. War das neu für dich? Oder hast du dich im Zusammenhang mit dem Thema Rassismus schon mal mit deinen Emotionen befasst? Falls ja, inwiefern?

Es ist unüblich, beim Thema Rassismus auf die eigenen Gefühle zu achten. Doch wie du dir vorstellen kannst, habe ich dich oben ganz bewusst dazu gefragt.

Indem wir unsere Emotionen hinterfragen und reflektieren, erfahren wir unglaublich viel über unser *Weiß*-Sein. Der Blick auf Abwehr und die Phasen der Bewusstwerdung zeigt offensichtlich, dass Lernen über Rassismus für uns immer auch ein individueller und emotionaler Lernprozess ist. Es handelt sich dabei immer auch um emotionale Bildung. Deshalb möchte ich jetzt bei unserem Lernen über Rassismus noch etwas tiefer in das Thema *weiße* Emotionen einsteigen.

Rassismus fußt auch auf Emotionen

Beim Thema Rassismus denken die meisten an rassistische Denk- und Handlungsweisen. Doch wir sind nicht nur denkende und handelnde, sondern zu jeder Zeit auch fühlende Wesen. Auch für Rassismus spielen Gefühle eine wesentliche Rolle. Jedes Denken und Handeln, auch das rassistische, geht mit Emotionen einher. Die niederländische Antirassismus-Trainerin Lida van den Broek hält sogar fest, dass es die Gefühle seien, die das Eintreten gegen Rassismus so schwer machen: »Wäre Rassismus nur eine Frage fehlgeleiteten Denkens, könnte man dies durch die richtigen Inhalte korrigieren, und das Problem wäre schnell gelöst.« Die Weitergabe rassistischer Informationen sei aber kein neutraler Akt, sondern »vielschichtig und aus vielerlei Gründen mit Emotionen verbunden«.[52] Ich halte das für einen äußerst wichtigen Punkt, um Rassismus verstehen zu lernen. ›Die richtigen Inhalte‹ existieren mittlerweile zuhauf. Doch egal wie viele Erfahrungsberichte und fundierte Daten zu Rassismus vorliegen, lautet die Antwort beim Hinweis darauf nicht selten schlichtweg: »Das sehe ich anders.« Offensichtlich vertrauen wir als *Weiße* beim Thema Rassismus eher unseren Gefühlen als denjenigen, die Rassismus selbst erleben, oder wissenschaftlichen Fakten. Auch der US-amerikanische Rassismusforscher Zeus Leonardo schreibt, dass es die Gefühle sind, die Rassismus fortbestehen lassen. Sie übertrumpfen die Fakten, wie er am Beispiel der rassistischen Kriminalisierung Schwarzer Menschen in den USA herausstellt:

> »Einer ideologischen Denkweise, die People of Color kriminalisiert, mit wissenschaftlichen Beweisen entgegenzutreten, wird zu einer sinnlosen Übung, weil sie nicht einmal den Kern des Problems berührt, das auf Angst und Abscheu basiert [...].«[53]

Rassismus fußt auch auf Emotionen, die entscheidend beeinflussen, wie wir denken und handeln. Bleiben wir bei dem Beispiel von Leonardo. Auch in Deutschland existiert das rassistische Vorurteil, BIPoC seien kriminell, und ist mit entsprechenden Gefühlen verbunden. Wenn wir zum Beispiel im Supermarkt in der Schlange stehen und sich ein junger BIPoC Mann hinter uns anstellt, und wir kurz innerlich zusammenzucken und überlegen: ›Ist mein Rucksack auf?‹, ›Wo ist mein Portemonnaie?‹, ›Ist mein Handy noch da?‹, dann hat das mit diesem emotionsverbundenen rassistischen Vorurteil zu tun.

Rassismus ist ein emotionales Thema

Dass Gefühle für Rassismus relevant sind, ist nicht zuletzt dann offensichtlich, wenn Rassismus angesprochen wird. Rassismus ist ein besonders emotional besetztes Thema. In den Worten der Literaturwissenschaftlerin und Autorin bell hooks: »Wenn es um Rassismus geht, gibt es keine emotionale Distanz, die es bei anderen, weniger aufgeladenen Themen geben mag.«[54] Selbst kritische Auseinandersetzungen mit rassistischer Diskriminierung gehen mit tiefgreifenden Gefühlen einher. Insbesondere Schwarze Feministinnen, wie hooks oder Audre Lorde, haben aufgezeigt, dass es sich bei den Emotionen, die durch das Sprechen über Rassismus hervorgerufenen werden, nicht bloß um individuelle Befindlichkeiten handelt, sondern die Gefühle selbst Ausdruck der komplexen Strukturen des Rassismus sind. Individuell ausgedrückt, stehen sie gleichzeitig als soziale Konstrukte im Zusammenhang mit kollektiven Interessen. Das heißt: Unsere Emotionen haben System. Deshalb ist es auch kein Wunder, dass wir uns als *Weiße* schnell in den Erzählungen anderer *Weißer* wiedererkennen können, wenn diese über ihre Gefühle reden, die aufkommen, wenn es um Rassismus geht. Wenn wir uns im

Zusammenhang mit Rassismus mit Emotionen und dem Sprechen über diese beschäftigen, dann geht es also immer darum, wie unser Gefühlsleben politisch bedingt ist und welche politischen Effekte es selbst hat.

Der Vollständigkeit halber sei gesagt: Das emotionale Erleben beim Sprechen über Rassismus betrifft alle Menschen. Je nachdem, wie wir von Rassismus betroffen sind, ob wir *weiß* oder BIPoC sind, fallen die rassismusrelevanten Gefühle jedoch verschieden aus. Deshalb können auch unsere Emotionen im Hinblick auf Rassismus als rassifiziert beschrieben werden. Wie die sozialen Positionen *weiß* und BIPoC hängen auch die mit ihnen verbundenen Emotionen mit Rassismus zusammen. Die Emotionen *weißer* Menschen in Hinblick auf Rassismus nenne ich entsprechend *weiße* Emotionen.

Weiße Emotionen

Als *Weiße* nehmen wir unsere *weißen* Emotionen in der Regel nicht als rassismusrelevant wahr. Wir gehen davon aus, unser *weißes* Gefühlserleben sei individuell und nicht mit Rassismus verbunden. Daher erscheint es uns nicht notwendig, es zu hinterfragen. So ignorieren wir die politische Bedeutung unserer *weißen* Emotionen. Wenn wir rassismuskritisch handeln wollen, wird genau das allerdings bedeutsam. Dann müssen wir uns mit der politischen Dimension unserer *weißen* Emotionen auseinandersetzen. Das gilt auch in Hinblick auf unseren Lernprozess selbst. Lernen über Rassismus ist nämlich gerade auch aufgrund der damit einhergehenden tiefgreifenden Emotionen nicht einfach. Wenn wir aber wissen, welche Rolle unsere Emotionen beim Lernen über Rassismus spielen, kann es einfacher für uns sein, mit unseren Emotionen so umzugehen, dass sie uns dabei nicht im Weg stehen. Dann lassen wir uns möglicherweise eher darauf ein, dranzubleiben und weiterzulernen.

Über Rassismus zu lernen, ist unbequem und das muss auch so sein

Wie würdest du deinen bisherigen emotionalen Bildungsprozess zum Thema Rassismus beschreiben? An welche Gefühle, die dich bisher beim Lernen über Rassismus begleitet haben, erinnerst du dich? Erinnere dich auch noch einmal an deine Emotionen beim Lesen dieses Buches und der bisherigen Reflexionsübungen. Trifft ›unbequem‹ als Beschreibung zu? Falls ja, woran machst du das fest?

Das Lernen über Rassismus greift tief in unser bisheriges Selbst- und Weltverständnis ein. Das soll es auch. Es muss unseren eigenen Wahrheiten über uns selbst und andere, ob *weiß* oder BIPoC, sowie über die Welt zuwiderlaufen. Deshalb darf es auch nicht einfach, sondern muss es mühevoll sein. Über Rassismus zu lernen, ist notwendigerweise eine psychologische Herausforderung. Es verlangt von uns, die Komfortzone des Gewohnten zu verlassen. Dabei ist das Ungewohnte in diesem Fall auch noch besonders unbequem. Aus *weißer* Position über Rassismus zu lernen, bedeutet für uns, uns selbst als *weiß* zu erkennen. Es bedeutet, festzustellen, dass Rassismus beeinflusst, wie wir fühlen, denken und handeln. Es heißt, dass wir uns bewusst werden, dass wir von Rassismus profitieren und dass das ebenso für *weiße* Menschen gilt, die wir schätzen, mögen und lieben. Wie kann das nicht unangenehm sein? Wenn ich zum Beispiel heute daran zurückdenke, dass ich meine erste Wohnung nur bekommen habe, weil ich *weiß* bin, fühlt sich das nicht gut an. Noch unangenehmer wird es mir, wenn ich mich daran erinnere, dass ich damals auf den rassistischen Kommentar meines Vermieters (»Wir würden uns freuen, wenn Sie einziehen. Wir wollen hier nicht so viele Ausländer.«) einfach geschwiegen habe und dann – als Komplizin des Rassismus – auch noch freudig in die Wohnung eingezogen bin.

Wenn es eine schmerzhafte Erfahrung ist, wenn das Selbst- und Weltbild als (bedingte) Selbstentfremdung erschüttert wird, dann ist auch das Sich-selbst-als-*weiß*-Erkennen schmerzlich. Scham und Schuld oder auch Wut, über uns selbst oder über andere, die sich noch nicht mit Rassismus befasst haben, sind nachvollziehbare emotionale Reaktionen, wenn wir als *Weiße* über Rassismus lernen. Sie gehören dazu. Die Krux liegt hier: Es kann schwer sein, diese Gefühle im Sinne unseres Lernprozesses und rassismuskritischen Handelns zu managen. Wenn sie unreflektiert bleiben und uns überwältigen, können sie abwehrendes Verhalten hervorrufen und sogar Lernprozesse blockieren. Unsere *weißen* emotionalen Reaktionen sind nicht selten mit dafür verantwortlich, dass wir das Lernen über Rassismus abbrechen. So können wir die Scham und Schuld unterdrücken und einer Reflexion unserer eigenen Verstrickung in Rassismus entgehen. Unsere *weißen* Emotionen gehören zum Motor von Rassismus und gleichzeitig zu den Hindernissen für die Kritik an ihm.

Aus *weißer* Position über Rassismus zu lernen, heißt, sich in Unangenehmes zu begeben. Es muss stören und verunsichern. Sonst kommen wir nicht voran. Es muss umfassen, dass wir die schlechten Gefühle, die es mit sich bringt, zulassen und aushalten. Die folgenden Worte der *weißen* Autorin Frances Kendall haben mich bei meinem eigenen Handeln gegen Rassismus mit am meisten geprägt: »Die Aufgabe besteht darin, [...] sich ›wohl mit dem Unbequemen und unbequem mit dem zu Bequemen zu fühlen.‹«[55] Räume, in denen wir über Rassismus lernen, dürfen für uns keine Orte sein, in denen wir uns sicher fühlen. Sie müssen sich riskant, unsicher und unbequem anfühlen, damit Reflexion und Lernen stattfinden können. Deshalb müssen wir die Unsicherheit suchen, uns in sie begeben und sie umarmen. Der Vollständigkeit halber sei dazu gesagt: Ich spreche hier nicht von Feindseligkeit oder Respektlosigkeit, sondern von Lernangeboten und einer Lernatmosphäre, die uns produktiv irritieren. Ein wertschätzender und vertrauensvoller Umgang miteinander ist wichtig, um noch mehr Offenheit für das unbequeme Lernen herauszukitzeln.

Ohne eine gewisse Offenheit für neue Perspektiven, wie sie zum Beispiel überzeugte Rassist*innen nicht haben mögen, kommt der rassismuskritische Lernprozess kaum in Gang. Auch ohne die Bereitschaft zur Selbstreflexion kommen wir nicht weit. Und selbst bei bester Absicht gelingt das Lernen nicht immer, insbesondere auch aufgrund unserer involvierten *weißen* Emotionen. Sie greifen psychisch nicht nur deshalb so tief, weil wir uns ihrer Bedeutung gar nicht bewusst sind. Wenn wir anfangen, uns unserer *weißen* Emotionen bewusst zu werden, wissen wir außerdem nicht, wie wir mit ihnen gut umgehen können. Das haben wir nicht gelernt. Rassismuskritische Lernprozesse sind offensichtlich in vielerlei Hinsicht sehr voraussetzungsvoll.

Wenn wir mit rassismuskritischen Interventionen konfrontiert werden, ist das für uns als *Weiße* eine Ausnahmesituation, auf die wir in emotionaler Hinsicht nur schlecht vorbereitet sind. In den Worten der Rassismusforscherinnen Cheryl E. Matias und Robin DiAngelo:

> »*Weiße* haben nicht die emotionalen Fähigkeiten oder die mentale Ausdauer entwickelt, um mit ihnen [den rassismuskritischen Interventionen] fertig zu werden, und wissen daher oft nicht, wie sie konstruktiv reagieren sollen.«[56]

Wir haben nicht gelernt, wie wir Rassismus kritisch begegnen und hierfür mit unseren Emotionen umgehen können. Im Gegenteil, wir haben von klein auf gelernt, Rassismus und *Weiß*-Sein zu verleugnen und mit rassistischen Denk- und Handlungsmustern unbewusst unsere unverdienten *weißen* Privilegien aufrechtzuerhalten *und uns dabei wohlzufühlen.*

Unsere *weißen* Emotionen sollen uns vom Lernen über Rassismus abhalten

Es ist wahrscheinlich, dass die *weißen* Gefühle, die das Sprechen über Rassismus bei uns auslöst, unsere rassismuskritischen Bildungsprozesse beeinträchtigen. In der Forschung zum Lernen *Weißer* über Rassismus wurde das sogar schon differenziert und empirisch untersucht. Nancy Chick, Karis Terri und Cyndi Kernahan beispielsweise erforschen, was *Weiße* beim Lernen über Rassismus denken und fühlen. Hierfür befragten sie 49 *weiße* Studierende aus vier US-amerikanischen Hochschulen. Ein Ergebnis ist, dass eines der häufigsten Hindernisse beim Lernen über Rassismus Gefühle des Unbehagens sind, die die neuen Informationen über Rassismus auslösen.[57] Die durch das Sprechen über Rassismus ausgelösten *weißen* Gefühle bewirken wahrscheinlich Bemühungen, die unangenehmen Gefühle zu reduzieren und künftig zu vermeiden. Das ist auch naheliegend, weil es in unserer Natur liegt, unangenehme Gefühle zu vermeiden und angenehme Gefühle erzeugen zu wollen. Um die eingebrochene *weiße* Sicherheit und unser *weißes* Wohlbefinden wiederherzustellen, versuchen wir, mit unserem abwehrenden Verhalten die durch Rassismuskritik infrage gestellten vertrauten Selbst- und Weltbilder wiederherzustellen. Dazu gehört paradoxerweise auch der Versuch, unser positives Selbstbild als Menschen, die Rassismus verurteilen, aufrechtzuerhalten. Bei *weißer* Abwehr, die auf unbequemen Empfindungen basiert, wenden wir häufig Strategien an, die uns das Selbstbild, Rassismus abzulehnen, erlauben. Die Amerikanistin Jennifer Pierce beschreibt diese Verhaltensweisen treffend als »Rennen um die Unschuld«[58]. Wir zeigen paternalistisches Verhalten gegenüber BIPoC und nehmen eine ›farbenblinde‹ Haltung ein (›Für mich gibt es keine Unterschiede zwischen den Menschen‹). Dabei schließen wir wieder an das alltägliche Rassismusverständnis als bewusstes Handeln einiger Weniger an. So setzt sich Rassismus auch bei unserem Lernen über ihn durch.

All das passiert zumeist unbewusst. Vielleicht brauche ich es nicht zu sagen, weil du es dir bereits denkst, ich möchte aber auf Nummer sichergehen und es trotzdem festhalten: Dass wir unsere *weißen* Emotionen und das, was sie mit uns beim Lernen über Rassismus anstellen, nicht bewusst reflektieren, hat im Wesentlichen den rassistischen Zweck, die Normalität des Rassismus für uns wiederherzustellen, wenn sie infrage gestellt wird. So wird der Status Quo *weißer* Dominanz abgesichert. Die durch die Kritik am Rassismus ausgelösten *weißen* Emotionen und unser gewohnter Umgang mit ihnen funktionieren politisch so, dass sie die rassistische Ordnung und unsere *weißen* Privilegien erhalten.

Wir erleben *weiße* Emotionen unterschiedlich

Wir erfahren *weiße* Emotionen keinesfalls alle auf gleiche Weise. Die empirische Forschung macht aber einige Typen in Bezug auf *weiße* Emotionen aus. Zum Beispiel haben Lisa Spanierman und Kolleg*innen mit einer Befragung von 230 *weißen* Studierenden in den USA verschiedene *weiße* Emotionen in ihrer Beziehung zueinander analysiert. Ihre Untersuchung zeigt unter anderem, dass höhere Angst-Werte mit niedrigen Schuld-Werten und niedrigen Werten bei empathischen Reaktionen zusammenfallen. Diesen Typ nennen sie »unsensibel und ängstlich«. Hohe Werte bei empathischen Reaktionen gingen häufig mit niedrigeren Angst- und Schuld-Werten einher. Dies sei der Typ »empathisch, aber nicht verantwortlich«. Hohe Empathie-Werte könnten aber auch in Kombination mit niedrigen Angst-Werten und hohen Schuld-Werten auftreten, sodass es auch den Typ »fundierte Empathie und Schuld« gebe.[59] Diesen letzten Typ halten die Forschenden für am wünschenswertesten. Wer Schuldgefühle erlebt, ist vielleicht um Wiedergutmachung bemüht. Untersuchungen aus dem englischsprachigen Raum zeigen außerdem, dass Männer und Frauen *weiße* Emotionen unterschiedlich erleben. So haben Spanierman und Kolleg*innen auch herausgefunden, dass den Typ »fundierte Empathie und Schuld« mehrheitlich Frauen zeigten und Männer am seltensten.[60] Lisa Spanierman und Nolan Cabrera halten mit Blick auf die Forschung fest, wie sich seitens *weißer* Männer *weiße* Angst häufig in Feindseligkeit und Wut manifestiert. Dieses Gefühlsleben beschreiben sie als »*weiße* Wut«. Es umfasse das Empfinden intensiver negativer Gefühle gegenüber BIPoC, wie Hass, Arroganz, Überlegenheitsgefühlen und den Wunsch nach Dominanz.[61] Dass vor allem Männer *weiße* Wut erleben, habe mit Männlichkeitszuschreibungen zu tun. *Weiße* Männer verarbeiteten emotionale Reaktionen auf Rassismus über eigene Vorstellungen von Männlichkeit und damit anders als Frauen.[62] *Weiße* Wut ist demnach eine Handlung, mit der *weiße* Männlichkeit erzeugt wird, um sich ihrer zu versichern. Die geschlechtsbezogenen Unterschiede bei der Erfahrung *weißer* Emotionen werden also mit der eigenen Privilegierungs- bzw. Diskriminierungserfahrung im Zusammenhang mit Sexismus in Verbindung gebracht.

Das heißt zusammengefasst: Wenn wir uns mit Rassismus auseinandersetzen und mehr Bewusstsein über *weiße* Privilegien erlangen, erleben wir stärker werdende Gefühle des Unwohlseins sowie Schuldgefühle. Das ist für unseren Lernprozess bedeutungsvoll. Die negativen Emotionen können uns in die Abwehr verleiten, müssen es aber nicht. In der Forschung wird für wichtig gehalten, mit welchen anderen Emotionen die Schuldgefühle zusammen auftreten. Gepaart mit *weißer* Angst sind sie hinderlich für rassismuskritische Lernprozesse.[63] Zusammen mit *weißer* Empathie können sie eine rassismuskritische Praxis anregen.[64] Wie wir sehen können, gibt es also schon einiges an Wissen dazu, welche Gefühle als wünschenswert für rassismuskritisches Lernen einzuschätzen sind. In diesem Zusammenhang unterscheiden Spanierman und Cabrera außerdem zwischen zwei Formen von rassismusrelevanten Emotionen *weißer* Lernender. Zum einen sind das die »Emotionen des *weißen* Rassismus«, die uns zu rassistischem Verhalten verleiten. Zum anderen die »Emotionen des *weißen* Antirassismus«, die das Potenzial bergen, dass wir Rassismus hinterfragen. Zu den Emotionen des *weißen* Rassismus rechnen sie *weiße* Apathie, Angst, Melancholie, Wut, Scham und bestimmte Formen von Schuldgefühlen. Zu den Emotionen des *weißen* Antirassismus zählen *weiße* Empathie, moralische Empörung, Mitgefühl, Freude, Hoffnung und produktive Formen von Schuldgefühlen. Zusammen mit einer selbstreflexiven Haltung, so Spanierman und Cabrera, können die Emotionen des *weißen* Antirassismus *weiße* Lernende zu rassismuskritischem Handeln verhelfen.[65]

Weiße Emotionen bleiben immer da – Es geht darum, was wir mit ihnen anfangen

Die Forschung zeigt: Beim Lernen über Rassismus spielen unsere Emotionen eine wesentliche Rolle. Sie entscheiden mit, ob unsere rassismuskritischen Lernprozesse gelingen oder nicht. Das bedeutet gleichzeitig – und das ist mindestens genauso wichtig für uns: Nicht alle von uns verschließen sich für ein solches Lernen. Emotionsbasierte Formen der Abwehr sind zwar sehr wahrscheinlich, aber sie leiten sich nicht kausal von unserer sozialen Position *weiß* ab. Das erlebe ich auch selbst immer wieder. Häufig gehe ich in Workshops und bin komplett auf Abwehrverhalten eingestellt und vorbereitet, weil ich in der Vergangenheit bei vergleichbaren Gruppen viel Abwehr beobachtet habe. Vor Kurzem ging mir das so. Es handelte sich um eine interne Runde aus fast ausschließlich älteren *weißen* Männern einer großen Organisation. Ich war auf alles vorbereitet. Doch dann verlief es völlig anders. Am Ende handelte es sich um eine der selbstkritischsten Runden, die ich seit Langem begleiten durfte. Keine Frage, ich habe schon viele ältere *weiße* Männer erlebt, die im Hinblick auf das Thema Rassismus kritikfähig sind. Was ich jedoch vorher noch nie erlebt hatte, war, dass das bei einem Grundlagenworkshop für Personen, die sich noch nicht mit dem Thema Rassismus auseinandergesetzt hatten, für eine ganze Gruppe gilt. Zwischendurch habe ich mich tatsächlich gefragt: ›Was ist hier los? Warum nehmen die einfach alles an, was ich ihnen erzähle? Wo bin ich hier?‹ Ich war und bin ehrlich gesagt immer noch ziemlich perplex, wenn ich an diesen Workshop zurückdenke. Und das muss ich immer wieder tun, denn für mich sagt er so viel aus. Ich nehme an, dass die Gruppe wegen ihres speziellen Arbeitsbereichs sehr empathisch war. Dieser Arbeitsbereich hatte wiederum explizit überhaupt nichts mit Diversität oder Diskriminierung zu tun. Trotzdem fielen die neuen rassismuskritischen Informationen hier offenbar auf fruchtbaren emotionalen Boden. Natürlich weiß ich nicht, ob die Teilnehmenden ihre neuen Erkenntnisse aus dem Workshop danach auch praktisch umgesetzt haben. Das weiß ich aber nie und es besteht grundsätzlich immer die Gefahr, dass sich nach einem Workshop in der Praxis nichts ändert.

Genauso passiert es mir häufig, dass ich in Formate gehe, von denen eigentlich annehmbar wäre, dass wir gemeinsam weit kommen würden – etwa, weil die Gruppe wegen ihres Arbeitsfeldes eigentlich schon sensibilisierter sein sollte oder ein Angebot freiwillig ist –, was dann aber aufgrund von Abwehrverhalten nicht klappt. Das ist wiederum kein Wunder. Auch wenn wir offen für das Thema Rassismus sind, kommen wir um unsere *weißen* Emotionen mit ihren Gefahren nicht herum. Selbst wenn wir bereits in den rassismuskritischen Lernprozess eingestiegen sind, bleiben sie eine Herausforderung für uns. Oben bei den Phasen der Bewusstwerdung ging es schon darum, dass die *weiße* Abwehr jederzeit greifen kann und sich niemals einfach komplett auflöst. Auch wenn wir bester Absicht sind, schon einiges wissen und jetzt noch mehr lernen wollen, passiert es leicht, dass wir Rassismus mehr reproduzieren als verlernen. Dafür sind wesentlich auch unsere *weißen* Emotionen verantwortlich.

Die Wissenschaftler*innen Kathy Hytten und John Warren haben das erforscht. Sie beobachten in ihrer Untersuchung mit *weißen* Lernenden, die eigentlich die Absicht haben, Rassismus entgegenzutreten, viele solcher Rassismus reproduzierenden Reaktionen, die mit dem Empfinden negativer Emotionen ausgelöst durch das Lernen über *Weiß*-Sein zusammenhängen. Unter anderem nehmen sie einen »Diskurs der Selbstbezogenheit« wahr.[66] Er zeichnet sich dadurch aus, dass sich die Lernenden zwanghaft auf die eigenen Gefühle, Reaktionen und Erfahrungen beim Beschäftigen mit *Weiß*-Sein fokussieren. Ein Blick hierhin ist keinesfalls schlecht. Er kann schließlich die Reflexion des eigenen *Weiß*-Seins vorantreiben. Darum geht es ja auch hier in diesem Abschnitt. Doch wie Hytten und Warren aufzeigen, sieht sich genau dieser, sozusagen schon fortgeschrittene Lernschritt dem Risiko ausgesetzt, dass man sich nur noch mit dem eigenen Gefühlserleben auseinandersetzt. Dass es dann bei der Beschäftigung mit Rassismus nur noch um die eigenen Schuldgefühle oder die Verlegenheit geht, die das Bewusstsein über das eigene *Weiß*-Sein mit sich bringt.[67] Dass es darüber nicht hinausgeht. Für Hytten und Warren wird mit diesem Verhalten eine Opferrolle eingenommen und behauptet. Dies passiere, weil *Weißen* nicht beigebracht worden ist, die Welt anders zu sehen.[68]

Die bewusste Beschäftigung mit *weißen* Emotionen kann also Tücken haben. Sie ist stets wichtig, aber wir dürfen sie nicht zentrieren, so als handele es sich dabei um die Auseinandersetzung mit Rassismus an sich. Damit wir nicht in ein solches Abwehrverhalten verfallen, wenn wir unsere *weißen* Emotionen reflektieren, müssen wir die politische Bedeutung unserer *weißen* Emotionen immer im Blick behalten. Wir müssen uns immer fragen, wie unsere *weißen* Gefühle und unser Umgang damit in Beziehung zu Rassismus stehen. Dazu versuche ich auch in meinen Workshops anzuregen. Wenn wir beim Lernen über Rassismus unsere Emotionen hinterfragen, bedeutet das immer, das Persönliche mit dem Politischen in Verbindung zu bringen. Darüber hinaus sind unsere rassismusrelevanten Emotionen uninteressant und nicht der Rede wert.

Genauso wie ich dich oben fragte, frage ich die Teilnehmenden regelmäßig, wie sie sich fühlen, wenn ihnen eine Person sagt, dass eine Aussage oder Handlung von ihnen rassistisch sei. Die Antworten bilden dann immer eine ganze Palette von Emotionen ab: »vor den Kopf gestoßen«,

»aufgebracht«, »gestresst«, »abgelehnt«, »nicht verstanden«, »aufgewühlt«, »massivst peinlich berührt«, »betroffen«, »empört«, »beleidigt«, »verunsichert«, »irritiert«, »sauer«, »enttäuscht«, »nachdenklich«, »eine Barriere kommt auf«, »ich ärgere mich«. Zusammengefasst: Wir fühlen uns nicht gut. Ich frage dann jedes Mal, wie diese Gefühle die eigenen Reaktionen in diesem Moment beeinflussen. Was viele in anderen Worten beschreiben, brachte einmal eine Teilnehmende so auf den Punkt: »Wie ich mich dann fühle, führt dazu, dass ich mich zurückziehe.« Wir diskutieren dann, ob die eigenen affektiven Handlungen hilfreich oder hinderlich für rassismuskritisches Lernen und rassismuskritische Praxis sind. Im Austausch zu dieser wichtigen zweiten Frage wird dann deutlich, dass es oft keinen Sinn macht, spontan nach unseren Emotionen zu handeln, weil wir damit häufig Rassismus ungewollt stützen.

Beim Thema Rassismus liegen wir mit unseren Gefühlen häufig tatsächlich nicht richtig. Unabhängig davon, wie viel wir über Rassismus wissen und wie reflektiert wir sind, stellt Rassismus sicher, dass in uns immer wieder die alten vertrauten emotionalen Muster aktiviert werden, die wir verinnerlicht haben, als uns struktureller Rassismus und unser *Weiß*-Sein noch nicht bewusst waren. Rassismuskritisches Handeln ist nicht nur deshalb ein lebenslanger Lernprozess, weil es so viel Wissen über Rassismus gibt, dass wir es uns kaum in kurzer Zeit aneignen können. Es ist vor allem auch ein anhaltender Lernprozess, weil es ein kontinuierliches Lernen über uns selbst, unser Fühlen, Denken und Handeln in Bezug auf unsere tagtäglichen Erfahrungen vor dem Hintergrund der sich verändernden gesellschaftlichen Bedingungen umfasst.

Die Aufgabe für uns besteht darin, ein Gefühl dafür zu bekommen, welcher Umgang mit unseren Emotionen hinderlich und welcher förderlich für unser rassismuskritisches Lernen und Handeln ist. Wenn wir merken, dass in uns Emotionen aufkommen, die uns behindern können, gilt es, damit konstruktiv umzugehen und zu versuchen, die Emotionen in die richtigen Bahnen zu lenken. Es geht also nicht darum, unsere *weißen* Emotionen zu vermeiden oder zu unterdrücken. Das Ziel ist, mit unseren Gefühlen rassismuskritisch umgehen zu können. Das verlangt viel Reflexion und praktische Übung. Wie Robin DiAngelo es beschreibt: »Entscheidend für den Fortschritt ist, wie wir mit unserem Unbehagen umgehen.«[69] Helfen kann uns dabei das Wissen darüber, dass, wenn es um Rassismus geht, emotionale Reaktionen erwartbar sind, sie sehr oft im Zusammenhang mit Abwehr stehen und *dass wir* weiße *Emotionen haben werden*. Wir können uns darauf vorbereiten und planen, wie wir uns dann gerne verhalten würden. All das ist nicht nur für unser Lernen über Rassismus relevant, also wenn wir zum Beispiel Texte über Rassismus lesen, Podcasts hören, Filme und Videos anschauen oder Workshops und Vorträge besuchen. Es betrifft unser rassismuskritisches Handeln zu jeder Zeit. Wie die Stadien der rassismuskritischen Identitätsentwicklung *Weißer*, entlang der wir immer in Bewegung bleiben, aufzeigen, schwebt die Gefahr der Abwehr immer über uns. *Weiße* Abwehr wartet stets auf ihren emotional gezündeten Einsatz.

Das Steuer übernehmen: *Weiße* Emotionen regulieren lernen

Wir sind unseren *weißen* Emotionen nicht ausgeliefert. Weil wir jetzt wissen, dass unsere *weißen* Emotionen politisch bedeutsam sind, können wir uns vornehmen, diese im Sinne eines rassismuskritischen Lernens und Handelns zu regulieren. Das bedeutet, sich die eigenen Gefühle bewusst zu machen und im Hinblick auf unseren Lernprozess bzw. rassismuskritisches Handeln zu reflektieren und zu nutzen. Aussehen kann das so:

Wenn wir über Rassismus lernen oder uns, warum auch immer, im Alltag bewusst zu ihm verhalten, sollten wir in uns hineinhorchen, um wahrzunehmen, welche Emotionen bei uns aufkommen. Diese Gefühle gilt es ehrlich anzunehmen. Das ist vor allem relevant, wenn wir uns unwohl fühlen. Wir sollten dann nach den Gründen für unser Unbehagen fragen und die politische Dimension unserer emotionalen Reaktion sowie ihres Anlasses ausmachen. Hierfür können wir uns ganz einfach fragen:

1. Was fühle ich gerade?
2. Was hat das Gefühl ausgelöst? Wie steht dieser Auslöser in Beziehung zur Kritik am Rassismus?
3. Warum fühle ich mich deshalb unwohl?
4. Was sagen meine Gefühle über meine Denkweisen in diesem Moment aus? Welche Denkweisen sind das?
5. Kann es sein, dass meine Denkweisen verinnerlichte rassistische Spuren enthalten, die ich spontan nicht gesehen habe?
6. Kann es sein, dass ich aufgrund meines *Weiß*-Seins gerade etwas übersehe oder nicht angemessen erfassen kann? Kann ich das zulassen? Wenn nicht, warum bin ich dazu nicht bereit?

Erst einmal wahrgenommen, angenommen und in ihren politischen Kontext gestellt, können wir unsere *weißen* Emotionen noch genauer in Hinblick auf ihre politische Komponente untersuchen. Hierfür ist es sinnvoll, innerlich einen Schritt zurückzutreten. Wenn wir uns vor Augen halten, dass wir zwar ein Gefühl haben, aber nicht das Gefühl sind und ihm deshalb nicht machtlos ausgeliefert sind, verschaffen wir uns Handlungsspielraum. Dann gilt es zu untersuchen, welche Handlungsimpulse aus unseren Gefühlen entstehen. Die Handlungen, für die unsere Emotionen Impulse setzen, können wir dann in Beziehung zu unserem *Weiß*-Sein und Rassismus betrachten. Hierfür können wir uns fragen:

1. Zu welchem Handeln wollen mich meine Gefühle verleiten?
2. Würde mich dieses Verhalten in meinem rassismuskritischen Lernprozess bzw. dem rassismuskritischen Umgang mit der Situation weiterbringen? Oder stehen sie dem im Weg?

Wenn du mit der Zeit ein Gefühl für deine *weißen* Emotionen bekommen hast, kannst du dich in diesem Schritt auch fragen:

1. Handelt es sich um ein verinnerlichtes, *weißes* emotionales Muster aufgrund meiner früheren Erfahrungen als *weiße* Person?
2. Hat mich das Gefühl bisher vorangebracht oder ist es als problematisch einzuschätzen, weil ich heute weiß, dass es mich dazu verleitet, Rassismus zu reproduzieren?

Weil emotional vielleicht alles dagegenspricht und wir uns in einem Moment vielleicht einfach nur zurückziehen möchten, ist es wichtig, sich das Ziel – rassismuskritisches Handeln – noch einmal ganz klar bewusst zu machen. Ebenso kann es hilfreich sein, sich noch einmal Folgendes bewusst zu machen: Negative Emotionen und Verunsicherungen sind kein Störfaktor, sondern vielmehr ein wesentlicher Bestandteil des Lernprozesses und der rassismuskritischen Praxis.

Entscheide dann, wie du auf das Gefühl reagieren möchtest. Möchtest du mit dem Gefühl handeln? Oder ist es sinnvoll, stattdessen entgegengesetzt zu handeln und dabei das Gefühl auszuhalten? Im Sinne von Rassismuskritik ist Letzteres wahrscheinlich. Wenn du zum Beispiel Scham empfindest, wenn dich eine andere Person auf rassistisches Verhalten anspricht und du deshalb am liebsten das Gespräch abbrechen und das Thema beenden möchtest, solltest du entgegengesetzt handeln, trotz der Scham zuhören und die Scham als Teil des eigenen Lernprozesses und des rassismuskritischen Handelns begreifen. Du kannst zusätzlich auch versuchen, die Scham abzuschwächen, indem du dir sagst: »Ich bin gegen Rassismus, deshalb ist dies ein wertvoller Moment für mich, in dem ich dazulernen kann. Wenn ich mich schäme, bringt das jetzt niemandem etwas. Ich übernehme jetzt Verantwortung für mein Verhalten, das ich verbessern kann, wenn ich jetzt genau zuhöre.«

Sicherlich können wir nicht in allen Momenten, in denen es um Rassismus geht oder dieser passiert, eine ausgedehnte Reflexionsrunde zu unseren Emotionen einlegen. Besonders wenn wir mit anderen interagieren, fehlen hierfür in der Regel die notwendige Ruhe und die Zeit. Meistens können wir uns nicht einfach aus einem Gespräch oder Geschehen ausklinken, um 30 Minuten zu reflektieren. Gerade wenn Rassismus geschieht, wäre das auch gar nicht hilfreich. Doch gerade, wenn wir uns bisher noch nicht mit unseren *weißen* Emotionen beschäftigt haben, ist es enorm wichtig, uns Zeit zum Reflektieren einzuräumen. Deshalb: Was wir immer tun können, ist, uns im Nachhinein Zeit dafür zu nehmen, unser Handeln in Verbindung mit unseren Emotionen noch einmal zu durchdenken: Was habe ich in dem Moment gefühlt? Wie haben diese Gefühle mein Handeln beeinflusst und wie stehen beide, meine Gefühle und mein Handeln, in Verbindung mit Rassismus und meinem *Weiß*-Sein? Haben sie Rassismus unterstützt oder ihm etwas entgegengesetzt? Wenn wir uns regelmäßig die Zeit nehmen, unsere alltäglichen Situationen, in denen Rassismus relevant ist, anhand dieser Fragen zu analysieren, werden wir sensibler für unsere *weißen* Emotionen, für ihre Ursprünge und Gründe. So können wir ein Gespür dafür entwickeln, was sie für unser Lernen und Handeln bedeuten. Wenn es dann darauf ankommt, können wir unsere *weißen* Emotionen eher wahrnehmen und schneller und effektiver regulieren oder auch hin zu den Gefühlen navigieren, von denen wir wissen, dass sie unser Handeln positiv unterstützen.

Doch auch im stressigen Alltag sollten wir zumindest kurz die Stopptaste drücken, wenn wir merken, dass Gefühle in uns aufkommen, die für *weiße* Abwehr relevant sein können, anstatt, wie gewohnt, emotional mit Abwehr zu reagieren. Wir können dann zum Beispiel drei Mal tief durchatmen und zu uns selbst sagen: »Ich will rassismuskritisch handeln und weiß, das ist nicht immer einfach und oft auch unangenehm, aber ich schaffe das jetzt und halte das Unwohlsein aus.« Auch wenn wir wissen, dass Rassismus gleich ein Thema sein wird, weil wir dazu lernen oder gleich ein Gespräch dazu haben werden, können wir uns darauf emotional vorbereiten. Dann können wir uns die politische Dimension unserer Gefühle zum Thema Rassismus noch einmal bewusst vor Augen führen und uns vornehmen, unsere Emotionen zu regulieren. Als Vorbereitung können wir uns zum Beispiel sagen: »Ich bin offen dafür, dass es unangenehm werden kann, und werde mich davon nicht in die Abwehr verleiten lassen.«

Zusammengefasst: Rassismuskritisches Handeln aus *weißer* Position ist emotionale Arbeit. Es bedeutet für uns auch in emotionaler Hinsicht in besonderem Maße andauernde Selbstkritik und Reflexion. Dieser Prozess ist niemals abgeschlossen. Gefühle wie Wut, Schuld und Scham können immer wieder auftreten. Doch je mehr wir unser Unwohlsein und unsere Verunsicherung verstehen und aushalten lernen, desto einfacher wird es uns fallen, uns trotz bzw. in diesem Unbehagen wohlzufühlen und zuversichtlich gegen Rassismus einzutreten, anstatt permanent daran zu arbeiten, ›nicht rassistisch zu sein‹ und Abwehr zu bedienen. Die Überwältigung durch negative Gefühle beim Lernen über Rassismus muss also kein Dauerzustand bleiben. Führen wir die Auseinandersetzung fort, wird uns die Beschäftigung mit Rassismus leichter fallen. Das Sprechen über Rassismus geht einfacher und es kommen positive Gefühle, wie Gefühle von Integrität, Menschlichkeit und Hoffnung, hinzu.

Abschließen möchte ich dieses Kapitel mit einer Aufgabe für dich, die du vielleicht schon ahnst. Kurz und knapp: Probiere die Regulation deiner *weißen* Emotionen für dich aus. Oder so: Wenn du rassismuskritisches Handeln möchtest, wende die Regulation an!

<u>Reflexionsfragen</u>

1. Was hast du beim Lesen dieses Kapitels im Zusammenhang mit *weißen* Emotionen über dich herausgefunden?
2. Was nimmst du aus dem Kapitel für dich und dein rassismuskritisches Handeln mit?

6 *Weißes* rassismuskritisches Handeln

Überleg einmal: Hast du, zum Beispiel bei einer rassismuskritischen Intervention im Alltag, der Planung einer Aktion oder Durchführung eines Projektes gegen Rassismus, schon einmal darüber nachgedacht, wie deine *weiße* Position dein Handeln gegen Rassismus beeinflussen könnte? Was war der Auslöser? Welche Aspekte erscheinen dir in diesem Zusammenhang relevant?

Wir sammeln täglich unterschiedliche Lebenserfahrungen aufgrund von Rassismus. Während BIPoC mit Rassismuserfahrungen konfrontiert sind, macht Rassismus uns *Weißen* das Leben in vielerlei Hinsicht einfacher. Wir genießen aufgrund von Rassismus Privilegien in der Gesellschaft. Wie wir von Rassismus jeweils berührt sind, beeinflusst, wie wir Rassismus wahrnehmen. BIPoC haben einen Blick auf Rassismus aus der Betroffenenperspektive. Als *Weiße* nehmen wir Rassismus aus privilegierter Position wahr. Das wird erstaunlich selten mitgedacht, wenn es unter *Weißen* um Rassismus geht. Häufig scheint es kaum diskussionswürdig, dass es auch andere Blickwinkel auf Rassismus gibt als die bekannte und vertraute eigene *weiße* Perspektive. Das ist fatal, denn unsere verschiedenen Sichtweisen auf Rassismus prägen, wie wir mit Rassismus umgehen. Sie beeinflussen maßgeblich, wie wir uns zu Rassismus verhalten. Deshalb bedeutet auch rassismuskritisches Handeln für uns alle etwas Anderes. Es hat weitreichende Folgen, ob aus BIPoC oder *weißer* Perspektive gegen Rassismus vorgegangen wird. Das heißt: Rassismuskritisches Handeln ist eine Frage der Perspektive. Es ist grundsätzlich standpunktgebunden. Es ist verbunden mit der sozialen Position, aus der heraus gehandelt wird, also entweder mit BIPoC-Sein oder mit *Weiß*-Sein. Rassismuskritik ist damit immer auch selbst rassifiziert und hinsichtlich Rassismus spezifisch positioniert.

Hilfreich ist es, sich in diesem Zusammenhang den Begriff ›Kritik‹ in dem Wort ›Rassismuskritik‹ einmal genauer anzuschauen. Der Begriff Rassismuskritik wird immer häufiger verwendet, insbesondere das Adjektiv ›rassismuskritisch‹. Auch immer mehr *Weiße* nutzen den Begriff, um für sich zu beanspruchen, ›richtig‹ zu handeln. Es wird jedoch selten offengelegt, was damit eigentlich genau gemeint ist. Und ich behaupte, dass fast genauso selten klar ist, was darunter genau verstanden wird. Dabei ist es wichtig, zu wissen, was sich für uns hinter dem Begriff ›Kritik‹ genau verbirgt, wenn wir Rassismus effektiv entgegentreten und rassismuskritisch handeln wollen.

Der Begriff ›Kritik‹ hat viele Bedeutungen. Umgangssprachlich bedeutet Kritik, eine Sache oder ein Verhältnis zu bemängeln. Als Konstatierung eines Mangels ist Kritik nie ohne eine Position. Die kritisierende Person vertritt einen bestimmten subjektiven Standpunkt, der ihre Ablehnung nicht nur nachvollziehbar macht, sondern auch überhaupt erst begründet. Die vorgetragene Kritik soll in der Regel ein Problem überwinden helfen, das die Kritik übende Person aus der eigenen Perspektive wahrnimmt. Die Lösung des angenommenen Missstandes liegt damit im Interesse des*der Kritisierenden. Kritik ist damit nie neutral. Sie ist niemals unparteilich konzipiert.

Wenn Kritik als standpunktgebundenes und zugleich interessengeleitetes abwertendes Urteil verstanden wird, was heißt das für unser rassismuskritisches Handeln aus *weißer* Position? Für mich ergeben sich hier zwei Fragen, die es für uns zu klären gibt. Zum einen die Frage nach unserem Selbstinteresse an rassismuskritischer Praxis. Darum ging es bereits im dritten Kapitel. Zum anderen die Frage, wie unser *weißer* Blickwinkel unser rassismuskritisches Handeln genauer beeinflusst. Wie wirkt sich unsere *weiße* Position konkret auf unser Vorgehen gegen Rassismus aus?

Unser Handeln gegen Rassismus ist immer in diesen verstrickt

Rassismuskritisches Handeln aus der sozialen Position *weiß* heraus nenne ich *weißes* rassismuskritisches Handeln. So ist benenn- und markierbar, dass unser Eintreten gegen Rassismus als *Weiße* standortgebunden ist. Unser rassismuskritisches Handeln als *Weiße* baut darauf auf, dass wir Rassismus aus *weiß*privilegierter Perspektive erfahren und wahrnehmen. Unsere *weiß*privilegierte Lebenserfahrung prägt zu jeder Zeit, wie wir denken, handeln und fühlen. Das können wir nicht überwinden und gilt eben auch dann, wenn wir unsere *weißen* Privilegien anerkennen und Rassismus bekämpfen. Selbst dann bleiben wir *weiß*privilegiert. Rassismus verschafft uns weiterhin unverdiente *weiße* Privilegien.

Damit ist unser rassismuskritisches Handeln immer innerhalb von Rassismus situiert, immer in diesen verstrickt. Als *Weiße* sind wir gezwungen, unser rassismuskritisches Handeln auf den Lebenserfahrungen und Denk- und Handlungsweisen aufzubauen, die Rassismus speziell für uns als *Weiße* festlegt. Wir können uns also niemals ganz frei von Rassismus machen. Leider ist Rassismus nicht bloß eine individuelle Haltung, die einfach abgelegt werden kann. Er ist ein überindividuelles System, das auch auf uns einwirkt, wenn wir diesem kritisch begegnen. Für unser rassismuskritisches Handeln aus *weißer* Position birgt unsere Verstrickung in Rassismus ein grundsätzliches Dilemma, das nicht auflösbar ist. Sozusagen bestärken wir Rassismus bereits allein, weil wir *weiß* sind, mit jedem Handeln.

Vor diesem Hintergrund könnten wir also auch sagen, dass alle *Weißen* unweigerlich rassistisch sind. Ich halte es jedoch für wenig hilfreich, es so zu formulieren, wenn es um die Verwobenheit unseres rassismuskritischen Handelns in Rassismus als Kritisiertes geht. Das gilt insbesondere für Situationen, in denen *Weiße* über Rassismus lernen. Veränderbarkeit scheint so nur wenig möglich. Zudem kann eine solche Aussage leicht als Vorwurf verstanden werden, weil unter dem Begriff ›rassistisch‹ herkömmlich etwas Anderes verstanden wird, als das, was hier eigentlich gemeint ist. Wenn ich sage, »alle *Weißen* sind rassistisch«, denken viele, ich will ausdrücken, dass alle *Weißen* bewusst und absichtlich rassistisch handeln. Das kann dann schnell Empörung verursachen und einen guten Austausch erschweren. Meiner Einschätzung zufolge ist es besser, von Verstrickung zu sprechen, wenn es darum geht, dass wir Rassismus niemals ganz entkommen können.

Alle *Weißen* sind in Rassismus verstrickt. Unabhängig davon können wir rassismuskritisch handeln oder nicht. Ich finde es sehr gelungen, wie der Rassismusforscher Ricky Lee Allen in diesem Zusammenhang unseren Standpunkt als *Weiße* beschreibt: »Das Beste, was eine *weiße* Person sein kann, ist ein*e *weiße*r antirassistische*r Rassist*in.«[70] Das bringt für mich gut auf den Punkt, dass rassismuskritisches Handeln für uns zwar möglich ist, aber immer auch selbst ein bisschen Rassismus reproduziert. Das macht uns nicht zu schlechten Menschen. Wir können gar nicht anders, da wir nicht in einem luftleeren Raum agieren. Von Verstrickung zu sprechen, bedeutet also nicht, dass wir uns als *Weiße* Rassismus nicht widersetzen können. Damit das wiederum so gut wie möglich gelingt, müssen wir um unsere Verstrickung in Rassismus wissen, diese verstehen und mit ihr bestmöglich umgehen. Denn, wie wir oben unter anderem schon mit Blick auf unbewusste Vorurteile, unbewusstes Othering, *weiße* Emotionen und *weiße* Abwehr gesehen haben, arbeitet unsere Verstrickung in Rassismus hart dafür, dass wir Rassismus reproduzieren. Unsere *weißen* Bemühungen gegen Rassismus gehen mit spezifischen Herausforderungen einher, die es für uns zusammengenommen schwierig machen, uns von Rassismus zu distanzieren.

Sicherlich, alle Menschen müssen aus den gegebenen rassistischen Strukturen heraus handeln und damit auch an rassistische Denkgewohnheiten anschließen. Das gilt nicht nur für *Weiße*, sondern auch für BIPoC. Wir als *Weiße*, die im Hinblick auf Rassismus die machtvolle Position innehaben, besitzen jedoch eine besondere ›Fähigkeit‹, Rassismus zu fördern. *Weiß* zu sein bedeutet, besonders dazu geneigt zu sein, Rassismus unwissentlich und unabsichtlich zu reproduzieren. Unsere Bemühungen gegen Rassismus kennzeichnet deshalb ein spezifisches herrschaftsstabilisierendes Risiko. Zugespitzt formuliert kommt das vor allem daher, dass wir nicht wissen, wie wir Rassismus kritisch begegnen können. Das haben wir nicht gelernt. Im Gegenteil, wir haben von Anfang an unbewusst gelernt, erworbene *weiße* Privilegien zu erhalten und zu verteidigen. Deshalb kommt es immer wieder vor, dass unsere gut gemeinten Bemühungen gegen Rassismus diesen mehr bestärken als herausfordern. Unsere guten Absichten allein garantieren nicht, dass unser Handeln gegen Rassismus gelingt. Rassismus zeichnet sich oftmals gerade durch diesen Widerspruch von Absicht und Folgen aus. Was uns hier, wie gesagt, weiterhilft, ist ein Blick auf unsere vielschichtige Verstrickung in Rassismus. Wir müssen unsere *weiße* Perspektive auf Rassismus reflektieren und uns damit beschäftigen, wie unsere *weiß*privilegierte Lebenserfahrung unser Denken, Handeln und Fühlen beeinflusst, auch wenn wir gegen Rassismus eintreten. Wir brauchen ein geschärftes Problembewusstsein über die Verstrickung *weißer* Menschen, wenn wir Rassismus bekämpfen wollen.

Das ist immer noch eine Ausnahme. Zwar ist es mittlerweile für viele nichts Neues, dass Rassismus nicht alle gleich betrifft, dass er BIPoC benachteiligt und uns *Weißen* Privilegien verschafft. In jedem Standard-Workshop zu Kritischem *Weiß*-Sein, und davon gibt es mittlerweile viele, werden *weiße* Privilegien thematisiert. *Weiße* Privilegien werden hier gesammelt und nicht selten in ihrer Summe eindrucksvoll präsentiert. Doch oft geht es darüber nicht hinaus. Dann bleibt das *weiße* Anliegen gegen Rassismus auf halber Strecke stehen. Die viel gepredigte Bewusstwerdung der eigenen *weißen* Privilegien erscheint dann als Ziel an sich. Zu dem Willen, gegen Rassismus einzutreten und der Offenheit, sich auch selbst zu reflektieren, kommt dann vor allem Ratlosigkeit hinzu. In vielen Workshops erlebe ich *weiße* Teilnehmende, die bereits wissen und auch überzeugt sind, dass es für ihr rassismuskritisches Handeln wichtig ist, um die eigene *weiß*privilegierte Position zu wissen. Doch wie es danach, also mit dem Wissen um *weiße* Privilegien, dann weitergeht, darüber herrscht nicht selten Unklarheit. Die meisten Diskussionen um *weiße* Privilegien hören damit auf, diese zu benennen, so als wäre selbstverständlich klar, was nun daraus für alle folgt.

Dabei müssen wir noch einen Schritt weitergehen. Es geht auch darum, zu verstehen, welche Rolle der selbstkritischen Reflexion *weißer* Privilegien beim rassismuskritischen Handeln aus *weißer* Position zukommt. Denn nur um die eigene *weiß*privilegierte Position zu wissen, führt schließlich nicht automatisch dazu, dass auch rassismuskritisch gehandelt wird. Denkbar ist sogar, dass wir im neuen Wissen um unsere *weißen* Privilegien diese ganz bewusst einsetzen, um absichtlich rassistisch zu handeln und uns weitere Vorteile gegenüber BIPoC zu verschaffen. Wir müssen also für uns klären, warum es für uns wichtig ist, unsere *weißen* Privilegien zu kennen.

Weiße Rassismuskritik ist Reflexion plus Praxis

Rassismuskritik zielt auf gesellschaftspolitische Veränderungen ab. Weder die Reflexion von *Weiß*-Sein noch Selbstkritik stellen deshalb Ziele *weißer* Rassismuskritik dar. Das sind vielmehr unabdingbare Vorbedingungen für notwendige, praktisch relevante Verhaltensänderungen. Die Kritik am Rassismus ist an Praxis gebunden. Sie zielt auf anderes Handeln ab. Erst wenn aus der Selbstreflexion neue Handlungsweisen folgen, kann sie wirkungsvoll werden. Diese veränderten individuellen Handlungsweisen müssen dann wiederum institutionelle Veränderungsprozesse zum Ziel haben. Rassistische Gesellschaftsstrukturen zu verändern, verlangt also eine ganze Menge. Notwendigerweise fängt das für uns als *Weiße* dabei an, uns unserer individuellen sozialen Rolle in den rassistischen gesellschaftlichen Strukturen überhaupt erst einmal bewusst zu werden. Und weil wir immer *weiß* bleiben werden, müssen wir uns unsere *weiße* Ausgangsposition für jegliches individuelle Handeln immer bewusst halten. *Weißes* rassismuskritisches Handeln, das Veränderungen bewirkt, setzt kontinuierliche Reflexion voraus. Es ist eine reflexive Praxis. Indem Rassismuskritik auf *weiße* Vorherrschaft und damit auch auf *weiße* Denk- und Handlungsweisen abzielt, werden wir mit ihr außerdem zu den Adressat*innen unserer eigenen Kritik. *Weiße* Rassismuskritik ist prinzipiell ein reflektiertes selbstkritisches Handeln.

Deshalb brauchen wir auch die Theorie so sehr. Sie hilft uns zu verstehen, wie Rassismus funktioniert und unser eigenes Leben und Handeln damit zusammenhängt. Der Mehrwert rassismuskritischer Theorie ist oftmals schwer zu verdeutlichen. In Workshops wird mir zum Beispiel oftmals gesagt, die Veranstaltung sei zu theorielastig. Beispielsweise erklärte eine *weiße* Teilnehmende neulich in einem Workshop nach meinem einführenden Input zu Rassismus: »Ich würde, anstatt mich mit dieser Theorie zu beschäftigen, lieber erfahren, wie ich mit bestimmten Situationen umgehe.« So etwas höre ich wirklich sehr oft. Ich weiß, dass nicht nur ich, sondern viele Kolleg*innen der rassismuskritischen Bildungsarbeit solche Rückmeldungen *Weißer* kennen. Deshalb hier zurückgefragt: Wie sollen wir denn unsere Rolle im Rassismus und im Widerstand gegen diesen für uns definieren können, wenn wir nicht verstehen, wie Rassismus als gesamtgesellschaftliches Phänomen aufrechterhalten bleibt? Wie sollen wir einschätzen können, was in einer konkreten Situation ein verantwortungsvolles Verhalten ist, wenn wir nicht verstehen, wie diese Situation und unser Handeln darin mit strukturellem Rassismus zusammenhängen? Mit den Worten des Soziologen Stuart Hall: »[I]nteressanter als Theorie ist schlicht und einfach, die Welt zu verändern. Was wiederum nicht ohne Theorie geht.«[71] Und die Theorie lässt uns zudem wissen: Wir können uns als *Weiße* erst dann nachhaltig effektiv gegen Rassismus einsetzen, wenn wir verantwortungsvoll und produktiv mit den Grenzen unseres rassismuskritischen Handelns umgehen. *Weiße* Rassismuskritik ist zwar legitim, weil wir sie brauchen, um Rassismus abzubauen. Sie muss aber auch immer problematisiert werden. Nicht zuletzt, weil wir als *Weiße* auf spezifische Weise Gefahr laufen, Rassismus zu reproduzieren. Denn Rassismus ist ein *weißes* Projekt.

Rassismuskritik aus *weißer* Perspektive – verstrickt, aber nicht unmöglich

Ich habe es eben schon angedeutet: In meinen Workshops teilen *weiße* Teilnehmende häufig den Wunsch, in der Veranstaltung zu erfahren, wie sie ›richtig‹ mit Rassismus umgehen können. Also ganz konkret im Alltag, damit sie hier nichts ›falsch‹ machen. Immer wieder werde ich zum Beispiel gefragt, ob ich dazu nicht etwa eine zusammenfassende Liste mit klaren Handlungsanweisungen hätte oder nicht – mal so eben aus dem Stehgreif – ganz konkrete Strategien zusammenfassen könnte. Anfragen, die ich erhalte, beginnen immer wieder so oder ähnlich: »Wir möchten gerne einen Workshop dazu durchführen, wie wir rassismusfrei handeln können.« Wie gesagt, leider ist es nicht so einfach. Den 10-Punkte-Plan gibt es nicht. Gäbe es ihn, das kannst du mir gerne glauben, würde ich ihn sofort teilen. In jedem Workshop und selbstverständlich auch hier mit dir. Wenn er dann nicht eh schon breit zirkuliert wäre. Das wäre wohl im Zeitalter des Internets längst der Fall. Denn gäbe es eine solche Liste, wäre sie mittlerweile mit Sicherheit den meisten bekannt. Einen ganzen Workshop bräuchten wir dann wahrscheinlich auch nicht mehr. Eigentlich wäre meine Arbeit als Referentin für rassismuskritische Bildung dann insgesamt überflüssig, weil wir das Problem Rassismus schon behoben hätten. Schließlich wüssten dann alle ganz genau, was zu tun ist. Offensichtlich haben wir Rassismus aber noch lange nicht überwunden. Augenscheinlich gibt es keine solchen Rezepte für ›einfache‹ und ›schnelle Lösungen‹. Deshalb ist auch nicht anzunehmen, dass wir in naher Zukunft gänzlich rassismusfrei handeln können. Es ist nachweislich komplexer. Wir müssen also anders an die Sache herangehen.

Zunächst können wir festhalten: Rassismuskritisches Handeln ist immer in Rassismus verstrickt. Das gilt grundsätzlich, also unabhängig davon, ob aus *weißer* Perspektive oder aus BIPoC Perspektive agiert wird. Ich möchte dazu an dieser Stelle noch einmal auf den Kritikbegriff zurückkommen, den wir uns oben schon etwas genauer angeschaut haben:

Kritik leitet sich immer aus dem Bestehenden ab. Entsprechend kann Kritik am Rassismus nur aus den kritisierten Verhältnissen heraus erfolgen, die Rassismus selbst bedingen. So stehen die Maßstäbe der Kritik am Rassismus nicht außerhalb der normativen Standards, die Rassismus schafft. Kritik am Rassismus ist also kein primär evaluierendes Urteil eines vermeintlich durchschaubaren Gegenstandes, zu dem sich Kritiker*innen unabhängig verhalten können. Egal wer Rassismus kritisiert, er*sie kann damit für sich nicht in Anspruch nehmen, sich auf externe Maßstäbe zu beziehen. Rassismuskritik ist immer an die Ressource Rassismus gebunden. Sie kann sich niemals vollständig von Rassismus distanzieren und nähert sich ihm immer auch an. Mit den Worten der Philosoph*innen Rahel Jaeggi und Tilo Wesche:

> »Kritik bedeutet immer gleichzeitig Dissoziation wie Assoziation. Sie unterscheidet, trennt und distanziert sich; und sie verbindet, setzt in Beziehung, stellt Zusammenhänge her. [...] Noch die radikale Widerlegung ist in diesem Sinne eine Bezugnahme, und noch eine Kritik, die auf den Bruch mit einer

bestehenden Ordnung setzt, stellt eine Beziehung zu der Situation her, die überwunden werden soll.«[72]

Mit Blick auf Rassismus als Norm formuliert John Warren das etwas knapper so: »Gegen eine Norm zu handeln, bedeutet, die Norm zu reproduzieren, unabhängig von der Absicht.«[73] Die Frage lautet nun: Wie kriegen wir unter diesen Umständen einen Bruch mit Rassismus hin? Selbstkritik allein schafft das wohl kaum. Leisten kann das nur eine politische Praxis. Wie die Politikwissenschaftlerin Isabell Lorey erklärt, ist Kritik als politische Praxis »nicht Negation, nicht Rückzug in etwas ganz anderes, sondern die Konstituierung eines Vermögens [in widersprüchlichen Verhältnissen] zu handeln«[74]. Bemühungen gegen Rassismus bedürfen für ein solches rassismuskritisches Handlungsvermögen grundsätzlich einer analytischen Schärfe, die darauf aufbaut, dass die möglichen Reproduktionen und Brüche von Rassismus reflektiert werden. Rassismuskritisch zu handeln, heißt, zuvor eine Analysekompetenz auszubilden, um kritisches Handeln überhaupt erkennen und selbst durchführen zu können. So kann mit Jaeggi und Wesche auch bezogen auf Rassismus festgehalten werden, »wie voraussetzungsreich die Praxis der Kritik ist und wie wenig selbstverständlich es ist, dass und wie das kritische Unternehmen funktioniert«[75].

Das klingt ziemlich kompliziert. Ist es auch. Rassismuskritisches Handeln folgt keinem ›Rezept‹, das uns erlaubt, zwischen einem absolut ›richtigen‹ und einem absolut ›falschen‹ Vorgehen zu unterscheiden. Es ist unumgänglich, dass Rassismus ein Stück weit in jede rassismuskritische Praxis eingelagert ist, weil Rassismuskritik immer widersprüchlich ist. Das gilt bereits ohne die dann außerdem noch für uns als *Weiße* hinzukommende Gefahr von *weißer* Abwehr und versehentlichen, ungewollten Reproduktionen von Rassismus. Bereits jedes Mal, wenn wir von *Weißen* und BIPoC sprechen, werden die für Rassismus entscheidenden Differenzlinien immer auch bestätigt. Und jedes Mal, wenn wir uns als *weiß* definieren, bringen wir immer auch die Position BIPoC als ›Andere‹ hervor. Zugespitzt ausgedrückt ist damit jede selbstreflexive *weiße* rassismuskritische Praxis sozusagen ein Akt der Unterwerfung von BIPoC. Genauso werden mit positionierungssensiblen Bildungsangeboten rassismusrelevante Gruppenkonstruktionen wiederholt. Workshops zu Kritischem *Weiß*-Sein für *Weiße* ermöglichen es *Weißen*, Rassismus besser zu verstehen. Geschützte Räume nur für Menschen mit Rassismuserfahrung können Prozesse der Selbstermächtigung einleiten. Gleichzeitig wird in beiden Fällen eine Einteilung von Menschen nach rassismusrelevanten Zugehörigkeiten vorgenommen. Trotzdem sind beide Formate unverzichtbar. Das ist das, was ich mit Verstrickung meine. ›Rassistisch‹ würde ich das, wie gesagt, nicht nennen wollen. Es handelt sich vielmehr um ›rassismuskritische‹ Angebote mit dem Ziel, die Wirkmacht des Rassismus zu durchbrechen.

Wir können nur innerhalb des Systems agieren, das wir kritisieren. Zugleich hat sich das rassistische System tief in unser aller Denk-, Handlungs- und Gefühlsweisen eingeschrieben – egal, wie Rassismus uns betrifft. Genau an diesem Punkt können wir aber gleichzeitig ansetzen, um Rassismus abzubauen. In diesem Sinne distanziert sich aus Schwarzer Position zum Beispiel bell hooks klar von Positionen, die behaupten, dass *Weiße* nicht rassismuskritisch handeln könnten, gleichzeitig aber ironischerweise häufig dazu aufrufen, dass *Weiße* sich ändern müssten:

> »Die Leute zu bitten, sich zu ändern, ihre Treue zur *weißen* Vorherrschaft aufzugeben, und sie dann zu verspotten, indem man sagt, dass sie niemals frei von rassistischem Denken sein können, ist ein Gräuel. Wenn *Weiße* niemals frei von rassistischem Denken und Handeln sein können, dann können Schwarze/PoC niemals frei sein. So einfach ist das. [...] Wenn wir Widerstand leisten können, wenn wir uns weigern können, rassistisches Denken und Handeln anzunehmen, können sie das auch.«[76]

In fast allen Diskussionen über Rassismus ist unsere Verstrickung in Rassismus kein Thema. Fast immer geht es verkürzt um die Frage, ›rassistisch‹ oder ›nicht rassistisch‹. Insbesondere die immer wieder in den sozialen Netzwerken aufflammenden Diskussionen sind ein gutes Beispiel dafür. Dabei muss es vielmehr um die Frage gehen, wie wir Rassismus bestmöglich entgegentreten und dabei möglichst verantwortungsvoll mit unserer eigenen Verstrickung in Rassismus umgehen.

Leider braucht es also mehr als die To-do-Liste. Und für uns als *Weiße* bedarf es mehr, als unsere eigenen *weißen* Privilegien zu bestimmen. Das ist zwar ein ganz wesentlicher Schritt, aber gleichzeitig nur ein Teilschritt und das in mehrfacher Hinsicht. Die Reflexion unserer *weiß*privilegierten Position muss noch viel weitergehen, weil unsere Privilegien uns auch beim rassismuskritischen Handeln begleiten. Dies haben wir mit Blick auf unsere *weißen* Emotionen und unsere *weiße* Abwehr weiter oben bereits ausgeführt. Nun haben wir zudem festgehalten, dass Rassismuskritik als Kritik so oder so immer in Rassismus verstrickt ist. Im Folgenden will ich darüber hinaus noch einige weitere Gedanken dazu teilen, wie wir beim rassismuskritischen Handeln mit unserer *weißen* Position auf spezifische Weise in Rassismus eingebunden sind. Denn erst, wenn wir das erkennen und verstehen, können wir überhaupt ausmachen, wo es für uns schwieriger oder aber besser möglich sein kann, gegen Rassismus einzutreten – worum es dann anschließend gehen soll.

Wir verfügen über kein Erfahrungswissen zu Rassismus

Am relevantesten für unser *weißes* rassismuskritisches Handeln ist es, dass es nicht auf Erfahrungswissen zu Rassismus aufbaut. Als *Weiße* wissen wir nicht aus eigener körperlicher und psychischer Erfahrung, was es bedeutet, rassistische Diskriminierung zu erleben. Unsere Wahrnehmung von Rassismus ist und bleibt deshalb eingeschränkt. Wir können uns höchstens darüber informieren, was es bedeutet, Rassismus selbst zu kennen, bei BIPoC, die Rassismus selbst erlebt haben, oder indirekt bei anderen *Weißen*, die sich dazu rassismuskritisch gebildet haben. Solche *weißen* Personen, die sich zu Rassismus gut auskennen, gibt es sehr wohl. Häufig sind zum Beispiel *weiße* Eltern von BIPoC Kindern und *weiße* Personen, die in Liebesbeziehungen mit BIPoC leben, sehr sensibel für Rassismus. Auch wenn sie Rassismus nicht aus eigener Erfahrung kennen, kann es sein, dass sie viel mitkriegen, weil ihre Kinder oder Partner*innen Rassismus erleben. Es ist also absolut möglich, dass eine *weiße* Person Rassismus gut verstehen gelernt hat. Auch wenn wir nicht wissen, wie es ist, ihn zu erleben, können wir uns als *Weiße* schließlich zu Rassismus bilden und ihn so verstehen lernen. Doch die meisten von uns begreifen Rassismus nicht. Mittlerweile habe ich mich daran gewöhnt, aber zu Anfang meiner rassismuskritischen Bildungsarbeit war ich regelrecht erschrocken, wie wenig Wissen über Rassismus viele *Weiße* mit einer hohen formalen Ausbildung haben. Sie gelten für viele als ›intelligent‹, doch beim Thema Rassismus herrscht häufig offensichtlich Nachholbedarf. Als ich etwa neulich in einem Workshop mit *weißen* Hochschulangehörigen zum Einstieg die Teilnehmenden bat, Beispiele für Rassismus zu sammeln, nannte eine Kleingruppe die 2G- und 3G-Regel während der Corona-Pandemie. Zwei andere Gruppen führten Beispiele für die Diskriminierung von Frauen, also Sexismus, an. Sowas kommt immer wieder vor. Dass viele *Weiße* Rassismus nicht erfassen können, hängt sicherlich auch damit zusammen, dass viele von uns vor allem von anderen *Weißen* über Rassismus gelernt haben.

Auch BIPoC werden nicht mit dem Wissen zur strukturellen Wirkweise von Rassismus geboren. Doch weil sie Rassismus potenziell individuell selbst erleben, haben sie im Vergleich zu uns einen Vorsprung, wenn es darum geht, diesen begreifen zu lernen. Entsprechend bilden auch Beiträge und Arbeiten von BIPoC das Fundament der jüngeren Rassismusforschung. Insgesamt sind wir als *Weiße* auf die Kenntnisse rassistisch diskriminierter Menschen angewiesen, um uns über Rassismus überhaupt bewusst zu werden. Wir brauchen das Wissen von BIPoC und verdanken es im Grunde ihnen, dass wir uns überhaupt kritisch mit Rassismus beschäftigen. Das kommt nicht aus uns selbst heraus. Von uns aus sind wir uns unseres *Weiß*-Seins und strukturellen Rassismus' nicht bewusst. Es waren zuerst BIPoC, die von ihren Erfahrungen von Rassismus ausgehend *weiße* Privilegien benannt haben, sodass *Weiße* überhaupt beginnen konnten, die eigene *weiß*privilegierte Position zu erkennen. Als *Weiße* ist es uns entsprechend unmöglich, im Alleingang Rassismus zu unterlaufen. Wir können lediglich Verbündete von BIPoC sein.

Wenn wir als *Weiße* rassismuskritisch handeln, beziehen wir uns also indirekt auf das Erfahrungswissen von BIPoC. Wenn ich zum Beispiel einen guten Austausch zu Rassismus mit einer Schwarzen Person habe, auch weil ich Ihre Position gut nachvollziehen kann und ihr Erleben nicht infrage stelle, rührt das daher, dass ich dazu bereits von anderen BIPoC über Rassismus gelernt habe. Diese Bezugnahme auf das Erfahrungswissen von BIPoC mag für uns manchmal gar nicht so offensichtlich sein. Vielleicht hast du bisher vor allem Texte von *Weißen* über Rassismus gelesen oder dich bisher insbesondere mit anderen *Weißen*, die bereits viel wissen, über Rassismus ausgetauscht. Doch auch sie, die *weißen* Verbündeten, greifen letzten Endes auf ein Wissensarchiv voller Erfahrungswissen von BIPoC zurück, das den Unterbau für jede *weiße* Rassismuskritik bildet. Das geht häufig leider unter, weil viele nicht mitteilen, auf wessen Aussagen und Arbeiten sie zurückgreifen. Sicherlich passiert das im Alltag oft ganz automatisch. Wir benennen ja auch bei anderen Themen nicht ständig unsere Quellen, wenn wir neu Gelerntes mit anderen teilen. Neues Wissen kann übergehen in neu eingenommene Perspektiven und Sichtweisen, die schließlich zu unseren eigenen werden. Die meisten Erkenntnisse gehen auch nicht auf einzelne Personen zurück, sondern auf geteilte Gedanken, die dann von anderen weiterentwickelt werden, sodass kaum noch ein Mensch weiß, woher sie eigentlich stammen.

Nehmen wir als Beispiel *weiße* Privilegien. Geht es um die Ursprünge der Reflexion *weißer* Privilegien, denken viele an die bekannte Privilegienliste von Peggy McIntosh aus dem Jahr 1988. Dabei hat W. E. B. Du Bois schon viele Jahrzehnte zuvor *weiße* Privilegien analysiert und seine Gedanken und Ergebnisse hierzu auch schriftlich festgehalten. Kaum ein Mensch kennt jedoch seine Arbeiten. Das gilt auch für viele Personen, die sich ›rassismuskritisch‹ nennen. Nicht selten erscheint kritisches *Weiß*-Sein als Verdienst *weißer* rassismuskritischer Menschen – was es aber nicht ist. Ich erzähle gerne von W. E. B. du Bois Untersuchungen. Aber natürlich zitiere ich ihn auch nicht jedes Mal, wenn ich über *weiße* Privilegien spreche. Darum geht es hier auch nicht. Das Problem ist, dass das widerständische Wissensarchiv von BIPoC unter *Weißen* insgesamt zu wenig anerkannt wird und sich darin Rassismus erneut ausdrückt. Viele *Weiße* verkaufen rassismuskritische Argumente von BIPoC gar als ihre originär eigenen, obwohl die Positionen ohne eine Bezugnahme auf das Erfahrungswissen von BIPoC häufig offensichtlich unlogisch ausfallen. BIPoC, die ihr Wissen über Rassismus in welcher Form auch immer teilen und aus diesem Wissen heraus zum Beispiel Artikel, Bücher, Podcasts und wissenschaftliche Arbeiten veröffentlichen, erhalten von *Weißen*, die sich darauf beziehen, viel zu wenig Würdigung. Viele von uns teilen nicht mit, woher wir unser Wissen über Rassismus haben, mit dem wir vor anderen als rassismuskritisch glänzen wollen, so als wäre uns alles schon immer klar gewesen oder wären wir ganz alleine darauf gekommen. Auch so finden rassistische Ausschlüsse statt.

Zu unserem *weißen* rassismuskritischen Handeln muss also immer auch das Eingeständnis gehören, dass wir als *Weiße* bestimmte Dinge *nicht* wissen. Unsere eigene *weiß*privilegierte Position auszumachen, heißt, immer auch, zu erkennen, dass wir Rassismus *nicht* kennen. Rassismuskritik bedeutet für uns entsprechend, anzuerkennen, dass Rassismus für uns häufig nur schwer erkennbar ist und bleibt. Und noch mehr: Weil wir rassistische Diskriminierung nicht immer erkennen können, heißt Rassismuskritik für uns zudem, einzusehen, dass wir nicht immer am besten wissen, was Rassismus entgegengesetzt werden kann.

Gefahr der Aneignung und Ausnutzung

Nun kommt unsere *weiße* Perspektive dabei noch auf eine andere Weise ins Spiel: Selbst wenn wir uns theoretisches Wissen über Rassismus aneignen, verstehen und deuten wir dieses Wissen anders als BIPoC. Denn dieses Wissen trifft auf unser *weißes* Selbstverständnis und auf unsere *weißen* Denkgewohnheiten und *weißen* Emotionen. Aus *weißer* Position schreibt John Warren dazu treffend: »Ich bin ein Paradox.«[77] Er könne nur durch sein eigenes *Weiß*-Sein über *Weiß*-Sein sprechen und *Weiß*-Sein auch nur aus seiner eigenen *weißen* Position heraus angreifen. Dabei sehe Rassismus für ihn als *Weißen* auch noch vor, *Weiß*-Sein als Norm gar nicht erst erkennen zu können.[78] Das macht das Ganze nicht gerade einfach.

Weil wir als *Weiße* über kein erfahrungsbasiertes Wissen zu rassistischer Ausgrenzung verfügen, neigen wir dazu, Wissensbestände zu Rassismus von BIPoC falsch auszulegen. Im schlimmsten Fall erkennen wir den Rassismus noch nicht einmal, wenn er angesprochen wird. Dann kommt es nicht selten zu herunterspielenden und verharmlosenden Aussagen wie »Du übertreibst doch« oder »So war das nicht gemeint«. *Weiße* Abwehr lässt grüßen. Wenn auch unwillentlich, reproduzieren wir so Rassismus. Selbst *weiße* Antirassist*innen reagieren häufig auf diese Weise, wenn sie das eigene Engagement gegen Rassismus infrage gestellt sehen. Frances Kendall zitiert in ihrem Buch *Understanding White Privilege Creating Pathways to Authentic Relationships Across Race* eine Gesprächspartnerin, die prägnant und einprägsam auf den Punkt bringt, worin das Problem besteht: »Egal, wie viel Training sie bekommen, *weiße* Menschen werden [...] immer wieder zu denen werden, die sie sind, und zu dem zurückkehren, was sie wissen – wie man *weiß* ist.«[79]

Selbst jenseits von Formen *weißer* Abwehr reinterpretieren wir das Wissen über Rassismus von BIPoC immer, wenn wir daran anschließen. Wir legen das Wissen bereits schon deshalb ein bisschen anders aus, weil mit jeder Interpretation eine Bedeutungsverschiebung einhergeht. Nun ist das Ganze in diesem Fall aufgrund unserer *weißen* Perspektive und unserer Verstrickung in Rassismus auch noch spezifisch rassistisch aufgeladen. Egal wie reflektiert, selbstkritisch und verantwortungsvoll wir sind, jedes Mal, wenn wir auf widerständigem Wissen von BIPoC aufbauen, reproduzieren wir Rassismus auch ein Stück weit. Damit will ich nicht sagen, dass wir das nicht tun sollten, denn wir müssen ja an das Wissen von BIPoC anknüpfen, um rassismuskritisch denken zu lernen. Paradoxerweise sind wir als *Weiße* ja auf das Wissen von BIPoC angewiesen, um Rassismus zu bekämpfen. Wir können nicht darauf verzichten, uns auf ihre widerständigen Wissensproduktionen zu beziehen. Als *Weiße* laufen wir jedoch gleichzeitig immer Gefahr, uns das Wissen über Rassismus von BIPoC für unsere eigenen Interessen anzueignen und im eigenen Interesse zu gebrauchen. Ganz vermeidbar ist auch eine solche Aneignung nie, denn unser Handeln ist nie ohne eigenes Interesse. In gewisser Weise ist unsere Wissensadaption deshalb für BIPoC immer eine Zumutung, weil sie immer ein Stück weit Rassismus reproduziert. Damit müssen wir also sehr verantwortungsvoll umgehen.

Das heißt, wir können festhalten, dass es sehr wohl einen besseren und einen schlechteren Umgang mit dieser Herausforderung gibt. Eben ging es darum, dass wir unser Wissen, das wir von BIPoC übernommen haben, nicht als unser eigenes ausgeben sollten. Zusätzlich müssen wir uns aber auch stets kritisch fragen, warum wir in in einer Situation BIPoC Positionen und Stimmen anführen. Wofür benutzen wir sie? Welches eigene Interesse verbinden wir damit? Wollen wir damit vor anderen gut dastehen? Wollen wir als besonders ›kritisch‹ bewundert werden? Geht es uns eigentlich vor allem um uns selbst? Wenn wir uns mit *Weiß*-Sein beschäftigen und damit, wie wir als *Weiße* rassismuskritisch handeln können, wird *Weiß*-Sein immer automatisch erneut in den Mittelpunkt gestellt. Das geht im Grunde nicht anders. Was wir aber vermeiden müssen, ist, den jahrhundertealten Widerstand gegen Rassismus von BIPoC für uns zu vereinnahmen.

Weißes rassismuskritisches Handeln ist immer freiwillig

Rassismuskritik ist so alt wie Rassismus selbst. Seitdem *weiße* Menschen Rassismus erfunden haben, haben BIPoC Widerstand gegen ihn geleistet. Dieser Widerstand war seit jeher ein Kampf ums Überleben und ein Kampf gegen ein System, das BIPoC entmenschlicht. Er schließt bis heute einen tagtäglichen Kampf für Selbstbestimmung und gleichberechtigte Teilhabe ein, die Rassismus jeden Tag neu angreift. Für uns *Weiße* gilt das nicht. Unser *weißes* rassismuskritisches Handeln baut nicht auf solch einem jahrhundertealten kollektiven Widerstand gegen Rassismus auf, bei dem unser (Über)Leben auf dem Spiel steht.

Auch deshalb haben wir hinsichtlich der Bekämpfung von Rassismus eine ganz andere Ausgangsposition als BIPoC. Der Einsatz und das Risiko *weißer* Rassismuskritiker*innen ist immer grundlegend anders als das seitens BIPoC der Fall ist. Rassismuskritisches Handeln ist für uns grundsätzlich eine wählbare Möglichkeit. BIPoC haben diese Wahl nicht. Wenn wir rassismuskritisch handeln, ist das grundsätzlich freiwillig und immer nur vorübergehend, während BIPoC jeden Tag Widerstand gegen Rassismus leisten müssen. Aus BIPoC Perspektive formuliert und an uns als *Weiße* adressiert: »Ihr könnt eure ›Kreuzritter für soziale Gerechtigkeit‹-Umhänge anziehen, hinausgehen und Gutes tun, und dann nach Hause kommen, eure Umhänge an der Garderobe ablegen und zum Abendessen ins Restaurant gehen. Wir können unsere niemals ausziehen.«[80] Widerstand von BIPoC meint hier also keinesfalls nur politischen Aktivismus. Er umfasst ebenso die (lebens)notwendige Bewältigung von alltäglichem Rassismus, dem niemals ganz ausgewichen werden kann. Selbst das Ignorieren rassistischer Verhaltensweisen ist letztendlich eine Strategie der Bewältigung im Umgang mit dem erlebten Rassismus. Als *Weiße* können wir uns die Zeit, die wir der Kritik von Rassismus widmen, hingegen einteilen. Wir können unsere Arbeit gegen Rassismus unterbrechen oder auch beenden. Wenn wir keine Lust mehr auf sie haben, können wir sie sein lassen, solange, wie es uns passt. Zu keinem Zeitpunkt sind wir gezwungen, uns mit Rassismus auseinanderzusetzen. Das traurige Produkt des Ganzen erlebe ich in meinen Workshops regelmäßig: Immer wieder teilen *weiße* Teilnehmende ganz offen mit, dass sie sich bisher noch nie mit Rassismus auseinandergesetzt haben. Das ist ein Privileg, das Rassismus nur uns *Weißen* verschafft.

<u>Reflexionsfragen</u>
Um noch einmal das bisher Gesagte zusammenzufassen: Wenn wir als *Weiße* Rassismus etwas entgegensetzen wollen, müssen wir uns intensiv mit unserem Verständnis von Rassismus auseinandersetzen und unsere *weißen* Privilegien kontinuierlich reflektieren. Wir müssen auch für uns klären, was unsere *weiße* Position für unser rassismuskritisches Handeln bedeutet. Die folgenden Fragen können dir bei der Reflexion helfen. Sie eignen sich für die allgemeine Reflexion, aber auch zum Heranziehen bei ganz konkreten Vorhaben, wie zum Beispiel der Planung und Durchführung rassismuskritischer Aktionen und Projekte.

1. Was bedeutet es für dein rassismuskritisches Handeln, *weiß* zu sein?
2. Wie könnte dein *Weiß*-Sein deine Sichtweisen und deine Entscheidungen beeinflussen?
3. Wo nimmst du Rassismus wahr und woran machst du (auch dein eigenes) rassismuskritisches Handeln fest?
4. Wie mag dein *Weiß*-Sein dein Urteil und Urteilsvermögen beeinflussen?
5. Wo schränkt dich dein *weißer* Blickwinkel notwendigerweise ein?

Als *Weiße*r* Rassismuskritik üben – darf ich das überhaupt?

Reflexionsfragen

Nimm dir zu Anfang dieses Abschnittes ein bisschen Zeit, um die folgenden Fragen für dich zu beantworten:

1. Hast du schon einmal Situationen erlebt, in denen du gegen Rassismus einschreiten wolltest, aber zunächst verunsichert warst, ob dein Handeln angemessen und zielführend ist?
2. Was hat die Verunsicherung ausgelöst?
3. Wie bist du mit deiner Unsicherheit umgegangen? Wie hast du dann schlussendlich gehandelt?
4. Würdest du in einer vergleichbaren Situation heute noch einmal so handeln?

Offensichtlich hätte ich dieses Buch nicht geschrieben, würde ich davon ausgehen, dass *weiße* Menschen nicht rassismuskritisch handeln können. Dabei ist die Aussage, »alle *Weißen* sind rassistisch«, gar nicht so unüblich. In rassismuskritischen Kreisen heißt es manchmal, dass *Weiße* grundsätzlich nicht rassismuskritisch handeln können. Sogar manche *Weiße* glauben das. In meinen Workshops erlebe ich immer wieder, dass *weiße* Menschen als Folge dieser Grundeinstellung im Umgang mit rassistischem Verhalten völlig verunsichert sind. Auf der einen Seite wollen sie unbedingt rassismuskritisch handeln, wissen auf der anderen Seite aber nicht, ob das überhaupt möglich ist. Eine wiederkehrende Frage lautet dann: »Darf ich das überhaupt?« Sie wird vor allem dann gestellt, wenn wir uns damit beschäftigen, wie Rassismus auch ungewollt und unbewusst reproduziert wird. Wenn es um die Verstrickung unserer rassismuskritischen Praxis in Rassismus geht, so wie weiter oben in diesem Kapitel erläutert. Die Frage bezieht sich dann auf das eigene Handeln gegen Rassismus. Sie richtet sich weniger an mich, die *weiße* Referentin, die gerade eine Veranstaltung zu Rassismus durchführt. Schließlich würde ich kaum vor den Teilnehmenden stehen, würde ich annehmen, dass *Weiße* nicht rassismuskritisch handeln dürfen. Die Frage wird eher als grundsätzliche Frage in den Raum gestellt. Das ist sehr oft mit vielen Emotionen verbunden und wird häufig von Selbstkritik, Zweifel und großer Vorsicht begleitet.

Als *weiße* Person und Referentin zum Thema Rassismus fühle ich mich von der Frage dennoch angesprochen. Weil ich sie kenne. Ich habe sie mir oft genug selbst gestellt. Die Frage kam zum ersten Mal in mir auf, als ich begann, mich intensiver mit Rassismus auseinanderzusetzen. Als ich lernte, dass ich von klein auf rassistische Wissensbestände verinnerlicht habe, die ich nicht einfach verlernen kann, und meine eigenen rassistischen Denkweisen immer mehr erkannte. Sie stellte sich mir, als ich anfing zu begreifen, dass ich trotz bester Absicht gewaltvoll handeln kann. Dass ich, weil Rassismus strukturell in der Gesellschaft verankert ist, niemals vollkommen rassismusfrei werden kann. In dieser Zeit kollidierte mein antirassistisches Selbstverständnis mit meinen neuen Erkenntnissen darüber, als *weißer* Mensch in Rassismus verstrickt zu sein. Und falls es dich interessiert: dieser Zeitraum war nicht gerade kurz.

In dieser Zeit fragte ich mich, ob ich als *weiße* Person Rassismus überhaupt etwas entgegensetzen kann, wenn dieser mich doch privilegiert und meine Bemühungen, etwas gegen Rassismus zu tun, ihn auch gleichzeitig verfestigen. Als ich meine ersten Artikel über *Weiß*-Sein schrieb, war ich zum Beispiel dermaßen verunsichert, ob ich aufgrund meiner eingeschränkten *weißen* Perspektive auf Rassismus überhaupt auf einem rassismuskritisch vertretbaren ›richtigen Weg‹ bin, dass mich viele Veröffentlichungen große Überwindung gekostet haben. Als ich schließlich Lehraufträge zum Thema rassismuskritische Bildungsarbeit annahm, ging die Gedankenspirale jedes Semester von Neuem los: Soll ich wirklich selbst Teil des *weiß*dominierten universitären Lehrkörpers werden, den ich mit den Seminarinhalten eigentlich hinterfragen wollte? Nach dem letzten Lehrauftrag war ich sogar erleichtert. Nun war ich nicht mehr die auch noch zu Rassismus lehrende *Weiße* im *weiß*dominierten wissenschaftlichen Betrieb, der Stimmen und Perspektiven von

BIPoC bis heute mit voller Wucht an den Rand drängt. In dieser Rolle hatte ich mich gefühlt wie eine personifizierte Zielscheibe für Kritik am unreflektierten Handeln *Weißer*, die ich selbst für so richtig und wichtig halte. Auch im Alltag spürte ich meine Verstrickung häufig zusammen mit einem großen Unbehagen. Das passierte zum Beispiel, wenn ich in gemischten Räumen Rassismus wahrnahm und dann einschreiten wollte, aber gleichzeitig nicht wusste, ob die anwesenden Personen mit Rassismuserfahrung das gutheißen oder nicht. Ich zerbrach mir regelmäßig den Kopf darüber, was in solch einer Situation ›das richtige‹ Verhalten hätte sein können. Meistens fand ich darauf keine Antwort. Ähnliche Erfahrungen und Gedanken beschäftigen auch *weiße* Teilnehmende in meinen Workshops immer wieder. Hier geht es dann zum Beispiel um die Fragen, ob es möglich ist, als *weiße* Person als Diversity- oder Antidiskriminierun gsbeauftragte*r zu arbeiten oder ob eine rein *weiße* Gruppe oder Organisation rassismuskritisch agieren kann.

Heute arbeite ich hauptberuflich als *weiße* Referentin zu den Themen Diskriminierung und Rassismus. Ich begebe mich völlig bewusst mit vollem Einsatz in meine Verstrickung. Gefühlt laufe ich dabei so dermaßen auf Glatteis, Rassismus zu reproduzieren, dass ich eigentlich immer schlittere. Die Unsicherheit begleitet mich weiterhin, aber ich habe einen besseren Umgang mit ihr gefunden. Ich bin heute deutlich produktiver, risikobereiter und kann besser mit Feedback zu meiner Verstrickung in Rassismus umgehen als in der Vergangenheit. Dabei geholfen hat mir, einfach weiterzumachen und weiter zu lernen und das Unbequeme zu umarmen.

Für mich ist die ›Darf ich das?‹-Frage heute vor allem ein Ausdruck unserer Identitätsentwicklung als *Weiße*, wenn wir über Rassismus lernen. Ich halte es für sehr wichtig, als *Weiße* zu dieser Frage zu kommen. Ein paar harte Nüsse wären damit nämlich schon einmal geknackt: sich auf ein strukturelles Rassismusverständnis einzulassen, das eigene *Weiß*-Sein zu erkennen und das eigene Handeln gegen Rassismus als verstrickt anzunehmen. Doch wie wir gesehen haben, bleiben unsere *weißen* Emotionen mit ihren Herausforderungen auf unserem Lernweg immer da. Es ist ja nicht so, dass wir jemals emotionsfrei wären. Die ›Darf ich das?‹-Frage ist für mich mit dem Wunsch verbunden, ›richtig‹ und ›rassismusfrei‹ zu handeln. Sie ist für mich ein Ausdruck von Schuldgefühlen und der Angst, unabsichtlich rassistisch und widersprüchlich zu handeln. Und noch mehr, sie zeigt für mich eine Angst davor an, dafür kritisiert und negativ beurteilt zu werden. Schließlich unterstellt die Frage, dass es eine Instanz gibt, die es *Weißen* verbieten könnte, gegen Rassismus einzutreten. Das verdeutlicht mir, dass wir im Normalfall nicht gelernt haben, mit dem Hinweis auf eigenes rassistisches Verhalten und den damit ausgelösten Emotionen konstruktiv umzugehen. Weil Rassismus gesellschaftlich verankert ist, haben wir zum Beispiel aus den Medien, in der Schule, in der Familie und am Arbeitsplatz gelernt, uns mit unermüdlichen Bemühungen von jedem potenziellen ›Rassismusvorwurf‹ wieder freizusprechen. Wir haben gelernt, uns gegenüber uns selbst und anderen als ›guter Mensch‹ zu beweisen, anstatt unser rassistisches Handeln zu reflektieren und Verantwortung hierfür zu übernehmen. Diese verinnerlichten Denk- und Handlungsmuster lösen sich nicht einfach auf, nur weil wir uns auf einmal gegen Rassismus einsetzen wollen und theoretisch um unsere Verstrickung in Rassismus wissen. Selbst dann nagt das Feedback auf rassistisches Verhalten an unserem Selbstbild. Schließlich wollen wir Rassismus nicht stützen. Viele von uns fürchten sich außerdem besonders davor, dass BIPoC Rassismus in unserem Handeln benennen. Für viele ist nichts schlimmer als das. Vor allem, wenn BIPoC anwesend sind, wollen viele von uns bloß nichts falsch machen und den Eindruck vermitteln, ›nicht rassistisch‹ zu sein. Denn kommt es dann zu einer Kritik am eigenen Verhalten, ist das der gefühlte Beweis für den nicht ertragbaren eigenen Rassismus. Auch wenn es um das rassismuskritische Handeln aus *weißer* Position geht, gehen Selbstkritik, Unsicherheit und Perfektionismus häufig Hand in Hand.

»Ich habe panische Angst davor, etwas falsch zu machen«, erklärte ein Workshopteilnehmer einmal, als wir mit seinen Kolleg*innen Strategien für die rassismuskritische Öffnung ihrer Organisation erarbeiteten. Es war ein rein *weißes* Team einer kleinen Kultureinrichtung, die an sich selbst rassismuskritische Ansprüche stellte. Es war eine sehr reflektierte Runde, die sich theoretisch gut auskannte und die eigene Position viel hinterfragte. Schon vor unserer Zusammenarbeit hat sie das Thema Rassismus viel diskutiert. Trotzdem gab es keinerlei organisationale Strukturen, die rassismuskritische Prozesse in der Organisation nachhaltig sicherstellten. In diesem Team wurde das gemeinsame Bewusstsein für Rassismus und für die eigene Verstrickung von solch einer großen Unsicherheit begleitet, dass aus dem stetigen gemeinsamen Reflektieren tatsächlich noch keine praktischen Veränderungen hervorgegangen waren. Beispielsweise wollte das Team schon längst diverser werden. Doch die

Angst davor, dass BIPoC dann als Token fungierten, bremste den Prozess immer wieder aus. Sich mit anderen *Weißen* über Rassismus auszutauschen, ist offensichtlich vergleichsweise bequem. Rassismuskritisch zu handeln und sich damit der Kritik auszusetzen, ist da schon um einiges riskanter und unangenehmer.

Dieses Beispiel zeigt: Die ›Darf ich das?‹-Frage birgt auch Gefahren. Sie wird zum Fallstrick, wenn die Befürchtung, etwas ›falsch‹ zu machen und hierfür möglicherweise auch noch kritisiert zu werden, uns erstarren lässt. Veränderungen sind dann ausgeschlossen. Rassismus wird so nichts entgegengesetzt. Und das ist das Beste, was Rassismus passieren kann. Unterlassung ist schließlich kein passiver Moment. Weil sich damit der rassistische Status Quo nicht verändert, können nur wir als *Weiße* es uns leisten, um die eigene Verstrickung in Rassismus zu kreisen. Damit geben wir Verantwortung ab. Wir überlassen es BIPoC, sich gegen Rassismus zu erheben und der gewaltvollen Abwehr, die dies verursacht, zu begegnen. Deshalb bietet die ›Darf ich das?‹-Frage auch Raum für *weiße* Abwehr. Sie ermöglicht es, sich dem unbequemen rassismuskritischen Handeln ganz zu entziehen, häufig bei gleichzeitigem Erhalt eines Selbstbilds als ›besonders kritische‹ Person. Ich erlebe, dass *weiße* Menschen in Workshop-Situationen die ›Darf ich das überhaupt?‹-Frage immer wieder auf diese Art einsetzen. Gelegentlich wirkt sie eher verzweifelt gestellt, manchmal aber auch so, als ginge es der Person darum, sich selbst zu erhöhen und anderen *Weißen* rassismuskritisch überlegen zu sein. Auch dann geht es wieder darum, bloß nicht selbst als rassistisch zu gelten.

Rassismus ist ein *weißes* Problem, das *Weiße* kritisieren können

Wenn Rassismus als strukturelles Phänomen begriffen und bekämpft wird, wird die ›Darf ich das?‹-Frage überflüssig. Es ist in erster Linie der vielfältige Widerstand von BIPoC, der Rassismus seit seiner Erfindung herausfordert und den Kampf gegen ihn voranträgt. Wenn Rassismus überwunden werden soll, ist es aber unerlässlich, dass *Weiße* als Verbündete von BIPoC gegen rassistische Diskriminierung eintreten. Rassismus berührt uns als *Weiße*, indem er uns strukturelle Privilegien verschafft. Mehr noch, Rassismus ist ein *weißes* Problem, das wir als Gruppe aus unserer machtvollen *weißen* Position heraus aufrechterhalten. Um Rassismus abzubauen, müssen wir als *weiße* Akteur*innen des Rassismus unsere

Gewohnheiten ändern und unsere verinnerlichten rassistischen Denk- und Handlungsmuster sowie damit verbundenen Emotionen hinterfragen und *anders handeln*. Das alles ist nicht leicht und keine Sache simpler ›richtiger‹ Praxen und ›einfacher Lösungen‹. Nicht zuletzt, weil wir unsere *weiß*privilegierte Position und die damit verbundene *weiße* Perspektive nicht überwinden können und immer in Rassismus verstrickt bleiben werden. Es geht also nicht um eine verkürzte ›Ich darf das‹-Einstellung, die wir brauchen. Ein unreflektierter Aktionismus ist mit Sicherheit wenig erfolgversprechend. Handlungsleitend muss vielmehr die Frage sein: ›Ist mein Handeln möglichst zielführend?‹

Ein neuer Ansatz und Plan: Rassismus nicht mehr als vermeidbar wiederholen

Das bringt uns zum nächsten Punkt, dass es gar nicht notwendig ist, ›absolut richtig‹ – im Sinne von rassismusfrei – zu handeln. Eben weil das gar nicht geht. Erst einmal müssen wir also unseren Blickwinkel ändern und eine neue Perspektive einüben. Das schlägt auch die intersektional-feministische Wissenschaftlerin Sara Ahmed vor, wenn sie schreibt: »[U]nsere Aufgabe könnte darin bestehen, die Annahme zu kritisieren, dass gegen Rassismus zu sein bedeutet, Rassismus zu überwinden.«[81] Das heißt wiederum nicht, dass es in vielen Situationen sicherlich nicht ein ›besseres‹ und ›schlechteres‹ Verhalten geben kann. Was wir brauchen, ist genau eine solche analysierende Perspektive, die untersucht, welche unserer Handlungen Rassismus mehr herausfordern als wiederholen.

Die eigene prinzipielle Verstrickung zu erkennen, ist damit – genauso wie die Reflexion unserer *weißen* Privilegien – nur ein notwendiger Zwischenschritt. Verharren wir in diesem und konzentrieren wir uns nur auf unsere Verstrickung, kommen wir nicht voran. Das habe ich insbesondere in *weiß*dominierten akademischen Räumen erlebt. Sobald Rassismus und *Weiß*-Sein das Thema sind, geht es hier häufig nur noch darum, wie *Weiße* Rassismus reproduzieren. Anstatt zu untersuchen, ob eine Handlung besser oder schlechter wirkt, reduziert sich die Diskussion darauf, rassistische Reproduktionen und Fallstricke nachzuzeichnen. Das ist außerdem nicht sehr schwer. Tatsächlich ist es aus analytischer Perspektive ziemlich einfach, aufzuzeigen, inwiefern ›mal wieder‹ Rassismus wiederholt wird. Denn irgendwo finden sich notwendigerweise immer solche Reproduktionen. Je ›kritischer‹ *weiße* Räume sind, desto größer ist die Gefahr, dass es nur noch um die Widersprüche des *weißen* rassismuskritischen Handelns geht, während die Praxis ins Stocken gerät. So ist zumindest meine Erfahrung. Der kleinen *weißen* Organisation, von der ich oben sprach, ging das so. Das zeigte sich auch, als wir gemeinsam einen Vergleich zu ihrem Kooperationspartner zogen. Das war eine ganz ähnliche kleine Kultureinrichtung. Dieses andere Team war nicht völlig unsensibel gegenüber Rassismus. Es reflektierte aber sicherlich weniger ausgiebig über ihn. Die von mir begleitete Runde beschrieb dieses andere Team als »nicht so selbstkritisch«. Es stellte sich dann aber heraus, dass die Kolleg*innen, die ebenfalls mehrheitlich, aber nicht nur *weiß* waren, bereits seit vielen Jahren erste Strukturen geschaffen hatten, die zu mehr Repräsentation von BIPoC im Team geführt hatten. Zwar gab es offensichtlich noch Verbesserungsbedarf, da damit auch einige Fremdzuschreibungen verbunden waren, aber Maßnahmen für mehr Diversität waren bereits umgesetzt worden! An der Stelle waren alle ein bisschen verblüfft. Am Ende des Workshops hielt eine Teilnehmerin fest: »Ich glaube, unsere Kolleg*innen müssen sich von uns Reflexion abgucken und wir von ihnen Praxis.«

Wenn ein vollkommen widerspruchsfreies Handeln gegen Rassismus nicht gelingen kann, dann können rassismuskritische Strategien nicht darauf abzielen, Rassismus vollständig zu vermeiden. Weil dies nicht möglich ist, kann es nicht das Ziel sein, Rassismus *gar nicht* zu reproduzieren. Entscheidend ist jedoch nun, dass Rassismuskritik Rassismus nicht einfach ausgeliefert ist. Vielmehr lässt sich als neues Ziel formulieren, das geringste Maß an Rassismus zu (re)produzieren, das in unserem rassistischen System möglich ist. Das heißt, dass nicht alle Handlungen Rassismus gleich stark stabilisieren. Um einschätzen zu können, wie der Einfluss von Rassismus auf unser Handeln verringert werden kann, brauchen wir ein geschärftes Bewusstsein dafür, wie Rassismus funktioniert.

Hier können wir bei uns selbst anfangen: Weil die Art und Weise, wie wir handeln, daran gekoppelt ist, wie wir denken, müssen wir unsere Denkweisen weniger von Rassismus beeinflussen lassen. Unser Leben *mit* (unserem) Rassismus muss unser Versuch sein, uns weniger von diesem beherrschen zu lassen. Dann wird unsere Verstrickung zum Ausgangspunkt unserer Rassismuskritik, die ohne unsere Eingebundenheit in Rassismus nicht mehr denkbar ist. Sara Ahmed schreibt dazu:

»[R]ace [...] ist klebrig; haftet uns an [...]. Zu beginnen, mit dieser Klebrigkeit zu leben, sie zu denken, zu fühlen, zu tun, bedeutet, einen Raum zu schaffen, um mit den Auswirkungen von Rassismus umzugehen. Wir müssen besser mit den Auswirkungen von Rassismus umgehen.«[82]

Rassismuskritik bedeutet dann für jede*n von uns, mit Rassismus zu leben, aber sich gleichzeitig weniger von ihm steuern zu lassen. So lassen sich auch die bekannten Worte des französischen Philosophen Michel Foucault eins zu eins auf Rassismuskritik anwenden: Kritik ist »die Kunst, nicht dermaßen regiert zu werden«[83]. An diese Definition von Kritik anknüpfend, erklären der Erziehungswissenschaftler Paul Mecheril und der Professor für Soziale Arbeit in der Migrationsgesellschaft Claus Melter zu Rassismuskritik:

»Das Bestreben, nicht *dermaßen* dem Ensemble rassistischer Deutungs- und Handlungsschemata unterworfen zu sein, kann [...] lokale Veränderungsprozesse einleiten.«[84]

Als immanente Kritik ist Rassismuskritik also der Versuch, weniger rekonstruktive Folgen und mehr transformative Effekte zu bewirken. Ein besserer Umgang mit Rassismus ist dann eine Bezugnahme auf diesen, die sich zwar notwendigerweise an Rassismus annähert, aber ihn zugleich immer infrage stellt, insbesondere auch, um Anknüpfungspunkte für weitere Kritik bereitzustellen und zukünftige strukturelle Veränderungen zu begünstigen.

Zusammengefasst: Was heißt das für unsere *weiße* rassismuskritische Praxis?

Die bisher besprochenen Punkte hängen alle sehr eng zusammen. An dieser Stelle lassen sie sich gut zusammenfassen. Deshalb möchte ich kurz resümieren, bevor wir erneut einen Schritt weitergehen:

Wenn wir aus *weißer* Position Rassismus etwas entgegensetzen wollen, dürfen wir nicht auf unseren gewohnten Positionen verharren und die uns vertrauten *weißen* Annahmen nicht als einzig wahre verteidigen. Hierfür müssen wir über Rassismus lernen. Dazu gehört wiederum, dass wir uns mit unserem eigenen *Weiß*-Sein beschäftigen. Wir müssen uns dauerhaft kritisch reflektieren und Lücken und Unschärfen in unserer Wahrnehmung aufspüren sowie neue Perspektiven kennenlernen. Hierfür braucht es Offenheit und Bereitschaft, Sicherheiten aufzugeben und Veränderungen zuzulassen. Damit wir aus *weißer* Position möglichst rassismuskritisch handeln können, müssen wir stets mitdenken, dass wir nicht einfach ›rassismusfrei‹ werden und handeln können. Es ist unabdingbar, dass wir uns selbst verorten und unsere *weiße* Position fortwährend reflektieren, um aus dieser heraus Rassismusreproduktionen so weit wie möglich zu minimieren. Mit Paul Mecheril und Claus Melter lässt sich festhalten, dass die Absicht, Rassismus möglichst wenig zu reproduzieren, »einer Standpunktsensibilität und -reflexivität [bedarf], die eigene Verstrickung, Vor- und Nachteile sowie Handlungsmöglichkeiten und Verantwortungsübernahme [...] berücksichtigt«[85].

Wenn wir aus *weißer* Position gegen Rassismus vorgehen, müssen wir die unvermeidbaren spezifischen Herausforderungen hierbei mitdenken. Dazu gehört insbesondere auch, dass wir unsere Grenzen beim Erkennen von Rassismus wahrnehmen, aus denen wiederum Grenzen für unsere Möglichkeit, Rassismus zu bekämpfen, folgen. Es ist wichtig, Stolpersteine und Fallstricke auszumachen. Hierfür müssen wir in den Blick nehmen, welche Konsequenzen unsere Handlungen haben. Es ist notwendig, dass wir uns immer wieder fragen, welche rassistischen Wirkungen unser Vorgehen möglicherweise mit sich bringt. Gleichzeitig gilt es, möglichst genau zu bestimmen, wie wir Rassismus mit unserem Handeln abschwächen können. Beides gehört immer zusammen. Anstatt eines verkürzten Denkens in den Kategorien richtig und falsch geht es darum, unter Berücksichtigung von Widersprüchen ausfindig zu machen, welche Optionen es gibt, um als *weiße* Person gegen Rassismus einzutreten. Die Frage, die wir uns regelmäßig zu stellen haben, lautet also nicht, ob wir als *weiße* Personen Rassismuskritik üben dürfen, sondern wie uns das bestmöglich gelingen kann. Unser individuelles Handeln muss dabei auf strukturelle Veränderungen abzielen, die dann mit der Zeit auf unsere rassistischen Vorstellungen von Selbst destabilisierend rückwirken. Der dabei notwendigerweise ›in Kauf genommene‹ eigene Rassismus muss ausgehalten und permanent beobachtet werden, damit er nicht die Oberhand gewinnt. Im besten Falle wird er durch die eigenen kritischen Handlungen indirekt wieder geschwächt. Unser Verhältnis als Kritikübende zu Rassismus als Kritisiertem bleibt also immer eine in vielfacher Hinsicht fragende Beziehung.

Rassismus lässt sich nicht durch Selbstkritik, sondern nur durch daraus folgendes verändertes Handeln abbauen. Dieses andere Handeln entwickelt sich und entsteht mit der Zeit, indem es stetig reflektiert wird. Es verlangt von uns grundsätzlich, Spannungen zuzulassen und auszuhalten.

Es setzt voraus zu akzeptieren, dass gewisse Widersprüche unvermeidbar sind und dazugehören. Beispielsweise beschäftigt sich dieses Buch mit *Weiß*-Sein und stellt, wenn auch mit Blick auf rassismuskritisches Handeln, erneut die Bedürfnisse *Weißer* in den Mittelpunkt. Für mich ist das ein solcher Widerspruch, den ich nicht aufzulösen vermag.

Reflexionsfragen

1. Was nimmst du aus diesem Kapitel für dich mit? Was ist neu für dich und welche Inhalte erscheinen dir besonders wichtig für deinen Lernprozess?
2. Wenn du dieses Buch in der Überzeugung in die Hand genommen hast, ›rassismusfrei‹ und ›richtig‹ handeln zu wollen, was denkst du jetzt?
3. Wie ist es dir beim Lesen des Kapitels ergangen? Welche Gefühle kamen bei der Auseinandersetzung mit der Verstrickung unseres *weißen* rassismuskritischen Handelns in Rassismus bei dir auf?
4. Was findest du anregend und motivierend und vielleicht sogar erleichternd?
5. Gibt es Teile, die du entmutigend fandest?
6. Wie bewertest du deine Gefühle aus rassismuskritischer Perspektive?
7. Denk einmal an deine vergangenen Interventionen gegen Rassismus zurück: Hast du rückblickend die Verstrickung deines Handelns gegen Rassismus in diesen schon mal gespürt? Was waren das für Momente und wie hat sich die Verstrickung ausgedrückt? Wie bist du damit umgegangen? Wie hast du dich in diesen Situationen gefühlt? Wie bewertest du deine Gefühle aus rassismuskritischer Perspektive?

7 Das De_Stabilisationsdreieck als Reflexionstool für rassismuskritische Praxis

Ich habe viel über Verstrickung gesprochen und zugleich darüber, dass rassismuskritisches Handeln aus *weißer* Position trotzdem möglich ist. Vielleicht denkst du jetzt, das hört sich zwar theoretisch nachvollziehbar an, aber wie übersetze ich das jetzt bitte in meine Praxis? Dann bist du nicht allein. Fast jeder meiner Workshops mit *Weißen* gelangt an diesen Punkt. Erst einmal erscheint das alles sehr theoretisch. Was heißt das nun praktisch konkret? Lass uns deshalb nun einen Schritt weitergehen und genauer auf das Handeln schauen. Ich möchte dir im Folgenden ein erprobtes Analysemodell vorstellen, das dir dabei helfen soll, in die reflektierte rassismuskritische Praxis einzusteigen.

Es handelt sich um das De_Stabilisationsdreieck. Das ist eine Denkfigur, die ich im Rahmen meiner Hochschullehre zum Thema Rassismus entwickelt habe. Mein Ziel war zunächst, damit Ansatzpunkte für eine theoretische Fokussierung der Handlungsräume und Widersprüchlichkeiten von Kritik am Rassismus zu bieten. Die zentrale Grundannahme war, dass rassismuskritische Praxis ein Spannungsverhältnis zwischen Wiederholung und Überwindung von Rassismus kennzeichnet, so wie ich es weiter oben bereits dargestellt habe: Weil Rassismuskritik nur mit Bezug auf die rassistischen Verhältnisse, die sie kritisiert, erfolgen kann, kommt sie nicht umhin, auch selbst ein- und ausschließende Machtwirkungen mit sich zu bringen. Seitdem habe ich das De_Stabilisationsdreieck vor allem als Reflexionsinstrument für die *weiße* rassismuskritische Praxis in vielen Workshops angewendet.

Um das De_Stabilisationsdreieck zu verstehen, hilft ein Blick darauf, wie es entstanden ist: Ich habe mehrere Semester als Lehrbeauftragte an der Humboldt-Universität zu Berlin im Studiengang Gender Studies gelehrt. Das war jedes Mal zum Thema Rassismuskritik im Zusammenhang mit Bildungs- und Bündnisarbeit. Die Studierenden der Lehrveranstaltungen waren mit wenigen Ausnahmen alle *weiß*. Das De_Stabilisationsdreieck entstand ursprünglich als mein Versuch, Reproduktionen von Rassismus in den Seminaren kritisch-produktiv zu begegnen. Spezifisch entstand es im Zusammenhang mit zwei wiederkehrenden Lehrsituationen, in denen die *weißen* Studierenden dominanzabsichernde Strategien angewandt haben, die im Kontext von Rassismus bzw. dem Lernen über

Rassismus seitens *weißer* Personen zu verstehen sind. Beide Verhaltensweisen sind problematisch. Sie übersehen, dass es für das Unterlaufen rassistischer Strukturen aus *weißer* Position einer reflexiven Praxis bedarf. Lass mich dir diese zwei Verhaltensmuster beschreiben.

Einseitiger Fokus auf Möglichkeiten von Rassismuskritik

Die erste dieser Verhaltensweisen zeigte sich so: In allen Lehrveranstaltungen war häufig das ganze Seminar über ein Bedürfnis nach ›Rezepten‹ für das eigene Handeln gegen Rassismus spürbar. Immer wieder fragten die Studierenden danach, wie das neu gewonnene Wissen selbst praktisch angewendet werden kann. Diskussionsfragen der Studierenden lauteten zum Beispiel: »Wie kann eine praktische Umsetzung dieses Ansatzes konkret aussehen?«, »Wie können wir das erworbene Wissen in unseren Alltag einbetten?«, »Was bedeutet dies für die politische Praxis?« oder »Was können wir mit dem Text tun? Welche Handlungsmöglichkeiten haben wir?«

Das Bedürfnis zahlreicher Studierender nach Rezeptwissen ist bekannt. Insbesondere Lehramtsstudierende, die unter den Studierenden meiner Lehrveranstaltungen auch vertreten waren, verspüren mit Blick auf die anstehende alltägliche schulische Bildungsarbeit einen Handlungsdruck. Dieser Druck kann den Wunsch nach eindeutigen Handlungsanweisungen auslösen. Im Hinblick auf Rassismus kommt der Suche nach klaren Handlungsanweisungen aber noch einmal eine andere Bedeutung zu. Das deuten auch die Reflexionspapiere an, die die Studierenden anfertigten. Hier sollten die Studierenden unter anderem reflektieren, welche Gefühle die Themen des Seminars hervorgerufen hatten. Es zeigte sich, dass die unangenehmen Empfindungen, die wir als *Weiße* beim Lernen über Rassismus empfinden, auch in meinen Lehrveranstaltungen aufgekommen sind. Genannt wurden zum Beispiel Angst, Schuld, Enttäuschung, Wut, Verzweiflung, Irritation, Hoffnungslosigkeit, Traurigkeit, Schwäche, Pessimismus, Stress, Ratlosigkeit, Hemmung und Ohnmacht. Ich habe oben schon besprochen, dass unsere *weißen* Emotionen unsere Motivationslage in der Auseinandersetzung mit rassistischer Diskriminierung beeinflussen. Dabei können insbesondere Gefühle von Schuld und Scham dazu führen, sich ab sofort nur noch ›richtig‹ verhalten zu wollen, um die unangenehmen Gefühle zu überwinden und das positive Selbstbild eines rassismuskritischen Menschen aufrechtzuerhalten. Sie können den Wunsch nach ›schnellen Lösungen‹ und nicht-rassistischem Handeln auslösen.

Erinnerst du dich? Zu den *weißen* Emotionen und ihren Auswirkungen auf unser Handeln haben wir uns oben schon einmal die Untersuchung von Kathy Hytten und John Warren angeschaut. Da ging es um den problematischen »Diskurs der Selbstbezogenheit«, den *Weiße*, die über Rassismus lernen, zeigen können. Hytten und Warren beobachteten in ihren eigenen Hochschullehrveranstaltungen noch weitere solche typischen abwehrenden »Diskurse des *Weiß*-Seins« beim Lernen *Weißer* über Rassismus. Eine dieser Reaktionen ist das Verlangen, schnellstmöglich etwas gegen Rassismus zu unternehmen. Hytten und Warren bezeichnen diese Reaktion treffend als »den Fix-It-Diskurs«. Ihn beschreiben sie so: »Der Fix-It-Diskurs [...] ist geprägt von Ungeduld und einem fast missionarischen Eifer für direktes und konkretes Handeln.«[86] Das sei problematisch, weil so die Reflexion vernachlässigt und geglaubt wird, die komplexe Wirkungsweise von Rassismus bereits ausreichend theoretisch zu verstehen.[87] Außerdem privilegiert dieses Verhaltensmuster Handlungen über die Effekte von Praxen:

> »Wo dieser Diskurs hinderlich wird, ist, wenn Reflexion und Handeln als binär aufgefasst werden und folglich Reflexion nicht als integraler Bestandteil der Praxis angesehen wird, oder schlimmer noch, als ihr im Wege stehend. [...] Durch zu schnelles Handeln können Studierende also [...] mehr Schaden anrichten, als produktiv gegen die Kräfte des Rassismus vorzugehen. [...] Oft fehlt der Energie ein klares Verständnis dafür, was die von ihnen [den Studierenden] vorgeschlagenen Änderungen tatsächlich bewirken könnten und wen sie betreffen.«[88]

Weil es beim Fix-It-Diskurs für *Weiße* vor allem darum geht, mit eigenen Gefühlen besser umzugehen und negative Emotionen zu überwinden, ist er vor allem eine Beschäftigung mit dem eigenen Wohlergehen. Dieses Verhaltensmuster ist sehr attraktiv für uns, wenn es um Rassismus geht. Es ermöglicht uns, uns selbst der Kritik zu entziehen und uns nicht damit auseinandersetzen zu müssen, wie wir selbst in Rassismus verstrickt sind. Indem wir uns einseitig auf Praxis konzentrieren, können wir eine unbequeme kritische Reflexion unseres *Weiß*-Seins umgehen. Selbst wenn wir, wie die Studierenden von Hytten und Warren, bester Absicht sind, uns gegen Rassismus stark zu machen, wird so eine produktive, nämlich reflexive Auseinandersetzung mit Rassismus verhindert. Dass wir dann, trotz bester Absicht, Rassismus unbewusst mehr festigen als schwächen, ist sehr wahrscheinlich.

Einseitiger Fokus auf Schwierigkeiten von Rassismuskritik

Wenn wir erkennen, dass wir in Rassismus eingebunden sind, kann das wiederum zu Ohnmachtsgefühlen führen. Und so ist eine weitere typische Reaktion *Weißer* beim Lernen über Rassismus die einseitige Fokussierung auf die Verstrickung in Rassismus – quasi das Gegenteil des Fix-It-Diskurses. Dieses Verhaltensmuster drückt sich zum Beispiel darin aus, dass wiederholt aufgezeigt wird, wie andere in ihren Denk- und Handlungsweisen Rassismus reproduzieren. Oder dass immer wieder im Sinne von Selbstkritik auf den eigenen begrenzten *weißen* Erfahrungsraum hingewiesen wird. Das kann mit Gefühlen der Überwältigung und Hoffnungslosigkeit einhergehen. Das ›Problem‹ erscheint als zu groß, um es bearbeiten zu können. Oder es wird angenommen, dass sich erst die Strukturen verändern müssen, bevor verändertes individuelles Handeln möglich ist.[89] Neben dem Fix-It-Diskurs ist das die zweite typische Reaktion der Studierenden, die ich immer wieder in meinen Lehrveranstaltungen beobachten konnte. Genauso ging es auch Hytten und Warren. Sie nennen sie den »Real vs. Ideal-Diskurs«. Dieses Verhaltensmuster, so die beiden, »funktioniert weitgehend als eine Form von Zynismus und Pessimismus angesichts der Schwierigkeit, nachhaltige gesellschaftliche Veränderungen herbeizuführen. [...] Die Studierenden mildern ihren Idealismus, indem sie ständig die festgefahrene Natur unserer gegenwärtigen Gesellschaftsstruktur zur Sprache bringen [...].«[90] In meinen Seminaren waren es Aussagen wie diese, in denen sich der ›Real vs. Ideal‹-Diskurs zeigte:

> »Vielleicht ist es nicht möglich, innerhalb der Uni, als einer Struktur, die durchweg *weiß* strukturiert ist, als *weiße* Person anti-rassistisch zu arbeiten.«
>
> »Was können wir für unseren eigenen Lehr- und Lernraum mitnehmen? Bleibt es nicht nach wie vor eine allgemein strukturelle Problematik, wenn Objektivität, Disziplin, Rationalität etc. im Vordergrund stehen?«
>
> »Ich habe noch nicht einmal ansatzweise eine Antwort auf die Frage, ob Bündnisse über die Trennlinie rassistischer Welteinteilung hinweg möglich sind.«

> »Können *weiße* Personen Konflikte in bestimmten Situationen wirklich angemessen auffangen und bei Grenzüberschreitungen eingreifen?«
> »Auch in dem Text finden rassistische Normalisierungsprozesse statt. Dazu gehören...«

Diese Äußerungen sind mit Hytten und Warren kommentierbar: »[J]edes Zitieren dieses Diskurses [Real vs. Ideal] dient dazu, eine Anstrengung nutzlos oder zumindest so unmöglich zu machen, dass man keine Hoffnung auf Veränderung hat.«[91] Nun geraten also wiederum mögliche Veränderungen, Handlungsspielräume und die Praxis aus dem Blick. Ein solches Auf-der-Stelle-Treten können nur wir *Weißen* uns leisten, da wir keinen Rassismus erfahren müssen und der rassistische Status Quo uns privilegiert. Auch diese Handlungsweise wirkt deshalb als abwehrende Strategie dominanzabsichernd. Sie kann zudem dazu dienen, die Überlegenheit gegenüber anderen *weißen* Personen auszudrücken. Manche *Weiße* stellen sich so als ›kritischer‹ als andere dar. Indem sie anderen permanent ›ihren‹ Rassismus aufzeigen oder sogar vorwerfen, inszenieren sie sich selbst als unangreifbare Bannerträger*innen von Rassismuskritik. Auch dann geht es vorrangig um sie selbst, um das eigene Selbstbild, das das neue Wissen um die eigene Verwobenheit in Rassismus nicht erträgt.

Reflexionsfragen

1. Sei ehrlich zu dir: Ist es dir auch schon einmal so ergangen wie den Studierenden, von denen ich oben erzählt habe? Kennst du die Denk- und Verhaltensweisen, die mit dem Fix-It-Diskurs und dem ›Real vs. Ideal‹-Diskurs verbunden sind, auch von dir selbst? Für welche Situationen galt das bzw. worum ging es da?
2. Hast du die zwei besprochenen Diskurse auch schon mal bei anderen beobachtet?

Das De_Stabilisationsdreieck als Tool für rassismuskritische Lehre

In meinen Lehrveranstaltungen wollte ich den zwei einseitigen Blickrichtungen, nur auf die Möglichkeiten bzw. ausschließlich auf die Schwierigkeiten beim Handeln gegen Rassismus zu schauen, entgegenwirken.

Hierfür habe ich mit einem Tafelbild einige theoretische Grundannahmen zur Eigenschaft von Kritik am Rassismus visualisiert. Dabei ging es mir darum, herauszustellen, dass Rassismuskritik grundsätzlich ein Spannungsverhältnis zwischen Stabilisation und Destabilisation von Rassismus kennzeichnet. Sie ist weder nur eine Wiederholung noch ausschließlich eine Überwindung von Rassismus, so wie wir es uns oben ebenfalls mit Blick auf den Kritikbegriff erarbeitet haben. Das Tafelbild sah so aus:

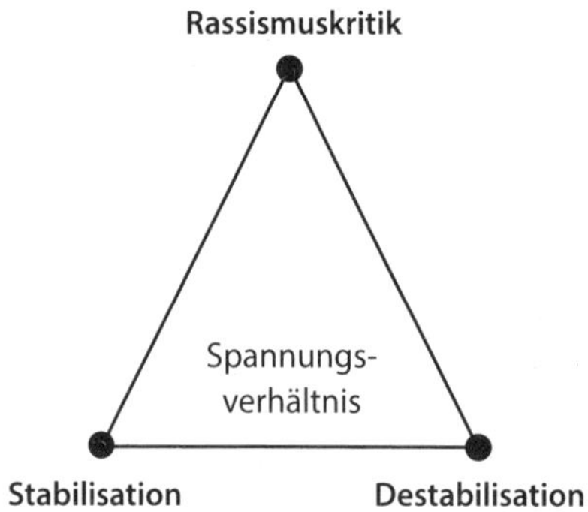

Das De_Stabilisationsdreieck

Die Grafik sollte uns in der Diskussion weiterbringen, indem sie uns dabei hilft, das Rassismuskritik kennzeichnende Spannungsverhältnis zwischen Rekonstruktion und Dekonstruktion im Blick zu behalten. Sie zeigt, dass Kritik am Rassismus sowohl mit Destabilisation als auch mit Stabilisation von Rassismus verbunden ist. Sie führt damit vor Augen, dass Kritik am Rassismus in rassistische Verhältnisse verstrickt und gleichzeitig umsetzbar ist. Rassismuskritik wirkt rassistischer Diskriminierung entgegen, bei gleichzeitiger Wiederholung von rassismusrelevanten Ein- und Ausschlüssen.

Ich malte das De_Stabilisationsdreieck eine Zeit lang jedes Mal an die Tafel, bevor das Seminar losging. Immer, wenn unsere Diskussion dann in eine der zwei Diskurse, den Fix-It-Diskurs oder den ›Real vs. Ideal‹-Diskurs, abdriftete, rief ich uns mit ihm die Eigenschaften von Rassismuskritik kurz wieder vor Augen. Wir haben dafür auch die Gefahr der zwei Diskurse besprochen und den Text von Hytten und Warren gelesen, sodass alle wussten, was ich mit dem Dreieck beabsichtigte. Mit der Zeit brauchte ich dann nur noch mit dem Finger hinter mich an die Tafel zu zeigen und allen war sofort klar, worum es ging. Ich habe das in mehreren Veranstaltungen so gemacht und es waren jedes Mal tolle Seminare. Ich fand es beeindruckend, zu sehen, wie ein einfaches Bild den Diskussionsverlauf so sehr beeinflussen kann. Das Dreieck kam immer gut an. Die Studierenden entwickelten es sogar weiter: »Wenn es sich wirklich um Kritik handelt, muss der obere Punkt des Dreiecks nicht weiter rechts liegen statt in der Mitte?« Das ist ein guter Punkt. Denn Rassismuskritik bedeutet ja, dass Rassismus *mehr* geschwächt als reproduziert wird. So entstand folgende Grafik, die das gut visualisiert:

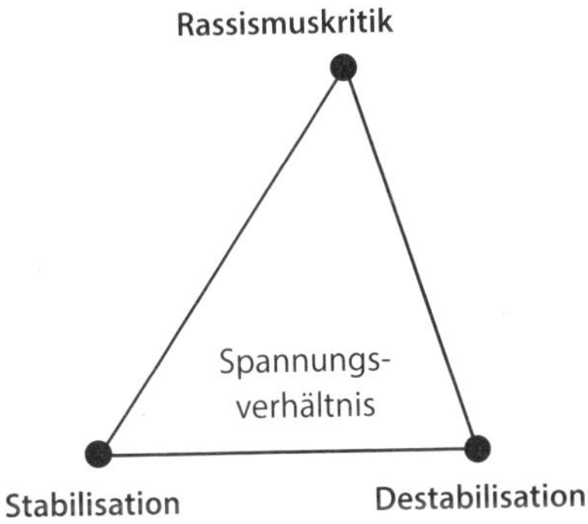

Rassismuskritisch zu handeln, bedeutet, Rassismus mehr zu schwächen als zu reproduzieren

Zusammengefasst hat mir die Arbeit mit dem De_Stabilisationsdreieck in meinen Lehrveranstaltungen sehr dabei geholfen, auf auftretendes *weißes* Abwehrverhalten bei der Thematisierung von Rassismus zu reagieren, es aufzugreifen und bearbeitbar zu machen: Die Darstellung verdeutlicht, dass Kritik am Rassismus immer widersprüchlich ist, was beim Fix-It-Diskurs schnell vergessen wird. Das Dreieck erinnert daran, mitzudenken, dass Handlungen gegen Rassismus immer in diesen verstrickt sind und die jeweiligen Momente der Verstrickung zu hinterfragen. Es regt dazu an, Handlungsoptionen auf Stolpersteine und Fallstricke hin zu überprüfen und zu untersuchen, welche Konsequenzen Praxen haben. Das Dreieck hilft so auf der einen Seite zu veranschaulichen, dass Handeln gegen Rassismus kritische Reflexion umfasst. Gleichzeitig, das war im Bezug auf die Strategie des ›Real vs. Ideal‹-Diskurses bedeutsam, zeigt das Dreieck, dass Kritik am Rassismus sich nicht darin erschöpft, Verstrickung aufzuzeigen. Sie bedeutet immer auch, dass bestehende rassistische Strukturen abgeschwächt werden, was sich nur durch verändertes Handeln erzielen lässt. Ein solches Handeln mag verstrickt sein, aber es ist möglich. Damit hilft das Dreieck auf der anderen Seite zu veranschaulichen, dass Kritik am Rassismus neben der Reflexion an Praxis gebunden ist. Es gibt so einen Anstoß, konkrete Möglichkeiten der Veränderung in den Blick zu nehmen und ins Handeln zu kommen.[92]

Das De_Stabilisationsdreieck als Tool für die Reflexion des eigenen Handelns

Für meine Workshops setze ich das Dreieck etwas anders ein als in meiner Lehre. Hier reflektieren wir anhand des Modells unsere eigene Praxis. Wenn unser Handeln gegen Rassismus immer in Rassismus verstrickt ist, können wir zu jedem unserer rassismuskritischen Handlungsschritte sowohl Momente der Wiederholung von Rassismus als auch Momente seiner Überwindung ausmachen. Nachdem wir das theoretisch für uns geklärt haben, benutzen wir das Dreieck, um auszuloten, wie wir, obwohl verstrickt in Rassismus, bestmöglich gegen diesen vorgehen können. Hierfür arbeiten wir mit konkreten Beispielen. Das kann eine vergangene oder auch zukünftige Handlung sein, die wir grundsätzlich erst einmal als rassismuskritisch einschätzen. Es kann sich dabei auch um ein Projekt handeln, das wir durchgeführt haben, gerade durchführen oder noch im Begriff sind zu entwickeln. Dann sammeln wir alle Chancen und Potenziale der Handlung oder des Projektes. Hierfür analysieren wir insbesondere die Wirkungen: Welche rassismuskritischen Effekte hat die Handlung oder das Projekt im besten Fall? Die Antworten schreiben wir außerhalb des Dreiecks neben seine rechte untere Ecke, die die Destabilisation von Rassismus visualisiert. Im nächsten Schritt identifizieren wir alle Herausforderungen, Grenzen und möglichen Fallstricke, die mit der Handlung oder dem Projekt einhergehen. Auch hier fokussieren wir die Wirkungen. Dabei überprüfen wir auch unsere Antworten zu den Chancen und Potenzialen der Handlung noch einmal genau. Die Antworten schreiben wir als Momente der Stabilisation außerhalb des Dreiecks neben die linke untere Ecke der Darstellung, die die Stabilisation von Rassismus visualisiert.

Anhand der Antworten bewerten wir nun das Praxisbeispiel. Schätzen wir die Handlung bzw. das Projekt als gelungen und rassismuskritisch ein? Dabei stellen wir uns die unteren zwei Ecken des Dreiecks wie zwei Waagschalen einer Waage vor. Welche Seite wiegt schwerer? Kippt das Dreieck nach links oder rechts? Überwiegen die ausgemachten Chancen oder die identifizierten Nachteile? Können wir die Handlung vertreten? Oder kommen wir zu dem Schluss, dass wir so eigentlich nicht noch einmal verfahren würden bzw. so nicht handeln wollen, weil damit Rassismus mehr reproduziert als abgebaut wird? Du merkst, die Fragestellung hängt ein bisschen davon ab, ob wir vergangene oder geplante zukünftige

Praxen analysieren. Das Modell eignet sich für beides. Es kann Bezüge zur Vergangenheit und zur Zukunft herstellen.

Im nächsten Arbeitsschritt überlegen wir, ob es noch Verbesserungspotenzial gibt oder gegeben hätte: Auf vergangene Handlung geschaut: Welche stabilisierenden Momente wären vermeidbar gewesen? Wie hätte ein alternatives Handeln aussehen können? Wie hätte dies die Wirkungen verändert? Mit anderen Worten: Was würden wir beim nächsten Mal anders machen und warum? Auf zukünftige Projekte in der Planung angewandt: Reduzieren sich die stabilisierenden Momente auf die unvermeidbaren, die es braucht, um die positiven Effekte zu bewirken? Gibt es unnötige Reproduktionen oder Risiken, die eigentlich vermeidbar sind? Wie können diese vermieden werden? Zusammengefasst: Wie kann das Vorhaben ggf. noch verbessert werden? Die Verbesserungsvorschläge arbeiten wir dann in ein neues De_Stabilisationsdreieck ein. Wir fertigen also eine zweite Darstellung an. In dieser beschreiben wir die stabilisierende Seite und die destabilisierende Seite, so wie wir jetzt mit ihnen zufrieden sind, noch einmal. Am Ende visualisiert dieses zweite Dreieck dann mit Blick auf unsere eigene Praxis das Dilemma, das wir nicht auflösen können und das wir aushalten müssen: die Widersprüchlichkeit unseres rassismuskritischen Handelns.

Die Arbeit mit dem De_Stabilisationsdreieck kann uns in mehrfacher Hinsicht unterstützen: Im weitesten Sinne kann sie uns dabei helfen, unser Handeln zu reflektieren, und Anregungen für rassismuskritisches Handeln geben. In einem Satz: Das De_Stabilisationsdreieck fordert uns zu einer reflexiven Praxis auf. Konkreter formuliert, können wir uns mit seiner Anwendung selbstreflexiv in das Spannungsfeld von Rassismuskritik begeben. Wir können mit dem Dreieck einüben, diese Spannung auszuhalten. Das De_Stabilisationsdreieck kann uns zudem helfen, uns in den Widersprüchen unseres rassismuskritischen Handelns besser zu orientieren. Wir können mit dem Dreieck ordnen, was sonst vielleicht nur in unserem Kopf herumschwirrt und so komplex ist, dass die Übersicht völlig verloren geht. Ich weiß zum Beispiel, dass viele das Modell aus dem Workshop mit in ihren Arbeitskontext genommen haben. Dass Gruppen von Teams in Organisationen es heranziehen, um Projekte gegen Rassismus zu evaluieren oder zu planen. Ich weiß aufgrund von Rückmeldungen von Workshop-Teilnehmenden auch, dass es als gemeinsame Gesprächsgrundlage genutzt wird, um den Austausch über Rassismus zu erleichtern. Denn Gespräche zu Rassismus, ob bei der

Projektplanung oder darüber hinaus, sind oft ungeordnet und emotionsreich, was den Austausch nicht unbedingt fördert.

Hier liegt ein weiteres großes Potenzial des De_Stabilisationsdreiecks. Es kann uns dabei helfen, mit den negativen Empfindungen, die wir beim Lernen und Sprechen über Rassismus als *Weiße* erleben, besser umzugehen. Gerade wenn es um unsere eigene Verstrickung in Rassismus geht. Wenn wir dabei sind, uns mit vollem Einsatz gegen Rassismus zu stellen oder Vorschläge dazu machen, wie ein Handeln gegen Rassismus aussehen könnte, fühlen wir uns häufig überrumpelt und überführt, wenn andere uns auf rassistische Denk- und Handlungsmuster hinweisen. Dann ist die Abwehr manchmal nur einen Schritt weit entfernt. Das Dreieck überführt aber niemanden des Rassismus. Es veranschaulicht, dass unser Handeln gegen Rassismus immer in diesen verwoben ist. Dass irgendwann immer problematische Reproduktionen stattfinden und sich irgendwo immer welche finden lassen. Damit kann die Denkfigur als Diskussionsgrundlage stets dabei helfen, eine konstruktive fehlerfreundliche Atmosphäre zu schaffen. Sie kann uns dabei helfen, uns selbst und anderen gegenüber fehlerfreundlich zu sein. Von Personen, die das Modell individuell als Reflexionstool anwenden, habe ich häufig gehört, dass das De_Stabilisationsdreieck sie emotional entlastet. Es verdeutlicht, dass es nicht notwendig – weil nicht möglich – ist, in Bezug auf Praxen, Texte oder Ansätze eine eindeutige Position entlang des Denkens falsch/richtig, rassistisch/rassismusfrei einnehmen zu müssen. Auch das kann wiederum einen achtsamen Umgang mit anderen fördern.

Das De_Stabilisationsdreieck hat aber auch seine Grenzen. Offensichtlich. So fragte eine *weiße* Teilnehmende in einem Workshop einmal mit Blick auf ihre Antworten aus dem ersten Arbeitsschritt: »Woher weiß ich, wie ich was bewerten soll?« Eine andere Person gab dazu einmal zu bedenken: »Ist es nicht auch wieder problematisch, wenn das nur *Weiße* entscheiden?« Das Dreieck verschafft einen Überblick. Es nimmt einem aber nicht die Bewertung ab. Wie viel unsere Antworten jeweils ›wiegen‹, liegt absolut im eigenen Ermessen. Das gilt genauso für alle Schlüsse für zukünftiges Handeln, die aus der Bearbeitung gezogen werden. Wird das Dreieck von *Weißen* angewandt, ist das entsprechend in der Tat ein *weißes* Ermessen und ein *weißes* Entscheiden. Das ist sozusagen selbst ein Moment der Stabilisation, wenn *Weiße* mit dem De_Stabilisationsdreieck arbeiten. Oder besser ein Dilemma dabei, und zwar ein typisches. Denn schließlich geht jedem *weißen* Handeln ein *weißes* Ermessen und Entscheiden voraus. Anders geht es ja gar nicht.

Weil der Reflexionsprozess und das Handeln *Weißer* von *Weißen* ausgeht, halte ich es für unvermeidbar, dass *Weiße* selbst zu einem reflektierten Urteil über ihr Handeln kommen müssen. Die Bewertung ist hier keinesfalls als abschließend gedacht. Vielleicht komme ich zu einem, späteren Zeitpunkt zu einer ganz anderen Einschätzung, weil ich zwischenzeitlich noch mehr über Rassismus gelernt habe. Der Punkt ist, ohne eine eigene Bewertung, ob eine Handlung rassismuskritisch ist oder nicht, ist schlichtweg keine Verantwortungsübernahme möglich. Wenn ich morgen im Bus einen rassistischen Kommentar miterlebe, muss ich entscheiden, wie ich mich verhalten will. Dafür muss ich mein Handeln in Bezug auf die Situation bewerten. Diese Bewertung kann nicht anders als aus eigener *weißer* Position und Sichtweise heraus erfolgen. Über die möglichen Wirkungen meiner Handlungen kann ich außerdem sehr oft nur Vermutungen anstellen. Um bei meinem Beispiel zu bleiben: Erlebt eine betroffene Person mein Handeln überhaupt als unterstützend oder eher nicht? In vielen Situationen weiß ich das vorher genauso wenig wie im Nachhinein. Ich spreche mich dazu ja nicht bei jedem rassismuskritischen Handeln vorher und nachher mit BIPoC ab. Zudem bewerten nicht alle BIPoC alle Situationen, die rassistisch aufgeladen sind, gleich. Um also noch einmal die Fragen der Teilnehmerin aufzugreifen: Die Frage, die wir uns hier stellen müssen, lautet: Wenden wir bei der Bewertung nicht wieder unreflektiert problematische rassistische *weiße* Maßstäbe an anstatt einer so weit wie möglich reflektierten *weißen* Perspektive, die mit Fehlerfreundlichkeit im Gepäck auch offen dafür ist, dazuzulernen und bisherige Positionen auch wieder zu verwerfen. Auch daraufhin müssen wir unsere Antworten und Schlüsse letztendlich hinterfragen. Das Dreieck ersetzt keine Beratung von Expert*innen, sei es durch BIPoC mit Erfahrungswissen oder durch qualifizierte *Weiße*. Es bietet ganz sicher keine einfachen Lösungen. Es liefert Momentaufnahmen aus dem eigenen Lernprozess und es soll dazu anregen, Verantwortung für das eigene Handeln zu übernehmen.

Das 100 Prozent richtige, weil rassismusfreie, rassismuskritische Handeln gibt es nicht. Rassismuskritisches Handeln folgt auch keiner Formel à la zu 75 Prozent Rassismus destabilisierend und zu 25 Prozent Rassismus stabilisierend. Es funktioniert notwendigerweise mal besser und mal schlechter. Manchmal können wir viel bewirken, manchmal nur wenig.

Manchmal haben wir einen guten Plan und sind bestens vorbereitet und es geht trotzdem alles schief. Wir können nicht zu 100 Prozent kontrollieren, wie Situationen verlaufen und welche Effekte unsere Handlungen haben. Die Wirkungen entfalten sich oftmals auch erst viel später und bleiben uns deshalb manchmal schlicht verborgen. Ich gehe z.B. in Workshops mit der Gefahr, dass sich rassistische Denk- und Handlungsweisen von Teilnehmenden durch die Veranstaltungen im schlimmsten Fall noch verfestigen. Dafür bin ich dann verantwortlich und muss die Verantwortung tragen. Das alles habe ich erst mit der Zeit akzeptieren gelernt. Wir haben die Möglichkeit, unser Handeln gegen Rassismus zu reflektieren und, soweit es geht, zu optimieren, um ihm mit einer reflektierten Praxis so wirksam wie möglich entgegenzutreten. Wenn wir aus *weißer* Position gegen Rassismus eintreten, sind wir diesem also nicht ausgeliefert. Unsere Praxis kennzeichnet vielmehr ein besonderes Spannungsverhältnis zwischen Stabilisierung und Destabilisierung von Rassismus.

<u>Reflexionsübung</u>
Probiere das De_Stabilisationsdreieck als Tool für die Reflexion deines eigenen rassismuskritischen Handelns einmal für dich aus! Nimm dir hierfür ein leeres Blatt Papier. Zeichne in die Mitte der oberen Hälfte ein Dreieck und beschrifte es so, wie oben in der Darstellung. Überlege dir dann eine Handlung, die du gerne auf ihre Verstrickung in Rassismus hin untersuchen möchtest. Schreibe diese Handlung zusammengefasst über deinem Dreieck oben auf die Seite. Gehe dann für deine Analyse genauso vor, wie ich es für meine Workshops beschrieben habe. In der unteren Hälfte des Papiers kannst du dein zweites Dreieck zeichnen, in das du ggf. deine Verbesserungsvorschläge einarbeiten kannst.

8 White Allyship – Im Kampf gegen Rassismus verbündet handeln

Sind dir die Begriffe ›Allyship‹ und ›Ally‹ schon mal begegnet? Falls ja, in welchem Zusammenhang war das? Wie wurden sie ausgelegt? Hast du den Begriff ›Ally‹ vielleicht sogar schon einmal für dich selbst benutzt, um zu beschreiben, dass du Rassismus ablehnst?

Seit Kurzem können wir die Begriffe ›Allyship‹ und ›Ally‹ immer häufiger hören, wenn es um das Handeln *Weißer* gegen Rassismus geht. Auf einmal gibt es Workshops, in denen *Weiße* lernen sollen, ein guter *Ally* zu sein, Vorträge dazu und jede Menge Listen mit Handlungsanweisungen für *weiße* Verbündete. Weil das *Allyship*-Konzept derzeit ganz aktuell verhandelt wird und für rassismuskritisches Handeln aus *weißer* Position sicherlich auch wertvoll ist, möchte ich es hier für uns gedanklich mitnehmen und für dich einordnen. Wie du sehen wirst, bin ich allerdings der Auffassung, dass *weißes* rassismuskritisches Handeln noch mehr berücksichtigen muss, als *White Allyship* – oder besser, der Umgang mit White Allyship – im Moment für uns hergibt.

Ins Deutsche übersetzt bedeutet Allyship ›Verbündetenschaft‹. Verbündetenschaft entsteht, wenn sich mehrere Personen zusammenschließen, um ein gemeinsames Ziel zu erreichen. Das kann erst einmal alles sein. Zum Beispiel können sich mehrere Mitglieder eines Sportvereins verbünden, um durchzusetzen, dass der Verein als Sommerfest eine Dampferfahrt unternimmt. Verbündetenschaft hat also nicht zwingend und tatsächlich häufig nichts mit Diskriminierung zu tun. Anders sieht es beim Allyship-Konzept aus, das der aktuelle Allyship-Hype *Weißen* nahegelegt. Die hier gemeinte Verbündetenschaft bezieht sich immer auf Macht- und Ungleichheitsverhältnisse mit dem Ziel, sie zu überwinden. Was viele nicht wissen: Das Allyship-Konzept ist gar nicht so neu, wie es in Deutschland gerade erscheinen mag. Denn Allyship bezieht sich auf ein Konzept, das ursprünglich aus den USA stammt und dort bereits seit vielen Jahren den rassismuskritischen Diskurs prägt. Als politischer Begriff wird Allyship in den USA bereits seit den frühen 1990er-Jahren diskutiert. Das Konzept des Ally-Seins stellt ein Schlüsselkonzept der *Social Justice Studies* dar. Von Anfang an bezieht es sich außerdem nicht nur auf Rassismus als Diskriminierungsform. In ihrem 1991 veröffentlichten Aufsatz »Becoming an Ally« beschreiben Jamie Washington und Nancy

Evans zum Beispiel Strategien, wie sich heterosexuelle Menschen mit LGBTQIA+ verbünden können. Hierfür müssen sie vier Stufen durchlaufen:

1. Einen Prozess des Bewusstwerdens, dass sich die eigene Lebensrealität von den Erfahrungen von LGBTQIA+ unterscheidet,
2. die Aneignung von Wissen über sexuelle und Gender-Identitäten und die Erfahrungen von LGBTQIA+,
3. den Erwerb von Fähigkeiten, dieses Wissen zu kommunizieren und
4. das Handeln gegen die Unterdrückung von LGBTQIA+.[93]

Drei Jahre nach der frühen Ausarbeitung von Washington und Evans, wie Allyship gelingen kann, erschien 1994 das viel rezipierte Buch von Anne Bishop *Becoming an Ally: Breaking the Cycle of Oppression*. Bishop entwickelt hier ein Modell des Ally-Werdens, das für alle Diskriminierungsformen anwendbar sein soll. Sie identifiziert sechs Stufen auf dem Weg zu einer verbündeten Person:

> »1. Unterdrückung verstehen, […]
> 2. verschiedene Unterdrückungen verstehen, […]
> 3. Bewusstsein und Heilung;
> 4. auf die eigene Befreiung hinarbeiten;
> 5. Verbündete*r werden;
> 6. Hoffnung bewahren.«[94]

Und wir können noch weiter zurückschauen: Ideen dazu, wie Bündnisarbeit im Kontext von Macht- und Ungleichheitsverhältnissen aussehen kann, gibt es nicht erst, seitdem der Allyship-Begriff populär wurde. Janet Helms[95] Überlegungen zur rassismusrelevanten Identitätsentwicklung *weißer* Menschen von 1984 waren etwa eine wegbereitende Arbeit für die Diskussion zu Rassismus und Verbündetenschaft. Diese Identitätsentwicklung war weiter oben auch für uns schon ein Thema. Tatsächlich haben wir damit bereits einiges angesprochen, das auch für White Allyship relevant ist.

Aus privilegierter Position diskriminierungskritisch handeln

Mittlerweile existieren im englischsprachigen Raum viele verschiedene Allyship-Modelle. Sie alle vereint, dass als Ally eine Person gilt, die gewisse strukturelle Privilegien besitzt und sich mit Menschen verbündet, die diese Privilegien nicht haben, sondern Diskriminierung erfahren. Beispielsweise können Männer in der feministischen Bewegung Allies von Frauen werden, cisgeschlechtliche Menschen können mit Trans*Personen verbündet handeln, Menschen ohne Behinderung können als Allies in der Behindertenbewegung gegen Ableismus kämpfen und *Weiße* können sich im Kampf gegen Rassismus mit BIPoC verbünden. Dabei geht es immer darum, aus der jeweiligen privilegierten Position heraus selbstreflexiv, also im Bewusstsein um die eigenen Privilegien, gegen Diskriminierung vorzugehen. Ein Ally übernimmt Verantwortung dafür, diese Diskriminierung zu überwinden. Bishop beschreibt das in ihrer bekannten Definition des Allys so:

> »Allies sind Menschen, die das unverdiente Privileg anerkennen, das sie durch die gesellschaftlichen Strukturen der Ungerechtigkeit erhalten und Verantwortung dafür übernehmen, diese Strukturen zu ändern [...].«[96]

Allyship reduziert sich also nicht darauf, einzelne Personen zu unterstützen. Es meint auch nicht bloß Freund*innenschaft. Vielmehr geht es beim Ally-Sein um ein positionierungssensibles Handeln zusammen mit Menschen, die wir mehrheitlich nicht persönlich kennen, deren Anstrengungen gegen Diskriminierung wir aber unterstützen.

Von Anfang an wird das widerständige Handeln als zentral für Allyship hervorgehoben. In den letzten Jahren wurde dies noch stärker betont. So zum Beispiel von der britischen Social-Media-Aktivistin und Autorin Layla Saad. In ihrem Buch *Me and White Supremacy: Warum kritisches Weißsein mit dir selbst anfängt* stellt sie Leitlinien für verbündetes Handeln *Weißer* bereit. In der deutschen Übersetzung des zunächst auf Englisch erschienenen Titels wurde der Allyship-Begriff allerdings mit ›Solidarität‹ übersetzt. Gleich zu Anfang stellt Saad dazu klar:

> »Als Erstes musst du verstehen, dass Solidarität keine Identität ist, sondern eine Praxis. Es reicht nicht, sich solidarisch mit BIPoC zu erklären, die Solidarität mit ihnen muss vielmehr dauerhaft praktiziert werden.«[97]

Das ist eine nachdrückliche Aufforderung an uns *Weiße*, Allyship nicht lediglich als mögliche Selbstbeschreibung zu begreifen. Dieser Appell hat seine Gründe. Denn viele *Weiße* benutzen den Begriff ›Ally‹ auf eine problematische, oberflächliche Weise, und das nicht erst seit gestern.

In den USA sind spezifisch mit Blick auf Rassismus die Begriffe ›Allyship‹ und ›Ally‹ deshalb nicht ohne Kritik geblieben. *Weiße* Menschen verwenden diese Begriffe häufig so, dass die wesentliche Bedingung für Allyship, das verbündete *Handeln*, auf der Strecke bleibt. Denn viele *Weiße* haben sich den Begriff im Sinne einer positiven Selbstdarstellung leichtfertig und opportun angeeignet, ohne ihr Handeln zu verändern. Anders als das Allyship-Konzept es vorsieht, übernehmen sie also keine Verantwortung für den Abbau rassistischer Strukturen. Vielmehr verkommt Allyship hier zu einer selbstgefälligen Selbstinszenierung, die *Weiß*-Sein erneut ins Zentrum rückt. Die diskriminierenden Strukturen, gegen die die selbsternannten ›Allies‹ eigentlich vorzugehen vorgeben, werden so fortgeschrieben.

Schon 2013 bringt die Aktivistin und Autorin Mia McKenzie die Kritik an der Vereinnahmung des Ally-Begriffes durch *Weiße* in ihrem Blog-Artikel »No More ›Allies‹« auf den Punkt:

> »Allyship soll nicht so aussehen, Leute. Es soll nicht um euch gehen«, erklärt sie, »Es soll keine Verherrlichung von sich selbst auf Kosten der Leute sein, von denen ihr behauptet, Verbündete zu sein. Es soll keine Aufführung sein.«[98]

Und McKenzie zieht Konsequenzen. Weil er praktisch lediglich ein Label darstelle, verwirft sie den Begriff ›Ally‹ komplett. Stattdessen schlägt sie einen neuen Begriff vor, der ausdrücken soll, dass Verbündetenschaft einer kontinuierlichen Praxis bedarf: »derzeit in Solidarität handelnd«[99]. Aufgrund der problematischen Aneignung des Ally-Begriffes durch *Weiße* gibt es eine Reihe solcher Vorschläge für alternative Begriffe, um verbündetes Handeln von *Weißen* gegen Rassismus zu beschreiben.

Auch das antikoloniale und antikapitalistische *Indigenous* Kollektiv *Indigenous Action* kritisiert die unzureichende Umsetzung des Begriffs Ally und lehnt diesen deshalb ebenfalls ab. In ihrem Online-Beitrag »Accomplices Not Allies: Abolishing the Ally Industrial Complex« kritisieren sie die Kommodifizierung von Allyship in der »aktivistischen Industrie«. Hier heißt es:

> »Ally ist […] zu einer Identität geworden, entleibt von jedem wirklichen übereinstimmenden Verständnis von Unterstützung. Der Begriff Ally wurde unwirksam und bedeutungslos gemacht.«[100]

Anstatt ›Allies‹ fordern Indigenous Action »Kompliz*innen« ein, die bereit sind, Konfrontationen einzugehen und die damit einhergehenden Konsequenzen mitzutragen. Sie beziehen sich dabei bewusst auf die Bedeutung des Begriffes als Beschreibung für eine Person, die anderen bei einer Straftat hilft:

> »Wenn wir […] uns in einem Befreiungskampf mitschuldig machen, sind wir Kompliz*innen. Die Abschaffung von Allyship kann durch die Kriminalisierung von Unterstützung und Solidarität erfolgen.«[101]

Der Begriff der Kompliz*innenschaft wird mittlerweile immer häufiger gebraucht, um Verbündetenschaft im Kontext von Macht- und Ungleichheitsverhältnissen zu bezeichnen. Auch Saad benutzt ihn zum Beispiel. Sie bemängelt, dass die meisten *Weißen*, die von sich meinen, den Kampf von BIPoC gegen Rassismus zu unterstützen, zwar gute Absichten hätten, aber ihre Komfortzone nicht verlassen. Sie nennt das »optical Allyship«[102].

Die Kritiker*innen von Allyship problematisieren, wie viele Menschen den Allyship-Begriff in den letzten zwei Jahrzehnten für sich genutzt haben. Sie zeigen auf, dass Verbündetenschaft nicht einfach individuell für sich selbst beansprucht werden kann und mit der Selbstbeschreibung als ›Ally‹ Diskriminierungen fortgeschrieben werden. Es geht nicht darum, verbündet zu sein, sondern verbündet zu handeln. Nicht infrage gestellt werden hier also die theoretischen Konzeptualisierungen von Allyship, die genau diese Notwendigkeit des Handelns für Allyship von Anfang an hervorgehoben haben. Es wird nicht behauptet, dass diskriminierungskritisches Handeln aus privilegierter Perspektive unmöglich ist. Im Gegenteil, wie die alternativen Begriffsvorschläge für Allyship deutlich machen, wird genau diese Möglichkeit ausdrücklich erklärt und die Notwendigkeit betont, dass sich *Weiße* mit BIPoC gegen Rassismus zusammenschließen. So beschreiben auch McKenzie, *Indigenous Action* und Saad eine Reihe von Strategien für ein verbündetes Handeln privilegierter Personen. Alle drei benutzen lediglich alternative Begriffe, um dieses verbündete Handeln zu bezeichnen und eine Vereinnahmung der Bezeichnungen durch *Weiße* zu erschweren.

Neuer Begriff mit negativem Beigeschmack

In Deutschland existieren bereits seit vielen Jahren Überlegungen zur Verbündetenschaft *Weißer*.[103] Was es hier aber nicht gibt, ist eine dem englischsprachigen und vor allem US-amerikanischen Diskurs vergleichbare differenzierte Diskussion dazu. Eine Diskussion, aus der Bezeichnungen für ein solches Handeln hervorgegangen sind, auf die sich *Weiße* in rassismuskritischen Kreisen bereits seit Längerem vermehrt beziehen. Viele *Weiße* in Deutschland hören in diesen Tagen zum ersten Mal von Allyship. In meinen Bildungsveranstaltungen erlebe ich immer wieder, dass *Weiße*, die beginnen, strukturellen Rassismus zu verstehen, sich mit »der Perspektive Allyship«, von der sie »gehört haben«, weiter auseinandersetzen wollen. Sie nehmen aber gleichzeitig auch eine negative Komponente von Allyship wahr, vielleicht ohne diese herleiten zu können. Vor dem Hintergrund, wie sich die Diskussion um Allyship im englischsprachigen Raum entwickelt hat, scheint mir das kein Zufall zu sein.

Die deutsche Rezeption von Allyship, die in den letzten Jahren vor allem in aktivistischen Kreisen vorangetrieben wird, fällt zeitlich mit einer – ebenfalls vor allem von Aktivist*innen formulierten – Kritik an der praktischen Vereinnahmung des Begriffes Ally durch *Weiße* vor allem in den USA zusammen. Auf mich wirkt es deshalb ebenfalls nicht wie ein Zufall, dass deutsche Auflistungen von Strategien für *weiße* Allies häufig auf eine Art gestaltet sind, die betont, was Allies alles nicht machen sollen. Allyship erhält manchmal regelrecht den Anschein eines Vermeidungsverhaltens. Was mit der deutschen Übernahme des Allyship-Konzeptes indirekt mitschwingt, ist eine Kritik daran, wie *weiße* US-Amerikaner*innen den Begriff in den letzten zwei Dekaden verwendet haben. Die Kritik trifft auf *Weiße* in Deutschland, die von Allyship in der Regel noch nie etwas gehört haben. Dies bringt sowohl gewisse Herausforderungen als auch Chancen für den spezifischen deutschen Allyship-Diskurs mit sich.

Rezeption von Allyship in Deutschland mit Herausforderungen und Chancen

Immer wieder erlebe ich, dass *weiße* Menschen, die sich im Bewusstsein des eigenen *Weiß*-seins mit viel Engagement gegen Rassismus einsetzen wollen, häufig stark verunsichert sind und sich fragen, wie genau ein solches Handeln möglich sein soll. Sicherlich gehört zu rassismuskritischem Handeln aus *weißer* Perspektive aufgrund unserer Verstrickung ein gewisses Maß an Unsicherheiten notwendigerweise dazu. Im Vergleich zu den USA fehlt es in Deutschland aber an einer wertvollen zusätzlichen Ressource. Es gibt keinen differenzierten gebündelten Diskurs zu Möglichkeiten für verbündetes Handeln von *Weißen*, der uns dabei helfen könnte, in der Unsicherheit mehr Handlungssicherheit zu gewinnen. Hier liegt das Potenzial des White-Allyship-Konzepts, wie es sich gegenwärtig in Deutschland verbreitet. Vor dem Hintergrund einer theoretisch wie praktisch noch in den Kinderschuhen steckenden breiteren Bewusstwerdung von Rassismus bündelt es erstmals bislang eher verstreute Grundannahmen zu Rassismuskritik aus *weißer* Position und macht diese zugänglich. White Allyship stellt ein vergleichsweise handfestes Konzept dar, um das herum wir uns organisieren können und das den öffentlichen Diskurs um rassismuskritisches Handeln vorantreiben kann. Für mich hat ›Allyship‹ vor allem genau diese praktische politische Relevanz.

Doch wir sollten auch aus dem Allyship-Diskurs im englischsprachigen Raum lernen. Denn wir laufen auch in Deutschland Gefahr, dass *Weiße* den Begriff Allyship bzw. Verbündetenschaft für sich vereinnahmen. Genau das entspricht der Logik des Rassismus und ist deshalb sogar erwartbar. Es ist jetzt schon zu beobachten, dass der Begriff Allyship immer unreflektierter verwendet wird. Deshalb ist es wichtig, der berechtigten Kritik an Allyship auch in Deutschland Gehör zu verschaffen. Dafür muss diese Kritik aber erst einmal nachvollziehbar ausformuliert werden. Im besten Fall fordert das eine problematische Aneignung des Begriffes durch *Weiße* noch rechtzeitig heraus. In jedem Fall bleibt White Allyship als praktischer Ansatz voraussetzungsvoll. Aufbauend auf einem strukturellen Rassismusverständnis und einem Bewusstsein über das eigene *Weiß*-Sein ist er kurzfristig sicherlich kaum massentauglich. Er kann nur dazu verhelfen, dass diejenigen von uns, die rassismuskritisch handeln wollen, in diesen Tagen noch mehr werden und dass wir unser Handeln verbessern.

Gleichzeitig scheint es mir mit Blick auf den spezifisch deutschen Allyship-Diskurs wichtig, diesen positiver auszurichten. Es sollte nicht nur um problematisches Verhalten *Weißer* als vermeintliche Verbündete gehen. Genauso wichtig ist es, herauszustellen und zu betonen, dass *weiße* Verbündetenschaft möglich ist. Aus dem Bewusstsein für die Möglichkeiten genauso wie für die Fallstricke und Grenzen von Allyship heraus können wir dann für uns als *Weiße* ein möglichst produktives rassismuskritisches Verhalten ableiten. Mein Bedenken ist, dass *Weiße* in Deutschland, die beginnen, sich mit Rassismus und in diesem Zusammenhang mit Allyship auseinanderzusetzen, möglicherweise wenig Handlungsoptionen wahrnehmen. Die ohnehin schon bestehende Gefahr, sich ohnmächtig zu fühlen und inaktiv zu bleiben, wird so möglicherweise noch vergrößert. Hinzu kommt, dass Allyship tatsächlich nur wenig handlungsleitend ist, obwohl der Begriff so manches Mal als Zauberwort erscheint. Denn das Konzept bleibt vage. Wenn wir uns unserer *weiß*-privilegierten Position bewusst sind, was heißt es dann, damit ›verantwortungsvoll‹ umzugehen? Jede »Wie du ein Ally sein kannst«-Liste simplifiziert im Grunde das Problem, das im Wesentlichen darin besteht, dass es privilegierten *Weißen* an einem strukturellen Rassismusverständnis und an der Motivation fehlt, rassismuskritisch zu handeln. Da er mir allerdings gerade sehr relevant für das Voranschreiten jüngster rassismuskritischer Diskurse in Deutschland erscheint, halte auch ich, trotz dieser Bedenken, in meiner Bildungsarbeit noch an dem Begriff fest. Nicht zuletzt, weil ich unter Rückgriff auf das Konzept in vielen Workshops Prozesse der beginnenden Bewusstwerdung miterlebe. Hierfür halte ich aber eine fundierte theoretische Untermauerung für wichtig, zu der außerdem eine intersektionale Ausrichtung gehört, um die es unten noch gehen soll.

Reflexionsfragen

1. Was war in diesem Kapitel neu für dich?
2. Was möchtest du für dich aus dem Kapitel für deinen Umgang mit dem Allyship-Begriff mitnehmen?

9 Ressourcen für rassismuskritisches Handeln aus *weißer* Position

So wertvoll wie das theoretische Konzept Allyship auch ist, es liefert keine konkreten Anweisungen für die rassismuskritische Praxis aus *weißer* Position. Es stellt lediglich einen Rahmen dar, innerhalb dessen wir die konkreten Möglichkeiten hierfür in weiteren Schritten ausloten müssen. Es gibt viele verschiedene Beschreibungen und Auflistungen der Eigenschaften *weißer* Allies. Ich persönlich bin kein Fan solcher Listen. Sicherlich gibt es eine Reihe von Punkten, die als Prinzipien für rassismuskritisches Handeln aus *weißer* Position festgehalten werden können und sollten. So zum Beispiel, dass es notwendig ist, die eigenen *weißen* Privilegien zu reflektieren oder BIPoC zuzuhören, wenn es um Rassismus geht. Das sind wichtige Punkte. Ich behaupte also nicht, dass es solche Listen nicht geben sollte. Sie alleine reichen aber nicht aus. Ich weiß, dass viele *Weiße* sich nichts sehnlicher wünschen als eine To-do-Liste, weil sie nicht verstehen, dass es weit mehr braucht als klare Handlungsanweisungen, nämlich eine fortwährende reflexive Praxis. Selbst wenn sie nicht so gemeint sind, sehe ich die Gefahr, dass solche Allyship-Listen, wie sie derzeit aus dem Boden sprießen, *weißen* Lernenden suggerieren, dass sich rassismuskritisches Handeln aus *weißer* Position auf ein paar Punkte reduziert, mit denen es dann getan sei. Wir haben bereits gesehen, dass die Herausforderung nicht im wertvollen Konzept Allyship selbst besteht, sondern darin, wie damit praktisch umgegangen wird. Ich bezweifle außerdem, dass die meisten wissen, wie sie die vorgeschlagenen Schritte für sich genau umsetzen sollen. Wird struktureller Rassismus nicht verstanden, wird es schwierig. Allyship-Listen sind zudem häufig ausschnitthaft. Auffallend oft sprechen sie ganz verschiedene Punkte an. Wahrscheinlich insbesondere jeweils solche Aspekte, die die Autor*innen persönlich für relevant erachten. Die Listen können als Reflexionsinstrumente durchaus eine gute Ergänzung beim Lernen über Rassismus sein. Sie fassen Wichtiges zusammen und können die Aufmerksamkeit auf Handlungsbereiche legen, die bisher vielleicht noch nicht reflektiert wurden. Mehr als das können sie aber meiner Einschätzung zufolge nicht leisten. Für das rassismuskritische Handeln *Weißer* gibt es keine einfachen Rezepte. Wir begegnen Rassismus auf so weitreichende und vielfältige Weise und sind mit jedem Handeln in ihn verstrickt. Deshalb muss sich auch unsere

Verbündetenschaft auf ebenso viele Bereiche beziehen und ist zugleich trotzdem kein rassismusfreies Handeln. Fest steht: Rassismuskritisches Handeln aus *weißer* Position zielt immer darauf ab, strukturellen Rassismus zu überwinden. Damit ist es keine schnelle, leichtfertige Wahl, sondern eine schwerwiegende und weitreichende persönliche Entscheidung. Dieser Entscheidung geht ein tiefgreifender Lernprozess voraus.

Anstatt einer How-to-Ally-Liste: Das Kapital für rassismuskritisches Handeln aus *weißer* Position erkennen und nutzen

Rassismuskritisches Handeln aus *weißer* Position kann sehr Unterschiedliches umfassen. Vieles davon ist vergleichsweise konkret: Es bedeutet, einzuschreiten, wenn wir Rassismus beobachten. In einer Situation kann es heißen, die eigene Stimme zu erheben und in einem anderen Moment, das Mikro abzugeben, sodass BIPoC Raum und Gehör erhalten. Rassismuskritisches Handeln kann wiederum auch ganz einfach sein, indem ich z.B. sicherstelle, dass ich bei einem verabredeten Treffen mit einer BIPoC Person einen Ort vorschlage, der für sie möglichst sicher und angenehm ist. Aber: Rassismuskritisches Handeln reduziert sich nicht auf ein Handeln gegenüber BIPoC. Leider wird White Allyship häufig so ausgelegt. Das würde aber bedeuten, dass nur *Weiße*, die in welcher Form auch immer in Beziehungen zu BIPoC stehen, Allies sein können und Verbündetenschaft nur dann relevant ist, wenn BIPoC involviert sind. Viele von uns haben aber gar keine solchen Beziehungen und kommen im Alltag kaum bis gar nicht mit BIPoC in Berührung. Das wird sehr oft vergessen, wenn es um Allyship geht. Dann werden die Möglichkeiten ignoriert, die auch solche Personen haben, sich zu verbünden. Denn Rassismus wird nicht nur in Situationen aufrechterhalten, in denen BIPoC anwesend sind. Er reproduziert sich auch dann, wenn das nicht der Fall ist, z.B. wenn unter *Weißen* rassistische Wissensbestände bestätigt und weitergegeben werden und darauf Entscheidungen aufbauen. Wenn wir unter *Weißen* rassistische Witze machen, ist das zum Beispiel auch eine rassistische Handlung. Verbündetes Handeln ist deshalb auch, einen solchen rassistischen Witz unter *Weißen* zu unterbrechen. Dazu gehört ebenso, dass eine *weiße* Lehrkraft für eine Schulklasse mit nur *weißen* Schüler*innen einen rassismuskritischen Schulunterricht gestaltet. Es umfasst ebenso, sich ich einer *weiß*dominierten Organisation dafür einzusetzen, dass Menschen mit Rassismuserfahrung repräsentiert und eingestellt werden. Als rassismuskritisches Handeln ist Verbündetenschaft keine Vereinbarung mit Handschlag mit einzelnen Personen aus unserem Umfeld. Es geht vielmehr darum, die größere *Angelegenheit* von BIPoC zu unterstützen und strukturelle rassistische Diskriminierung zu bekämpfen – *und zwar im eigenen Interesse.*

Außerdem kann *weißes* verbündetes Handeln von Person zu Person im Konkreten anderes bedeuten. Wir alle haben unterschiedliche Persönlichkeiten, Stärken und Schwächen. Wir leben unter ganz verschiedenen Umständen, haben unterschiedliche Interessen und Formen von Beziehungen zu Menschen sowie die verschiedensten Arbeitsbereiche. Wir haben unterschiedlich viel Freizeit, in der wir uns mit ganz verschiedenen Dingen beschäftigen. Um als Verbündete*r zu handeln, müssen wir uns nicht verstellen, andere *Weiße* nicht kopieren und unser Leben nicht komplett umkrempeln. Wir können unsere unterschiedlichen Persönlichkeiten einsetzen und unsere verschiedenen Bezüge zur rassistischen Realität nutzen, um dem Rassismus zusammen, kollektiv, etwas entgegenzusetzen. Kendall beschreibt das so:

> »Für einige bedeutet es, eine Beziehung der Liebe und des Vertrauens zueinander aufzubauen; für andere bedeutet es, sich absichtlich in Gefahr zu bringen, damit eine andere Person in Sicherheit bleibt. [...] Einige von uns sind wagemutig und kühn; andere sind zurückhaltender.«[104]

Es gibt nicht das *eine* richtige verbündete Handeln, doch verbündetes Handeln ist für uns alle möglich, auch wenn es für uns in vielerlei Hinsicht Verschiedenes bedeutet. Denn das gesagt, gibt es wiederum absolut gewisse verbindende Elemente. Egal wie sehr sich unser Leben voneinander unterscheidet, als *Weiße* teilen wir ein gemeinsames Kapital für rassismuskritisches Handeln, das sich allein daraus ergibt, dass wir *weiß* sind. Dieses Kapital, das mit unserer *weißen* Position einhergeht, leitet sich von Rassismus selbst ab.

Rassismus verschafft uns *Weißen* eine machtvolle und privilegierte Position. Widersprüchlicherweise stattet uns diese Position nicht nur mit einer Dominanzerfahrung, sondern auch mit der Erfahrung bestimmter Möglichkeitsräume für ein Handeln gegen Rassismus aus. Diese Möglichkeitsräume bilden zusammen unser *weißes* Widerstandspotenzial, das sich vom Widerstandspotenzial unterscheidet, das BIPoC-Sein mit sich bringt. Folgende Ressourcen für rassismuskritisches Handeln aus *weißer*

Position, die sich nicht trennscharf voneinander abgrenzen lassen, gehören dazu:

1. Wir verfügen über strukturell zugeteilte Macht und Privilegien, die wir für rassismuskritisches Handeln einsetzen können.
2. Wir verfügen über eine gewisse Definitionsmacht und eine Stimme, der vergleichsweise mehr Gehör geschenkt wird.
3. Unsere rassismuskritische Praxis geht mit keinem rassistischen Diskriminierungsrisiko einher.
4. Wir besitzen Erfahrungswissen zu *Weiß*-Sein.
5. Wir sind in rein *weißen* Räumen anwesend.

Ich spreche hier von Ressourcen, weil wir auf diese Umstände für unser rassismuskritisches Handeln zurückgreifen können. Und das sollten wir tun, denn alles andere wäre verantwortungslos, weil wir so eine große Chance verspielen würden, uns Rassismus entgegenzusetzen. Diese Ressourcen halten viele Möglichkeiten für verbündetes Handeln aus *weißer* Position bereit. Sie können für uns wiederum ganz unterschiedliche konkrete Handlungsoptionen bedeuten, die es individuell auszuloten gilt. Zunächst möchte ich die Ressourcen für unser rassismuskritisches Handeln aus *weißer* Position aber erst einmal näher beschreiben. Im nächsten Kapitel soll es dann noch genauer darum gehen, wie sie einsetzbar sind. Den fünften Punkt will ich in der folgenden Beschreibung ausklammern, denn ihm ist an dieser Stelle nichts Weiteres hinzuzufügen. Wenn wir unter *Weißen* sind, sind wir eben unter *Weißen*. Dennoch möchte ich diesen Punkt auf meiner Liste als Ressource stehen haben. Für mich ist das nämlich ein sehr wichtiger Punkt, der viel zu oft vergessen wird, wenn es um das rassismuskritische Handeln *Weißer* geht. Im nächsten Kapitel, wo sich dieser Punkt mit den anderen besprochenen Aspekten verbindet, soll es dann auch noch genauer um ihn gehen.

Macht und Privilegien, die eingesetzt werden können

<u>Reflexionsfragen</u>
Beim Thema Rassismus geht es erstaunlicherweise selten differenzierter um das Ziel seiner Bekämpfung. Wie sieht das bei dir aus? Nimm dir zu Anfang dieses Abschnittes etwas Zeit, um die folgenden Fragen für dich zu beantworten:

1. Wie sieht für dich eine Gesellschaft ohne Rassismus aus? Was passiert dann mit den sozialen Positionen *weiß* und BIPoC?
2. Wie könnte für dich ein Transformationsweg hierhin aussehen? Was braucht es für den Umgang mit *Weiß*-Sein und BIPoC-Sein, um deiner Vision ein Stück näher zu kommen?

Rassismus stellt ein gesellschaftliches Machtverhältnis dar. Er bewirkt, dass wir als *Weiße* mehr soziale Macht als BIPoC besitzen. Dank der *weißen* Privilegien haben wir mehr Teilhabechancen in der Gesellschaft. Daran können wir individuell und kurzfristig nichts ändern. Wir können unsere privilegierte Position nicht einfach ablegen. Sie wird uns von außen zugewiesen und bleibt damit Bestandteil von uns, ob wir wollen oder nicht. Es stellt sich dann die Frage: Wie gehen wir am besten mit unseren *weißen* Privilegien um? Die kurze Antwort lautet: Wir können sie für unser rassismuskritisches Handeln als Ressource einsetzen. Die lange Antwort geht so:

Wenn wir über *weiße* Privilegien sprechen, sie in Workshops und Listen sammeln, dann dient das sicherlich zunächst erst einmal dazu, dass wir uns bewusstwerden, wie Rassismus uns als *Weiße* beeinflusst. Es muss dann aber auch zusätzlich immer darum gehen, zu erkennen, dass mit unserer *weiß*privilegierten Position ein spezifisches Widerstandspotenzial und deshalb Verantwortung einhergeht. Wenn wir unsere *weißen* Privilegien kennen, dann müssen wir herausfinden, wie wir sie nutzen können, um das rassistische Machtverhältnis zu verschieben. Beim Sprechen über *weiße* Privilegien ist es das Ziel, rassistische Verhältnisse in der Gesellschaft zu verändern. Es geht im Endeffekt darum, aufzuzeigen, welche Möglichkeiten eines darauf gerichteten Handelns wir als *Weiße* haben. In den Worten der US-amerikanischen Schriftstellerin und Aktivistin Audre Lorde:

> »Dein Privileg ist kein Grund für Schuldgefühle, es ist Teil deiner Macht, eingesetzt zur Unterstützung der Dinge, von denen du sagst, dass du an sie glaubst.«[105]

Diesen inspirierenden Satz zitiere ich in jedem meiner Workshops, in denen wir *weiße* Privilegien thematisieren. Egal ob wir das Thema nur anreißen oder ausführlich aufgreifen, er ist Pflichtprogramm. Die Bewusstwerdung der eigenen *weißen* Privilegien ruft nämlich in der Regel negative Gefühle hervor, insbesondere Schuld und Scham. Sie ist wahrscheinlich der kritischste Moment der *weißen* rassismuskritischen Identitätsentwicklung. In diesem Moment kann mit aufkommender Abwehr so viel schiefgehen. Deshalb sollten wir uns beim Lernen über unsere *weißen* Privilegien unbedingt immer auch gleich diesen nächsten notwendigen Gedankenschritt des rassismuskritischen Reflexionsprozesses vergegenwärtigen – dass nämlich unsere *weißen* Privilegien für uns eine Chance sind, Rassismus abzuschwächen. Selbst wenn das nur flüchtig ist, weil es zunächst noch darum geht, sich der eigenen privilegierten Position bewusst zu werden. Denn werden wir mit diesem neuen Bewusstsein allein gelassen und wissen nicht, was wir damit anstellen sollen, geschweige denn, warum das in unserem Interesse ist, bringt uns auch die neue Erkenntnis über unsere *weiß*privilegierte Position nicht viel weiter. Sicherlich kann sie uns sensibler machen, Rassismus im Alltag wahrzunehmen. Daraus allein resultiert aber kein rassismuskritisches Handeln oder automatisch ein Wissen darum, wie dieses aussehen könnte. Hingegen können die hervorgerufenen negativen Emotionen anhalten und bei anderen Beschäftigungen mit dem Thema Rassismus erneut aufkommen. Dann kann der angenehmste Weg womöglich sein, eine weitere Auseinandersetzung zu vermeiden. Das müssen wir bestmöglich verhindern.

Um unser mit unseren *weißen* Privilegien verbundenes *weißes* Widerstandspotenzial zu verstehen, müssen wir zunächst einmal wissen, was eigentlich das Ziel seines Einsatzes sein soll. Unsere *weiße* Macht und die mit ihr verbundenen *weißen* Privilegien sind nämlich zuallererst Ausdruck von Rassismus. Rassismuskritik zielt auf die Umverteilung dieser Macht ab. Im Zuge dieser Umverteilung *weiße* Privilegien zu überwinden, bedeutet dabei nicht, dass wir auf einmal schlechtere Erfahrungen machen würden als BIPoC, sondern dass das, was dann für uns gilt, auch für BIPoC zutrifft. Wie Peggy McIntosh schreibt:

> »Einige [Privilegien], wie die Erwartung, dass Nachbar*innen anständig zu uns sind oder dass die eigene rassifizierte Position vor Gericht nicht gegen uns zählt, sollten in einer gerechten Gesellschaft die Norm sein und als Anspruch aller angesehen werden.«[106]

Mit McIntosh können wir zwischen solchen ›positiven‹ Privilegien, die verbreitet werden sollten, sodass sie keine Privilegien mehr darstellen, und ›negativen‹ Privilegien unterscheiden, »die, wenn sie nicht abgelehnt werden, unsere gegenwärtigen Hierarchien immer verstärken werden«. ›Negative‹ Privilegien sollten für niemanden wünschenswert sein. Sie können »als willkürlich verliehene Dominanz angesehen werden«[107]. Kritik am Rassismus aus *weißer* Perspektive ist Kritik an diesen normativen *weißen* Privilegien. Wenn wir auf unsere *weiße* Macht und unsere *weißen* Privilegien für unser rassismuskritisches Handeln zurückgreifen, muss das immer darauf abzielen, genau diese selbst zu minimieren. *Weiße* Rassismuskritik hat sozusagen einen die *weiße* Norm aus sich selbst heraus aufhebenden Charakter. Mit anderen Worten: *Weißes* rassismuskritisches Handeln baut auf der Bereitschaft zur Machtabgabe auf. Das wiederum bedeutet nicht Inaktivität: Um die *weiße* Macht zu schwächen, haben wir ein mächtiges Mittel, nämlich unsere *weiße* Macht. Wie van den Broek es beschreibt, geht es also nicht darum, unsere Machtpositionen als individuelles Märtyrertum einfach aufzugeben, sondern darum, die »Macht im Hinblick auf eine Befreiung vom Rassismus [zu] nutzen«[108].

Unsere *weiße* Macht drückt sich auf vielfältige Weise aus. Deshalb haben wir ebenfalls vielfältige Möglichkeiten, sie für unser Handeln gegen Rassismus einzusetzen. Van den Broek stellt auch das heraus:

> »Macht kann dazu benutzt werden, um zu reagieren, um etwas nicht zu akzeptieren, um Einfluss geltend zu machen und Raum zu schaffen, so daß Schwarze Machtpositionen übernehmen können.«[109]

BIPoC bringen den Kampf gegen Rassismus voran und halten ihn aufrecht. Sie erfahren Rassismus. Der Einsatz *weißer* Macht zielt deshalb nicht nur darauf ab, *weiße* Macht zu minimieren, sondern strebt gleichzeitig an, BIPoC zu ermächtigen. Diese Umverteilung von Privilegien und Macht bezieht sich dabei nicht auf Einzelpersonen, sondern auf Systeme. Wie gesagt, nicht in der Form, dass sich die zwei Seiten des Rassismus einfach umdrehen, sodass *Weiße* strukturell benachteiligt und BIPoC privilegiert wären. Das ferne Ziel ist vielmehr, dass die sozialen Positionen *weiß* und BIPoC ihre soziale Bedeutung verlieren. Sie müssen bedeutungslos werden, weil sie nichts anderes als kollektive Erfahrungen aufgrund von Rassismus sind. Erst wenn es *Weiß*-Sein und BIPoC-Sein nicht mehr gibt, ist Rassismus überwunden. Allerdings ist nicht zu erwarten, dass das in naher Zukunft passiert. Trotzdem ist es wichtig, sich eine Vorstellung vom obersten Ziel, der Überwindung von Rassismus als gesellschaftlichem Zustand, zu machen. Denn darauf arbeiten wir schließlich hin. Unsere Vision und unser Handeln müssen ja zusammenpassen. Die Ermächtigung von BIPoC und die Machtabgabe von *Weißen* hat also selbst wiederum ein fernes Ziel, nämlich das rassistische Machtverhältnis insgesamt komplett aufzulösen. Auf dem Weg zur Befreiung von Rassismus ist der identitätspolitische Rückbezug auf die sozialen Positionen *weiß* und BIPoC wiederum strategisch notwendig. Im Hier und Jetzt kann kein Mensch die Totalität des Rassismus hintergehen und autonom handeln. Widerstand ist für uns alle nur aus den uns zugeschriebenen Positionen heraus möglich. Deshalb geht es darum, kollektiv aus diesen sozialen Positioniertheiten heraus rassismuskritische Identitäten zu entwickeln.

Powersharing und Empowerment

Für uns als *Weiß*privilegierte bedeutet rassismuskritisches Handeln im Hier und Jetzt, unsere *weißen* Privilegien als Ressource zu nutzen. Hier setzt der Ansatz des *Powersharings* an, zu Deutsch: das ›Macht-Teilen‹. Powersharing ist in Deutschland aktuell zunehmend Thema von Workshops und Seminaren. Dabei handelt es sich um die gleichen Kanäle, durch die das Allyship-Konzept fließt. Powersharing ist mittlerweile fast genauso populär. Die beiden Ansätze, Allyship und Powersharing, lassen sich gut miteinander verbinden. Deshalb werden sie häufig auch zusammen aufgegriffen. Da, wo Allyship nämlich vage bleibt, wird Powersharing konkret. Es setzt an der praktischen Leerstelle von Allyship an. Denn Powersharing ist unmissverständlich Praxis. Wiederum bildet Allyship mit seinem Potenzial für eine identitätsstiftende kritische Selbstreflexion für das eher handlungsbezogene Powersharing einen kontextualisierenden Rahmen.

Die Referentin und Trainerin für Diversity, Antidiskriminierung und Empowerment Gabi Rosenstreich beschreibt Powersharing folgendermaßen, wobei sie dabei nicht nur über Rassismus, sondern Diskriminierung allgemein spricht:

> »›Powersharing‹ ist […] ein Appell, die eigene Macht anzuerkennen und sie ›für Gutes‹ zu nutzen, indem sie mit anderen geteilt wird, die weniger Macht haben, so dass sich diese selbst empowern können, und zwar auf der Grundlage ihrer eigenen Selbstdefinition und ihrer selbstbestimmten Bedürfnisse und Prioritäten.«[110]

Powersharing bezieht sich damit auf Empowerment als sein Pendant. Das ist für die Definition wichtig. Deshalb lass uns auch diesen Ansatz einmal genauer anschauen:

Das Empowerment-Konzept stammt ebenfalls ursprünglich aus den USA und bezieht sich nicht nur auf Rassismus als Diskriminierungsform.

Empowerment umfasst die Selbstermächtigung von Menschen mit Diskriminierungserfahrung im Kontext von Diskriminierung. Allgemein bedeutet das laut Nassir-Shahnian, »die Freiheit als Selbst existieren zu können, ohne sich Handlungszwängen zu beugen, die von außen aufgrund sozialer Kategorien (wie ›Rasse‹, Klasse, Gender, Disability u.a.) an uns herangetragen werden und die uns in unserer Sozialisation prägen«[111]. Empowerment bedeutet also die Förderung von Selbstbestimmung und der Möglichkeiten der Herausbildung einer Identität unabhängig von diskriminierenden Fremdzuschreibungen mit dem Ziel, Machtzugänge und Handlungsspielräume von minorisierten Gruppen auszuweiten.[112] Mit Blick auf Rassismus ist Empowerment eng mit der politischen Selbstorganisierung von BIPoC verbunden. Im Kontext von Rassismus zielt Empowerment auf die Befreiung von Fremdbestimmung durch *weiße* rassistische Zuschreibungen und von destruktiven verinnerlichten Rassismen ab.[113] Dieser Prozess hat allerdings gewisse Grenzen, da es gegenwärtig nicht möglich ist, dass wir unsere Identitäten komplett jenseits unserer rassifizierten Position herausbilden.[114] Das macht Empowerment keinesfalls weniger wichtig, sondern beschreibt wieder einmal das Dilemma der Verstrickung unserer Identitäten in Rassismus, solange dieser existiert.

Powersharing visiert als fernes Ziel an, die an die *weiße* Macht gekoppelte sozial privilegierte Position *weiß* komplett aufzulösen. Empowerment hat das ferne Ziel, dass alle, die heute potenziell Rassismus erleben, eine Identität jenseits der dann notwendigerweise ebenfalls abgeschafften Kategorie BIPoC ausbilden können. Wie gesagt, als fernes Ziel. Als Vision. Aktuell macht es für uns alle wenig Sinn zu versuchen, unsere Identitäten jenseits der von Rassismus für uns geschaffenen sozialen Positionen zu denken. Das heißt wiederum nicht, dass wir die Rollen übernehmen müssen, die Rassismus für uns bereithält. Wir haben die Möglichkeit, rassismuskritische Identitäten zu entwickeln, die Macht zu verschieben und uns so weit wie möglich von dem Einfluss, den Rassismus auf uns hat, zu befreien. So kann die Einwirkung von Rassismus auf uns alle mit der Zeit immer weniger werden – Stück für Stück.

Empowerment ist damit ein Prozess. Was dieser für BIPoC konkret bedeutet, kann nur von BIPoC selbst entschieden werden. Dazu noch einmal Gabi Rosenstreich:

> »Empowerment ist ein Prozess, kein Zustand. Der Prozess hat keine klaren Grenzen, kein konkretes Ziel und auch keine vorgegebenen Bestandteile, denn jede minorisierte Gruppe definiert selbst das eigene Identitätsverständ-

nis, die eigenen Erfahrungen, die eigene Positionierung, die eigenen Interessen, Bedürfnisse, Visionen, Forderungen und Strategien und trifft entsprechende Entscheidungen als Teil und als Ergebnis vom Empowerment.«[115]

Folgerichtig können wir aus *weiß*privilegierter Position BIPoC nicht empowern. Das müssen wir uns immer vor Augen halten. BIPoC sind keine handlungsunfähigen, machtlosen Objekte, denen wir zur Hilfe eilen müssen, weil wir letztlich besser wissen, was sie benötigen. White Saviorism lässt grüßen. Allerdings können wir uns so verhalten, dass das selbstbestimmte Empowerment unterstützt wird. Hier setzt Powersharing an, das der Empowerment-Trainer Halil Can so beschreibt: »Dies bedeutet, aus der Position von Machtdominanz als solidarisches Prinzip die verfügbaren Ressourcen und Privilegien in positiver und stärkender Wirkung – hier im Sinne von People of Color – zu nutzen, zu teilen oder abzugeben.«[116] Wie genau kann das aussehen? Gabi Rosenstreich wird dazu noch konkreter:

»Powersharing bezeichnet das Zurverfügungstellen von Ressourcen für das Empowerment von minorisierten Gruppen, ohne über deren Verwendung zu bestimmen. Solche Ressourcen können Zeit, Raum, Geld, materielle Ressourcen oder auch immaterielle Ressourcen wie Öffentlichkeit, Status oder Kompetenzen sein.«[117]

Rosenstreich verweist hier noch auf einen weiteren wichtigen Punkt: Powersharing heißt immer, Kontrolle darüber abzugeben, was BIPoC mit den bereitgestellten Ressourcen für sich anfangen. Wir müssen es also aushalten, wenn unsere geteilten Ressourcen so eingesetzt werden, wie wir es vielleicht nicht erwartet hätten oder sogar für unangebracht halten. Powersharing ist bedürfnisorientiertes Handeln und kein Akt des Wohlwollens. Und welche Bedürfnisse BIPoC haben, können BIPoC nur selbst wissen. Wenn wir beim Powersharing also die Kontrolle behalten wollen, sind wir keine Verbündeten, sondern werden zu Barrieren.

Ich weiß, das war bisher einmal mehr ziemlich theoretisch. Vielleicht denkst du jetzt: Powersharing, das hört sich großartig an, endlich weiß ich jetzt, was ich tun kann. Aber wie kann das beispielhaft konkret aussehen? In meinen Workshops erlebe ich immer wieder, dass *Weiße* sehr an dem Ansatz Powersharing interessiert sind. Manchmal gar nach dem Motto, endlich kommen die ersehnten, klaren Handlungsanweisungen, die es mir einfacher machen. Wenn es dann aber darum geht, herauszufinden, über welche Ressourcen an Macht wir genau verfügen, wo die eigene Macht sich genau materialisiert, dann kommt die Reflexion häufig ins Stocken. Vielleicht geht es dir auch so? Du erkennst mittlerweile deine eigene *weiße* Position und Macht an und bist auch mehr als bereit, sie zu nutzen, aber es fällt dir schwer, sie konkret auszumachen? Das ist sehr gut nachvollziehbar. Leider ist es auch hier schon wieder nicht so ganz einfach. Denn der Ansatz Powersharing bezieht sich zwar ganz klar auf die Praxis, bringt jedoch keine To-do-Liste mit sich.

In meinen Workshops teilen Personen verschiedentlich eigene Gedanken dazu, wie Powersharing für sie möglich sein könnte, mit denen sich andere wiederum überhaupt nicht identifizieren können. Einmal zum Beispiel, in einem Workshop mit *weißen* Hochschulangehörigen und Studierenden, hatte ein Professor tolle Ideen, wie er seine *weißen* Privilegien für Powersharing ausnutzen könnte. Ich erinnere mich gut an die nonverbalen Reaktionen der Studierenden. Sie wirkten auf mich so, als ob die Studierenden damit für sich selbst kaum etwas anfangen konnten. Es scheint manchmal, als fehle ein gemeinsamer Nenner und als wäre das Ganze eigentlich kaum greifbar. Denn kommen wir zur konkreten Praxis, bleibt es kompliziert. Das liegt im Kern daran, dass sich das theoretische Verständnis von *weißer* Privilegierung weniger auf Individuen als auf die systematische Bevorteilung einer Gruppe bezieht. Daraus ergeben sich praktische Herausforderungen. Die Theorie, also genau die, die auch wir uns hier bisher erarbeitet haben, stößt sozusagen an praktische Grenzen. Das heißt wiederum: Es braucht theoretisch noch mehr als eine Verbindung der Ansätze White Allyship und Powersharing. Was uns jetzt weiterhilft, ist ein intersektionaler Machtbegriff.

Wir verfügen über unterschiedliche *weiße* Machtzugänge

Erinnerst du dich noch an die Nachricht an mich mit den Einstiegsworten: »Erklären Sie mir mal meine Privilegien!«, von der ich dir im zweiten Kapitel erzählt habe? Da haben wir schon einmal eine intersektionale Perspektive eingenommen. Dort ging es darum, wie in unseren Lebenserfahrungen Rassismus mit weiteren Zugehörigkeiten, die andere Diskriminierungsformen für uns festlegen, ineinandergreift. Solche anderen Diskriminierungsformen sind z.B. Klassismus, Sexismus, Homofeindlichkeit, Transfeindlichkeit, Ableismus oder Altersdiskriminierung. Das ist nun auch für unser rassismuskritisches Handeln und ganz konkret für Powersharing relevant, also wenn es darum geht, unsere *weißen* Privilegien einzusetzen.

Als *Weiße* sind wir keine homogene Gruppe, deren Angehörige alle den gleichen Zugang zu Macht haben. Zwar sind und bleiben wir immer hinsichtlich Rassismus privilegiert. Unsere Lebenserfahrungen in Bezug auf soziale Machtverhältnisse sind aber komplexer, als der einseitige Blick auf *Weiß*-Sein es vermuten lässt. Und das ist schließlich sehr praxisrelevant. Wir verfügen nicht alle über dieselben zeitlichen, räumlichen, finanziellen oder materiellen und immateriellen Ressourcen. Manche verfügen über umfangreichere Ressourcen als andere. Das führt dazu, dass wir unsere *weiße* Privilegierung in vielerlei Hinsicht individuell erleben und sich dieses Erleben deshalb sehr unterscheiden kann. Aus diesem Grund haben wir auch nicht alle die gleichen Handlungsspielräume, wenn es darum geht, unsere *weißen* Privilegien einzusetzen. Unser *weißer* Machtzugang ist intersektional beschaffen. Uns stehen mal mehr und mal weniger Ressourcen zur Verfügung und entsprechend auch mal mehr und mal weniger Handlungsoptionen. Powersharing mag ein grober Fahrplan für *weißes* rassismuskritisches Handeln sein, eine Anleitung hierfür gibt es aber nicht. Was Powersharing für uns bedeuten kann, können wir jeweils nur ganz individuell für uns selbst herausfinden. Und das kann auch von Kontext zu Kontext noch einmal etwas ganz anderes bedeuten. Im Arbeitsalltag mag das zum Beispiel etwas ganz anderes sein als im Privaten oder im Kreis der Familie oder unter Freund*innen. Auch können sich unsere Möglichkeiten für Powersharing mit der Zeit ändern, zum Beispiel durch private oder berufliche Veränderungen. Deshalb müssen wir unsere Optionen für Powersharing auch immer wieder neu aufspüren.

Dazu zwei Beispiele aus dem Arbeitskontext: Ein*e *weiße*r* Schulsozialarbeiter*in, der*die festangestellt ist und einen eigenen Raum hat, verfügt über andere Bedingungen, um Strategien für Powersharing mit Schüler*innen mit Rassismuserfahrung zu entwickeln, als ein*e Schulsozialarbeiter*in auf Minijobbasis, der*die keinen Raum hat und nur wenige fest terminierte Sprechstunden anbietet. Eine *weiße* Leitungskraft einer Kindertagesstätte, die finanzielle, konzeptionelle und personale Entscheidungen trifft, hat andere Möglichkeiten, diversitätssensible und empowernde rassismuskritische Bildungsansätze im Kitaalltag organisatorisch zu implementieren als ein*e *weiße*r* Erzieher*in in Teilzeit und Zeitarbeit. Dabei ist es nicht so, dass der*die Schulsozialarbeiter*in auf Minijobbasis und der*die Erzieher*in in Teilzeit keine Optionen für Powersharing haben. Ihre Möglichkeiten sind vielmehr andere, die in diesem Fall weniger an materielle und finanzielle Ressourcen sowie

Entscheidungsbefugnisse gebunden sind. Sie können zum Beispiel für rassistische Diskriminierung aufmerksam und ansprechbar sein und Rassismus in ihrem Arbeitsalltag zur Sprache bringen. Alle *Weißen* profitieren von *weißer* Definitionsmacht und können diese für Powersharing einsetzen, beispielsweise, um in *weiß*dominierten Räumen Rassismus zum Thema zu machen. Unten wird es darum noch ausführlicher gehen. Auch die *weiße* Kitaleitung aus dem zweiten Beispiel kann Rassismus auf die Tagesordnung der Kita bringen und ihre *weiße* Definitionsmacht hierfür einsetzen. Zusätzlich kann sie dafür aber auch noch ihre berufliche Position nutzen, die hierfür weitere Vorteile mitbringt. Sie kann zum Beispiel aus ihrer Leitungsfunktion heraus regelmäßige Diskussionsrunden zum Thema Rassismus unter den Mitarbeitenden einführen oder eine Fortbildung zum Thema planen. Sie kann rassismuskritische Projekte und Anliegen in der Kita bestmöglich mit finanziellen Mitteln fördern. Über diese Optionen verfügt der*die Teilzeit-Erzieher*in aufgrund seiner*ihrer Rolle und Aufgaben in der Kita nicht. An dieser Stelle kommt nun der Aspekt der Verantwortung ins Spiel. Oben ging es darum, dass White Allyship verantwortungsvolles Handeln aus *weiß*privilegierter Position bedeutet. Dabei blieb allerdings noch recht vage, was mit ›verantwortungsvollem‹ Handeln genau gemeint ist. Jetzt können wir sehen, was unter anderem dazugehört: Gibt es Optionen für Powersharing, wie individuell sie auch ausfallen mögen, dann sollten sie auch ergriffen werden. Alles andere wäre nämlich verantwortungslos.

Zu den zwei Beispielen für Powersharing noch ein letzter Punkt: Es geht hier nicht um bessere und schlechtere Möglichkeiten für Powersharing. Ein*e *weiße*r* Erzieher*in, egal wie prekär beschäftigt, der*die im Kitaalltag dazu beiträgt, dass BIPoC Kinder weniger Rassismus durch andere Kinder, Eltern oder das Personal ausgesetzt sind, ist absolut wertvoll. Das macht für die Erfahrung der Kinder einen großen Unterschied. Die Kitaleitung ist vielleicht nicht so nah am Kitaalltag der Kinder dran. Sie begleitet die Kinder womöglich nicht als Bezugsperson durch den Tag. Dann erlebt sie wahrscheinlich nicht direkt mit, wenn rassistische Beleidigungen und Ausgrenzungen unter Kindern passieren. Dafür hat sie andere Handlungsoptionen, insbesondere auf organisatorischer Ebene. Beide Male ist Powersharing möglich. Beide Male ist es wichtig zu handeln. Ergreifen wir alle die Möglichkeiten für Powersharing, die wir jeweils haben, machen wir es sozusagen alle gleich gut. Wir nutzen unsere individuellen Handlungsspielräume aus, auf die wir in vielerlei Hinsicht keinen Einfluss haben, weil sie wie hier z.B. durch berufliche Arbeitsbedingungen festgelegt werden.

Reflexionsfragen

1. Welche Möglichkeiten für Powersharing siehst du für dich in deinen verschiedenen Lebensbereichen? Welche *weißen* Privilegien und Ressourcen (z.B. Zeit, Geld, Räume, materielle Ressourcen, Öffentlichkeit, Status, Fähigkeiten etc.), über die du verfügst und die du nutzen könntest, fallen dir ein?
2. Wie kannst du dich über die Bedürfnisse von BIPoC in deinem Umfeld informieren, sodass du besser weißt, was sich die Personen für selbstbestimmtes Empowerment von *Weißen* wünschen?

White Allyship aus intersektionaler Perspektive

Mit White Allyship und Powersharing kommen wir nicht weit, wenn wir dabei eine Dichotomie zwischen Macht und Machtlosigkeit annehmen. Das ist aber meistens noch der Fall, wenn es um diese beiden Ansätze geht. Wir hatten es weiter oben schon einmal konstatiert: Kein Mensch ist einfach nur privilegiert oder einfach nur benachteiligt. Gerade nimmt soziale Ungleichheit neue sich verstärkende Ausmaße an. Das betrifft BIPoC genauso wie uns *Weiße*. Die Coronakrise und der Anstieg der Lebensmittel- und Energiepreise im Jahr 2022 zum Beispiel drängen immer mehr Menschen in die Armut. Immer mehr von uns müssen einen großen Anteil unseres Einkommens für den Kauf von Gütern des täglichen Bedarfs ausgeben, haben Schulden und keine Rücklagen für finanzielle Notsituationen. Im Jahr 2021 waren 16,6% der Bevölkerung in Deutschland von Armut betroffen.[118]

Kein Mensch ist also einfach entweder nur pauschal machtvoll oder machtlos.[119] Im Hinblick auf Rassismus besitzen auch Menschen mit Rassismuserfahrung soziale Macht. Sie geht nur nicht aus der strukturellen Benachteiligung im Kontext von Rassismus hervor. Schließlich besitzen auch BIPoC im Kontext komplexer Machtverhältnisse Privilegien, die ebenso im Sinne von Powersharing gegen Rassismus einsetzbar sind. Ein Beispiel hierfür nennt die Professorin für Soziale Arbeit Anneliese Sing: den Protest von BIPoC Studierenden gegen einen an einer Hochschule anstehenden Vortrag eines rassistischen Redners. In dieser Situation kann auch die Hochschulmitarbeiterin of Color in der akademischen Verwaltung zur Verbündeten werden. Sie verfügt etwa über verwaltungstechnisches Wissen zum Umgang mit der Campuspolizei. Das kann sie mit den Studierenden teilen. Auch kann sie beim Protest als Zeugin dabei sein.[120] Anders als bei uns *Weißen* basiert ein solches Handeln aus BIPoC Position zudem auf eigenem Erfahrungswissen zu Rassismus. Das ist ein großer Vorteil, um Rassismus und Optionen, gegen diesen einzutreten, überhaupt zu erkennen. BIPoC als machtlos zu betrachten, führt also in eine gänzlich falsche Richtung. Das ist eine paternalistische *weiße* Sichtweise, die uns wieder in ›Opfer‹ und ›Rettende‹ einteilt. So wird außerdem ausgeblendet, dass im Erfahrungswissen zu Rassismus die Macht des Widerstands zentriert ist.

White Allyship wird in der ohnehin noch jungen deutschen Diskussion dazu in der Regel alles andere als mehrdimensional gedacht. Der englischsprachige Diskurs ist uns da mal wieder ein Stück voraus. Hier ist der Umgang mit White Allyship nämlich an dieselben Grenzen gestoßen. Und das wurde bereits differenziert kritisiert. Ebenso wurden Vorschläge für alternative Ansätze formuliert. Die irische Autorin Emma Dabiri beispielsweise lehnt das Konzept Allyship wegen seiner Eindimensionalität ab. In ihrem Buch *Was weiße Menschen jetzt tun können: Von »Allyship« zu echter Koalition* schreibt sie:

> »Ehrlich gesagt, hat mich allein schon das Wort ›Ally‹, ›Verbündete‹, abgeschreckt. Ich mag es immer noch nicht. Es reproduziert eine Machtdynamik, die abstoßend auf mich wirkt. Ich habe viel zu viele Anleitungen gelesen, in denen von den Verbündeten und dem ›Opfer‹ die Rede ist. Kurz, vieles an diesem Diskurs erscheint mir herablassend, sowohl persönlich als auch hinsichtlich der angehenden Verbündeten. Es handelt sich dabei nicht um eine weltverändernde Praxis.«[121]

Wie eine Person sozial positioniert ist, so Dabiri, ergibt sich nicht aus einer einzelnen Identitätskategorie wie *Weiß*-Sein oder BIPoC-Sein. Dabiri verliert strukturelle Diskriminierung jedoch keinesfalls aus dem Blick. Im Gegenteil. Daraus, dass die sozialen Macht- und Dominanzverhältnisse miteinander verwoben sind, leitet sie Optionen für rassismuskritisches Handeln *Weißer* ab. Hierfür dürften *Weiße* allerdings nicht nur auf ihre soziale Positioniertheit *weiß* festgeschrieben werden. Auch ihre anderen Zugehörigkeiten, aufgrund derer auch *Weiße* selbst von Tag zu Tag Benachteiligungen erleben, müssten reflektiert werden.

»[D]ass weiße Menschen sich nicht mit Rassismus auseinandersetzen müssen, bedeutet nicht, dass ihr Leben nicht ziemlich beschissen sein kann oder dass sie nicht auch tatsächlich Anlass haben könnten, die Ursprünge ihrer Ausbeutung an denselben Orten wie andere zu finden.«[122]

Würden die verschiedenen Erfahrungshintergründe in Macht- und Ungleichheitsverhältnissen, die *Weiße* haben, anerkannt, würden sich für sie neue Verantwortlichkeiten und Aufgaben ergeben. Vor allem fordert Dabiri, Rassismuskritik mit Kapitalismuskritik zu verbinden. *Weiße* müssten erkennen, wie Rassismus mit der eigenen kapitalistischen Unterdrückung verschränkt ist, um daraufhin die eigenen Interessen selbst vertreten und gemeinsam mit BIPoC – als Koalitionen – gegen die ineinander verwobenen gesellschaftlichen Machtverhältnisse Rassismus und Klassismus eintreten zu können. Erst dann sei gesellschaftlicher Wandel möglich. Dabiri spricht von »echten Koalitionen« anstatt von Allyship, um praktische Herausforderungen und Fallstricke zu überwinden, die Allyship mit sich bringt. Dazu gehört auch, dass der immer populärer werdende Begriff Allyship zunehmend an theoretischem Unterbau verliert und immer mehr zum altbekannten bevormundenden White Saviorism verkommt. Anstatt sich auf den Abbau struktureller Diskriminierung zu beziehen, meint der Begriff erneut nur noch individuelles ›gutes Handeln‹ *Weißer*.[123] Bei der Bildung von Koalitionen geht es hingegen darum, sich im Sinne des Gemeinwohls zusammenzuschließen. *Weiße* treten hier nicht ›für andere‹ ein, sondern für sich selbst. Sie handeln im eigenen Interesse, indem sie gegen ein diskriminierendes System vorgehen, das für alle, inklusive sie selbst, Nachteile bewirkt.

»Die Verbindung unserer Kämpfe bildet den Kern von Koalitionen, von Visionen, die sich für gemeinsame Ziele zusammenschließen.«[124]

Wie Dabiri bin ich der Auffassung, dass wir rassismuskritisches Handeln aus *weißer* Position mit deutlicher intersektionaler Perspektive begreifen müssen. Nun dominiert in Deutschland gerade aber noch der White-Allyship-Hype. Er trägt rassismuskritisches Handeln aus *weiß*privilegierter Position endlich an viele Menschen als (komplett neues) Thema heran. Ein Aufruf für »intersektionale Koalitionen« hätte hier vermutlich nicht denselben Effekt. Das würde den notwendigen, aber noch nicht abgeschlossenen Zwischenschritt hierfür – die möglichst breite Sensibilisierung dafür, dass Rassismus auch *Weiße* berührt – einfach überspringen. Weil sich erst wenige von uns das Konzept Allyship inhaltlich erschlossen haben, könnte das im schlimmsten Fall dazu führen, dass sich viele weiter distanzieren. Wie ich bereits oben festgehalten habe: Obwohl ich wegen seiner offensichtlichen Schwachstellen viel mit dem White-Allyship-Konzept hadere, glaube ich, dass es uns dennoch einen kleinen Schritt voranbringt, was das Erstarken rassismuskritischer Bemühungen betrifft. Genauso hoffe ich aber doch, dass der Begriff Allyship zukünftig eine theoretisch untermauerte intersektionale Ausrichtung erfährt. Im besten Fall sind wir auf dem Weg dahin und es entwickelt sich möglichst rasch. Hoffnungsvoll stimmen mich neue Beiträge, die erschienen sind, während ich an disem Buch schreibe. Da ist zum Beispiel das Buch von Francis Seeck[125] *Zugang verwehrt – Keine Chance in der Klassengesellschaft: wie Klassismus soziale Ungleichheit fördert*, der Klassismus auch in Verbindung mit Rassismus bringt oder der Reader *Klassismus und Rassismus: Dimensionen einer vielschichtigen Intersektion*, den Sebastian Seng, Dyana Rezene und Ansgar Drücker[126] im Auftrag des Informations- und Dokumentationszentrum für Antirassismusarbeit (IDA) herausgegeben haben. Wahrscheinlich ist Intersektionalität bereits in vielen diskriminierungskritischen Bildungsangeboten ein Thema. Doch nach meiner Erfahrung geht es dann allzu häufig nur um unsere Identitäten und deren Reflexion zwecks der meist abstrakten Ziele ›Bewusstwerdung‹ und ›Sensibilisierung‹. Nun sind unsere Identitäten im Hinblick auf Diskriminierung aber vielschichtig, weil die verschiedenen Formen von Diskriminierung miteinander verwoben sind. Was wir brauchen, um noch einmal Dabiri zu zitieren, ist deshalb »weniger ein Verständnis von Intersektionalität von Identitäten als vielmehr ein Verständnis von der Intersektionalität von *Problemen*«[127]. So oder so muss der deutsche White-Allyship-Diskurs offenbar seine eigenen Erfahrungen machen, Kritiken erleben und daraus lernen. Ob die notwendige Kritik am Allyship-Diskurs in Deutschland zu seiner Weiterentwicklung führt oder sich der Terminus Allyship auch hier bald als unbrauchbar, weil kontraproduktiv für emanzipatorische Anliegen, erweist, wird sich zeigen.

Allyship intersektional gedacht – auch nicht so neu, wie es scheint

Personen, die Diskriminierung erfahren, sind, weil sie sie erfahren, meistens sensibler für die jeweils selbst erlebte spezifische Diskriminierung. Deshalb ist es kaum verwunderlich, dass die Perspektive Intersektionalität seine Wurzeln in der praktischen Erfahrung der mehrdimensionalen Diskriminierung und im Widerstand Betroffener hat. Seinen Ursprung findet der intersektionale Ansatz in den aktivistischen Kämpfen Schwarzer lesbischer Feministinnen in den USA. Zu ihnen gehörte auch die aktivistische Gruppe *Combahee River Collective*. Sie gründete sich in den 1970er-Jahren und thematisierte das Phänomen der Mehrfachunterdrückung aufgrund verschiedener Identitätsmerkmale erstmals. Das Kollektiv veröffentlichte 1977 ein Statement, das »Black Feminist Statement«, das eine Art Gründungsdokument des Intersektionalitätskonzepts darstellt. Das Statement enthält eine der ersten Ausformulierungen des Intersektionalitätskonzepts und legt den Grundstein für alle darauf aufbauende Theoriebildung. Es stellt ganz praktische Ziele der eingenommenen intersektionalen Perspektive in den Vordergrund, indem es hier heißt:

> »Wenn Schwarze Frauen frei wären, würde das bedeuten, dass alle anderen frei sein müssten, da unsere Freiheit die Zerstörung aller Unterdrückungssysteme erfordert.«[128]

Das ist nicht zuletzt eine Aufforderung, sich miteinander zu verbünden, über alle Differenzen hinweg und gemeinsam – egal aus welcher sozialen Position – gegen Rassismus und Diskriminierung insgesamt vorzugehen. Denn damit haben wir letztendlich alle ein Selbstinteresse an diskriminierungskritischem Handeln, egal wie uns Diskriminierung betrifft.

Intersektionalität ist den meisten unbekannt. In Deutschland ist der gegenwärtige öffentliche Diskurs alles andere als intersektional ausgerichtet. Themen wie Klimawandel, Rassismus, Sexismus und Klassismus werden erstaunlich eindimensional verhandelt. Beim politischen Aktivismus sieht es nicht viel anders aus. So ›trendy‹ wie der Intersektionalitätsbegriff in ›kritischen‹ Kreisen ist, dem tatsächlich ursprünglichen Anspruch von Intersektionalität wird wohl kaum ein Umgang mit ihm gerecht. Meistens wird der Begriff unterkomplex ausgelegt. Doch in der Regel, wie gesagt, kommt Intersektionalität als Blickrichtung gar nicht vor. Das gilt auch dann, wenn *Weiße* sich kritisch mit Rassismus und White Allyship beschäftigen. In meiner Arbeit erlebe ich im Hinblick auf White Allyship immer wieder, dass *Weiße* meinen, dies müsste bedeuten, sich regelrecht selbst auszubeuten und bis quasi zur Handlungsunfähigkeit in Luft aufzulösen. Dann wird beispielsweise geglaubt, als ohnehin schon prekär Beschäftigte*r den Job aufgeben zu müssen, weil damit unverantwortbar ›Raum eingenommen wird‹. Ich weiß natürlich nicht, zu welchen Handlungen solche Ansichten letztendlich führen, und denke auch nicht, dass Personen immer entsprechend vorgehen. Bei den *Wei-*

ßen, die solche Aussagen machen, handelt es sich meiner Erfahrung nach allerdings um Personen, die noch am ehesten bereit sind, sich auf tief in das eigene Selbstverständnis eingreifende selbstreflexive Lernprozesse einzulassen. Eine solche Bereitschaft ist alles andere als selbstverständlich. Das erlebe ich ebenfalls in meiner Bildungsarbeit mit *Weißen*, und zwar tagtäglich. Deshalb ist für mich die Frage wichtig, wie eine rassismuskritische Haltung *Weißer* am besten im Rahmen von Bildungsarbeit förderbar ist. Ich meine eine Förderung, bei der *weiße* Bündnisarbeit im Sinne von Allyship und Powersharing in einer intersektionalen Gesellschaft im Fokus steht.

Wie Emma Dabiri herausstellt, ist der Umgang mit *Weiß*-Sein, der das Selbstinteresse *Weißer* an Diskriminierungskritik ignoriert und nahelegt, dass Handeln gegen Rassismus für *Weiße* bedeute, Opfer erbringen zu müssen, wenig attraktiv:

> »Es entsteht ein Gefühl des Verlusts oder Verzichts. Viele ›weiße‹ Menschen verfügen nicht über genügend Privilegien, um diese auf irgendwen zu übertragen. Für diejenigen, die in einer privilegierten Position sind, stellt sich die Frage, *warum* sie – außer ›nett‹ zu sein oder einen Akt der Nächstenliebe des mit weißer Vorherrschaft verbundenen ›weißen Retters‹ zu begehen – irgendetwas opfern sollten.«[129]

Weiße aufzufordern, die eigenen Bedürfnisse hintanzustellen und sich damit quasi selbst herabzusetzen, hält Dabiri in ihrem Kapitel »Erkennt: Dieser Mist bringt auch euch um«[130] für nicht zielführend.

Wenn wir von einem komplexen Zusammenwirken verschiedener Diskriminierungskategorien ausgehen, ergeben sich vielfältige neue mögliche Beziehungen für Bündnisarbeit. Als Beispiel möchte ich noch einmal die »Erklären Sie mir mal meine Privilegien!«-Nachricht an mich aufgreifen. Erinnerst du dich? Die *weiße* Person, die mir die Nachricht schrieb, berichtete, dass sie als medizinische Hilfskraft mit Klassismuserfahrungen mit einer Schwarzen Chefärztin zusammenarbeitet, die einen Mercedes fährt. Lass uns diese Situation nun einmal aus einer intersektionalen Perspektive auf Allyship betrachten. Aus diesem Blickwinkel können die beiden, also die Chefärztin und die Pflegekraft, nämlich zusammen ein intersektionales Bündnis bilden. Die Chefärztin kann sich sowohl mit der Pflegekraft als auch die Pflegekraft mit der Chefärztin im Sinne von Allyship solidarisieren. Zum Beispiel kann die Chefärztin Forderungen der Pflegekräfte nach besseren Arbeitsbedingungen unterstützen. Sie kann hierfür zum Beispiel ihren beruflichen Status nutzen, der mit einer größeren

Reichweite einhergeht. Die Pflegekraft wiederum kann sich zum Beispiel als Ally einbringen, wenn sie rassistische und sexistische Kommentare, auch über die Chefärztin, von Patient*innen oder Kolleg*innen wahrnimmt. Dann kann sie einschreiten oder diese Vorfälle melden. Als *weiß* und männlich positioniert hat sie dabei gute Chancen, gehört zu werden. Bündnisarbeit bedeutet hier nicht, dass die beiden per Handschlag einen Pakt beschließen. Sie müssten sich noch nicht einmal persönlich kennen. So oder so handeln sie wirksam zusammen im gemeinsamen Interesse gegen die Intersektionalität von Rassismus und Klassismus.

Wenn wir diskriminierungskritisch handeln und dabei die interdependente Verschränkung verschiedener gesellschaftlicher Unterdrückungs- und Machtverhältnisse mitdenken, erfassen wir unsere Unterschiede und geben gleichzeitig Gruppensicherheit auf. Die Soziologin Sabine Hark schreibt von »Allianzen«[131], die wir dann miteinander formen. Die Aktivistin Bernice Johnson Reagon beispielsweise von ›Koalitionen des Überlebens‹.[132] Und bell hooks benennt als Ziel des Ganzen die »kollektive Befreiung«[133]. Denn wenn die verschiedenen Dominanzsysteme miteinander verbunden sind, dann müssen auch die unterschiedlichen Befreiungsbewegungen zusammengedacht werden. Dann haben wir ein gemeinsames Interesse daran, Diskriminierungen zu überwinden. Deshalb erklärt hooks:

> »Bis wir alle in der Lage sind, die ineinandergreifende, voneinander abhängige Natur von Herrschaftssystemen zu akzeptieren, [...] werden wir weiterhin auf eine Weise handeln, die unser individuelles Streben nach Freiheit und unseren kollektiven Befreiungskampf untergräbt [...].«[134]

Der Aktivist und Autor Chris Crass stellt heraus, dass eine intersektionale Perspektive weitreichende Folgen dafür hat, wie wir uns politisch organisieren, um gesellschaftliche Strukturen zu verändern:

> »Wenn Intersektionalität ein Bezugsrahmen ist, um zu erkennen, wie Unterdrückungen miteinander verknüpft sind und die Gesellschaft strukturieren, dann ist kollektive Befreiung ein entsprechender Bezugsrahmen dafür, um zu untersuchen, wie wir uns organisieren, um diese Machtverhältnisse zu verändern.«[135]

Crass betont wie Dabiri, dass rassismuskritisches Handeln, das intersektional ausgerichtet ist, Rassismus als Problem nicht aus den Augen verliert:

> »Wir können uns erschließen, wie Menschen in der breiten Kategorie ›*weiß*‹ Ausgrenzung erfahren, und verstehen, dass die Auseinandersetzung

mit diesen Erfahrungen der Ausgrenzung keine Ablenkung von der Auseinandersetzung mit Rassismus und anderen Formen von Privilegien sein muss, sondern ein Weg dazu sein kann, unser kollektives Interesse an der Befreiung zu erkennen und in diesem Interesse zu handeln.«[136]

Bei einem solchen gemeinsamen Kampf gegen Unterdrückung können ›getrennte Räume‹ strategisch sinnvoll eingesetzt werden. Eine Bezugnahme auf ›*weiß*‹ als Gruppenzugehörigkeitskategorie ist ganz sicher immer wieder nötig. Nur so ist etwa reflektierbar, inwiefern wir als *Weiße* im Hinblick auf Rassismus andere Erfahrungen als BIPoC machen. Nur so können wir einüben, für unsere *weißen* Privilegien sensibel zu werden und *Weiß*-Sein als die treibende Kraft von Rassismus zu hinterfragen. All das ist für unser rassismuskritisches Handeln als *Weiße* relevant.

Eine intersektionale Perspektive einzunehmen, ist also nicht das gleiche, wie aus einer ›farbenblinden‹ Haltung heraus zu meinen, dass ›wir doch alle verschieden sind‹. Was aber infrage gestellt wird, wenn wir anerkennen, dass die verschiedenen sozialen Kategorien voneinander abhängig sind, ist die Vorstellung eines ›genuinen Kerns‹. Das ist nur annehmbar, wenn bestimmte soziale Positionierungen zum theoretischen Zentrum erklärt und als bedeutsamer als andere aufgefasst werden. Dann werden diskriminierungsrelevante Identitäten aber unweigerlich festgeschrieben und so automatisch auch Ausschlüsse wiederholt.[137] Deshalb stehen ein intersektionaler Ansatz und Identitätspolitiken, die Bedürfnisse einer spezifischen Gruppe von Menschen in den Mittelpunkt stellen, im Widerspruch zueinander. Dabiri zeigt auf, wie eine neue Blickrichtung auf unsere Erfahrungen hinsichtlich Diskriminierung aussehen könnte: »[W]ir [sollten] versuchen, unser Leben als ein dynamisches Fließen veränderter Positionen zu verstehen.«[138] Und Reagon erinnert uns mit folgenden stärkenden Worten daran, wie verschiedene Herrschaftsverhältnisse uns miteinander verbinden, wenn diese überwunden werden sollen:

> »Und paßt auf das ›Uns‹ auf – macht es so groß wie möglich –, es hat nichts mit einem verschlossenen Raum zu tun. Das ›Uns‹ muß alle einschließen, die ihr einbeziehen müßt, um zu überleben […].«[139]

Zusammenfassend kann man sagen: Wir stehen vor der Aufgabe, gemeinsam Visionen für eine gerechte Gesellschaft zu entwerfen, einen gemeinsamen Weg dorthin zu finden und diesen zu gehen. Wie rassismuskritisches Handeln in einer intersektionalen Gesellschaft aussehen kann, ist offensichtlich untrennbar mit Fragen von individueller und kollektiver Identität verbunden. Diesen Fragen müssen wir uns stellen.

Wie wir sehen können, ist eine intersektionale Perspektive auf verbündetes Handeln gegen Diskriminierung keinesfalls etwas Neues. Sie hat bisher aber offensichtlich nur sehr wenig Aufmerksamkeit bekommen. Dabei wurde auch in Deutschland bereits vor vielen Jahren zu intersektionaler Bündnisarbeit aufgerufen. Zum Beispiel erfolgte dies bereits vor 30 Jahren in dem Sammelband *Entfernte Verbindungen: Rassismus, Antisemitismus, Klassenunterdrückung*. In ihm beschäftigten sich die Autor*innen mit Gender als interdependenter Kategorie. In den Beiträgen geht es, wie die Einleitung zusammenfasst, neben dem »Umgang mit Unterschieden zwischen Frauen« gleichzeitig um die »Notwendigkeit von Koalitionen und Bündnissen«[140]. Der Band benennt als politische Strategie, um eine gerechtere Welt für alle Frauen anzustreben, die ›Differenzen‹, die Macht- und Herrschaftsverhältnisse schaffen, zur Kenntnis zu nehmen. Sie sollten für einen gemeinsamen Kampf genutzt werden, anstatt einander als Feind und Gegenpartei anzusehen. Die *weiße* Soziologin Dagmar Schultz hält in ihrem Beitrag »Kein Ort nur für uns allein. Weiße Frauen auf dem Weg zu Bündnissen« fest, was das für *weiße* Frauen bedeutet: Sie müssen sich darüber klarwerden, inwiefern Machtstrukturen zu einer Entfremdung von ›Anderen‹ führen. Sie müssen lernen, im Widerstand die eigene *weiße* Macht und die eigenen *weißen* Privilegien zu nutzen. Schließlich muss die eigene Politik Machtstrukturen so berücksichtigen, dass sie nicht an den Interessen von BIPoC Frauen vorbei organisiert wird.[141] Kommt dir das bekannt vor? Schultz identifizierte damit schon damals nichts anderes als Powersharing als Möglichkeit *weißer* Frauen, Rassismus entgegenzutreten.

<u>Reflexionsfragen</u>

1. Bildest du dich neben Rassismus zu anderen Formen von Diskriminierung, wie Sexismus, Klassismus oder Ableismus, weiter?
2. Welche Formen von Diskriminierung erlebst du selbst und wie gehst du damit um?
3. Was weißt du darüber, wie die verschiedenen Diskriminierungsformen, die dich beschäftigen, theoretisch, empirisch beobachtbar sowie historisch und gegenwärtig miteinander verbunden sind? Was möchtest du gerne dazu herausfinden? Welche Fragen hast du dazu?

4. Setzt du dich neben Rassismus noch gegen andere Formen von Diskriminierung ein? Wie könnten deine Bemühungen mit einem rassismuskritischen Anliegen verbunden werden?
5. Hast du Verbündete aus anderen diskriminierungskritischen Kämpfen, mit denen du dich zum Beispiel regelmäßig austauscht oder zusammen diskriminierungskritische Projekte durchführst?
6. Was nimmst du aus dem Kapitel und der Reflexion für dein rassismuskritisches Handeln aus *weißer* Position für dich mit?

Weiße Definitionsmacht

Vor einigen Jahren hielt ich an einer Hochschule einen Vortrag zu Kolonialismus und Rassismus. Das Publikum war überwiegend *weiß*. Unter den Zuhörenden waren Lehrende und Studierende. Der Vortrag lief gut und ohne Zwischenfälle. Im Anschluss gab es noch eine Diskussion, bei der sich einige Teilnehmende interessiert einbrachten. Nach der Veranstaltung sagte der Schwarze Organisator zu mir: »Wenn genau das eine Schwarze Person vorgetragen hätte, dann hätte es ›geknallt‹.« Er meinte damit, dass dieselben Inhalte vorgetragen von einer Schwarzer Person spürbare Abwehr unter den Teilnehmenden erzeugt hätte, sodass die Veranstaltung nach außen hin nicht so rund gelaufen wäre, wie sie es war. Was bei meinem Vortrag zu Kolonialismus und Rassismus wahrscheinlich bedeutsam war, ist *weiße* Definitionsmacht.

Rassismus bewirkt, dass den Stimmen *Weißer* meistens mehr Glaubwürdigkeit zugesprochen wird als den Stimmen von Personen mit Rassismuserfahrung. Das ist eine Ausdrucksweise von Rassismus. Rassismus verleiht uns *Weißen* politische und wissenschaftliche Deutungshoheit über die Realität. Er kommt in der Definitionsmacht *Weißer* zu tragen, bestimmen zu können, was vermeintlich ›wahr‹ und was offensichtlich ›falsch‹ ist, was als ›normal‹ gilt und was als davon abweichend anzusehen ist. Als *Weiße* genießen wir vielfach das unausgesprochene Privileg, als objektiv und rational wahrgenommen zu werden. BIPoC gelten hingegen als emotional, unsachlich und wütend. Das gilt insbesondere auch dann, wenn es um das Thema Rassismus geht. Strukturell besitzen *Weiße* die Definitionsmacht über Rassismus. Die *weiße* Mehrheitsgesellschaft entscheidet darüber, was allgemein als rassistisch gilt und was nicht. Sie bestimmt darüber, welche und wessen Geschichten mit welchen Worten und Bildern in Unterrichtsmaterialien und Curricula in Schulen und Hochschulen, in den Nachrichten, Filmen und im Fernsehen oder in Museen und Theatern erzählt werden.

Weiße Definitionsmacht ist normalerweise nicht nur Ausdruck, sondern auch Antrieb von Rassismus. Mit ihr setzen wir unsere rassistischen Denkweisen in die rassistische Realität um. Seit Beginn des Rassismus haben *Weiße* die Stimmen von BIPoC abgewertet, überhört, ignoriert und bestraft. Das gilt insbesondere in Bezug auf das Thema Rassismus, gegen den sich BIPoC von Anfang an wehrten. In der rassistischen Logik dürfen rassismuskritische Stimmen und Perspektiven von BIPoC zu Rassismus weder als wahr noch als richtig gelten. Sie sind eine, wenn nicht die größte Gefahr für Rassismus, stellen sie ihn doch unmittelbar infrage.

Weiße Definitionsmacht ist ein mächtiges *weißes* Privileg. Sie zu gebrauchen, ist ein weiterer möglicher Weg, mit dem wir unsere *weiße* Macht gegen Rassismus einsetzen können. Denn wenn wir wissen, dass wir *weiße* Definitionsmacht haben, dann können wir sie auch ihrer eigentlichen Bestimmung zuwiderlaufend gebrauchen. Wir können sie für unser rassismuskritisches Handeln nutzen. Die Autorin Joan Lester schreibt dazu bereits 1987:

> »Als *Weiße* haben wir unsere eigene Macht, in die Handlungen und manchmal Einstellungen anderer *Weißer* einzugreifen, was eine andere Macht ist als die Kraft derer, die sich gegen ihre eigene Unterdrückung organisieren oder handeln. Wir werden oft gehört zum Thema Rassismus, wo eine Person of Color nicht gehört wird.«[142]

Wir können unsere *weiße* Definitionsmacht gebrauchen, um Rassismus zum Thema zu machen. Denn wenn wir als *Weiße* Rassismus hinterfragen, ist es häufig wahrscheinlich, dass uns andere *Weiße* mehr Gehör schenken, als sie es bei Personen mit Rassismuserfahrung tun würden. Die vorgebrachten rassismuskritischen Positionen werden möglicherweise nicht so leicht infrage gestellt. Wie Lester feststellt:

> »Andere können die Information nicht mit der Erklärung ›sie ist einfach überempfindlich‹ wegrationalisieren, wenn eine verbündete Person über eine Erfahrung spricht, die nicht direkt auf sie zutrifft.«[143]

Auch Michael Eric Dyson, Autor und Professor für African American und Diaspora Studies sowie Ethik und Gesellschaft, legt uns als *Weißen* nahe, unsere *weiße* Definitionsmacht einzusetzen. Wenn wir mit ihr *weiße* Ignoranz und Gleichgültigkeit herausfordern, würden wir so dem

Anliegen von BIPoC Legitimität verschaffen.[144] Dyson ist Schwarz positioniert und fordert uns *Weiße* ganz direkt so auf:

> »Siehe, mein Freund, es gibt nur so viel, was ich *weißen* Leuten sagen kann, nur so viel, was sie von mir oder jedem*jeder hören können, der*die nicht *weiß* ist. Sie sind vielleicht nicht so defensiv zu dir, also musst du ein*e Botschafter*in der Wahrheit für deine eigenen Gruppen sein [...].«[145]

Weiße Definitionsmacht bewusst einzusetzen, ist also als ein Mittel, das wir nutzen können, um *weißer* Abwehr zu begegnen. Es geht hier also nicht um ein Verhalten gegenüber BIPoC.

Wenn wir unsere *weiße* Definitionsmacht gebrauchen, muss das immer ein strategischer Akt sein. Es meint nicht, leichtsinnig in die Welt hinauszuziehen und allen anderen Rassismus zu erklären. So als würden (nur) wir die Wahrheit hierzu kennen, die deshalb von uns verkündet werden müsse. *Weiße* Definitionsmacht sollte gezielt und vorsichtig eingesetzt werden. Und zwar immer dann, wenn erwartbar ist, dass sie auch etwas erreichen kann. Das muss immer sorgfältig abgewogen werden. Denn *weiße* Definitionsmacht für *weißes* rassismuskritisches Handeln zu gebrauchen, ist widersprüchlich. Die von BIPoC ausgerufene Devise »Nichts über uns ohne uns« (»*Nothing about us without us*«), die sich nicht nur auf Politik beziehen lässt, bringt auf den Punkt, dass wenn es um Rassismus geht, *weiße* Stimmen nicht gerade zielführend sind. Zwar mögen wir über *weiße* Definitionsmacht verfügen, doch weil wir ihn nicht kennen, fällt es uns schwer, Rassismus zu *er*kennen. Wenn wir *weiße* Definitionsmacht einsetzen, besteht die Gefahr, Rassismus unbeabsichtigt und unwissentlich zu reproduzieren. Genauso wichtig ist es, zu hinterfragen, in welchen Räumen wir unsere *weiße* Definitionsmacht ausnutzen. Wir sollten nicht einfach in jeder Situation für uns selbst Platz beanspruchen. Darin sind wir nämlich dank Rassismus sehr gut. Mit unserer *weißen* Definitionsmacht beim Thema Rassismus sollten wir nur da Raum einnehmen, wo wir ihn nicht gleichzeitig BIPoC wegnehmen. Das größte Potenzial, der *weißen* Ignoranz gegenüber Rassismus Einhalt zu bieten, liegt bei den Stimmen von BIPoC, die aus dem Interesse, die eigene strukturelle Benachteiligung zu überwinden, über Rassismus sprechen. Deshalb muss BIPoC Stimmen mehr Gehör verschafft werden und braucht es mehr Repräsentation von BIPoC, nicht zuletzt dort, wo Rassismus verhandelt wird. Damit will ich nicht sagen, dass bei jedem Sprechen über Rassismus BIPoC vertreten sein müssen. Das geht ja gar nicht. Wenn ich mit meiner *weißen* Nachbarin über Rassismus spreche, kann ich ja nicht erst einmal eine BIPoC Person hinzuziehen. Für meine Bildungsarbeit hingegen, im Rahmen derer ich als Expertin für Rassismus agiere, halte ich diesen Punkt für durchaus bedeutsam. Im Kontext meiner Bildungsarbeit zu Rassismus versuche ich, dort zu agieren, wo meine *weiße* Position Vorteile und Chancen mit sich bringt und potenziell etwas leisten kann. Auch wir *Weißen* müssen nämlich unsere Stimmen erheben. Dabei müssen wir uns stets fragen, was unsere *weiße* Perspektive in einem gegebenen Moment bewirken und erreichen kann und was nicht.

Dennoch: Wenn ich über Rassismus spreche, in Workshops und Fortbildungen, bei Vorträgen oder Beratungen, und das ist fast jeden Tag der Fall, fühle ich mich unwohl. Eigentlich fühle ich mich also fast immer unwohl. Denn ich weiß, dass es eigentlich nicht meine *weiße* Stimme, sondern die Stimmen von BIPoC sind, die zum Thema Rassismus gehört werden sollten. *Weiße* dominieren den Diskurs über Rassismus. Gerade deshalb kommen wir nicht voran. Ich bin mir sicher, dass sich auch viele Menschen, die mich bei meiner Arbeit erlebt haben, schon gedacht haben, warum spricht sie dazu als *Weiße*? Sollte da nicht eine Person mit Rassismuserfahrung sitzen? Vielleicht denken die Personen dann auch noch: »Und dann verdient sie damit als *Weiße* auch noch Geld!« Immer wenn ich öffentlich zu Rassismus spreche, muss ich daran denken, dass solche oder ähnliche Gedanken womöglich gerade durch die Köpfe meiner Zuhörenden gehen, die meine Arbeit deshalb womöglich als rassistisch ablehnen. Dann kommt ein Unwohlsein in mir auf, das ich aushalten muss, um weitermachen zu können. Vor allem von *Weißen* habe ich schon des Öfteren gehört, dass es mutig sei, was ich mache. Weil ich dieses Gefühl selbst gut kenne, kann ich mir gut vorstellen, dass es viele *Weiße* gibt, die sich nicht trauen, Rassismus zu ihrem Arbeitsschwerpunkt zu machen. Die Angst vor Kritik am eigenen verstrickten Verhalten ist zu groß.

Warum mache ich trotzdem diese Bildungsarbeit zu Rassismus, die außerdem tatsächlich meistens noch nicht einmal gut bezahlt wird? Ich bin überzeugt, dass unsere *weiße* Position bestimmte Möglichkeiten für rassismuskritisches Handeln mit sich bringt. In meinem Fall gehört für mich dazu, bei meiner diskriminierungskritischen Bildungsarbeit meine *weiße* Position mit ihren Chancen auszunutzen, wohlgemerkt unter Berücksichtigung der damit einhergehenden Grenzen. Mir ist es wichtig, dass bei jeder Zusammenarbeit, also wenn es um Rassismus geht, allen klar ist, dass meine *weiße* Position ganz wesentlich etwas mit dem Lernraum macht. Dass ich nur aus *weißer* Position spreche und auch nur das tun kann und auch explizit tun werde. Nichts anderes biete ich an. Deshalb arbeite ich zum Thema Rassismus – ich arbeite ja nicht nur hierzu – schwerpunktmäßig zu Kritischem *Weiß*-Sein und White Allyship und deshalb überwiegend mit *Weißen* bzw. *weiß*dominierten Zielgruppen. Denn ich bin überzeugt, dass ich mich hier einbringen kann, wenn ich die Ressourcen für rassismuskritisches Handeln aus *weißer* Position ausnutze. Ich bekomme viele Anfragen, die explizit nach einer *weißen* Referentin suchen, weil sich eine *weiße* Zielgruppe gegenüber rassismuskritischen Positionen von BIPoC als resistent erweist. Das ist Rassismus im Kern: BIPoC Widerstand trifft auf *weiße* Abwehr. Hier kann ich mich einbringen und versuchen, zusätzlich aus *weißer* Position Anreize zum Lernen über Rassismus zu geben. Meist werden solche Anfragen von BIPoC formuliert, die wohl aufgrund der eigenen Rassismuserfahrung sensibler dafür sein können, was *weiße* Referent*innen in dem Fall bewirken können. Genauso gibt es Anfragen, bei denen davon auszugehen ist, dass eine *weiße* Person keinen oder kaum Mehrwert bringen kann. Das ist zum Beispiel der Fall, wenn es um Empowerment-Angebote für BIPoC geht oder es sich um ein Podium zu Rassismus im Allgemeinen handelt, bei dem dann auch noch alle anderen Gäste *weiß* sind. Deshalb sage ich auch viele Anfragen ab oder schlage BIPoC Kolleg*innen als Alternative vor.

Wir können alle nur aus unseren sozialen Positionen heraus über Rassismus sprechen, und unsere Positioniertheit macht etwas mit den sozialen Räumen, in denen wir sprechen. Sie beeinflussen, wie das, was wir sagen, wahrgenommen und gehört wird. Darüber hinaus gilt selbstverständlich, dass nicht alle BIPoC oder *Weiße* das gleiche zu sagen haben. Doch das, was wir jeweils über Rassismus sagen, wird in Verbindung mit unserer rassifizierten Position interpretiert, ob wir das wollen oder nicht. Um ein Gefühl dafür zu bekommen, wie andere uns möglicherweise verstehen, nicht nur, weil wir sagen, was wir sagen, sondern auch, weil wir *weiß* sind, können wir uns ganz einfach fragen:

1. Wie beeinflusst mein *Weiß*-Sein das, was ich kommuniziere?
2. Wie könnten andere meine Aussagen vor dem Hintergrund, dass ich *weiß* bin, verstehen? Wie fassen *Weiße*, die Rassismus nicht selbst kennen, mich womöglich auf? Wie erleben und verstehen mich BIPoC, die Rassismus potenziell selbst erfahren, möglicherweise?
3. An wen richten sich meine Worte? Was will ich wem sagen?
4. Wie würden dieselben Worte möglicherweise verstanden werden, wenn sie aus BIPoC Position gesprochen würden?
5. Wäre es plausibel, dass eine Person mit Rassismuserfahrung dasselbe sagen würde? Was spricht dafür bzw. dagegen?

Der Vollständigkeit halber und noch einmal auf das Beispiel meines Vortrags zu Kolonialismus und Rassismus weiter oben zurückkommend: Eine Bildungsveranstaltung zu Rassismus kann grundsätzlich auch erfolgreich laufen, wenn es ›knallt‹. Für den Knall sind meistens nur wenige Personen verantwortlich, die aus der Situation im besten Fall trotzdem noch etwas für sich mitnehmen können, auch wenn sie das dann meistens erst rückblickend erkennen. So hat der Schwarze Organisator meines Vortrags nicht gesagt, dass es schlechter gelaufen wäre, wenn eine Schwarze Person den Vortrag gehalten hätte. Er hat vor allem ausgedrückt, dass es anders verlaufen wäre. Bei meinem Vortrag war vielleicht auch bedeutsam, dass ich als *Weiße* anderen *Weißen* immer ein Maß an Sicherheit im Hinblick auf Rassismus vermittle. Andere *Weiße* fühlen sich durch mich vielleicht nicht so bedroht wie durch eine BIPoC Person. Das kann die Sache für sie auch bequemer machen, nach dem Motto: Ich lehne zwar ab, was Jule Bönkost sagt, aber da sie es als *Weiße* sagt, ist es ja kein Vorwurf, also muss ich mich nicht unnötig aufregen. Der Erfolg einer rassismuskritischen Bildungsveranstaltung ist schwer zu messen. Er spiegelt sich nicht einfach in der wahrgenommenen Atmosphäre des Lernraums wider. Hinsichtlich des*der Referent*in bedeutet ein ›Knall‹ jedoch ganz Unterschiedliches, je nachdem, ob die Person *weiß* oder BIPoC ist. Dazu gleich mehr.

Weiße Definitionsmacht rassismuskritisch eingesetzt, stößt nicht nur an die Grenze, dass damit wieder *weiße* Stimmen ins Zentrum gerückt werden. Es gibt noch andere Herausforderungen. Nur weil ich als *weiße* Person etwas gegen Rassismus sage, heißt das nicht, dass darauf kein *weißes* Abwehrverhalten folgt. Es mag in manchen Situationen jedoch etwas geringer ausfallen. Ich habe in meinen Bildungsveranstaltungen zu Rassismus alle möglichen Formen *weißer* Abwehr kennengelernt, inklusive des persönlichen Angriffes. Immer wieder höre ich vorwurfsvoll formuliert, ich sei sehr emotional, zum Beispiel verpackt als Feedback, das mir Teilnehmende »noch mitgeben wollen«, obwohl ich gar nicht danach gefragt habe. Ich erlebe aber ebenfalls, dass ich als *Weiße* manchmal erstaunlich viel sagen kann, ohne dass es zu Anfeindungen kommt und offen Widerstand geübt wird. In meinen Bildungsveranstaltungen knallt es ebenfalls aufgrund *weißer* Abwehr, auch wenn das heute nicht mehr so oft passiert wie zu Anfang meiner Arbeit. Damals war ich auf *weiße* Abwehr noch vergleichsweise unvorbereitet. Grundsätzlich sind solche ›eskalierenden‹ Situationen aber niemals ganz vermeidbar. Auch wenn es mein Ziel ist, möglichst viele Lernende in meinen Veranstaltungen gedanklich mitzunehmen, kann ich manchmal nicht alle erreichen. Aber selbst wenn es dann knallt, kann ich als *Weiße* ein Zeichen setzen. Denn dann ist nicht eine BIPoC Person daran schuld, sondern eine *weiße* Person, die Rassismus angesprochen hat und nicht davon ablässt, diesen zu kritisieren. Auch das kann gewohnte Sichtweisen wirkungsvoll infrage stellen. Denn so verhalten sich *Weiße* in der Regel eben nicht.

Und zum Schluss: *Weiße* verfügen als Gruppe über mehr Definitionsmacht als BIPoC. Mit Blick auf unsere soziale Positioniertheit sind wir aber nicht nur *weiß* oder BIPoC, sondern bekannterweise auch noch einiges anderes und das kann ebenso relevant dafür sein, wie sich unsere Definitionsmacht individuell und in einer konkreten Situation formiert. So wird *weißen* Männern häufig noch mehr Glaubwürdigkeit zugestanden als *weißen* Frauen, weil sie zusätzlich auch noch männliche Definitionsmacht besitzen. Im Hinblick auf die immaterielle Ressource *weiße* Definitionsmacht müssen wir also noch weiter differenzieren. Denn ob eine *weiße* Frau oder ein *weißer* Mann über Rassismus spricht, kann gegebenenfalls einen großen Unterschied machen. Die prinzipielle *weiße* Definitionsmacht ist also grundsätzlich vorhanden, aber eben niemals alleine. Deshalb kann sie unterschiedlich stark wirken. Andere Anteile unserer sozialen Positioniertheit können sie in ihrer Wirkkraft verstärken oder abschwächen. Meine *weiße* Definitionsmacht wird zum Beispiel durch mein Frau-Sein abgeschwächt, wiederum wird sie gestärkt, weil ich einen Doktortitel trage. Schließlich beeinflussen noch andere Faktoren, inwiefern unsere *weiße* Definitionsmacht individuell und situativ wirkt, z.B. weitere Machtstrukturen, die unsere Beziehungen miteinander prägen. Das können etwa Hierarchien in der Familie oder im Arbeitskontext sein.

Ein vereinfachtes Beispiel: Wenn die neue junge *weiße* Praktikantin dem männlichen *weißen* Abteilungsleiter, der seit jeher überzeugt ist, dass das Unternehmen ›kein Problem mit Rassismus‹ hat, etwas über Rassismusvorfälle im Arbeitsalltag erzählen will, sehen ihre Chancen, auf Gehör zu treffen, wahrscheinlich nicht sehr gut aus. Vielleicht sind sie aber immer noch geringfügig besser als die einer neuen jungen BIPoC Praktikantin, die der Abteilungsleiter womöglich noch weniger ernst nimmt. Um das noch weiterzuspinnen: Besser als die BIPoC Praktikantin könnte den Abteilungsleiter möglicherweise sein männlicher BIPoC Chef erreichen. Und ein *weißer* Chef hat wahrscheinlich noch mehr Chancen als alle drei, zu seinem abwehrenden *weißen* Mitarbeiter durchzudringen. All das muss nicht so verlaufen, ist aber aufgrund von Rassismus wahrscheinlich. Sicherlich gibt es *Weiße*, die jeden Hinweis auf Rassismus ernst nehmen, egal von wem er kommt. Der *weiße* Abteilungsleiter steht in diesem Beispiel für die Mehrzahl von uns, für die das hingegen nicht gilt.

Reflexionsfragen

1. In welchen Lebensbereichen und Beziehungen zu anderen kannst du deine *weiße* Definitionsmacht wirkungsvoll einsetzen?
2. Wo fällt sie stärker aus, wo eher schwächer? Womit hängt das zusammen?

Kein rassistisches Diskriminierungsrisiko

Rassismuskritisches Handeln stößt meistens auf *weißes* Abwehrverhalten, egal von wem die Kritik ausgeht, ob von BIPoC oder *Weißen*. Ich persönlich habe lange gebraucht, um einen für mich zufriedenstellenden Umgang mit der verlässlichen Abwehr anderer *weißer* Menschen zu finden. Damit umzugehen, ist nicht einfach. Es kann sehr frustrierend und energieraubend sein. Im Privaten kann es zu Streit und Konflikten kommen, sodass unsere Beziehungen zu anderen *Weißen* darunter leiden. Vielleicht stellen wir Beziehungen deshalb sogar infrage. Bei meiner Bildungsarbeit mit *Weißen* bin ich häufig angespannt, bevor eine Veranstaltung losgeht

– weil ich nie weiß, wie der Tag verlaufen wird. Rassismuskritische Bildungsarbeit mit *Weißen*, um es einmal nett auszudrücken, ist wie eine Box Pralinen. Man weiß nicht, was man bekommt und welche Formen der Abwehr heute auf der Tagesordnung stehen werden. Auf Tagungen, auf denen ich einen Workshop von vielen gebe, beneide ich manchmal die anderen Referierenden, die sich mit weniger politischen Themen auseinandersetzen, zum Beispiel so etwas wie Abrechnung und Kostenmanagement. Die anderen Referierenden wirken auf mich immer total locker und entspannt, während ich dabei bin, mich emotional auf das Schlimmste vorzubereiten. Ich musste erst lernen, dass ich diese bewusste Einstimmung vor einem Workshop brauche, um mich von der Abwehr nicht unvorbereitet aus der Bahn werfen zu lassen. Die *weiße* Abwehr kommt manchmal unvermittelt, aber dafür mit voller Wucht. Früher hat sie mich so manches Mal überrumpelt und ich wusste dann einfach nicht, wie ich mich verhalten soll bzw. wie die Situation, wenn überhaupt, noch zu retten sein könnte. Manchmal saß ich einfach nur mit Herzklopfen da und war überfordert. In meinem Kopf ratterte es dann: ›Was habe ich hier gerade ausgelöst? Es wird gerade massivst Rassismus reproduziert! Egal was du sagst, es wird immer schlimmer!‹ Das gefühlt Schlimmste war, dass nicht selten auch BIPoC im Raum waren. Die Verantwortung zu spüren, die ich für diese Situationen trug, war furchtbar. Es hat lange gedauert, bis ich meine Gefühle in solchen Momenten einordnen und gut regulieren konnte und gelernt habe, besser zu reagieren. Bis heute fällt mir das nicht immer leicht. Es klappt auch nicht immer, Situationen zielführend zu wenden. Nicht zuletzt, weil, gar nicht so leicht einzuschätzen ist, was als gut zu bewerten ist, besonders nicht auf die Schnelle. Es kommt auch heute noch vor, dass ich mir im Nachhinein wünsche, ich hätte in bestimmten Momenten etwas anderes gesagt oder getan, um Lernprozesse besser zu fördern und mit vermeidbaren Reproduktionen von Rassismus in Veranstaltungen besser umzugehen.

Ich bin mir sicher, dass wir als *Weiße* nur durch eine anhaltende, bewusste praktische Erfahrung mit dem Abwehrverhalten anderer einen guten Umgang mit *weißer* Abwehr finden können. Das kann niemand einfach so. Im Gegenteil. Wir sind nicht geübt darin, *weißer* Abwehr produktiv zu begegnen. Wenn wir Rassismus verleugnen und uns nicht mit ihm beschäftigen, wie das für so viele von uns der Fall ist, begegnen wir der Abwehr ja noch nicht einmal bewusst. *Weiße* Abwehr als solche wahrzunehmen, unsere eigene und die anderer, ist für uns etwas Ungewohntes und Neues. BIPoC haben da einen ganz anderen Erfahrungsschatz. Für sie stellt unsere *weiße* Abwehr von Kindesbeinen an ihre rassistische Lebensrealität infrage. BIPoC sind deshalb häufig sensibler für *weiße* Abwehr und notwendigerweise erprobter im Umgang mit ihr. Das Lernen über strukturellen Rassismus kann dann dabei helfen, benennen zu können, was schon von klein auf selbst erfahren wurde. Dazu gehört auch, dass unsere *weiße* Abwehr erneute Rassismuserfahrungen mit sich bringt. Denn *weiße* Abwehr dient einzig und allein dazu, Rassismus aufrechtzuerhalten. Sie ist eine rassistische Praxis und bildet sozusagen eine eigene Form des Rassismus, die sich von direkten rassistischen Botschaften, offen wie subtil, unterscheidet. Claus Melter bezeichnet diese Form des Rassismus durch *weiße* verleugnende Abwehrmechanismen als »sekundären Rassismus«[146]. Auf uns *Weiße* hat *weiße* Abwehr diese Wirkung nicht.

Der Umgang mit *weißer* Abwehr ist herausfordernd. Für alle. Auch für *Weiße*. Es ist wichtig, das anzuerkennen. Erst dann können wir uns untereinander austauschen, wie wir besser mit den Herausforderungen durch *weiße* Abwehr umgehen und unser Vorgehen gegen Rassismus verbessern können. Es wäre aber deplatziert, wenn wir uns als *Weiße* über diese Herausforderungen lauthals beschweren würden, denn für BIPoC käme das vermutlich blankem Hohn gleich. Das, was wir situativ und freiwillig erleben, ist ihr ständiger Alltag, und zwar verbunden mit einer ganz anderen politischen Tragweite als für uns. Und das ist für mich der wichtigste Punkt: *Weiße* Abwehr stellt für uns kein rassistisches Diskriminierungsrisiko dar. Wer Rassismus kritisiert, lernt Rassismus kennen, aber eben nicht grundsätzlich mit den gleichen Konsequenzen. Die abwehrenden Reaktionen, die rassismuskritische Interventionen meistens auslösen, bedeuten für BIPoC und uns *Weiße* Unterschiedliches. Sie dienen dazu, den rassistischen Status Quo zu verteidigen: Sie sollen die Unterdrückung von BIPoC aufrechterhalten und gleichzeitig unsere privilegierte Stellung als *Weiße* bestärken.

Das ist für *weiße* Verbündetenschaft sehr bedeutsam. Dass *weiße* Abwehr für uns keine erneuten Rassismuserfahrungen bedeuten kann, ist eine wichtige Ressource für unser rassismuskritisches Handeln. Rassismus infrage zu stellen, geht für uns als *Weiße* nicht mit dem rassistischen Verletzungspotenzial einher, das es für BIPoC bedeutet. Die *weiße* Abwehr, die ich in meinen Bildungsveranstaltungen immer wieder erlebe, verteidigt *weiße* Privilegien, die ich selbst genieße. Teilnehmende können mich persönlich angreifen, mich beleidigen und mir übel nachreden, was immer wieder passiert. Sie können sich bei ihren Vorgesetzten über mich beschweren, die mich dann vielleicht nicht wieder für eine Zusammenarbeit anfragen. All das sind aber keine Rassismuserfahrungen. Für BIPoC hält *weiße* Abwehr hingegen neue Rassismuserfahrungen bereit, die bewältigt werden müssen. *Weiße* Abwehr will ihre Unterdrückung und bedient sich, an BIPoC gerichtet, regelmäßig auch explizit rassistischer Begriffe, Fremdzuschreibungen und Argumentationen. Der Umgang mit *weißer* Abwehr ist deshalb für Personen mit Rassismuserfahrung mit einem deutlich höheren Energieaufwand verbunden als für uns *Weiße*. Er kann enorme Anstrengungen und ungesunden Stress bedeuten. Das gilt selbst dann, wenn man sich bewusst für die Bildungsarbeit mit *Weißen* entschieden hat – und dazu gehört bereits, sich in Räume zu begeben, in denen *weiße* Abwehr erwartbar ist.

Neulich erzählte mir eine PoC Kollegin, dass sie sich aufgrund der regelmäßig erlebten *weißen* Abwehr *weißer* Männer in ihren Veranstaltungen als von Rassismus Betroffene entschieden hat, nicht mehr mit *weißen* Männern zusammenzuarbeiten. Dann sagte sie mir noch: »Es ist gut, dass du das machst. Eine*r muss es ja tun.« Und das bietet sich geradezu an. Als *Weiße* können wir auch ohne ein rassistisches Verletzungsrisiko und die zusätzliche Anstrengung, die BIPoC deshalb meistens dabei aufwenden müssen, auf abwehrendes Verhalten eingehen. Das ist ein sehr bedeutender Möglichkeitsraum für Rassismuskritik aus *weißer* Perspektive und für den Einsatz unserer *weißen* Privilegien für widerständiges Handeln. Wir können uns sozusagen als bewusste Blitzableiter*innen einbringen. Mich persönlich motiviert das immer wieder, in unbequemen Situationen *weißer* Abwehr durchzuhalten und mich nicht so zu verhalten, wie es für mich am einfachsten, bequemsten und naheliegendsten wäre: der Abwehr nachzugeben und meine Kritik an Rassismus zurückzunehmen. Ich denke dann häufig an ein Zitat von Audre Lorde, das mich daran erinnert, dass mein rassismuskritischer Aufwand als *Weiße* wesentlich niedriger ist als der, den Personen mit Rassismuserfahrung in vergleichbaren Situationen zu leisten haben. Lorde spricht in diesem Zitat über die Auseinandersetzung mit *weißen* Frauen. Das lässt sich aber gut auf alle *Weißen* übertragen:

> »Ich beschloss, nie wieder mit *weißen* Frauen über Rassismus zu sprechen. Ich hatte das Gefühl, dass es Energieverschwendung war, wegen destruktiver Schuld und einer Abwehrhaltung, und weil alles, was ich zu sagen hatte, besser

> von *weißen* Frauen zu weit geringeren emotionalen Kosten für die Sprecherin und wahrscheinlich mit einem besseren Gehör gesagt werden sollte.«[147]

Lorde verweist hier gleichzeitig auf unsere *weiße* Definitionsmacht als Kapital für unser rassismuskritisches Handeln als *Weiße*. Sie ist gut mit unserem geringeren Einsatzrisiko kombinierbar.

Hier sind ein paar Gedanken, die mir helfen, wenn ich *weißer* Abwehr begegne und mein Bauch mir sagt, dass ich die Situation nicht mehr aushalte. Wenn meine Gefühle mir nahelegen: Leg doch lieber den Stift hin, mach es dir einfach und verabschiede dich:

1. Das, was ich gerade erfahre, ist nichts im Vergleich dazu, was die Situation für BIPoC bedeuten würde. Meine *weiße* Position birgt jetzt ein wertvolles Potenzial, nämlich die Situationen mit vergleichsweise wenig emotionalen Kosten und Risiken rassismuskritisch zu beeinflussen. Jetzt aufzugeben, wäre deshalb verantwortungslos.
2. Gerade jetzt aus *weißer* Position konsequent Stellung zu beziehen, sendet ein wichtiges Signal. Das könnte für die abwehrende Person – sowie alle anderen, die dabei sind – eine wichtige Erfahrung sein, nämlich eine *weiße* Person zu erleben, die sich nicht so verhält, wie *Weiße* es gewöhnlich tun. So kann sie sehen, dass es auch möglich ist, sich anders zu verhalten.
3. Ich wusste, dass die Abwehr kommen kann und höchstwahrscheinlich kommen wird. Jetzt ist sie da und ich gehe mit ihr um. Das habe ich mir vorgenommen.
4. Gib jetzt nicht auf. *Weiße* Abwehr ist hartnäckig, aber sie ist beeinflussbar. Manchmal zeigt sich das nur erst später. Just try.

Eine kleine Ergänzung zu rassismuskritischer Bildungsarbeit im Konkreten ist mir noch wichtig: Ein produktiver Umgang mit *weißer* Abwehr in Bildungsveranstaltungen mit *Weißen* bedeutet nicht, dass es dabei nur um den Lernzuwachs der abwehrenden Personen geht. Erweist sich eine Person als erkennbar nicht lernbereit, stört vielleicht sogar den Ablauf, macht es wenig Sinn, ihrer Abwehr noch mehr der kurzen, wertvollen Zeit zu widmen, die sich alle genommen haben, um dazuzulernen. Ihr sollte dann nicht der Raum überlassen werden. So vorzugehen, kann für Referent*innen allerdings genauso herausfordernd sein, z.B. weil das dann nicht akzeptiert wird und die Person sich umso mehr aufbäumt.

Und noch ein letzter Punkt: Rassismus kommt selten allein. Wenn mir in meiner Bildungsarbeit *weiße* Abwehr begegnet, dann bedeutet das für mich als *Weiße* keine Rassismuserfahrung. Es kann allerdings sein, dass sich die *weiße* Abwehr mit anderen Formen von Diskriminierung verbindet, um noch effektiver zu sein. Dann kann es durchaus vorkommen, dass auch ich Diskriminierung erlebe. Wenn wir als *Weiße* bei anderen *weiße* Abwehr hervorrufen, dann kann es passieren, dass wir z.B. sexistisch, klassistisch, ableistisch oder adultistisch angegriffen werden. Das passiert nicht automatisch, ist aber grundsätzlich möglich. Der *weißen* Abwehr geht es ja darum, die von uns vorgebrachten rassismuskritischen Positionen zurückzuweisen. Hierfür bedient sie sich aller zur Verfügung stehenden Mittel und in meinem Fall zum Beispiel auch eines sexistischen Verhaltens. Vor allem die Abwehr *weißer* Männer äußert sich mir gegenüber gerne auch schon einmal so, dass meine Expertise unverblümt infrage gestellt wird, weil ich eine Frau bin. Dann bin ich die »junge Dame«, die »anscheinend noch nicht viel Lebenserfahrung hat« und »wohl noch dazulernen muss«. Solche *weißen* Abwehrstrategien, die auf sexistische Äußerungen und Zuschreibungen zurückgreifen, zeigen anschaulich, wie Rassismus mit anderen Formen von Diskriminierung zusammenwirkt. Die *weiße* Abwehr ist rassistisch und gleichzeitig sexistisch, um bestmögliche Wirkkraft zu entfalten. Dabei betrifft mich die rassistische Komponente als *Weiße* nicht selbst, der entgegengebrachte Sexismus hingegen schon. Dass Rassismus mit anderen Diskriminierungsformen verschränkt ist, ist keine neue Erkenntnis. BIPoC Frauen können aus eigener Erfahrung ein Lied davon singen, dass Rassismus und Sexismus ineinandergreifen. Das waren einige Gedanken dazu, was das für *weiße* Abwehr, die *weißes* rassismuskritisches Handeln auslösen kann, bedeuten kann. Denn *weißes* verbündetes Handeln gegen Rassismus beinhaltet notwendigerweise immer auch, mit *weißer* Abwehr bestmöglich umzugehen. Wenn wir wissen, was dabei auf uns zukommen kann, nämlich gegebenenfalls auch eigene Diskriminierungserfahrungen, können wir uns besser auf schwierige Momente vorbereiten und diese meistern. Rassismuskritisches Handeln bedeutet auch deshalb nicht für uns alle das Gleiche. Ob wir uns etwa als männlich, weiblich oder non-binär identifizieren, jung oder alt sind, behindert oder nicht behindert, hetero-, bi- oder homosexuell, kann weitreichend beeinflussen, wie andere mit uns umgehen, wenn wir rassismuskritisch handeln. Aufgrund unserer vielschichtigen sozialen Positionen erleben wir einen in Teilen ganz unterschiedlichen Umgang, gerade wenn es sich um *weißes* Abwehrverhalten handelt. Das gilt übrigens für BIPoC ganz genauso.

<u>Reflexionsfragen</u>

1. Wie verhältst du dich, wenn du bei Freund*innen, Bekannten oder Arbeitskolleg*innen *weiße* Abwehr beobachtest? Schweigst du oder suchst du das Gespräch über Rassismus?
2. Gibt es Lebensbereiche oder Personen, bei denen es dir einfacher fällt, auf *weiße* Abwehr einzugehen als bei anderen? Woran könnte das liegen?

Erfahrungswissen zu *Weiß*-Sein

BIPoC sind uns *Weißen* weit voraus, wenn es um Wissen zu Rassismus geht. Wir verfügen über kein Erfahrungswissen über Rassismus. Doch wir bringen auch etwas an Wissen mit. Auch als *Weiße* haben wir ein erfahrungsbasiertes Wissen, wenn es um Rassismus geht. Das ist unser Erfahrungswissen dazu, was es heißt, *weiß* zu sein. Sind wir uns dessen bewusst, verdanken wir das aber letztendlich dem Widerstand von BIPoC, der auch Kritisches *Weiß*-Sein auf den Weg gebracht hat. Das dürfen wir nicht vergessen.

Ich erinnere mich gut daran, wie ich mit Rassismus umgegangen bin, bevor mir mein *Weiß*-Sein bewusstwurde. Ich weiß noch genau, wie ich Rassismus bis dahin wahrnahm und was ich alles nicht dazu wusste. Wie ich mich damals fühlte und welche Gedanken ich hatte, wenn das Thema Rassismus aufkam. Ich habe nicht vergessen, wie es mir erging, wenn ich rassistische Kommentare und Vorfälle miterlebt habe, auch wenn mir vieles dazu erst später bewusstwurde. Ich erinnere mich gut an meine Abwehr, als ich angefangen habe, über *Weiß*-Sein zu lernen, und noch besser an die vielen Höhen und Tiefen, die mein Lernen über Rassismus seitdem begleitet haben. Von dem, was ich in unzähligen Workshops von anderen *Weißen* bei ihren Reflexionsprozessen gehört habe, habe ich fast alles auch schon selbst erlebt. Es ist manchmal erschreckend und auch fast ein bisschen gruselig, wie sich unser Erleben in Bezug auf Rassismus als *Weiße* ähnelt. Wie wenig individuell und wie sehr wir diesbezüglich Teil einer sozialen Gruppe sind. Auch die *weiße* Abwehr, die ich in meiner Arbeit miterlebe, kenne ich aus eigener Erfahrung. Heute erkenne ich, wie unlogisch oder selbstgefällig bestimmte Argumente sind, doch früher habe ich viele davon selbst vertreten und für wahr gehalten. Erst durch das Lernen über Rassismus und *Weiß*-Sein war ich in der Lage wahrzunehmen, wie sehr sich unsere Erfahrungen als *Weiße* überschneiden, weil wir eine Gruppe bilden, statt Individuen zu sein. Es braucht ein solches Lernen, damit wir unser Erfahrungswissen zu *Weiß*-Sein erkennen und nutzen können. Und aus rassismuskritischer Perspektive wartet dieses Erfahrungswissen nur darauf, erkannt zu werden. Wie Robin DiAngelo festhält, können wir uns unser Erfahrungswissen zu *Weiß*-Sein bewusst machen, indem wir unsere *weiße* Position reflektieren:

> »[A]uch weiße Menschen besitzen Kenntnisse über gewisse Aspekte der Rassenbeziehungen und des Rassismus, und dieses Wissen ist uns ohne weiteres zugänglich – durch ein klein wenig Nachdenken. So können wir uns Gedanken darüber machen, welche Botschaften wir erhalten haben, welche Privilegien wir genießen, wie wir dazu sozialisiert wurden, uns überlegen zu fühlen (es aber zu leugnen), und wie sich das alles in unserem Leben äußert.«[148]

Zu wissen, wie es ist, *weiß* zu sein, ist ein großes Potenzial für unser rassismuskritisches Handeln aus *weißer* Position. Im Folgenden soll es noch einmal um dieses Potenzial sowie weitere Ressourcen und Möglichkeiten für unser Handeln gegen Rassismus gehen.

Reflexionsfrage

Was weißt du aus eigener Erfahrung darüber, wie es ist, im Umgang mit Rassismus *weiß* zu sein?

Vervollständige für die Reflexion den Satz: »Als *weiße* Person weiß ich, wie es ist…«

10 Handlungsbereiche *weißer* Verbündeter

Als *weiße* Menschen sind wir von klein auf trainiert, Rassismus zu verleugnen. Wir haben nicht gelernt, Rassismus zu erkennen, ihm zielführend entgegenzutreten und hierfür die Ressourcen für rassismuskritische Praxis, die unsere *weiße* Position mit sich bringt, gewinnbringend einzusetzen. Was wir am besten können, auch wenn dies meistens unbewusst erfolgt, ist in allen unseren Lebensbereichen Rassismus zu stützen. So weit, so schlecht. Wenn wir Rassismus etwas entgegensetzen wollen, müssen wir unser Verhalten in vielerlei Hinsicht ändern. Positiv formuliert gibt es für uns also viele mögliche Ansatzpunkte, um den Weg zur Verbündetenschaft einzuschlagen. Im Folgenden will ich drei ineinandergreifende Teilbereiche für unser rassismuskritisches Handeln aus *weißer* Position in den Blick nehmen:

1. Arbeit an uns selbst
2. Veränderter Umgang mit BIPoC
3. Veränderter Umgang mit anderen *Weißen*

Es handelt sich dabei keinesfalls um eine vollständige Darstellung aller Aufgaben, die rassismuskritisches Handeln für uns bereithält. Vielmehr will ich hier einige bisherige Gedanken noch weiterspinnen und dabei noch stärker auf die rassismuskritische Praxis übertragen, indem ich diskutiere, was sich aus den verschiedenen Punkten praktisch ergibt. Dabei kann und will ich hier nur ausgewählte Aspekte in den Blick nehmen. Verstehe das Ganze also gerne als eine Einladung, dich über dieses Buch hinaus noch weiter mit diesen und auch noch weiteren Bereichen für unser rassismuskritisches Handeln aus *weißer* Position zu beschäftigen, um noch mehr Handlungsanregungen zu erhalten. Ich hoffe, dass das Kapitel unsere vielfältigen Aufgaben ein bisschen für dich ordnet und dir so das Weiterlernen erleichtert und dich dazu motiviert.

Arbeit an uns selbst

Rassismuskritisches Handeln bedeutet für uns als *Weiße*, an uns selbst zu arbeiten. Das betrifft unser Denken, Fühlen und Verhalten. Im Folgenden möchte ich das bereits Erarbeitete noch einmal überblicksartig zusammen- und weiterführen.

Die Arbeit an uns selbst fängt damit an, uns selbst als *weiß* anzuerkennen. Wir müssen verstehen lernen, dass Rassismus auch für uns relevant ist, und herausfinden, was Rassismus für uns bedeutet. Wir stehen vor der Aufgabe zu begreifen und uns stets zu vergegenwärtigen, dass er uns in allen Lebensbereichen eine machtvolle, privilegierte *weiße* Position verschafft. Wir haben unsere Lebenserfahrung als eine spezifische Erfahrung anzuerkennen, die sich von den Realitäten von BIPoC unterscheidet. Die Erfahrungen von BIPoC können wir nicht nachempfinden. Wir können und müssen uns aber darüber informieren, wie Rassismus BIPoC betrifft. Es ist wichtig, reflektieren zu lernen, inwiefern unsere Erfahrungen und Wahrnehmungen anders ausfallen könnten, wenn wir nicht *weiß* wären. Neben Wissen über *weiße* Privilegien in der Gesellschaft ist es unverzichtbar, dass wir uns Wissen über die Unterdrückung von BIPoC aneignen. Wir müssen verstehen lernen, wie unsere Privilegien und die rassistische Diskriminierung von BIPoC zusammenhängen, voneinander abhängen und sich gegenseitig bedingen. Verbündetenschaft mit BIPoC bedeutet für uns, ein Bewusstsein dafür zu entwickeln, dass Rassismus keine Rand- und Ausnahmeerscheinung darstellt. Es gilt zu erkennen, wie Rassismus als strukturelles Machtverhältnis auf der individuellen und institutionellen Ebene funktioniert und wirkt. Verbündetenschaft verlangt, dass wir uns damit auseinandersetzen, wie Rassismus mit anderen Diskriminierungsformen zusammenwirkt, und diese Intersektionalität prägt, wie wir unsere *weißen* Privilegien individuell erleben. Zugleich bedeutet Bündnisarbeit, Anstrengungen zu unternehmen, sich historisch zu bilden. Wir brauchen Bildung dazu, wie Rassismus in Deutschland zur Kolonialzeit entstand, um koloniale Ausbeutung und Verbrechen zu legitimieren, und wie er sich vor allem während und nach dem Nationalsozialismus bis heute mit seinen verschiedenen Ausprägungen weiterentwickelt hat. Erst wenn wir die Geschichte des Rassismus kennen, können wir wirklich verstehen, wie er gegenwärtig in seiner Vielfältigkeit funktioniert und wie wir darin eingebunden sind. Wir müssen über Widerstand gegen Rassismus lernen, über den kontinuierlichen, vielfältigen Kampf gegen Rassismus von BIPoC, der Rassismuskritik vorantreibt, und über die Geschichte *weißer* Verbündeter.

Außerdem ist es unabdingbar zu erkennen, dass wir selbst Teil des rassistischen Systems sind und, ob wir es wollen oder nicht, tagtäglich daran beteiligt sind, es zu reproduzieren und zu legitimieren. Es gilt für uns zu erkennen, wie Rassismus uns von klein auf geprägt hat und bis heute beeinflusst, wie wir denken, handeln und fühlen. Ebenso müssen wir uns kritisch damit auseinandersetzen, wie wir Rassismus häufig unbewusst und ohne böse Absicht weitertragen. Das verlangt Offenheit gegenüber alternativen Perspektiven. Wir sollten aushalten können, Gewohntes infrage stellen zu lassen, und bereit dafür sein, uns verunsichern zu lassen. Wir müssen kontinuierlich unser verinnerlichtes Denken, Handeln und Fühlen auf Rassismus hin überprüfen. Wir sollten uns Wissen über subtile und versteckte sowie institutionelle Formen der Ausgrenzung aneignen, um diese situativ erfassen zu können. Darüber hinaus müssen wir anerkennen, dass Rassismus ganz wesentlich auch durch unser Gefühlserleben aufrechterhalten wird. Unsere eigene emotionale Bildung ist wichtig. Wir sind aufgefordert zu lernen, die Emotionen, die das Sprechen und Lernen über Rassismus in uns auslösen kann, wie z.B. Schuld- und Schamgefühle, wahrzunehmen, auszuhalten und so zu regulieren, dass sie unser verbündetes Handeln nicht beeinträchtigen. Wir stehen vor der Aufgabe zu lernen, produktiv damit umzugehen, wenn *weiße* Abwehr in uns selbst aufkommt. Ganz relevant ist auch, für uns abzuklären, warum wir rassismuskritisch handeln wollen und welches Ziel wir damit eigentlich verbinden. Wir sollten verstehen lernen, dass wir selbst ein ernsthaftes Interesse daran haben, Rassismus abzubauen. Rassismuskritik bedeutet für uns, unsere eigene Menschlichkeit wiederzugewinnen. Weil die verschiedenen Diskriminierungsformen miteinander verwoben sind, zielt Rassismuskritik als bedeutsamer Teil einer umfassenden Diskriminierungskritik auf eine kollektive Befreiung ab und damit auch auf unsere.

Rassismuskritisches Handeln heißt, aus Fehlern zu lernen

Wenn wir rassismuskritisch handeln wollen, müssen wir unsere Komfortzone verlassen. Wir müssen die Angst, etwas falsch zu machen, überwinden, unseren Perfektionismus aufgeben und endlich handeln. Inaktivität ist keine wirkliche Option. Wir sollten uns eingestehen, niemals vollkommen rassismusfrei und damit, wenn man es so bezeichnen möchte, fehlerfrei handeln zu können. Unser Ziel muss es sein, Rassismus, so gut wie wir es können, herauszufordern. Dabei gilt es, Spannungen und Widersprüche auszuhalten. Aufgrund unserer eigenen Verstrickung in Rassismus frustriert zu sein, hilft uns nicht weiter. Wenn wir den Einfluss von Rassismus auf uns verringern wollen, müssen wir uns selbst gegenüber fehlerfreundlich sein. Denn jede*r von uns wird Fehler machen. Das ist unvermeidbar. Es geht gar nicht anders. Wir werden Rassismus sowohl notwendigerweise als auch unnötigerweise unbewusst und unabsichtlich wiederholen. Es gilt für uns zu lernen, uns diese ›Fehler‹ einzugestehen, um aus ihnen so viel wie möglich zu lernen. Wie Frances Kendall schreibt:

> »Wir müssen uns daran erinnern, dass jede*r von uns, egal wie vorsichtig oder bewusst wir sind oder wie lange wir uns schon mit Rassismus beschäftigen, etwas Dummes oder Unsensibles sagen oder tun wird. Am besten ist es, uns unsere Fehler offen einzugestehen und daraus zu lernen.«[149]

Aus *weißer* Position gegen Rassismus einzutreten, ist fehlerfreundliches Handeln. Leider brauchen wir die Fehler. Nur durch ihre Reflexion können wir dazulernen und alternative Handlungsweisen ausmachen, uns weiterentwickeln und so unser rassismuskritisches Handeln verbessern. Kurz: Wenn wir aus unseren Fehlern lernen, können wir sie zukünftig vermeiden. Rassismuskritisch zu handeln, bedeutet also, Mut zum Fehler machen zu beweisen. Oder mit anderen Worten: durchaus auch Fehler zu machen.

Gleichzeitig ist Fehlerfreundlichkeit aber kein Freifahrtschein für unreflektiertes rassistisches Verhalten. Sie bedeutet für uns die Aufgabe, verantwortungsvoll mit unserem eigenen Rassismus umzugehen und den Einfluss von Rassismus auf uns immer mehr zu reduzieren, indem wir unsere Praxis stets überprüfen, um aus unseren Fehlern zu lernen. Hierfür müssen wir uns regelmäßig Reflexionsräume schaffen, das heißt, uns immer wieder Zeit nehmen und Möglichkeiten nutzen, um unser Handeln auszuwerten, Wissenslücken aufzudecken und schließlich Pläne dafür zu entwerfen, wie wir zukünftig handeln wollen. Rassismuskritisches Handeln ist nicht das in einem bestimmten Moment ›richtige Handeln‹, sondern ein fortlaufender, an eine reflexive Praxis gebundener Lernprozess.

Rassismuskritisch zu handeln bedeutet also, vorhandene Risiken einzugehen und die Gefahr zu scheitern anzunehmen. Für mich stellt zum Beispiel jeder Workshop, den ich durchführe, ein solches Risiko dar. Bei der Vorbereitung rassismuskritischer Bildungsveranstaltungen ist Planungssicherheit eine Illusion. Mir fiel es lange schwer, das zu akzeptieren. Eine bewusste Risikobereitschaft ist nämlich eigentlich nicht so sehr mein Ding. Es bedeutet, nicht auf alles vorbereitet sein zu können und sich wenig planbaren Situationen auszusetzen. Anfangs bin ich hier häufig auf halber Strecke stehen geblieben. Ich war bereit, Sicherheiten aufzugeben und Ungewissheiten auszuhalten. Dennoch wusste ich oft nicht, wie ich in bestimmten Situationen spontan reagieren sollte, z.B.

wenn jemand plötzlich etwas Rassistisches sagte oder einfach unverblümt zurückwies, was ich über Rassismus dargelegt hatte. Das machte mich nicht selten wortwörtlich sprachlos. Häufig habe ich die Aussagen einfach so stehen gelassen, war aber gleichzeitig sofort frustriert darüber, dass ich damit zugelassen hatte, dass *Weiß*-Sein rezentriert wurde und Ausschlüsse stattfanden. Zu Hause habe ich mir dann den Kopf zerbrochen, wie ich mich anders hätte verhalten können. Diese Nachbereitung war wichtig für mich. Schließlich schuf ich mir regelmäßige persönliche Reflexionsräume, die mich bis heute begleiten, und üb(t)e dort ein, die Abwehr niemals gänzlich unbeantwortet zu lassen. Ich beschloss für mich, in Momenten, in denen ich in der Vergangenheit still geblieben war, fortan immer die risikoreiche Chance zu nutzen, die Veranstaltung im Sinne rassismuskritischer Lernerfahrungen zu steuern, selbst wenn dies scheitern mochte. Immer wieder sagte ich mir: ›Wichtiger, als die konkrete Handlung, ist, dass du überhaupt erkennbar aktiv handelst.‹ So lernte ich, besser auszuhalten, dass es oft nicht das eine richtige Vorgehen gibt. Ich wurde flexibler und lernte viele hilfreiche neue Methoden. Bis heute gehe ich in Veranstaltungen, ohne vorab zu wissen, was für mich das richtige Handeln sein wird. Ich weiß, was heute klappt, kann morgen schiefgehen. Auch wenn ich heute in ›risikoreichen‹ Momenten handlungsfähiger bin, ist mir klar, jede Veranstaltung kann danebengehen, weil ich möglicherweise nicht in der Lage sein werde, Situationen im Rahmen meines Handlungsspielraumes spontan rassismuskritisch verhandeln zu können. Deshalb gibt es auch heute immer noch Situationen, von denen ich mir im Nachhinein wünschte, ich hätte anders reagiert. Heute bremse ich mich aber nicht mehr so aus wie früher.

Ja, ich will: Feedback

Wir können festhalten, dass zu einer rassismuskritischen Haltung dazugehört, wissen zu wollen, wann wir Fehler machen und Rassismus reproduzieren. Nun stellt sich die Frage: Woher wissen wir, wann wir Fehler machen? Hier grüßt das Wir-müssen-über-Rassismus-Lernen-Murmeltier. Wenn wir uns zu Rassismus weiterbilden, ist es wahrscheinlich, dass wir immer besser ausmachen können, wo wir bisher Rassismus bestärkt haben. Genauso bedeutsam sind Rückmeldungen von anderen. Womit wir wieder beim altbekannten ›Rassismusvorwurf‹ wären. Ihn würde ich allerdings selbst nie so nennen. Ich nenne ihn ›Feedback‹. Das klingt gleich positiver. Denn wenn ich meine Fehler erfahren möchte, um sie zukünftig vermeiden zu können, ist der Hinweis auf diese Fehler Gold wert. Wenn andere mich auf rassistisches Verhalten hinweisen, stellt das immer eine wertvolle Chance für mich dar, etwas dazuzulernen. Das ist völlig unabhängig davon, wie das Feedback erfolgt, und gilt auch, wenn es unangenehm für mich ist. Und das ist ein wichtiger Punkt. Gerade wenn es vorwurfsvoll, unhöflich oder unverschämt klingt, kann es schwer sein, einem solchen Feedback zu rassistischem Verhalten wertschätzend zu begegnen. Doch das müssen wir auszuhalten lernen. Wut über Rassismus hat seine Berechtigung, insbesondere von BIPoC. Sie ist zudem eine wertvolle Emotion für die rassismuskritische Praxis. Rassismuskritisch zu handeln, bedeutet für uns also, zu lernen, offen für Rückmeldungen zu möglichem rassistischen Verhalten zu sein, diese ernst zu nehmen und als Impulse für unser Lernen und Handeln aufzugreifen und wertzuschätzen. Zusammengefasst: Weil wir es brauchen, sollten wir Feedback stets wollen. Wenn es dann kommt, sollten wir es würdigen. Deshalb sollten wir alle von nun anstatt »Das war nicht so gemeint« nur noch sagen: »Danke für den wertvollen Hinweis, den ich mir zu Herzen nehmen werde!«. Das verstehe ich hier durchaus als ernst gemeinten Vorschlag.

Bescheidenheit macht rassismuskritisch

Weißes rassismuskritisches Handeln bedeutet zudem, bescheiden zu sein. Da es das Ziel ist, *weiße* Dominanz zu überwinden, ist es kontraproduktiv, wenn wir uns in den Mittelpunkt stellen, meinen alles (besser) zu wissen, auf alles Antworten zu haben oder uns mit unseren Taten brüsten. Rassismus lebt davon, dass *Weiß*-Sein im Zentrum steht – *weiße* Sichtweisen, *weiße* Normen und Werte, *weiße* Erzählungen, *weiße* Gefühle und *weiße* Bedürfnisse. Wir sind es gewohnt, unsere Bedürfnisse über die von BIPoC zu stellen. Wenn wir mit unseren Taten prahlen und angeben, rücken wir *Weiß*-Sein wieder in den Mittelpunkt. Es ist natürlich, Anerkennung zu suchen, auf Erfolge stolz zu sein und das alles mit anderen teilen zu wollen. Es ist auch normal, sich vor anderen mit guten Taten präsentieren zu wollen. Im Hinblick auf das politische Terrain *weißer* Verbündetenschaft überschneiden sich diese gewohnten Eigenschaften allerdings ziemlich ungünstig mit rassistischen Machtverhältnissen.

Als verbündete *weiße* Person sich nicht selbst zu zentrieren, ist nicht immer einfach. Das kommt auch daher, weil *weißes* rassismuskritisches Handeln verlangt, dass wir uns intensiv mit uns selbst beschäftigen. Es umfasst ganz klar nicht, sich als verbündete *weiße* Person darzustellen, um vor anderen gut dazustehen. Kendall beschreibt das so: »Du musst dich aus dem Zentrum deiner Aufmerksamkeit heraus bewegen, ohne deinen Ausgangspunkt aus den Augen zu verlieren.«[150] Das bedeutet nicht, dass wir nicht über unser rassismuskritisches Handeln sprechen dürfen. Wir sollten aber überlegen, warum wir das in der jeweiligen Situation gegebenenfalls tun. Geht es dann noch um ›die Sache‹, also den Kampf gegen das rassistische System? Oder geht es vielleicht eigentlich mehr um uns selbst und unser Bedürfnis nach Anerkennung? Selbstverständlich dürfen wir uns auch über unsere rassismuskritischen Interventionen und Erfolge freuen, alles andere wäre absurd. Wir müssen uns aber daran erinnern, dass diese Empfindung für BIPoC, die tagtäglich mit Rassismus konfrontiert sind und diesen tagtäglich bewältigen müssen, uninteressant sein kann oder für sie in einem fragwürdigen Verhältnis steht. Wenn wir von unserer Bündnisarbeit berichten, müssen wir Machtstrukturen stets im Blick behalten. Wem erzählen wir was, und vor allem, warum und mit welchem Interesse? Bringen wir damit den Kampf gegen Rassismus voran?

Die Arbeit an uns selbst stellt außerdem den Ausgangspunkt für einen veränderten Umgang in Beziehungen zu anderen Menschen dar, zu BIPoC und zu *Weißen*, sei dies in der Familie, in unserer Partner*innenschaft, unter Freund*innen, in der Freizeit, in der Nachbar*innenschaft, im Job oder in der Öffentlichkeit.

<u>Reflexionsfragen</u>

1. Was sind im Zuge deines rassismuskritischen Handelns deine aktuellen Baustellen bei der Arbeit an dir selbst? Zu welchen Aspekten möchtest du als nächstes an dir selbst arbeiten? Wo bist du auf einem guten Weg? Wo besteht noch Nachholbedarf?
2. Kannst du dir im Hinblick auf dein Handeln gegen Rassismus ›Fehler‹ eingestehen? Nimmst du das Risiko zu scheitern an? Würdest du von dir sagen, du hast Mut, ›Fehler‹ zu machen?
3. Begibst du dich bei deinem Handeln gegen Rassismus bewusst in unbequeme Situationen? Oder weichst du dem Unbequemen lieber aus?
4. Welche Reflexionsräume nutzt du, um aus deinen ›Fehlern‹, die beim Eintreten gegen Rassismus entstehen können, zu lernen? Welche neuen Reflexionsräume hierfür willst du dir jetzt schaffen?
5. Sei ehrlich zu dir: Welche eigenen ›Fehler‹ fallen dir ein? Wann hast du rückblickend die letzten Male aus Versehen rassistisch ge-

handelt? Was würdest du beim nächsten Mal in vergleichbaren Situationen anders machen?

6. Wie willst du mit Feedback zu rassistischem Verhalten deinerseits zukünftig umgehen? Wie kannst du andere wissen lassen, dass du für Feedback offen bist?
7. Hast du dich schon einmal mit deinem Engagement gegen Rassismus vor anderen dargestellt, um dich besser zu fühlen?

Veränderter Umgang mit BIPoC

Rassismus basiert darauf, dass wir als Gruppe von *Weißen* mit institutioneller Unterstützung auf eine bestimmte Art und Weise mit BIPoC umgehen. Rassismuskritisches Handeln verlangt von uns deshalb offensichtlich einen anderen Umgang mit BIPoC. Ich will hier einige wichtige Punkte nennen, die dazu gehören, wenn wir unserem Verhalten gegenüber BIPoC eine *weiße* rassismuskritische Haltung zugrunde legen wollen.

Let's just listen!

Das erste Mal hörte ich den deutschen Begriff *Weiß*-Sein in meinem Studium. Damals war ich 20 Jahre jung. Bis dahin hatte ich keine richtige Vorstellung davon, dass und wie Rassismus auch *weiße* Menschen weitreichend betrifft. Bis dahin war mir deshalb auch unklar, dass sich aus *weißer* Position gegen Rassismus einzusetzen, bedeutet, in einen tiefgreifenden Lernprozess einzusteigen und an sich selbst zu arbeiten. Lange dachte ich, Antirassismus hieße gegen Neonazis zu demonstrieren, BIPoC zu helfen und Geld nach ›Afrika‹ zu spenden oder dort Freiwilligenarbeit zu leisten. Die Bilder in Film und Fernsehen und auf Spendenplakaten, die Schwarze Menschen als hilfsbedürftige, unfähige und arme Menschen darstellen und uns *Weiße* als ihre Rettenden repräsentieren, hatten mich mein Leben lang begleitet. Sie erschienen mir völlig sinnhaft und logisch zu sein.

Solche stereotypen rassistischen Vorstellungen prägen bei vielen *weißen* Menschen die Vorstellungen von BIPoC. Sie formen gleichzeitig auch unser *weißes* Selbstbild als überlegen und lassen uns glauben, alles besser als BIPoC zu wissen. Das gilt insbesondere dann, wenn es um Rassismus geht. Rassismus baut darauf auf, als *Weiße* für uns das Recht zu beanspruchen, Rassismus zu deuten und zu werten. Die Schwarze Aktivistin und Sängerin Achan Malonda hat dazu Ende 2022 den Song

»Deutschungshoheit« veröffentlicht. Darin prangert sie den allgegenwärtigen Rassismus und das damit einhergehende *weiß*deutsche Selbstverständnis an. Gleichzeitig erinnert sie an die BIPoC Widerstandsgeschichte.[151] Wenn wir uns dieser Widerstandsgeschichte und der immer wieder von BIPoC vorgebrachten Kritik am Rassismus nicht zuwenden, können wir Rassismus niemals verstehen lernen und niemals erfolgreich rassismuskritisch handeln. In einem Satz: Wir müssen endlich beginnen, BIPoC zuzuhören! Rassismus ist keine Meinungssache und für uns als *Weiße* ist es nicht einfach, Rassismus zu verstehen und zu erkennen. Wir müssen anerkennen, dass wir von BIPoC lernen müssen.

Das Prinzip ›BIPoC zuzuhören‹ gehört mittlerweile zum Inventar jeder *How-to-Ally*-Liste für *Weiße*. Das kann ganz konkret ausgelegt werden auf eine Situation, in denen Personen mit Rassismuserfahrung über Rassismus sprechen. Was BIPoC über Rassismus berichten, sind wir nämlich gewohnt, wieder infrage zu stellen. Das Zuhören bezieht sich aber auch allgemeiner darauf, anzuerkennen, was BIPoC mit ihrem rassismuskritischen Anliegen seit jeher von uns fordern. Im weitesten Sinne etwa, strukturellen Rassismus und unser eigenes *Weiß*-Sein anzuerkennen. Es bedeutet darüber hinaus, dass wir uns über die politischen Positionen und Forderungen von BIPoC informieren und diesen nachkommen. Was damit in jedem Fall nicht gemeint ist, ist BIPoC zuzuschreiben, dass sie uns etwas beizubringen haben und uns die rassistische Welt erklären müssen. *Weiße* Verbündetenschaft heißt dazuzulernen, aber nicht unnötig auf zeitliche und emotionale Kosten von BIPoC. Denn es geht auch anders. Es gibt mittlerweile einen großen Pool an deutschsprachiger Literatur über strukturellen Rassismus. Vor allem das Internet bietet unzählige Möglichkeiten, sich auf unkomplizierte Weise zum Thema Rassismus zu informieren und über die rassismuskritischen Perspektiven und Positionen von BIPoC Klarheit zu verschaffen. Es gibt eine zunehmende Anzahl von Lernangeboten zum Thema Rassismus in Form von Workshops und Fortbildungen. Damit existieren mittlerweile auch zahlreiche Formate, in denen wir Fragen stellen, uns mit anderen austauschen und hilfreiche Tipps für weitere Angebote erhalten können.

Vorsicht! Nicht unsere Baustelle

BIPoC zuzuhören, läuft unserem herkömmlichen *weißen* Handeln grundsätzlich zuwider. Wir sind es nicht gewohnt, die Deutungshoheit abzugeben, wenn es um Rassismus geht. Das ist ein Überbleibsel aus der

Kolonialzeit. Zu Rassismus gehörte von Anfang an, dass *Weiße*, um die eigenen Interessen durchzusetzen, behaupteten, sie wüssten, was BIPoC brauchen. Die koloniale Ausbeutung und Unterdrückung wurden von Beginn an als vermeintliche ›Hilfe‹ für die angeblich unzivilisierten und minderwertigen Bevölkerungen in den besetzten Gebieten dargestellt. Es ist deshalb kein Zufall, dass viele von uns bis heute den Drang verspüren, BIPoC ›helfen‹ zu wollen, und meinen, Antirassismusarbeit bedeute, sich mit ›den Anderen‹ zu deren Unterstützung auseinanderzusetzen. Es kommt auch nicht von ungefähr, dass viele von uns meinen, selbstverständlich und am besten zu wissen, was Menschen mit Rassismuserfahrung benötigen, um mit Rassismus umgehen zu können. Diese Denkweisen sind als Erbe des Kolonialismus ein Ausdruck der andauernden *weißen* Vorherrschaft.

Auswüchse finden diese kolonialrassistischen Denkweisen auch, wenn wir beginnen, uns mit Rassismus auseinanderzusetzen und in diesem Zuge das Bedürfnis verspüren, BIPoC über ihre Rassismuserfahrungen aufzuklären. In meinen Allyship-Workshops zum Beispiel treibt die Teilnehmenden häufig besonders eine Frage um, die offensichtlich vielen dringlich erscheint: Wie sollen sie damit umgehen, wenn BIPoC Freund*innen oder Bekannte sich nicht mit Rassismus beschäftigen? Ich bringe diesen Punkt selbst nicht ein und doch landen wir immer wieder bei ihm. Als *Weiße* sind wir es gewohnt, unser Handeln beim Thema Rassismus auf individuelle BIPoC und die Frage, wie wir ihnen ›helfen‹ können, zu konzentrieren. Davon bleibt selbst die Art und Weise, wie BIPoC Rassismus bewältigen, nicht ausgespart. Und so reduzieren wir den Kampf gegen ein strukturelles System auf eine Beschäftigung mit unseren BIPoC Lieben, für die uns das Thema neuerdings doch so bedeutsam erscheint. In uns nahestehenden BIPoC sehen wir dann häufig nur noch Betroffene, die wir dann auch gleich zu unserem persönlichen ›Hilfsprojekt‹ erklären.

Es ist nachvollziehbar, dass wir uns Gedanken machen, was Rassismus für unsere BIPoC Lieben und Freund*innen bedeutet. Doch so funktioniert Bündnisarbeit nicht. Wir müssen BIPoC als selbstständige Akteur*innen anerkennen, die am besten wissen, was sie brauchen, um Rassismus zu bewältigen.

Um beim Beispiel von oben zu bleiben und das einmal durchzuspielen: Wenn ein*e Freund*in mit Rassismuserfahrung sich anscheinend nicht mit dem Thema Rassismus beschäftigt, dann kann es gute Gründe dafür geben. Anzunehmen, die Person nehme Rassismus einfach nicht wahr und müsse deshalb eines Besseren belehrt werden und dann gehe es ihr besser, unterstellt nicht nur Hilfsbedürftigkeit. Wir maßen uns ebenso an, beurteilen zu können, was für sie im Hinblick auf Rassismus das Beste ist. Dass die Person das vielleicht in ihrem Leben ganz ohne unsere Mithilfe schon längst herausgefunden haben könnte, klammern wir einfach aus. Genauso, dass sie sich vielleicht bewusst entschieden hat, sich aktuell nicht mit Rassismus zu beschäftigen. Das ist übrigens auch eine Bewältigungsstrategie. Es kann auch sehr gut sein, dass die Person nur nicht mit uns über Rassismus sprechen will. Vielleicht ist sie einfach nicht daran interessiert, sich mit einer *weißen* Person auszutauschen, die das Selbsterlebte ohnehin nicht nachempfinden kann. Mal ehrlich, welches Interesse sollte sie denn daran haben? Wenn wir beginnen, über Rassismus zu lernen, Bücher lesen und Workshops besuchen, und uns dann vielleicht gerne und viel darüber mit anderen – insbesondere BIPoC – austauschen, vergessen wir oftmals, dass es für uns etwas anderes bedeutet, sich mit Rassismus zu beschäftigen als für BIPoC. Sie beschäftigen sich nämlich nicht erst seit gestern unfreiwillig damit, weshalb sie übrigens über mehr evidenzbasiertes Wissen zum Thema verfügen, als wir uns das meistens vorstellen können. Nur weil wir angefangen haben, uns dem Rassismus zu widmen, bedeutet das außerdem nicht, dass wir von heute auf morgen unsere verinnerlichten rassistischen Denkweisen abgelegt haben. Für BIPoC stellen wir weiterhin ein ständiges Verletzungsrisiko dar, weil wir jederzeit unabsichtlich rassistisch handeln können. Das macht uns nicht gerade zu naheliegenden Gesprächspartner*innen zum Thema Rassismus, bei dem wir gewohnt sind, mit *weißer* Abwehr zu glänzen.

Als *Weiße* neigen wir außerdem dazu, die für uns beim Lernen über Rassismus bedeutsamen Prinzipien Wissenserwerb, kritische Selbstreflexion und Verhaltensänderung an BIPoC heranzutragen. Für BIPoC geht es aber um Empowerment, also Selbstermächtigung. Dabei kann auch ein Wissen darüber, wie Rassismus als strukturelle Diskriminierungsform funktioniert, hilfreich sein. Wir können aber nicht von einer ungefragten ›Aufklärung‹ über Rassismus durch uns als *Weiße* ableiten, dass eine Person sich empowert fühlt. Vielleicht geht es ihr dabei oder danach sogar schlechter als vorher, weil sie in dem Moment einfach nicht über das Thema sprechen will. Zusammengefasst: Es handelt sich hier nicht um unsere Baustelle. BIPoC kommen mit Rassismus genug in Berührung.

Dafür braucht es nicht noch uns, die das Thema ungefragt ansprechen, weil wir es auf einmal für wichtig halten und dann womöglich noch Rassismus reproduzieren. Doch es gibt auch eine Ausnahme, auf die Tupoka Ogette uns hinweist: Wenn du ein wirklich gutes Verhältnis zu einer BIPoC Person hast und annehmen kannst, dass sich die Person noch nicht in den Prozess begeben hat, verinnerlichte rassistische Denkmuster zu verlernen, kannst du der Person achtsam Möglichkeiten für einen Zugang zu solch einer Auseinandersetzung aufzeigen. Ganz wichtig ist dann aber: Es liegt dann an der Person, ob sie darauf eingeht oder nicht.[152]

All das bedeutet nicht, Rassismus zu ignorieren, wenn er relevant ist, z.B. wenn wir mitbekommen, dass eine uns nahestehende Person Rassismus erfahren hat. Dann sollten wir zuhören, die Rassismuserfahrung anerkennen und fragen, ob und wie wir etwas für die Person tun können, ohne dabei vorzugeben, das Erlebte als *Weiße*r* nachempfinden zu können. Frances Kendall schreibt hierzu passend in ihrem Buch *Understanding White Privilege: Creating Pathways to Authentic Relationships Across Race* (2013) über ein Ziel *weißer* Verbündetenschaft:

> »Das Ziel ist es, jemandem zu zeigen, dass du zuhörst, dich interessierst und verstehst, dass du in der Welt als *Weiße*r* anders behandelt wirst.«[153]

Gleichermaßen müssen wir akzeptieren, wenn Betroffene es ablehnen, dass wir uns einbringen. Wie Kendall erklärt, liegt die Entscheidung bei uns, ob wir uns gegen Rassismus positionieren und uns also im Hinblick auf eine Sache verbünden. Die Entscheidung für ein Bündnis mit einer Person liegt hingegen bei dieser Person.

> »Wir können uns nicht dafür entscheiden, jemandes Verbündete*r zu sein und dann mit dem weitermachen, was wir unserer Meinung nach tun sollten. Wenn wir jemandes Verbündete*r sind, hat diese Person das Sagen.«[154]

Ich habe einige gute BIPoC Freund*innen. Sie alle wissen, wozu ich arbeite. Einige sprechen von sich aus nur selten über Rassismus mit mir, manche öfter, andere gar nicht. Guess what: Nicht alle Personen mit Rassismuserfahrung gehen mit Rassismus in gleicher Weise um. Wenn wir meinen, BIPoC in unserem Umfeld bräuchten wegen Rassismus unbedingt dies oder das, dann tun wir wieder einmal genau das, was Rassismus uns beigebracht hat: Wir werfen alle BIPoC in einen Topf. Aus *weißer* Position rassismuskritisch zu handeln, heißt aber, BIPoC – auch was Rassismus angeht – als Individuen mit individuellen Bedürfnissen und Wünschen anzuerkennen, anstatt sie als vermeintliche Repräsentant*innen

›ihrer‹ Gruppe anzusehen und zu behandeln. Dieses Verhalten wird mit dem Begriff ›*Tokenism*‹ beschrieben. Wir müssen verstehen lernen, dass nicht alle BIPoC mit rassismusrelevanten Situationen gleich umgehen. Ich erlebe immer wieder, dass das *Weiße*, die sich rassismuskritisch einsetzen wollen, ziemlich perplex machen kann. Denn damit gibt es offensichtlich auch nicht das eine richtige Handeln unsererseits, an dem wir uns orientieren können. Noch unsicherer kann dann nur noch eines machen, nämlich zu erkennen, dass BIPoC auch nicht alle die gleichen Positionen haben, wenn es um Rassismus und rassismuskritisches Handeln geht. Ich habe z.B. bei der Arbeit für ein und dieselbe Handlung schon des Öfteren sowohl Lob als auch Kritik von BIPoC bekommen. Ja, das ist möglich. Nicht zuletzt, weil Rassismuskritik immer widersprüchlich ist. Und das müssen wir aushalten.

»Wieso fragt ihr nicht einfach nach?«

Vor einiger Zeit habe ich eine gemischte Bezugsgruppe mit *weißen* Lehrkräften und Pädagog*innen mit Rassismuserfahrung begleitet. Bei einem der Treffen fragte mich eine *weiße* Lehrkraft, wie sie sich mit ihren Kolleg*innen mit Rassismuserfahrung im Schulkontext verbünden könnte. Bevor ich antworten konnte, meldete sich eine Schwarze Teilnehmende zu Wort. Sie richtet ihre Antwort gleich an alle *Weißen* in der Runde: »Wieso fragt ihr nicht einfach, was sich die Person von euch wünscht?« Auch da waren erst einmal alle verdutzt.

Es liegt uns so fern, dabei ist es so naheliegend: Wenn in gemischten Räumen das Thema Rassismus aufkommt, zum Beispiel auf der Arbeit oder im Privaten, können wir BIPoC fragen, was wir im Sinne eines Bündnisses tun können. Wir können ganz einfach fragen: »Was wünscht du dir von mir?« Und dann zuhören. Nachfragen und zuhören, das hört sich so banal an. Theoretisch ist das auch ziemlich einfach. Praktisch fällt es uns jedoch unfassbar schwer, weil unsere rassistisch fundierte Sozialisation uns antrainiert hat, genau das nicht zu tun. Wenn unsere Frage dann abgewunken wird, müssen wir das akzeptieren. Wenn ein gutes Gespräch entsteht und BIPoC uns Vorschläge machen, dann sollten wir auch dementsprechend handeln, ob wir einen Vorschlag nachvollziehen können oder nicht. Sonst ist die reflektierte Nachfrage nämlich scheinheilig. Sicherheitshalber sei noch einmal angemerkt: Ich meine ganz konkrete Situationen, in denen wir ohnehin mit BIPoC in das Thema Rassismus verstrickt sind. Es geht also nicht darum, in die Welt hinauszuziehen und jede Person mit Rassismuserfahrung, die wir kennen, zu fragen, was sie sich von *Weißen* in Bezug auf Rassismus wünscht, nur damit wir uns ein Bild davon machen können, wie rassismuskritisches Handeln als *Weiße* ganz allgemein aussehen kann. Davon hätten nur wir einen direkten Mehrwert und nicht die Gefragten. Wie oben bereits gesagt: rassismuskritische Bildung ist unsere Baustelle.

Wir sollten BIPoC dankbar sein

Wenn wir beginnen, uns mit Rassismus auseinanderzusetzen, zieht es uns wie Magneten zu BIPoC hin. Häufig verspüren wir nicht nur das Bedürfnis, mit jeder Person mit Rassismuserfahrung, die wir kennen, in das Thema einzusteigen, sondern ihnen auch ungefragt zu erzählen, was wir alles schon Großartiges gegen Rassismus unternommen haben – in der Hoffnung, wenn nicht der Erwartung, dass unsere BIPoC Bekannten uns mit einem Kniefall die *White-Hero*-Medaille umlegen. Wenn uns dann aber nicht auf die Schulter geklopft wird oder vielleicht noch nicht einmal ein Interesse daran besteht, mit uns ins Gespräch zu kommen, bleibt es häufig nicht nur bei Irritation. Vielmehr nehmen wir dann BIPoC oftmals auch noch als undankbar wahr.

Nun, wir haben das bereits ausführlich besprochen und ich fasse hier lediglich noch einmal zusammen: *Weißes* rassismuskritisches Handeln heißt, im eigenen Interesse gegen Rassismus als System zu handeln. Wenn wir diesen Pfad einschlagen, geht das immer auf den unermüdlichen Widerstand von BIPoC zurück. Für all das, was wir rassismuskritisch lernen und leisten, brauchen wir deshalb auch keinerlei Dank von BIPoC zu erwarten. So fallen wir nämlich wieder einen großen Schritt zurück. Auch dass wir glauben, dass BIPoC dankbar für unser rassismuskritisches Engagement sein sollten, ist Beiwerk der problematischen Annahme, ›Hilfe für andere‹ zu leisten. Denn sich zu bedanken, heißt, anzuerkennen und wertzuschätzen, was andere für einen tun. Wenn wir von BIPoC Dank erwarten, inszenieren wir uns also in völliger Verkennung der Tatsachen als Gebende, und dafür benötigen wir ein hilfsbedürftiges Gegenüber. In Wirklichkeit geht es aber um uns, darum, dass wir uns besser fühlen und ein positives Selbstbild entwickeln oder beibehalten können. Dafür auch noch Dank zu erwarten, ist narzisstisch.

Ja, rassismuskritisches Handeln ist anstrengend. BIPoC wissen das. Sie erleben es jeden Tag. Und von ihrem Widerstand profitieren übrigens auch wir. Denn auch uns erwachsen, wie wir bereits gesehen haben,

Nachteile durch Rassismus. Wenn jemand Dank also verdient, dann BIPoC von uns. Abgesehen davon entschuldigen wir uns ja auch nicht bei BIPoC dafür, dass wir jahrelang keine Anstalten gemacht haben, uns mit Rassismus kritisch auseinanderzusetzen. Wir sagen auch nicht, dass es uns leidtut, wenn wir zwischendurch immer mal wieder damit aufhören, weil etwas anderes dazwischenkommt und es unvermeidbar ist, dass wir Pausen machen. Natürlich, rassismuskritisches Handeln *Weißer* ist gewinnbringend und wertvoll. Und ich kann dich beruhigen, BIPoC wissen ganz sicher auch das. Der Gewinn betrifft aber eben alle. Auch *Weiße*. Wie wäre es also, wenn wir uns als *Weiße* mal öfter bei BIPoC für ihre rassismuskritischen Interventionen bedanken?

Das Cockpit verlassen

Weiße Verbündetenschaft bedeutet, dass wir uns beim Eintreten gegen Rassismus im Umgang mit Personen mit Rassismuserfahrung zurücknehmen und uns unserem *weißen* Narzissmus entgegenstellen. Wir dürfen uns nicht mehr ins Zentrum stellen und müssen ein für alle Mal das Cockpit verlassen. Kontrolle abzugeben, ist jedoch nicht gerade etwas, wofür wir als *Weiße* gut trainiert sind. Rassismus sieht vor, dass wir *Weiß*-Sein immer wieder ins Zentrum rücken. Im Umgang mit BIPoC und beim Thema Rassismus haben wir deshalb ein kontrollierendes und besserwisserisches Verhalten verinnerlicht. Allyship ist auch deshalb schwer für uns, weil uns das häufig gar nicht bewusst ist. Bereits 1987 hält Joan Lester fest:

> »Als Verbündete*r aufzutreten ist eine knifflige Angelegenheit, denn es gibt einen schmalen Grat zwischen einem*einer effektiven Verbündeten und der Übernahme des Kampfes anderer. Als *Weiße* sind wir so daran gewöhnt zu denken, dass wir das Sagen haben sollten (›andernfalls wird es ein Blutbad geben‹), dass wir oft nicht erkennen, wenn wir nach diesem rassistischen Glauben handeln.«[155]

Die Kontrolle abzugeben bedeutet wiederum nicht, inaktiv zu sein. Verbündetes Handeln heißt, gemeinsam mit BIPoC, aber unter ihrer Führung, gegen Rassismus vorzugehen. Dabei ist eine wichtige Handlungsstrategie wiederum, Deutungshoheit über Rassismus abzugeben.

Kontrolle abzugeben gehört zu der notwendigen tiefer liegenden Aufgabe, die *weiße* Verbündetenschaft für uns bedeutet. Häufig findet unsere Bündnisarbeit nämlich nur auf der Oberfläche statt. Dass wir uns mit BIPoC zusammentun, kommt oft nur zustande, weil wir vor anderen als antirassistisch dastehen wollen. Neben White Saviorism vollziehen wir hierfür auch noch Tokenism, um in der Kontrolle zu bleiben. Saad nennt Tokenism auch »Alibiengagement«, das sie so beschreibt:

> »[D]as Alibiengagement [benutzt] BIPoC als Statisten oder bedeutungslose Symbole, die den Anschein erwecken sollen, man wäre nicht rassistisch, während man den Status quo des *Weißseins* als dominante Norm aufrechterhält.«[156]

Saad differenziert zwischen verschiedenen Formen von Tokenism. Dazu gehört zum Beispiel Tokenism in Unternehmen und in Beziehungen. In Unternehmen passiert Tokenism, wenn eine *weiß*dominierte Organisation wenige BIPoC ausnutzt, um nach außen hin den Anschein von Diversität zu erwecken, ohne nach innen Strukturen im Sinne einer rassismuskritischen Öffnung zu schaffen. In Beziehungen kommt Tokenism zustande, wenn eine *weiße* Person ihre Beziehung zu einer BIPoC Person als vermeintlichen Beweis dafür benutzt, dass sie rassismuskritisch ist.[157]

Beziehungen zu BIPoC machen uns nicht zu Verbündeten

Zwischenmenschliche Beziehungen, wie Freund*innenschaften, sind nicht von Rassismus ausgenommen. Rassismus ist ein System, dessen Gewalt grundsätzlich auch bis in unsere innigsten Beziehungen wirkt. Selbst Liebesbeziehungen sind nicht frei davon. Als *weiße* Freund*innen und Partner*innen stellen wir für BIPoC ein ständiges rassistisches Verletzungsrisiko dar. Mit Fremdzuschreibungen an unsere Partner*innen mit Rassismuserfahrung, z.B. verpackt in Form von exotisierenden ›Komplimenten‹, rassistischen Witzen oder Beleidigungen im Streit, setzen wir *Weiß*-Sein als Standard und Normalität. Das ist ein Machtinstrument, dessen wir uns häufig unbewusst bedienen, weil uns nicht klar ist, wie Rassismus unsere Beziehungen beeinflusst. Während ich das hier schreibe, fliegt in der populären TV-Datingshow *Der Bachelor* eine *weiße* Kandidatin deshalb aus der Sendung und bekommt keine Rose vom Schwarzen Bachelor David angeboten. Als dieser bei einem Date in die Runde der Singlefrauen gefragt hat, wer ein Eis wolle, ging es zunächst um die Frage, welche Geschmacksrichtungen es denn gebe. »Es gibt Schoko und Vanille«, war die Antwort. Daraufhin zeigte Kandidatin Saskia auf den Bachelor und sagte: »Dann dich als Schokolade.«[158] Das ist rassistisches Othering in Reinform.

In vielen Beziehungen kommt es irgendwann einmal vor, dass bewusste Verletzungen passieren. Wenn wir die Gewalt rassistischer Fremdzuschreibungen zu erahnen gelernt haben und unsere*n Partner*in verletzen wollen, wird diese dann manchmal sogar bewusst eingesetzt. Unabhängig von der dahinterstehenden Absicht sind das für unsere BIPoC Partner*innen gewaltvolle Erfahrungen, selbst wenn wir diese im Nachhinein irgendwie bewältigen können. Für Beziehungen stellt all das eine Herausforderung dar und kann fatale Folgen haben. Das übersehen wir als *weiße* Partner*innen nur allzu gerne. Wie so oft, wird auch in Hinblick auf Rassismus das Politische im Privaten, der Rassismus in unseren Beziehungen, generell kaum thematisiert.

Nicht selten sind es wiederum gerade Freund*innenschaften und Liebesbeziehungen mit BIPoC, die uns Anlass geben, unser Verhalten zu reflektieren. Viele der *weißen* Menschen, die ich kennenlerne, die sich auf den Weg der rassismuskritischen Selbstreflexion begeben, tun dies auch und vor allem, um Menschen, die sie lieben, nicht mehr rassistisch zu verletzen. Sich bewusst zu machen, selbst in Rassismus involviert zu sein und das eben auch in den eigenen Beziehungen, ist dabei bereits die halbe Miete. Dass wir für unsere BIPoC Lieben ein rassistisches Verletzungsrisiko darstellen, ist jedoch leider nicht ganz überwindbar. Doch wenn wir darum wissen, dass es wahrscheinlich ist, dass wir unsere*n Partner*in irgendwann rassistisch verletzen werden, können wir versuchen, genau das so gut wie möglich zu verhindern und in unseren Beziehungen bestmöglich rassismuskritisch zu leben.

Feedback als Vertrauensbeweis

Oben ging es schon darum, wie wertvoll Feedback für unser rassismuskritisches Handeln im Allgemeinen ist. Auch konkret für unser Verhalten gegenüber BIPoC können wir festhalten, dass wir notwendige Risiken eingehen müssen, anstatt Fehlerfreiheit anzustreben. Es ist unvermeidbar, dass wir uns im Umgang mit BIPoC auch in Zukunft rassistisch verhalten werden, unabsichtlich und unbewusst. Unsere Aufgabe besteht darin, das bestmöglich zu vermeiden. Es wird aber irgendwann passieren. Und das Irgendwann kommt meistens schneller als gedacht. Deshalb müssen wir bei unserem Verhalten offen für Feedback von BIPoC sein und jede Rückmeldung ernst nehmen, anstatt mit Abwehr zu reagieren und uns von Rassismus freisprechen zu wollen. Robin DiAngelo schreibt, ihr hätten viele BIPoC versichert, dass sie gerne bereit wären, ihr ihre unvermeidlichen rassistischen Muster zu vergeben. Sie würden keinen Perfektionismus erwarten, sondern die Fähigkeit, über rassistische Geschehnisse zu sprechen und Beziehungen zu reparieren.[159] Wie DiAngelo betont, ist es wichtig, mit dem Feedback von BIPoC produktiv umzugehen. Feedback ist »der Schlüssel zu unserer Fähigkeit, unsere unausweichliche und häufig unbewusste Mitwirkung daran [an Rassismus] zu erkennen und zu beseitigen.«[160] DiAngelo erklärt, wie sie zu Beginn ihrer Arbeit als Trainerin zu Rassismus Angst vor Feedback hatte, aber jetzt dafür offen sein kann. Sie versuche, selbst folgenden Guidelines zu folgen:

> »1. Wie, wo und wann du mir Hinweise auf rassistisches Verhalten gibst, ist irrelevant – es sind solche Rückmeldungen, die ich haben will und die ich brauche. Da ich verstehe, dass dies schwierig ist, nehme ich sie so an, wie ich sie bekomme. In meiner Position der sozialen, kulturellen und institutionellen Macht und Privilegien Weißer verfüge ich über die nötige Sicherheit und kann damit umgehen. Wenn ich nicht damit umgehen kann, ist es an mir, meine Belastbarkeit in Rassenbelangen zu stärken.
> 2. Ich danke dir.«[161]

Die meisten von uns sind von einem solchen Umgang mit Feedback zu rassistischem Verhalten meilenweit entfernt. Auf den verspürten ›Rassismusvorwurf‹ folgen in der Regel abwehrende Versuche des Sich-frei-Sprechens. Mit jeder Rückmeldung zu unserem Verhalten hinsichtlich Rassismus setzen sich BIPoC deshalb dem Risiko aus, dass ihre Rückmeldungen von uns abgetan und sie als Personen abqualifiziert werden. Wenn wir Feedback erhalten, ist das deshalb nicht zuletzt auch immer ein Vertrauensbeweis. Wir sollten es deshalb so sehen: Die Rückmeldungen sind der Glaube an uns, dass uns die Sache ernst ist, wir das Feedback ernst nehmen und es besser machen wollen und können. Was unsere Beziehungen zu BIPoC angeht, ist Feedback also ein gutes Zeichen. Es ist keine Belastung für unsere Beziehungen, sondern eine Möglichkeit, die Beziehung zu stärken. Mit DiAngelo: »Wenn eine Person of Color mir also genügend vertraut, um das Risiko auf sich zu nehmen, es mir zu sagen, dann bin ich auf einem guten Weg.«[162] Wir sollten Feedback von BIPoC also als eine uns entgegengestreckte Hand ansehen. Als eine Einladung an uns, uns zu verbünden bzw. als eine Aufforderung, weiterhin verbündet zu handeln. Was wollen wir mehr?

Reflexionsfragen

1. Hast du schon einmal Gespräche über Rassismus mit BIPoC abgewürgt, weil du mit *weißer* Abwehr reagiert hast?
2. Verspürst du das Bedürfnis, dich mit BIPoC in deinem Bekanntenkreis zum Thema Rassismus auszutauschen, um dazuzulernen? Wie kannst du dich alternativ informieren, sodass deine Bekannten keine Aufklärungsarbeit leisten müssen?
3. Inwieweit hast du bewusst oder unbewusst angenommen, dass du dich zu Rassismus besser auskennst als BIPoC in deinem Umfeld?
4. Verspürst du das Bedürfnis, BIPoC in deinem Umfeld zu helfen, mit Rassismus anders umzugehen? Wo kannst du dich stattdessen einsetzen, um Rassismus als System zu bekämpfen?
5. Reflektierst und benennst du deine *weiße* Position, wenn du mit BIPoC über Rassismus sprichst?
6. Informierst du dich in deinem Umfeld über die Erwartungen, die BIPoC dir gegenüber haben, wenn es um das Thema Rassismus geht, sodass du auf diese eingehen kannst?
7. Erwartest du Dank von BIPoC, weil du Rassismus ablehnst und dich gegen ihn einsetzt?
8. Achtest du darauf, wie viel Raum du zum Thema Rassismus im Beisein von BIPoC einnimmst und ob du dich und deine *weiße* Perspektive zentrierst? Wo kannst du dich zurücknehmen und BIPoC dabei unterstützen, ins Zentrum zu rücken?
9. Reflektierst du, wie Rassismus in deinen Beziehungen zu BIPoC wirkt? Was hast du aus deinen Beziehungen zu BIPoC über Rassismus und dein *Weiß*-Sein gelernt?
10. Hast du Angst vor Feedback von BIPoC zu deinem Handeln gegen Rassismus? Wenn ja, warum?

Veränderter Umgang mit anderen *Weißen*

Reflexionsfragen

Nimm dir kurz Zeit zum Reflektieren:

1. Hast du dich schon mal tiefergehend mit anderen *Weißen* über Rassismus auseinandergesetzt? Mit Familienangehörigen, Freund*innen oder Arbeitskolleg*innen?
2. Wann geschah das zum letzten Mal?
3. Wer hat das Gespräch initiiert? Was war der Auslöser? Worum ging es und wie verlief das Gespräch? Was war das Gesprächsergebnis?

Rassismus zum Thema machen

Ich habe es im Privaten, wenn *Weiße* unter sich sind, bisher nur selten erlebt, dass eine *weiße* Person von sich aus das Thema Rassismus kritisch anspricht. Ich nehme hier meine *weißen* Freund*innen, die sich mit Rassismuskritik beschäftigen, einmal aus, genauso wie kritische Räume, etwa Politgruppen oder politische Festivals, die wir selbstverständlich auch privat besuchen können. Ich denke hier vielmehr zum Beispiel an Feiern und Feste, zu denen mich *weiße* Bekannte eingeladen haben und bei denen dann nur *Weiße* waren. Oder den Small-Talk mit *weißen* Nachbar*innen oder *weißen* Urlaubsbekanntschaften. Nach meiner Erfahrung ist Rassismus unter *Weißen* normalerweise kein Thema, mit dem wir uns im Alltag beschäftigen. Es geht einfach nicht um ihn. Er scheint weder interessant noch relevant zu sein. Beim Thema Rassismus sind wir so sehr auf BIPoC als ›Betroffene‹ fixiert, dass wenn diese nicht dabei sind, das Thema für uns keine Rolle spielt. Vielleicht hast du dich beim Nachdenken über die oben stehenden Fragen an Momente erinnert, in denen andere *weiße* Personen etwas Rassistisches gesagt haben und du dem widersprochen hast? Wie sieht es darüber hinaus aus, also dann, wenn nichts offensichtlich Rassistisches passiert? Geht es dir ähnlich wie mir oder anders?

Dass wir uns mit anderen *Weißen* über Rassismus austauschen, kommt vermutlich nicht so häufig vor. Wenn es dann passiert, ist es oftmals gar nicht so einfach. Sich mit anderen *Weißen* über Rassismus auseinanderzusetzen, ist aber eine weitere wichtige Aufgabe für uns als *weiße* Verbündete. Zumal wir in der Regel viele und meistens auch mehrere enge Beziehungen zu anderen *Weißen* haben. Das ist eine gute Möglichkeit für uns, um rassismuskritisches Wissen unter *Weißen* zu verbreiten. Außerdem sind wir diejenigen, die sich in *weißen* Räumen bewegen. Wer, wenn nicht wir, sollte das Thema Rassismus dort sonst einbringen?

Als Bündnispartner*innen von BIPoC regen wir andere *Weiße* dazu an, rassismuskritisch zu denken und zu handeln. Manchmal wird in diesem Zusammenhang von der Aufgabe gesprochen, andere *Weiße* ›aufzuklären‹. In Deutschland gibt es dazu allerdings bislang kaum weiterführende Auseinandersetzungen. Die englischsprachige Literatur zu White Allyship ist hier schon weiter. Sie versammelt seit Langem Aufrufe an *Weiße*, einen kritischen Diskurs mit anderen *Weißen* aufzunehmen. Schon vor vielen Jahren schrieb Beverly Tatum dazu zum Beispiel kurz und knapp: »[D]ie Rolle des*der Verbündeten besteht darin, sich gegen Unterdrückungssysteme auszusprechen und andere *Weiße* herauszufordern, dasselbe zu tun [...].«[163] Ähnlich auf den Punkt gebracht appelliert Dyson an uns *Weiße*: »Diejenigen unter Euch, die es besser wissen, müssen anderen *Weißen* sagen, was Sie wissen.«[164] Er beschreibt auch näher, was das konkret bedeuten kann, nämlich im Gespräch mit anderen *Weißen* unser *weißes* Widerstandspotenzial zu nutzen und unsere *weiße* Definitionsmacht zusammen mit unserem erfahrungsbasierten Wissen zu *Weiß*-Sein einzusetzen, um anderen *Weißen* ihr *Weiß*-Sein bewusst zu machen und sie so zum Umdenken anzuregen:

> »Geliebte, ihr müsst nicht nur über das Leben der Schwarzen lesen, sondern ihr müsst eure *weißen* Brüder und Schwestern, eure Cousins und Onkel, eure Lieben und Freunde und alle, die Ihnen zuhören, über den *weißen* Elefanten im Raum – *weiße* Privilegien – unterrichten. Teilt mit ihnen, was ihr über uns lernt, aber teilt auch, was ihr über euch selbst herausfindet, wie *Weiß*-Sein funktioniert [...].«[65]

Für den Austausch über Rassismus mit anderen *Weißen* sind wir also eigentlich gut ausgestattet. Unsere *weiße* Definitionsmacht kann dafür sorgen, dass uns mehr Glaubwürdigkeit zugesprochen wird, als BIPoC sie erfahren würden. Auch wenn es keine Garantie dafür gibt, besteht die Chance, dass unsere Definitionsmacht die Abwehr ein wenig abmildert. Wir können unser erfahrungsbasiertes Wissen zu *Weiß*-Sein einbringen, indem wir mit anderen *weißen* Personen teilen, wie unsere Erlebnisse, Gefühle und Perspektiven auf die Dinge mit unserem *Weiß*-Sein zusammenhängen. Das kann andere anregen, sich unserer geteilten Erfahrungen als *Weiße* bewusst zu werden. Damit können wir als Beispiel vorangehen, unser *Weiß*-Sein mit seinen Auswirkungen auf uns anzuerkennen und damit umzugehen.

Viele *weiße* Referent*innen der rassismuskritischen Bildungsarbeit gehen so vor. Ich mache das auch. Ich benenne mein *Weiß*-Sein ganz explizit, z.B. indem ich herausstelle: »Weil ich *weiß* bin, mache ich die Erfahrung, dass…« oder »Als *weiße* Person habe ich lange angenommen, dass…«. So kann ich andere wissen lassen, dass ich wahrnehme, wie meine Erfahrungen und Sichtweisen von meinem *Weiß*-Sein beeinflusst werden. Die Selbstmarkierung als *weiß* stellt *weiße* Normalität unmittelbar infrage. Sie ist allerdings alles andere als alltäglich. Deshalb mag diese Infragestellung nicht immer bei der *weißen* Person gegenüber ankommen. Den Begriff ›*weiß*‹ richtig zu verstehen, setzt einen vorherigen Lernprozess voraus. Sicherlich sind meine Beispielformulierungen oben nicht sehr hilfreich, wenn mein Gegenüber keine Vorstellung davon hat, was ich mit dem voraussetzungsvollen Begriff ›*weiß*‹ überhaupt meine. Im schlimmsten Fall denkt die Person womöglich, ich spreche von einer biologischen ›Menschenrasse‹. Wenn annehmbar ist, dass jemand den Begriff ›*weiß*‹ noch nicht kennt oder versteht, kann ich aber genauso kommunizieren, dass meine Erfahrung als *weißer* Mensch eine andere ist als die von BIPoC. Das kann ich auch andeuten, ohne den Begriff ›*weiß*‹ zu verwenden: »Weil ich Rassismus körperlich nicht selbst erlebe, geht es mir so, dass… / bin ich mir unsicher, ob… / frage ich mich, ob… / kann ich nicht einschätzen, ob…« usw. Ich kann auch ausdrücken, dass mein *weißes* Gegenüber und ich dieselben *weißen* Erfahrungen teilen, die sich von den Erfahrungen von BIPoC unterscheiden: »Weil du und ich Rassismus nicht selbst erfahren, können und sollten wir nicht für Betroffene sprechen. / …wissen wir dazu einfach zu wenig und sollten uns mehr informieren / …fällt uns das sicherlich kaum auf / …nehmen wir das bestimmt kaum wahr / …haben wir viele Vorteile« etc.

Ein solches positionssensibles Sprechen stellt die Verbindung der eigenen und fremden *weißen* Erfahrungen heraus. Es lohnt sich auch bei *weißem* Abwehrverhalten. Dann können wir zum Beispiel erklären, dass wir als *Weiße* bestimmte Positionen nachvollziehen (nicht gutheißen) können, weil wir sie selbst auch schon empfunden oder vertreten haben: »Das ist mir auch schon passiert. / Das hatte ich auch lange gedacht und dann habe ich herausgefunden / gelernt, dass…«, »Ich kann gut verstehen, wie du dich gerade fühlst, denn ich kenne das auch gut. Der Effekt ist aber…«. Auf diese Weise lässt sich gut aufzeigen, dass *Weiß*-Sein eine geteilte Erfahrung darstellt und Rassismus nicht nur absichtsvolles böses

Handeln ist, sondern strukturell wirkt. Unser Gegenüber hört vielleicht eher hin, als spontan mit Abwehr zu reagieren, weil er*sie keinen ›Rassismusvorwurf‹ verspürt. Ich erlebe z.B. immer wieder, dass *Weiße* behaupten, dass auch *weiße* Menschen rassistisch diskriminiert werden können. Dann erkläre ich am Beispiel meiner eigenen Erlebnisse, wie sich die individuellen Beleidigungen und Ausschlüsse, die wir als *Weiße* erfahren können, und unsere strukturelle Privilegierung als *Weiße* unterscheiden. Dabei kann *weiße* Definitionsmacht dafür sorgen, dass mir kein ›persönliches Interesse‹ oder vermeintlich aggressives und wütendes Verhalten unterstellt wird, wie das in Bezug auf Trainer*innen mit Rassismuserfahrung häufig der Fall ist, wenn es um den vermeintlichen ›umgekehrten Rassismus‹ geht.

Du merkst, es geht darum, andere möglichst dort abzuholen, wo sie gerade in ihrem individuellen Lernprozess stehen. Wenn erkennbar ist, dass eine Person sich bisher noch nicht mit dem Thema Rassismus auseinandergesetzt hat, dann ist es z.B. wenig sinnvoll, mit ihr darüber zu sprechen, wie sie ihre *weißen* Privilegien rassismuskritisch nutzen sollte. Höchstwahrscheinlich kann sie die Formulierung *weiße* Privilegien noch gar nicht verstehen. Wir können ihr aber bestimmt helfen, besser zu verstehen, wie Rassismus funktioniert und uns als *Weiße* berührt. Unsere Aufgabe besteht also darin, andere *Weiße* dabei zu unterstützen, in ihrem Lernprozess Schritt für Schritt voranzukommen.

Weiße Lernprozesse vs. Diskriminierungsschutz für BIPoC

Einmal hielt ich einen Vortrag zu rassismuskritischer Bildungsarbeit in der Schule mit fast ausschließlich, aber nicht nur *weißen* Pädagog*innen als Zuhörenden. Ich sprach darüber, wie *weiße* pädagogische Fachkräfte häufig unabsichtlich Rassismus reproduzieren. Dann ging es darum, was ein erfolgreiches rassismuskritisches Handeln von *weißen* Pädagog*innen verlangt. Als die Diskussion eröffnet war, meldete sich ein PoC Teilnehmer und sagte: »Vielen Dank für den tollen Vortrag, der mir gut gefallen hat, aber wir müssen *jetzt* handeln.« Ich war zuerst verwirrt, also über den letzten Teil. Ging es in meinem Vortrag doch darum, wie rassismuskritisches Bildungshandeln in der Schule aussehen kann und sollte. Ich brauchte einen Moment, um ihm folgen zu können. Dann verstand ich, dass er mit der Aussage den Fokus auf die Rassismuserfahrungen von BIPoC Schüler*innen verlagerte. Während wir uns hinter verschlossenen Türen über das Thema austauschten und die *Weißen* in der Runde (durchaus wichtige) Lernprozesse durchliefen, erlebten draußen BIPoC Schüler*innen den alltäglichen Rassismus in der Schule. Ich bedankte mich bei dem Teilnehmer, die Dringlichkeit für rassismuskritische Bildungsarbeit in der Schule auf den Punkt gebracht zu haben.

Ich habe viel darüber geschrieben, dass das Lernen über Rassismus aus *weißer* Position viel Zeit braucht. Um selbstständig aus *weißer* Perspektive rassismuskritisch handeln zu können, müssen wir einen anstrengenden und langen Lernprozess durchlaufen, der außerdem nie zu Ende geht. Für unseren Umgang mit anderen *Weißen* ist es sehr wichtig, dies mitzudenken. Denn wir haben die Aufgabe, andere *Weiße* in ihrem Lernprozess voranzubringen. Hingegen gehört vieles von dem, womit wir uns auf unserem Weg zur Verbündetenschaft beschäftigen, für viele BIPoC zum selbstverständlichen Erfahrungswissen. Wir müssen daher auch realisieren, dass BIPoC einfach nicht diese Zeit haben, denn sie erfahren hier und jetzt Rassismus. Und der geht wiederum von uns aus.

Wir müssen offensichtlich einen situationsabhängig angemessenen Umgang mit anderen *Weißen* finden. Das heißt, wir sollten uns fragen: Bietet die jeweilige Situation Raum, auf die *weißen* Lernbedürfnisse der *weißen* Person einzugehen, ohne dass dies auf unmittelbare Kosten von BIPoC geht? Oder geht es in einer Situation eher um ein konkretes inakzeptables Verhalten einer *weißen* Person gegenüber BIPoC, das unterbrochen werden muss, unabhängig davon, ob die *weiße* Person die Kritik versteht oder nicht? Grundsätzlich schließt sich beides nicht aus. Wir können versuchen, auf konkrete rassistische Handlungen einer Person verändernden Einfluss zu nehmen und gleichzeitig mit ihr in einen rassismuskritischen Lernprozess treten. Tatsächlich sollte es genauso sein.

Dazu kurz wieder ein Beispiel: In einem Workshop zu Rassismus mit nur *weißen* Teilnehmenden verwendete eine Teilnehmende noch ziemlich am Anfang unreflektiert eine rassistische Fremdbezeichnung. Sie wurde sofort, noch mitten in ihrem Beitrag, von einer anderen Teilnehmenden mit den Worten unterbrochen: »Ich möchte dich und euch alle hier im Raum bitten, solche gewaltvollen Begriffe hier nicht zu verwenden. Ich halte das nicht aus.« Während sie sprach, kamen ihr die Tränen. Im weiteren Verlauf benutzte die andere Person den Begriff zwar nicht mehr, doch ich bezweifle, dass sie durch diesen Einwand verstand, warum das die bessere Wahl ist. Offensichtlich ging es der ermahnenden Teilnehmerin auch gar nicht vordergründig darum, ein solches Verstehen zu fördern. Vielmehr können wir hier von einer weiteren Variante der typischen Selbstviktimisierung *Weißer* sprechen (hier ›ich leide genauso an Rassismus wie BIPoC‹), einhergehend mit dem Glauben, deshalb zurecht auch über eine gewisse Definitionsmacht zu verfügen. Außerdem bot die Veranstaltung gerade einen Raum, ausführlicher auf das Thema einzugehen, als nur solch ein scheinbares ›Sprechverbot‹ auszusprechen. Wenn es dabei zu *weißer* Abwehr kommen sollte, würde das in der *weißen* Runde schließlich für niemanden eine Rassismuserfahrung darstellen. Etwas später im Workshop griff ich dann den problematischen Ausdruck zusammen mit weiteren kritischen Begriffen auf, die im weiteren Verlauf des Workshops ebenfalls verwendet woren waren. Ich erklärte, dass alle diese Begriffe rassistisch sind. Ich ging darauf ein, wie Sprache in Rassismus verstrickt ist, und wir schauten uns die verschiedenen Begriffsgeschichten zu den Ausdrücken sowie ihre heutigen Verwendungskontexte und mitschwingenden Bewertungen und Vorurteile an. Wir sprachen auch darüber, wie es sein kann, dass uns die Problematik von rassistischen Begriffen, insbesondere als *Weiße*, häufig gar nicht bewusst ist. Ich erzählte von den letzten rassistischen Begriffen, zu denen ich dazugelernt hatte und dass das gar nicht so lange her sei. Dann stellte ich noch einige Glossare zu rassismussensibler Sprache vor. Schließlich bat ich die Teilnehmenden für sich zu reflektieren, was sie daraus für sich und ihr Sprachhandeln mitnehmen wollen.

Das Potenzial *weißer* Räume

Weiße Räume bieten sich besonders an, um andere *Weiße* auf Rassismus anzusprechen und dabei auf die spezifisch *weißen* Lernbedürfnisse einzugehen. Gemischte Räume, in denen *Weiße* und BIPoC zusammenkommen, haben eine andere Dynamik, wenn das Thema Rassismus aufkommt. Wenn wir hier das Gespräch über Rassismus mit anderen *Weißen* eröffnen, kommt es wahrscheinlich per *weißer* Abwehr zu erneuten Rassismusreproduktionen, die sich dann auch ganz direkt gegen die anwesenden BIPoC richten können. Zum Beispiel neigen wir als *Weiße* in gemischten Räumen dazu, sobald Rassismus angesprochen wird, BIPoC zu bedrängen, sich zum Thema zu äußern. Dann heißt es schnell etwa: »Stefan (Schwarz) hat bei solchen (rassistischen) Witzen aber auch schon gelacht, stimmt's Stefan?« oder »Stefan, wie seht ihr (als Schwarze) das? Erzähl mal!« So kommt es zu rassistischen Fremdzuschreibungen und der Leugnung möglicher eigener Rassismuserfahrungen. In solchen und anderen Momenten, in denen Personen Rassismus ausgesetzt sind, geht es dann nicht an erster Stelle darum, den Lernprozess anderer diskriminierender *weißer* Personen langatmig zu fördern, sondern Vorrang hat dann, den Personen, die Rassismus erleben, in diesen Situationen bedürfnisorientiert zur Seite zu stehen und solidarisch zu handeln. Etwa indem wir ihre Aussagen unterstützen und keine Bagatellisierungen zulassen, uns klar gegen die geschehenen rassistischen Reproduktionen positionieren und sie unmissverständlich benennen. Auch davon können und sollen *Weiße* Wichtiges lernen. Im besten Fall ist das auch so. Für die rassistisch handelnden Personen mag das manchmal aber leider inhaltlich zu schnell gehen, da es an Vorwissen fehlt, um die Kritik wirklich zu verstehen. Was wiederum nicht heißt, dass der nötige *weiße* Lernzuwachs deshalb irrelevant wird. Im Gegenteil: Ihn anzuregen, bleibt weiterhin unsere Aufgabe. Häufig macht es dann Sinn, das Gespräch etwas später noch einmal unter vier Augen aufzunehmen. Dann sind womöglich auch die Emotionen etwas heruntergefahren. Insgesamt denke ich hier an Situationen wie das gemeinsame Mittagessen auf der Arbeit oder das private Beisammensein, wie z.B. beim verabredeten Spaziergang in der Freizeit. Also solche Momente, in denen wir sonst auch andere für uns persönlich bedeutsame Themen tiefergehend ansprechen würden. Sie sollten wir nutzen, um miteinander ins Gespräch zu Rassismus zu kommen.

Wenn wir unter *Weißen* sind, können wir uns den *weißen* Lernbedürfnissen sozusagen mit der notwendigen Zeit und Ruhe widmen. Das mag sich harmonisch anhören, ist oft aber alles andere als das. Vielmehr agieren wir dann bewusst als *weiße* Blitzableiter*innen der *weißen* Abwehr, die nun mal leider bei *Weißen* zum Lernen über Rassismus dazugehört. Der berüchtigte Streit wegen des Themas Rassismus am Esstisch mit der *weißen* Familie und mit Vorliebe an den Feiertagen ist ein Beispiel dafür. Doch gerade bei Personen, mit denen wir enge gute Beziehungen pflegen, macht es Sinn, Lernprozesse zu begleiten. Hierfür müssen wir aber unsere Erwartungen zu dem, was wir in kurzer Zeit bewirken können, leider deutlich herunterschrauben. Niemand entwickelt von heute auf morgen eine rassismuskritische Haltung. In einem meiner Workshops sagte eine Person einmal den schönen Satz: »Wir müssen uns für andere die Zeit nehmen, die sich andere auch für uns genommen haben.« In meiner Arbeit mache ich oft die Erfahrung, dass *weiße* Personen, die begonnen haben, sich intensiver mit Rassismus zu beschäftigen, unrealistische Erwartungen an andere *weiße* Menschen haben. Ich habe sogar schon mehrfach gehört, dass Freund*innenschaften aufgekündigt wurden, wenn diese Erwartungen nicht erfüllt wurden. Dann vertun wir eine große Chance. Denn wer hat mehr Chancen als wir, die ihnen nahestehen, zu diesen Personen – irgendwann einmal – durchzudringen? Wir dürfen Beziehungen zu anderen *Weißen* nicht einfach kappen, weil diese Personen unbewusst rassistisch handeln. Weil wir eine Beziehung zu ihnen haben, haben wir womöglich die beste Chance, sie zu erreichen.

Kurzum als To-do formuliert: Mach Rassismus unter *Weißen* zum Thema! Setze dabei deine *weiße* Definitionsmacht bewusst ein, genauso wie dein Wissen dazu, wie es ist, *weiß* zu sein. Wenn es schwierig wird, mache dir bewusst, dass die Situation kein rassistisches Diskriminierungsrisiko für dich birgt und gebe nicht auf. Stelle dich dabei aber nicht über andere. Es gibt keinen Grund, sich überlegen zu fühlen. Selbst wenn du dabei auf scheinbar unauflösbaren Widerstand stößt, sei dir darüber bewusst, dass euer Gespräch dennoch zum Umdenken anregen kann. Das passiert meistens nur nicht spontan und sofort, sondern entwickelt sich eher mit der Zeit, besonders, wenn Rassismus ein relevantes Thema bleibt. Probiere es einfach aus. Wichtig ist, überhaupt aktiv zu werden, das Gespräch über Rassismus aufzunehmen und das Schweigen zu brechen. Weil das unter uns *Weißen* immer noch unüblich ist, macht das dein Gegenüber im besten Fall neugierig und interessiert.

Eigene *weiße* Vorbilder suchen und für andere *Weiße* Vorbild sein

Wir können anderen *Weißen* auch davon berichten, wie es für uns selbst war und ist, rassismuskritisch zu denken und handeln zu lernen. Das kann andere animieren, sich ebenfalls auf den nicht einfachen rassismuskritischen Lernprozess einzulassen. Wir können teilen, wie wir selbst angefangen haben, über unser *Weiß*-Sein zu lernen und mit welchen Herausforderungen das für uns verbunden war. Wir können berichten, wie wir mit schwierigen Situationen und unserer Verstrickung in Rassismus umgehen und von unseren Erfolgen erzählen. So können wir andere *Weiße* motivieren, trotz unangenehmer Erlebnisse und negativer Gefühle durchzuhalten. Wir können weitergeben, was uns hilft, produktiv mit unserer eigenen Abwehr umzugehen und sie zu meistern. Genauso können wir die Momente teilen, in denen wir das nicht geschafft haben, und damit zu erkennen geben, dass auch das Scheitern und dessen Anerkennung dazu gehören.

In meinen Bildungsveranstaltungen fragen mich andere *Weiße* z.B. immer wieder, wie sie mit der Angst, ›etwas falsch zu machen‹, also rassistisch zu handeln, umgehen können. Dann erzähle ich davon, wie ich selbst gelernt habe, offen für Fehler zu sein und Risiken einzugehen, um dazuzulernen. So wie ich dir weiter oben hiervon erzählt habe. Damit will ich anderen *Weißen* die Möglichkeit geben, sich in meinen Erfahrungen wiederzuerkennen. Ich versuche, ihnen ein Identifikationsangebot zu machen, das zu einem eigenen anhaltenden selbstreflexiven Lernen über Rassismus ermutigt. Gleichzeitig erkenne ich mich regelmäßig selbst in den Gedanken, Handlungsweisen und abwehrenden Reaktionen der *weißen* Teilnehmenden wieder. Das greife ich dann auch auf, um die strukturelle Wirkweise von Rassismus, der uns alle beeinflusst, aufzuzeigen.

All das sind keine Rezepte, aber unsere Erfahrungen untereinander zu teilen, erscheint mir aus persönlicher Erfahrung lohnenswert zu sein. Für mich selbst war es sehr wichtig, andere *Weiße* zu erleben, die sich hinsichtlich ihrer eigenen bewussten Erfahrungen als *Weiße* gegenüber anderen geöffnet haben. Zu sehen, dass sich andere *Weiße* eingestehen, beim Versuch, sich Rassismus entgegenzusetzen, Fehler zu machen, hat mich beeindruckt. Zu wissen, dass sie, genauso wie ich, immer wieder an sich selbst zweifeln und unsicher sind, *aber trotzdem weitermachen* – und damit bereit sind, Fehler und ungute Gefühle erneut zuzulassen –, motiviert mich bis heute. Wer zweifelt, ist auf einem guten Weg zur Erkenntnis. Diese *weißen* Personen sind für mich Vorbilder, um mich immer wieder ins unbequeme Handeln zu begeben. Nach dem Motto: Wenn die das können, dann schaffe ich das auch. Dann muss es möglich sein.

Die Basis jeder Rassismuskritik ist der Widerstand von BIPoC gegen Rassismus. Dass wir als *Weiße* Rassismus verstehen lernen, ist Menschen mit Rassismuserfahrung zu verdanken. Auch ich habe über Rassismus vor allem aus den vielfältigen Arbeiten zu rassistischer Diskriminierung und den Kämpfen gegen sie von BIPoC gelernt. Das gilt auch immer noch. Gleichzeitig nehme ich von *weißen* Verbündeten viel für mich dazu mit, wie ich mit diesem Wissen im Sinne rassismuskritischen Handelns als *Weiße* umgehen kann. Ich kann mich in ihnen wiedererkennen, mich mit ihnen identifizieren und fühle mich von ihnen verstanden. Wir teilen die gleichen, vor allem emotionalen, Herausforderungen. Wir müssen BIPoC zuhören und ihr Wissen über Rassismus anerkennen, um Rassismus begreifen zu lernen und uns einen eigenen Fahrplan für den Kampf gegen

Rassismus machen zu können. Gleichzeitig brauchen wir *weiße* Verbündete als Vorbilder, um rassismuskritisch handeln zu lernen.

Wenn wir über *weiße* Vorbilder sprechen, ist es unvermeidbar, dass *Weiß*-Sein ins Zentrum gerückt wird. Das hat aber keinen Selbstzweck, sondern die Verhaltensänderung *Weißer* zum Ziel. Bell hooks beschreibt den Wert und die Bedeutung, die einzelne *Weiße*, die sich gegen Rassismus einsetzten, für die kollektive Verhaltensänderung *Weißer* haben, und gibt zu bedenken:

> »Wenn wir den Wert und die Bedeutung einzelner antirassistischer *Weißer* nicht anerkennen, schmälern wir nicht nur die Arbeit, die sie geleistet haben und tun, um ihr Denken und Verhalten zu ändern, sondern wir hindern andere *Weiße* daran, von ihnen als Beispiel zu lernen.«[166]

Lisa Spanierman und Nolan Cabrera halten *weiße* Vorbilder insbesondere in Bildungskontexten für wichtig. *Weißen* Pädagog*innen käme eine besondere Verantwortung zu:

> »Insbesondere *weiße* Pädagogen müssen die Verantwortung dafür übernehmen, *weiße* Lernende über Rassismus zu unterrichten. Wir wissen, dass *weiße* Vorbilder bei der Entwicklung zum*zur *weißen* Verbündeten wichtig sind. Und es ist nicht vernünftig, die Verantwortung rassifizierten Lehrkräften zuzuschreiben. *Weiße* Pädagogen können zu starken Mentor*innen für *weiße* Lernende werden, die ihre antirassistische Reise beginnen.«[167]

Die Erziehungswissenschaftler*innen Joe Kincheloe und Shirley Steinberg halten für die Bildungsarbeit zusätzlich noch den Blick in die Geschichte *weißer* Verbündeter für bedeutend: »Sie [progressive *Weiße*] brauchen historische und zeitgenössische Beispiele *weißer* Antirassist*innen [...].«[168] Wenn sie auch eine Minderheit waren, so gibt es doch seit Langem *Weiße*, die sich mit BIPoC verbündet und sich am Kampf gegen Rassismus beteiligt haben. Auch Beverly Tatum hält es für wichtig, diesen Teil der *weißen* Vergangenheit mit zu erinnerm, wenn *Weiße* über Rassismus lernen. Sie schreibt, wie uns dies dabei helfen kann, eine positive *weiße* rassismuskritische Identität auszubilden, die wir brauchen, um erfolgreich rassismuskritisch zu agieren. Wie sollen wir sonst lernen, bei Rassismus einzuschreiten, wenn wir niemals andere *Weiße* so handeln gesehen haben?[169] Für Tatum brauchen *Weiße*, die über Rassismus lernen, Vorbilder von *weißen* Rassismusgegner*innen. Das könne uns helfen, unser *Weiß*-Sein mit einer rassismuskritischen Geschichte als Quelle des Stolzes, statt mit Scham oder Schuld anzuerkennen.[170] Kivel knüpft hier ebenfalls gedanklich an. In seinen Leitlinien für *weiße* Allies hält er fest, dass wir nicht nur über die Geschichte des Rassismus und die Rolle von *Weiß*-Sein lernen müssen, sondern auch über die *weiße* rassismuskritische Geschichte:

> »Lerne über die Geschichte der *Weißen*, die sich gegen Rassismus eingesetzt haben. Dies ist eine lange Geschichte. Ihre Geschichten können dich inspirieren und stärken.«[171]

Weiße sind für uns wichtige Verbündete im Kampf gegen Rassismus

> »Liebe Jule, dein kleines Seminar war für mich ein spannender Tauchgang in diese Thematik [...]. Auf deine Anregung hin, uns auch weiter zusammen austauschen zu können, haben sich drei weitere Teilnehmerinnen bei mir gemeldet und im Dezember haben wir uns zu zweit online getroffen und zusammen den Leitfaden von dir benutzt, um eine persönliche Erfahrung zu beleuchten. Das war total interessant, hilfreich und berührend. Heute treffen wir uns zum zweiten Mal. Ich freue mich schon darauf! Herzliche Grüße«

Das ist eine Rückmeldung zu meinem offenen White-Allyship-Workshop, den ich seit vielen Jahren anbiete. Mit viel Raum für Austausch untereinander und vor allem als Anregung, miteinander im Austausch zu bleiben. Denn viele von uns, die sich aus *weißer* Position gegen Rassismus einsetzen, sind isoliert, weil sie ein Umfeld haben, das von *weißer* Abwehr dominiert wird. Für meine Veranstaltungen ist wahrscheinlich auch deshalb eines ganz typisch: Am Ende gilt der Dank immer weniger mir als den anderen Teilnehmenden, verbunden mit Aussagen wie dieser: »Es tut so gut zu wissen, dass es anderen genauso geht und ich nicht allein damit bin.« Von meinen zahlreichen Workshops ist kaum einer vergangen, aus dem nicht eine *weiße* Bezugsgruppe entstanden ist. Fast jedes Mal führt ein Teil der Runde die gemeinsame Reflexion der eigenen *weißen* Position beim Handeln gegen Rassismus nach dem Workshop fort. Das ist schon auf ganz verschiedene Weise passiert, mit weiteren regelmäßigen persönlichen oder virtuellen Treffen, mit Instant-Messenger-Gruppen oder einem E-Mail-Verteiler. Von einigen Gruppen weiß ich, dass sie mittlerweile schon viele Jahre bestehen.

Weiße sind für uns wichtige Bündnispartner*innen im Kampf gegen Rassismus. Wir können viel voneinander lernen. Wir können den Austausch untereinander suchen und nutzen, wenn wir mal ratlos sind und nicht weiterkommen. So können wir erleben, dass wir nicht allein sind mit den Herausforderungen, die wir wahrnehmen und die rassismuskritisches Handeln für uns bedeutet. Im Austausch untereinander können wir Mut schöpfen und Motivation erfahren und geben. Wir können untereinander Fragen stellen und Tipps geben und erhalten – all das, ohne BIPoC unnötig mit unseren Lernprozessen, Fragen und *weißen* Emotionen zu belasten.

Reflexionsfragen

1. Mit welchen deiner *weißen* Familienangehörigen, Freund*innen oder Arbeitskolleg*innen kannst du dir vorstellen, Gespräche über Rassismus zu führen? In welchen Situationen könnte das sein. Mit wem kannst du dir das weniger gut vorstellen? Warum ist das so?
2. Wie kannst du diese Personen konkret in ihrem rassismuskritischen Lernprozess unterstützen? Wo stehen sie vermutlich in ihrem Lernprozess und was könnten Aspekte sein, die für sie hilfreich sein könnten.
3. Von welchen eigenen Erfahrungen beim Lernen über Rassismus kannst du dir vorstellen, anderen *Weißen* zu berichten, um sie zum rassismuskritischen Denken und Handeln zu ermutigen? Was waren für dich persönliche Schlüsselmomente, die wertvoll sein könnten, um geteilt zu werden?
4. Welcher Austausch mit anderen *Weißen* tut dir gut und bringt dich in deinem Lernprozess voran? Das müssen nicht immer die angenehmen Diskussionen sein!
5. Welche *weißen* Verbündeten sind Vorbilder für dich? Was nimmst du aus deren Handeln für dich mit?
6. Welche *weißen* Verbündeten, mit denen du dich z.B. regelmäßig austauscht oder zusammenarbeitest, hast du?

11 Rassismus hinter den Kulissen – Wenn wir unter uns sind

Rassismus ist sehr flexibel. Wir haben ein großes Repertoire an Verhaltensweisen verinnerlicht, um unsere Privilegien und Machtstellung als *Weiße* in der Gesellschaft zu verteidigen. Dazu gehört ganz wesentlich auch, dass wir uns vor anderen als nicht rassistisch präsentieren. Das gilt aber nicht für alle Situationen gleichermaßen. Eine Rolle spielt dabei, mit wem wir kommunizieren.

Viele von uns demonstrieren das Bedürfnis, vor anderen als nicht rassistisch zu gelten. Ich erlebe allerdings immer wieder, dass dieses Bedürfnis weniger ausgeprägt erscheint, wenn wir unter uns, also nur unter *Weißen*, sind. Räume, die sich dem Kritischen *Weiß*-Sein verpflichten, nehmen wir davon einmal aus. Hier stellen sich *Weiße* untereinander häufig als besonders kritisch dar. Auch bei öffentlichen Veranstaltungen, wie z.B. politischen Gesprächsrunden im Fernsehen, scheint dieses Bedürfnis nicht zu schwinden. Sie werden von den Redner*innen gerne als Plattform für Selbstdarstellung genutzt. Sollte es dabei ausnahmsweise explizit um das Thema Rassismus gehen, fehlt es selten an einer Selbstinszenierung der *weißen* Gäste – und Moderierenden – als unermüdliche Gegner*innen des Rassismus. Dabei scheint es egal, wer noch in der Runde sitzt. Entscheidend ist offenbar die Reichweite der gesendeten Botschaften. Wenn viele Menschen die Aussagen hören und außerdem nicht klar ist, wer potenziell alles dazu gehört, scheinen viele von uns häufig vorsichtiger zu sein, was sie zum Thema Rassismus sagen. Das heißt leider nicht, dass unsere Aussagen dann automatisch weniger problematisch ausfallen. Von sich zu behaupten, Rassismus abzulehnen, garantiert keine rassismuskritische Praxis.

Nach außen gegen Rassismus predigen und heimlich rassistische Witze machen

Anders als in der Öffentlichkeit und in großen Runden sieht unser Verhalten häufig aus, wenn wir im kleineren Kreis unter uns *Weißen* sind. Das kann in der Familie, unter Freund*innen und Nachbar*innen oder im Sport- und Kleingartenverein sein. Ich erlebe in solchen *weißen* Räumen häufig, dass andere *Weiße* Aussagen machen, von denen ich sicher bin, dass sie diese nicht machen würden, wenn eine BIPoC Person dabei wäre. Das können beispielsweise rassistische Begriffe oder rassistische Stereotype und Argumentationsweisen sein, die dann verwendet werden. Rassistische Witze gehören auch dazu. Ich nehme das an, weil ich viele dieser Personen auch immer wieder im Beisein von Personen mit Rassismuserfahrung erlebe. Dann verhalten sie sich anders. Beim Thema Rassismus sind sie dann zurückhaltender und vorsichtiger. Manchmal wirken sie netter, konzentrierter oder angespannter. Ihre Meinung behalten sie dann auch schon mal für sich. Besagte Aussagen werden dann meistens unterlassen. Rassistische Kommentare nur vor mir, einer anderen *weißen* Person zu machen, scheint hingegen grundsätzlich unproblematisch für sie zu sein.

Nur um das klarzustellen, bei den Personen, von denen ich hier spreche, handelt es sich nicht um Menschen, die sich bewusst für Rassismus entschieden haben und vorsätzlich rassistisch handeln. Sie wählen keine rassistischen Parteien und gehören keinen rassistischen Gruppierungen an. Ich weiß, dass keiner der Menschen, von denen ich hier spreche, von sich behaupten würde, Rassist*in zu sein. Genau das ist auch das Bemerkenswerte. Für die alltäglichen rassistischen Äußerungen nur unter *Weißen* braucht es keine bewussten rassistischen Überzeugungen.

Die rassistischen Bemerkungen, die ich unter *Weißen* erlebe, erfolgen häufig nur beiläufig. Beispielsweise geht es dann nebensächlich um »die lauten Türkenkinder« in der Nachbar*innenschaft. Manchmal wird aber auch ausgeholt, wie es z.B. einige *weiße* Nachbar*innen taten, als bekannt wurde, dass demnächst im Kiez eine Geflüchtetenunterkunft gebaut werden soll. Immer scheint den rassistischen Aussagen eine gewisse Selbstverständlichkeit und Normalität innezuwohnen. Von einer Angst, als rassistisch zu gelten, kann in diesen Momenten nicht die Rede sein. Vielmehr wird in der Erwartung gesprochen, dass ich, als ebenfalls *weiße* Person, die Aussagen nicht hinterfrage. Im Gegenteil, es schwingt die Annahme mit, dass ich es genauso sehe.

Selbst wenn eine rassistische Äußerung völlig unerwartet fällt, so meine Erfahrung, bleiben *Weiße* untereinander meistens locker und entspannt. Der ›komische Moment‹ in der Runde entsteht meistens erst, sobald eine BIPoC Person dabei ist. Erst dann wird es für viele von uns unangenehm, peinlich und unpassend. Der US-amerikanische *weiße* Aktivist und Autor Tim Wise beschreibt das in seinem Buch *White Like Me* anschaulich.[172] Er berichtet von einem Erlebnis in einer Gruppe unter *weißen* Studierenden: Als einer der Studierenden einen rassistischen Witz machte, erklärte Wise ihm daraufhin, dass er tatsächlich Schwarz sei, da er eine Schwarze Mutter habe. Wise erfand dies, um die Reaktion des Studenten zu beobachten. Dieser entschuldigte sich daraufhin sofort mit den Worten: »Oh mein Gott. Das tut mir so leid. Das wusste ich nicht.«[173] Unter *Weißen* hatte der Student also keine Bedenken, den rassistischen Witz zu erzählen. Erst als er annahm, eine Schwarze Person habe den Witz gehört, erscheint ihm dies unangenehm und falsch zu sein.

Mit *weißer* Solidarität stabilisieren wir untereinander Rassismus

BIPoC sehen sich tagtäglich mit rassistischen Aussagen *Weißer* konfrontiert. Rassistische Äußerungen nur unter *Weißen* kennzeichnet im Vergleich dazu, dass sie sich in der Erwartung an andere *Weiße* richten, aus spezifisch *weißer* Perspektive befürwortet zu werden. Deshalb fallen sie teilweise auch anders aus. Ich erlebe z.B. immer wieder, dass ich sprachlich als *weiße* Person adressiert werde, wenn andere *Weiße* rassistische Dinge sagen. Das passiert z.B. mit ›Wir‹-Formulierungen, die sich auf unsere geteilte Erfahrung als *Weiße* beziehen. »Wir werden hier immer weniger«, erklärte in meinem Beisein vor Kurzem eine *weiße* Nachbarin. Sie regte sich über den Bau der Geflüchtetenunterkunft ein paar Straßen weiter auf. Dabei wiederholte sie rassistische Stereotype über Schwarze Männer. Die gemeinsame Erfahrung als *Weiße* wird auch betont, wenn es heißt, »Dir kann ich das ja sagen«, »Mal unter uns...«, oder »Du weißt schon, was ich meine«. Damit erhalten die rassistischen Äußerungen einen besonders auffordernden Charakter. Sie laden mich ein, als *weiße* Person zuzustimmen, mitzuschimpfen, mitzulachen und Verständnis für die Gefühle meines *weißen* Gegenübers zu zeigen – und die Aussagen damit zu legitimieren. Hierfür reicht es häufig schon aus zu schweigen, so wie ich es bei der Besichtigung meiner ersten Wohnung und dem rassistischen Kommentar meines Vermieters getan habe.

Wenn ich unter *Weißen* rassistische Äußerungen erlebe, spüre ich die Aufforderung, zuzustimmen, deutlich. Ich erlebe diese Aufforderungen als Appell für das, was Robin DiAngelo »Solidarität unter *Weißen*« nennt:

»Solidarität unter Weißen bedeutet eine stillschweigende Übereinkunft, die Vorteile Weißer zu schützen und ihnen kein Unbehagen wegen ihrer ›Rasse‹ zu bereiten, indem man ihnen entgegentritt, wenn sie etwas unter Rassenaspekten Problematisches sagen oder tun.«[174]

Weiße Solidarität ist eine zentrale Strategie des Rassismus und betrifft auch den Umgang mit rassistischen Äußerungen, die wir als *Weiße* nur unter uns machen: Mit rassistischen Bemerkungen untereinander, die keine*r infrage stellt, festigen wir rassistische Denk- und Handlungsweisen untereinander. Auf diese Weise versichern wir uns untereinander unserer *weißen* Privilegien und unserer Machtstellung in der Gesellschaft. Rassismus ist auf *weiße* Solidarität angewiesen, um zu funktionieren und zu überleben. Sie wird nicht nur gegeben, sondern auch erwartet und eingefordert. Wenn sie nicht erfolgt, wird dies meistens bestraft. Rassismus kennt keine Alternativen zu *weißer* Solidarität. Wie den Widerstand von BIPoC duldet er auch kein rassismuskritisches Handeln *Weißer*.

Doppelgesichtiger Rassismus

Mit Blick auf den US-amerikanischen Kontext beschreiben die Soziolog*innen Leslie Picca und Joe Feagin den Rassismus, der unter *weißen* Personen stattfindet, als Rassismus »hinter den Kulissen«. Auch sie haben beobachtet, dass sich *Weiße* in Hinblick auf Rassismus untereinander meistens deutlich anders verhalten als im Beisein von Menschen mit Rassismuserfahrung, also bei ihrem Agieren »auf der Bühne«. Dies ist das Ergebnis ihrer Analyse der persönlichen Tagebuch-Aufzeichnungen von 626 *weißen* Studierenden verschiedener US-amerikanischer Hochschulen zu ihren rassismusrelevanten Interaktionen im Alltag. Diese alltäglichen Situationen, in denen Rassismus eine Rolle spielte, wurden von den Studierenden im Durchschnitt über etwas mehr als zwei Wochen dokumentiert. Weil ihr Verhalten unter *Weißen* und ihr Handeln, wenn BIPoC dabei sind, so sehr auseinanderklafft, sprechen Picca und Feagin von einem »doppelgesichtigen Rassismus«.[175]

Die Untersuchung der beiden zeigt, dass sich viele von uns, wenn wir nur unter *Weißen* sind, in Hinblick auf rassistische Verhaltensweisen sicher und frei von bestimmten Erwartungen an uns fühlen. Diese Erwartungen verspüren wir hingegen, wenn BIPoC anwesend sind. Aus der Studie geht hervor, dass sich die meisten von uns im Beisein von BIPoC verpflichtet fühlen, sich hinsichtlich potenziell rassistischer Aussagen zurückhaltend zu verhalten. Wir gehen davon aus, dass in diesem Fall offenkundig rassistische Aussagen unangebracht sind und missbilligt werden. In geschützten *weißen* Räumen hingegen sind offen rassistische Kommentare und Witze nicht ungewöhnlich und werden in der Regel toleriert, wenn nicht sogar bestärkt. Entsprechend erwarten wir unter *Weißen* üblicherweise, dass offenes rassistisches Verhalten akzeptiert oder gar befürwortet wird.[176]

In meinen Bildungsveranstaltungen zum Thema Rassismus habe ich schon viele Berichte *weißer* Teilnehmender zu diesem alltäglichen Rassismus in *weißen* Räumen gehört. Dann geht es um Verwandte, Arbeitskolleg*innen oder den Bekanntenkreis und immer wieder um die Frage, wie mit diesen Situationen des alltäglichen Rassismus ›hinter den Kulissen‹ am besten umgangen werden kann. Ein entscheidender Schritt ist dabei schon erfolgt, nämlich anzuerkennen, dass Rassismus auch wesentlich damit weitergetragen wird, wie *Weiße* sich verhalten, wenn BIPoC nicht dabei sind.

Rassismuskritik hinterfragt, wie wir als *Weiße* untereinander Rassismus weitertragen

Viele von uns nehmen an, Rassismus sei nicht relevant, wenn keine BIPoC anwesend sind. Er könne dann sozusagen nicht passieren, weil niemand da ist, der ausgegrenzt und benachteiligt werden kann. In einem von mir durchgeführten Workshop zur Sensibilisierung für Rassismus erklärte eine teilnehmende Gleichstellungsbeauftragte einer deutschen Hochschule in diesem Tenor, an ihrer Hochschule stelle Rassismus kein Problem dar. Das liege daran, weil es dort keine Schwarzen Menschen gebe. Dass genau dies ein Zeichen für Rassismus darstellen könnte, weil Rassismus mit seinem Einfluss auf Bildungswege BIPoC bis heute einen erschwerten Zugang zu Hochschulbildung verschafft, erkannte sie nicht. Wie diese Person in meinem Workshop sind sich die meisten von uns nicht bewusst, dass *Weiße* insgesamt, und damit auch wir selbst, rassistisch handeln können, ohne dass Menschen mit Rassismuserfahrung anwesend sein müssen. Rassismus wird jedoch in *weißen* Räumen auf vielfältige Weise reproduziert. Dazu zählen alltägliche rassistische Äußerungen, die rassistische Denkweisen wiederholen und festigen, auf denen die Benachteiligung und Ausgrenzung von BIPoC in der Gesellschaft aufbauen, genauso wie darauf aufbauende Entscheidungen, die zu rassistischen Ausschlusspraxen führen.

Weiße Spaßverderber*innen

Gegen die zahlreichen rassistischen Bemerkungen, die *Weiße* nur unter sich machen, einzuschreiten, ist eine bedeutsame Aufgabe *weißer* Verbündeter von BIPoC. Es ist eine Möglichkeit für uns *Weiße*, Rassismus nicht weiterzutragen. Wenn wir als *Weiße* bei rassistischem Verhalten anderer *Weißer* einschreiten, untergraben wir *weiße* Solidarität, auf der Rassismus erkennbar aufbaut. Damit signalisieren wir anderen *Weißen*, dass sie nicht davon ausgehen können, dass alle anderen *Weißen* der gleichen Meinung sind und ein solches Verhalten gutheißen oder dulden. Das kann irritieren und verunsichern und so verinnerlichte rassistische Denk- und Handlungsweisen herausfordern. Tim Wise beschreibt, wie viel wir als *Weiße* mit rassismuskritischem Handeln in *weißen* Räumen bewirken können, wenn wir der Annahme *Weißer* widersprechen, dass alle anderen *Weißen* genauso rassistisch sind wie sie selbst (›White Bonding‹):

> »Dass *Weiße* sich auf diese Weise gegen Rassismus wehren, sendet eine Botschaft an andere *Weiße*: Sie können nichts als selbstverständlich hinnehmen; sie können sich nicht anmaßen, unsere Ansichten zu kennen; Sie können nicht sicher sein, dass wir ihre Bemühungen um White Bonding akzeptieren werden. Weit davon entfernt, nur einen Wohlfühlmoment zu bieten, ist das Säen dieser Saat des Zweifels ein wichtiger Schritt im Prozess des Widerstands, denn Rassismus, insbesondere institutioneller Natur, erfordert die Absprache vieler Personen; der*die einsame Fanatiker*in kann es nicht vollbringen.«[177]

Robin DiAngelo erklärt auf ähnliche Weise, wie viel kleine Interventionen bringen können:

> »Jeder unwidersprochene Witz fördert die Verbreitung von Rassismus in der Kultur, und die Möglichkeit, dass dieser Witz in Umlauf bleibt, hängt von meiner Komplizenschaft ab.«[178]

Natürlich kann das aber auch zu Abwehrreflexen führen. Wenn ich z.B. einen rassistischen Witz kritisiere, ist es wahrscheinlich, dass ich mir anhören muss, ich verstehe keinen Humor oder Satire dürfe alles. Das Problem verschiebt sich dann schnell auf einen selbst. Wenn wir in das rassistische Verhalten anderer *Weißer* intervenieren, kann das bei unserem Gegenüber die Angst auslösen, als rassistisch zu gelten. Dann geht es Personen häufig schnell nur noch darum, den verspürten ›Rassismusvorwurf‹ zurückzuweisen. Oft passiert das auch mit einem Gegenangriff und Worten wie: »Das war nicht so gemeint«, »Du übertreibst«, »Das stimmt nicht« oder »Jetzt will ich dir mal was sagen...«. Dann wird es durchaus schwer und herausfordernd, Anregungen für rassismuskritisches Denken und Handeln zu geben.

Als *weiße* Verbündete ist aber genau das unsere Aufgabe, die wir im Blick haben müssen, wenn wir mit anderen *Weißen* zusammen sind. Hier liegt unsere Baustelle. Und wir müssen für uns herausfinden und einüben, wie wir hier am wirkungsvollsten agieren können. Wie Wise treffend über das Einschreiten *Weißer* gegen Rassismus unter *Weißen* schreibt, ist es nicht dasselbe, ob ich jemandem nur sage, er*sie möge in meinem Beisein rassistische Kommentare unterlassen, oder ob ich diese Person dazu zu bewegen versuche, ihr rassistisches Verhalten zu stoppen. Bei Ersterem geht es nur darum, die eigenen Ohren zu schützen, bei Letzterem darum, die andere Person wirklich bei ihrem Lernprozess zu unterstützen. Mir gab zu denken, als einmal vor längerer Zeit eine gute *weiße* Freundin nach einem Gespräch über Rassismus klipp und klar zu mir sagte, sie wolle mit mir nicht noch einmal über das Thema diskutieren. So wie ich mich damals verhalten hatte, war es offensichtlich wenig hilfreich gewesen, denn sie zog sich zurück.

Manchmal mag es unvermeidbar sein, dass wir unter *Weißen* einfach nur der*die *weiße* Spaßverderber*in sind, um rassistische Aussagen nicht so stehen zu lassen. Doch als *weiße* Verbündete dürfen wir andere *Weiße* nicht einfach aufgeben oder von uns wegstoßen. Als *weiße* Verbündete sind wir nicht nur Spaßverderber*innen unter *Weißen*, sondern immer auch motivierende Ideengeber*innen, Ansprechpartner*innen und Vorbilder für andere *Weiße*. Wir müssen andere *Weiße* als unsere potenziellen Bündnispartner*innen gegen Rassismus ansehen und ihnen unsere Hand entgegenstrecken – *gerade weil sie rassistisch handeln*.

Reflexionsfragen

1. Sei ehrlich zu dir: Verhältst du dich im Alltag in Bezug auf das Thema Rassismus unter *Weißen* anders als im Beisein von BIPoC? Falls ja, inwiefern und warum?
2. Wie verhältst du dich, wenn du in *weißen* Räumen rassistische Äußerungen und Handlungen erlebst? Schreitest du ein?
3. Inwiefern hast du unter *Weißen* der Harmonie und des lieben Friedens willen schon über rassistisches Verhalten hinweggesehen?

12 Lerntagebuch für *weiße* Spaßverderber*innen

Wenn wir unter *Weißen* rassistische Verhaltensweisen mitbekommen, ist es häufig der einfachere Weg, nicht einzuschreiten. Es kann ressourcenschonender und bequemer sein, einfach zu schweigen und wegzusehen. Wenn wir keine Lust auf Argumentationen oder Streit haben, kann die Lust, rassismuskritisch zu intervenieren, genauso schnell schwinden. Manchmal fehlt auch einfach die Kraft, zum Beispiel wenn es uns nicht gut geht, weil wir krank sind. Oder es ist uns schier unmöglich einzugreifen, weil wir uns selbst in einer Notsituation befinden. Als ich zum Beispiel mein erstes Kind zur Welt brachte, erlebte ich im Kreißsaal eine rassistische Situation mit, hatte aber nicht die Kraft einzuschreiten. Manchmal ist zwar die Kraft da, aber die diskriminierende Bedeutung einer miterlebten Aussage wird uns erst bewusst, wenn die Situation schon vorüber ist und wir im Nachhinein noch einmal in Ruhe über alles nachdenken. Oder unser Bauch sagt uns in dem Moment, da ist was faul, aber es geht einfach alles zu schnell und wir kommen gar nicht hinterher, um zu verstehen, was eigentlich gerade passiert.

Es gibt keine Rezepte für rassismuskritisches Handeln und ein absolut rassismusfreies Handeln auch nicht. Es ist jedoch möglich, sich die eigenen ›Schwächen‹ bewusst zu machen, zu hinterfragen und zukünftig anders als bisher zu handeln. Hierfür muss ich mir meine eigenen ›Fehltritte‹ allerdings zuerst einmal eingestehen. Nur dann kann ich überhaupt über alternative Handlungsweisen nachdenken.

Mit den folgenden Fragen möchte ich dir zum Abschluss noch ein Werkzeug an die Hand geben, das dir dabei helfen soll, dein eigenes Handeln hinsichtlich alltäglicher rassistischer Vorfälle in *weißen* Gruppen regelmäßig zu reflektieren. Die Fragen sollen dich dabei unterstützen, in *weißen* Räumen langfristig rassismuskritisch zu agieren. Sie können dir helfen, mögliche alternative Handlungsweisen auszuloten bzw. dir diese vorzunehmen und dann auch umzusetzen. Die Reflexion soll dich dabei unterstützen, dich in zukünftigen kritischen Situationen besser zu orientieren und handlungsfähiger zu werden. Nicht zuletzt kann sie dir auch helfen, Situationen gedanklich für sich ruhen zu lassen, weil du dir vornimmst, zukünftig anders zu handeln, oder dazu stehst und Verantwortung dafür übernimmst, dass du in einer Situation nicht eingegriffen hast.

Ich habe die Fragen so geschrieben, dass sie dein Lernen über Rassismus über einen längeren Zeitraum begleiten können. So ist das Ganze auch gedacht. Die Fragen bilden eine Vorlage für ein Lerntagebuch, mit dem du deine Gedanken zu deinem Handeln in Bezug auf Rassismus in *weißen* Räumen langfristig dokumentieren kannst, um ein Bewusstsein für deine Lernprozesse zu entwickeln. Wenn du möchtest, kannst du die Fragen natürlich auch auf dein Handeln in gemischten Räumen beziehen und auch dieses reflektieren. Mit dem Lerntagebuch kannst du dir einen eigenen kleinen, persönlichen, ganz flexiblen Reflexionsraum schaffen. Vielleicht ist das was für dich? Probiere es einfach mal aus.

Nimm dir jetzt ein bisschen Zeit dafür. Schreibe entlang der Fragen einen ersten Lerntagebucheintrag. Nimm dir ein Blatt Papier, auf das du die Fragen unten überträgst. Lass zwischen den Fragen etwas Abstand für deine Antworten. Wähle dann eine jüngere rassismusrelevante Situation aus, bei der du dabei warst und die du reflektieren möchtest. Rassismusrelevant meint, Rassismus muss irgendwie eine Rolle gespielt haben. Eine Person hat z.B. eine rassistische Aussage oder einen rassistischen Kommentar gemacht und du hast das mitbekommen. Wichtig ist, dass du dich noch gut daran erinnern kannst. Du kannst hierfür zum Beispiel überlegen, was das letzte rassistische Ereignis unter *Weißen* war, das du erlebt hast, und dann dieses nehmen. Schreibe diese Situation anschließend zusammengefasst auf. Das kann auch in Stichpunkten sein. Vermerke dazu auch, wann und wo das Ganze passiert ist. Beantworte dann die folgenden Fragen mit Bezug auf diese Situation. Und fertig ist dein erster Lerntagebucheintrag!

Datum des Lerntagebucheintrags:
Rassismusrelevantes Ereignis:
Ort und Datum des Ereignisses:

1. Wie kam Rassismus in der Situation zum Tragen?
2. Welche Gefühle hat die Situation bei mir ausgelöst?
3. Wie habe ich mich verhalten?
4. Was war meine Motivation?
5. Wie könnten meine Emotionen mein Handeln beeinflusst haben?
6. Welche Rolle hat mein *Weiß*-Sein dabei (1.-5.) ggf. gespielt?
7. Bin ich mit meinem Handeln in der Situation rückblickend zufrieden? Warum (nicht)?
8. Was hätte mir im Zusammenhang mit der Situation ggf. geholfen?
9. Was hätte ich mir rückblickend von mir selbst gewünscht?
10. Wie würde ich zukünftig gerne in einer vergleichbaren Situation handeln?
11. Was möchte ich mir hierfür ganz konkret vornehmen?
12. Was nehme ich aus diesem rassismusrelevanten Erlebnis und seiner Reflexion für mein rassismuskritisches Lernen mit?

Genauso kannst du jetzt mit weiteren Lerntagebucheinträgen zu neuen Erlebnissen weitermachen. Beobachtest du zukünftig in *weißen* Räumen Rassismus, dann bieten dir die Lerntagebuchfragen die Möglichkeit, dein Handeln in diesen Situationen zu reflektieren. Theoretisch kannst du zu jedem rassismusrelevanten Ereignis einen Eintrag anfertigen.

Wenn du Lust hast, mit den Fragen weiterzuarbeiten, also dir ein richtiges Lerntagebuch anzulegen, dann überlege dir vorab, wie du das Lerntagebuch gebrauchen möchtest. Wann und wie oft möchtest du dich deinem Lerntagebuch widmen? Immer gleich nach einer relevanten Erfahrung, am Ende eines Tages, einer Woche? Welche Handlungsbereiche möchtest du reflektieren? Du kannst das Lerntagebuch für einen spezifischen Kontext nutzen, wie z.B. deine Arbeit oder deine privaten Beziehungen, oder auch übergreifend verwenden. Rassismuskritische Praxis schließt keinen Handlungsbereich aus.

Nach einer Reihe von Lerntagebucheinträgen, z.B. nach fünf Einträgen, kannst du deinen Lernprozess regelmäßig zwischenevaluieren. Lies hierfür jeweils noch einmal deine bisherigen Aufzeichnungen in deinem Lerntagebuch. Reflektiere und bewerte deine bisherige Lernentwicklung, indem du die folgenden Fragen beantwortest:

1. Was habe ich Neues gelernt?
2. Was hat mir beim Lernen geholfen?
3. Was ist mir gut gelungen? Wo fühle ich mich sicher?
4. Was hat mir Mühe bereitet? Wo bin ich unsicher? Warum?
5. Was verstehe ich nicht? Welche offenen Fragen habe ich?
6. Haben sich meine Erwartungen an mein Handeln erfüllt? Falls nein, warum nicht?
7. Welche Aspekte meiner Handlungsweise möchte ich beibehalten?
8. Was möchte ich zukünftig anders machen?
9. Was nehme ich mir in Zukunft für mein rassismuskritisches Handeln noch vor? Haben sich neue Ziele ergeben?
10. Welche Herausforderungen nehme ich wahr?

Ich wünsche dir ganz viele produktive Reflexionen mit deinem Lerntagebuch!

13 Bleib dran und halte durch!

Rassismuskritisches Lernen und Handeln ist eine lebenslange Aufgabe für uns. Sie wird niemals abgeschlossen sein. Rassismus wird uns unser Leben lang begleiten. Und er arbeitet permanent daran, dass all das Wissen, das wir uns gegen ihn erarbeiten, wieder aus unserem Bewusstsein verschwindet. Er legt alles daran, dass wir das Gelernte wieder verlernen, wir wieder vergessen und unsere guten Vorsätze über Bord werfen. Wir können niemals ganz aus der rassistischen Struktur aussteigen, und sie ist jederzeit bereit, uns wieder in ihre wohligen Arme zu schließen. Ich selbst merke regelmäßig, wie schnell die rassistische Welt wieder meine Gedanken beeinflussen will, wenn ich mich, warum auch immer, eine Zeit lang nicht bewusst mit Rassismus auseinandersetze. Es geht erschreckend schnell, dass die *weiße* rassismuskritische Festplatte wieder überschrieben wird, wenn wir sie nicht regelmäßig updaten. Und erschreckend ist auch, wie bequem und gut sich das dann auch noch anfühlt. Zugespitzt formuliert: Keine Streitigkeiten mehr, keine Selbstzweifel und Unsicherheiten mehr, es scheint einfach alles passend. Rassismus ist nun mal normal und *weißes* rassismuskritisches Handeln eben nicht. Deshalb ist es wichtig, dass wir ganz bewusst immer wieder die Auseinandersetzung mit dem Thema Rassismus suchen und uns erneut in das Unbequeme begeben, um weiter rassismuskritisch handeln zu können. Unser Handeln gegen Rassismus ist nicht ein für alle Mal entschieden und bleibt dann für den Rest des Lebens unveränderbar. Wir müssen dafür also Durchhaltevermögen, anhaltende Eigeninitiative und ehrliche Veränderungsbereitschaft mitbringen.

Doch ich bin mir ebenso sicher, dass wir mit der Zeit und etwas Übung rassismuskritisches Denken und Handeln trainieren können, sodass es uns zunehmend einfacher fällt und immer häufiger ganz automatisch passiert. Du kannst also beruhigt sein, wenn dir nach dem Lesen dieses Buches erst einmal der Kopf schwirrt. Gib jetzt deshalb bitte nur nicht auf. Lass es sacken und überlege dann in Ruhe, wie es weitergehen kann. Einer der wichtigsten Schritte ist schon getan: Du bist in den Lernprozess eingestiegen. Bald wird vieles einfacher. Dazu gehört auch das Sprechen über Rassismus. Neulich sagte eine Workshop-Teilnehmende zu mir, als es um rassismussensibles Sprechen und die vielen neuen Begriffe ging: »Das bedeutet ja, dass ich mich extrem konzentrieren muss.

Dann geht ja jede Leichtigkeit beim Kommunizieren verloren.« Wenn wir dranbleiben und regelmäßig über Rassismus sprechen, wird uns das schon bald leichter fallen. Ganz sicher. Ja, viele Begriffe erscheinen erst einmal seltsam, technisch oder sperrig. Das müssen sie aber, weil sie neu sind und es bisher keine alltägliche Sprache für viele Aspekte des komplexen Systems Rassismus gibt. Ich hoffe, du fühlst dich jetzt so wie die Teilnehmende meiner Veranstaltung. Auf ebendiese Worte von mir hin meinte sie kurz und bündig: »Das beruhigt mich.«

Der Prozess der Verbündetenschaft wird manchmal auch als Reise oder Weg beschrieben. Und es ist unvermeidbar, dass wir auf dieser Reise Pausen machen. Das geht gar nicht anders. Darüber hinaus sind wir ja als *Weiße* nicht gezwungen, uns permanent mit Rassismus auseinanderzusetzen. Dass unser rassismuskritisches Handeln immer freiwillig ist und wir Pausen einlegen können, gehört standardmäßig zu den einführenden Worten bei Workshops zum Thema Kritisches *Weiß*-Sein. Für mich kommt dieser Punkt häufig aber zu negativ rüber. So als wäre es nicht legitim, Pausen zu machen. So als ob wir uns deshalb schlecht fühlen müssten. Pausen einlegen zu können, ist für mich jedoch eine weitere wichtige Ressource für rassismuskritisches Handeln aus *weißer* Position. Die Pausen können wir nutzen, um Kraft für unser Handeln gegen Rassismus zu tanken. Wenn wir uns erholen, um danach wieder gestärkt und mit neuer Energie weiterzumachen, ist das wertvoll für unser rassismuskritisches Handeln. Mit Pausen meine ich hier wohlgemerkt nicht Pausen von rassismuskritischem Denken und Handeln, sondern Zeiten, in denen wir als *Weiße* nicht mit dem Thema Rassismus in Berührung kommen und uns nicht bewusst mit ihm beschäftigen. Das ist nicht das gleiche, wie sich dem Thema zu entziehen.

Rassismuskritisches Handeln ist anstrengend. Das gilt für BIPoC genauso wie für uns als *Weiße*. Und es ist unbequem. Deshalb ist Selbstfürsorge eine wichtige Grundlage. Es ist niemandem geholfen, wenn wir ausbrennen oder krank werden, weil wir uns überfordert fühlen, oder die kennengelernten neuen Perspektiven wieder verwerfen, weil wir uns nicht in der Lage sehen, die notwendige Kraft aufzubringen, die rassismuskritisches Handeln von uns verlangt. Gut für sich selbst zu sorgen, ist wichtig, damit wir durchhalten können. Möglicherweise leben wir in einem Umfeld, das sich dem rassismuskritischen Wissen verschließt. Vielleicht gibt es auch viel Streit und angespannte Beziehungen zu anderen *Weißen* wegen des Themas Rassismus. Eventuell fühlen wir uns auch isoliert und allein, weil wir im Zuge unseres Lernprozesses merken, wie sich Menschen von uns abwenden oder wir uns von anderen distanzieren. Es ist wichtig für uns herauszufinden, was uns auf dem Weg der Verbündetenschaft persönlich hilft und Kraft spendet. Wie bei anderen Kraftakten ist es auch wichtig, darauf zu achten, regelmäßig zu essen und zu trinken, Pausen einzulegen und ausreichend zu schlafen. Ebenso sollten wir auf unsere Gesundheit und die Signale des Körpers achten und im Blick behalten, wie viel Kraft wir gerade zur Verfügung haben, und uns unsere Kraft einteilen. Um stark zu bleiben, müssen wir uns auch um unsere sozialen und psychischen Bedürfnisse kümmern. Wir sollten darauf achten, nett zu uns selbst zu sein und gleichzeitig realistisch in Bezug auf die Schritte, die wir zu gehen planen. Je besser wir für uns sorgen, desto erfolgreicher können wir langfristig rassismuskritisch handeln!

Reflexionsfragen

1. Welche nächsten Schritte für deinen rassismuskritischen Lernprozess nimmst du dir vor?
2. Welche Räume nimmst du dir, um dich regelmäßig mit Rassismus zu beschäftigen?
3. Was stärkt dich bei deinem rassismuskritischen Handeln? Was tut dir gut? Welche anderen Aktivitäten machen dir Spaß, bieten dir Entspannung und geben dir Kraft?

Nachwort – Zu diesem Buch und dem Weg dahin

Dieses Buch zu schreiben, war in mehrfacher Hinsicht nicht einfach für mich. Nachdem ich damit anfing, bin ich zweimal Mama geworden. Kurz nach der Geburt meines ersten Kindes kam die Pandemie und das Chaos begann. Viele Teile des Buches habe ich auf meinem Handy geschrieben, mit einer Hand, während ich in der anderen Hand die Hand eines schlafenden Babys oder Kleinkindes hielt. Zweimal musste ich den Abgabetermin verschieben, weil es absehbar war, dass ich es nicht schaffen würde, rechtzeitig fertig zu werden. Beide Male überkam mich eine große Erleichterung, nicht nur aufgrund der zusätzlichen Zeit zum Schreiben, die ich nun hatte. Vor allem war ich erleichtert, weil das auch bedeutete, dass das Buch noch nicht veröffentlicht wird. Während des Schreibens überkam mich immer wieder und das manchmal völlig schlagartig die Frage: Was machst du da eigentlich? Du schreibst als *Weiße* ein Buch über Rassismus für *Weiße*, braucht es das wirklich? Lässt sich das überhaupt mit Rassismuskritik vereinbaren? In den drei Jahren, während derer ich am Manuskript gearbeitet habe, sind in Deutschland so viele Bücher über Rassismus erschienen wie noch nie zuvor. Vor allem auch von BIPoC Autor*innen. So viele großartige Titel. Was kann mein Buch da noch leisten? Kann mein Buch überhaupt etwas leisten? Nicht nur einmal war ich kurz davor, das Projekt wieder zu verwerfen, so unsicher war ich teilweise, ob mein Buch sinnvoll ist. Dann gab es aber auch Momente, in denen ich mir sicher war, dass ich dieses Buch schreiben will und doch etwas beisteuern kann. So ging es mir, wenn andere *Weiße* rassismuskritisches Handeln und Kritisches *Weiß*-Sein mal wieder als rassistisch gegenüber *Weißen* darstellten, wozu ich mit diesem Buch explizit einen Gegenpol bilden will. Oder wenn BIPoC Kolleg*innen mir erzählten, dass sie *weißen* Personen meine Texte empfehlen, weil es etwas anderes sei, wenn bestimmte Dinge von *weiß* zu *weiß* gesagt würden. Oder auch, wenn Workshops richtig gut gelaufen sind und *Weiße* mir mitteilten, dass meine bisherigen Texte zu *Weiß*-Sein hilfreich für sie gewesen seien. Dann wollte ich alles, was ich weiß, und alle Erfahrungen aus meiner Arbeit in dieses Buch gießen, um es an andere weiterzugeben, sozusagen gebündelt und in kompakter Textform sinnvoll strukturiert.

Das Schreiben war eine emotionale Achterbahnfahrt, inklusive des Gefühls der Gefahr, des Gefühls, völlig danebenzuliegen. Das kenne ich gut, denn bei meiner praktischen diskriminierungskritischen Bildungsarbeit ist die Unsicherheit mittlerweile mein Heimathafen. Und so komme ich auch mit der Veröffentlichung dieses Buches für mich wieder in der Station an, von der aus es losging, als ich die ersten Ideen für dieses Buch entwickelte. Es ist für mich jetzt in Ordnung, das Projekt abzuschließen und aus der Hand zu geben. In der Zeit, die ich brauchte, um es zu schreiben, habe ich die Unsicherheit, die von Anfang an mein Begleiter war, besser aushalten gelernt und schließlich für mich annehmen können. Ich weiß, mit diesem Buch dreht sich alles wieder nur um *Weiße* und das ist nicht unproblematisch. Ich habe es trotzdem geschrieben und es den Bedürfnissen *Weißer* gewidmet, weil ich überzeugt bin, dass wir uns als *Weiße* ändern müssen, damit die Welt für uns alle gerechter wird, und dass wir Verantwortung dafür übernehmen müssen, dass dies geschieht. In diesem Sinne möchte ich als *Weiße* mit diesem Buch meine Erfahrungen aus meiner praktischen diskriminierungskritischen Bildungsarbeit mit anderen *Weißen* teilen. Das ist das, was ich hoffe – im Sinne von *weißem* rassismuskritischen Handeln – an dieser Stelle leisten zu können.

Ich freue mich über deine Kritik und dein Feedback:
boenkost@diskriminierungskritische-bildung.de

Anmerkungen

1 Leutheusser-Schnarrenberger, Sabine (2022): Ich finde diese #Winnetou Debatte einfach nur grauenvoll. https://twitter.com/sls_fdp/status/1562429900199690244 (15.08.2022).

2 Deutsches Zentrum für Integrations- und Migrationsforschung DeZIM e.V. (Hg.) (2022): Rassistische Realitäten: Wie setzt sich Deutschland mit Rassismus auseinander? Auftaktstudie zum Nationalen Diskriminierungs- und Rassismusmonitor (NaDiRa). https://www.rassismusmonitor.de/fileadmin/user_upload/NaDiRa/CATI_Studie_Rassistische_Realit%C3%A4ten/DeZIM-Rassismusmonitor-Studie_Rassistische-Realit%C3%A4ten_Wie-setzt-sich-Deutschland-mit-Rassismus-auseinander.pdf (6.1.2022), S. 9.

3 Die Beauftragte der Bundesregierung für Migration, Flüchtlinge und Integration / Die Beauftragte für Antirassismus (2023): Vorstellung des Lageberichts »Rassismus in Deutschland«. Antirassismus ist systemrelevant für unsere Demokratie. https://www.integrationsbeauftragte.de/ib-de/staatsministerin/antirassismus-ist-systemrelevant-fuer-unsere-demokratie-2156996 (4.2.2023).

4 Deutsches Zentrum für Integrations- und Migrationsforschung DeZIM e.V. (Hg.) (2022), S. 5.

5 El-Tayeb, Fatima (2000): Schwarze Deutsche. Der Diskurs um »Rasse« und nationale Identität 1890–1933. www.academia.edu/16385211/Schwarze_Deutsche_Der_Diskurs_um_Rasse_und_nationale_Identit%C3%A4t_1890-1933 (4.2.2023).

6 El-Tayeb, Fatima (2016): Undeutsch. Die Konstruktion des Anderen in der postmigrantischen Gesellschaft, Bielefeld: transcript.

7 Walgenbach, Katharina (2005): »Weißsein« und »Deutschsein« – historische Interdependenzen. In: Eggers, Maureen Maisha et al. (Hg.): Mythen, Masken und Subjekte. Kritische Weißseinsforschung in Deutschland. Münster: Unrast, S. 377–393.

8 Kant, Immanuel (1986) [1775]: Von den verschiedenen Rassen der Menschen. In: Ders.: Kants Werke – Akademie Textausgabe. Vorkritische Schriften II. 1757–1777. Berlin: de Gruyter, S. 427–444.

9 Ders. (1802): Physische Geographie. In: Ders.: Kant's gesammelte Schriften. Bd. 9. Königlich Preußische Akademie der Wissenschaften (Hg.). Berlin, S. 151–436, hier S. 316.

10 Hegel, Georg Wilhelm Friedrich (1924 [1837]): Vorlesungen über die Philosophie der Geschichte. Reclam. http://philotextes.info/spip/IMG/pdf/hegel_philosophie_der_geschichte.pdf (26.12.2022), S. 50.

11 Adorno, Theodor W. (1975): Schuld und Abwehr. Gesammelte Schriften. Bd. 9/2. Frankfurt am Main: Suhrkamp, S. 276–277.

12 Vgl. Eggers, Maureen Maisha (2005): Rassifizierte Machtdifferenz als Deutungsperspektive in der Kritischen Weißseinsforschung in Deutschland. In: Dies. Et al. (Hg.) (2005): Mythen, Masken und Subjekte. Kritische Weißseinsforschung in Deutschland. Münster: Unrast, S. 56–72.

13 Deutsches Zentrum für Integrations- und Migrationsforschung DeZIM e.V. (Hg.) (2022), S. 6.

14 Broden, Anne (2017): Rassismuskritische Bildungsarbeit. Herausforderungen – Dilemmata – Paradoxien. In: Karim Fereidooni und Meral El (Hg.): Rassismuskritik und Widerstandsformen. Wiesbaden: Springer VS, S. 819–835, hier S. 828, Herv. i. O.

15 Die Beauftragte der Bundesregierung für Migration, Flüchtlinge und Integration / Die Beauftragte der Bundesregierung für Antirassismus (Hg.) (2023): *Rassismus in Deutschland: Ausgangslage, Handlungsfelder, Maßnahmen.* https://www.integrationsbeauftragte.de/resource/blob/1864320/2157012/77c8d1dddeea760bc13dbd87ee9a415f/lagebericht-rassismus-komplett-data.pdf?download=1 (13.1.2023).

16 Universität Mannheim (2018): Pressemitteilung vom 23. Juli 2018. Max versus Murat: schlechtere Noten im Diktat für Grundschulkinder mit türkischem Hintergrund. https://www.uni-mannheim.de/newsroom/presse/pressemitteilungen/2018/juli/max-versus-murat-schlechtere-noten-im-diktat-fuer-grundschulkinder-mit-tuerkischem-hintergrund/ (27.12.2022).

17 Gesicht Zeigen! Für ein weltoffenes Deutschland e.V. / Ernst & Young GmbH Wirtschaftsprüfungsgesellschaft und Civey GmbH (2020): Rassismus im Kontext von Wirtschaft und Arbeit. Bestandsaufnahme und Handlungsoptionen. https://www.gesichtzeigen.de/wp-content/uploads/2020/10/studie_rassismus_wirtschaft_arbeit_gesichtzeigen_ey_civey.pdf (17.1.2022).

18 Aikins, Muna AnNisa et al. (2021): Afrozensus 2020: Perspektiven, Anti-Schwarze Rassismuserfahrungen und Engagement Schwarzer, afrikanischer und afrodiasporischer Menschen in Deutschland. https://afrozensus.de/reports/2020/#main (17.1.2022), S. 97–98.

19 Weichselbaumer, Doris (2016): Discrimination against Female Migrants Wearing Headscarves. IZA DP No. 10217. https://docs.iza.org/dp10217.pdf (9.2.2023), S. 24.

20 Rizzo, Michael T. / Britton, Tobias C. / Rhodes, Marjorie (2022): Developmental Origins of Anti-Black Bias in White Children in the United States: Exposure to and Beliefs about Racial Inequality. Psychological and Cognitive Sciences 119.47. https://www.pnas.org/doi/epdf/10.1073/pnas.2209129119 (13.2.2023), S. 2.

21 Arbeiterwohlfahrt Bundesverband e.V. (Hg.) (2021): Privilegien – Macht, Einfluss und Handlungsmöglichkeiten. https://awo.de/sites/default/files/2022-01/DEVI_Themenblatt_Privilegien_0.pdf (12.12.2022), o. S.

22 Yeboah, Amma (2021): Interview mit Amma Yeboah. In: Ilja Gold / Eva Weinberg / Dirk Rohr: Das hat ja was mit mir zu tun!? Macht- und rassismuskritische Perspektiven für Beratung, Therapie und Supervision. Heidelberg: Carl-Auer, S. 119–128, hier S. 124, Herv. i. O.

23 Dies. (2021), S. 125, Herv. i. O.

24 McIntosh, Peggy (2001): White Privilege and Male Privilege. A Personal Account of Coming to See Correspondences through Work in Women's Studies (1988). In: Margaret L. Andersen / Patricia Hill Collins (Hg.): Race, Class, and Gender. An Anthology. Belmont, CA: Wadsworth Thomson Learning, S. 95–105.

25 Du Bois, W. E. B. (1965 [1935]): Black Reconstruction in America: An Essay Toward a History of the Part Which Black Folk Played in the Attempt to Reconstruct Democracy in America, 1860–1880. New York: The Free Press.

26 Kivel, Paul (2017): How White People Can Work for Racial Justice. https://thehumanist.com/commentary/white-people-can-work-racial-justice/ (27.12.2022), eigene Übersetzung.

27 Ders. (2017), eigene Übersetzung.

28 Kivel, Paul (2011): Uprooting Racism. How White People Can Work for Racial Justice. 3. Überarb. U. erw. Aufl. Gabriola Island, BC: New Society Publishers, S. 55.

29 Yeboah (2021), S. 124, Herv. i. O.

30 Dies. (2021), S. 123, Herv. i. O.

31 Wollrad, Eske (2005): Weißsein im Widerspruch. Feministische Perspektiven auf Rassismus, Kultur und Religion. Königstein / Taunus: Helmer, S. 159.

32 Dies. (2005), S. 185.

33 Yeboah, Amma (2017): Rassismus und psychische Gesundheit in Deutschland. In: Karim Fereidooni / Meral El (Hg.): Rassismuskritik und Widerstandsformen. Wiesbaden: Springer VS, S. 157.

34 Dies. (2017), S. 157.

35 Dies. (2017), S. 155–156.

36 Dies. (2017), S. 157.

37 Spanierman, Lisa B. / Heppner, Mary J. (2004): Psychosocial Costs of Racism to Whites Scale (PCRW): Construction and Initial Validation. Journal of Counseling Psychology 51.2, S. 249–262.

38 Dies. (2004), S. 250–251.

39 Deutsches Zentrum für Integrations- und Migrationsforschung DeZIM e.V. (Hg.) (2020), S. 9, 87–88.

40 Dass. (Hg.) (2020), S. 88.

41 DiAngelo, Robin (2021): Wir müssen über Rassismus sprechen. Was es bedeutet, in unserer Gesellschaft weiss zu sein. Hamburg: Hoffmann und Campe Verlag.

42 Dies. (2021), S. 26.

43 Yeboah (2021), S. 124.

44 Dies. (2021), S. 124–125.

45 Deutsches Zentrum für Integrations- und Migrationsforschung DeZIM e.V. (Hg.) (2022), S. 4.

46 Dass. (Hg.) (2020), S. 80.

47 Dass. (Hg.) (2020), S. 85.

48 Kilomba, Grada (2010): Plantation Memories. Episodes of Everyday Racism. 2. Aufl. Münster: Unrast, S. 22.

49 Z.B. Tatum, Beverly Daniel (1992): Talking about Race, Learning about Racism: The Application of Racial Identity Development Theory in the Classroom. Harvard Educational Review 62.1, S. 1–24.

50 Dies. (1992), S. 15.

51 Ogette, Tupoka (2017): exit RACISM. Münster: Unrast, S. 21.

52 van den Broek, Lida (1988): Am Ende der Weißheit. Vorurteile überwinden. Ein Handbuch. Berlin: Orlanda Frauenverlag, S. 58.

53 Zit. in: Cabrera, Nolan L. (2014): »But I'm Oppressed Too«: White Male College Students Framing Racial Emotions as Facts and Recreating Racism. International Journal of Qualitative Studies in Education 27.6, S. 768–784, hier S. 771, eigene Übersetzung.

54 hooks, bell (2010): Teaching Critical Thinking: Practical Wisdom. New York: Routledge, S. 77, eigene Übersetzung.

55 Kendall, Francis E. (2013): Understanding White Privilege. Creating Pathways to Authentic Relationships Across Race. 2. überarb. Aufl. New York: Routledge, S. 145, eigene Übersetzung.

56 Matias, Cheryl E. / DiAngelo, Robin (2013): Beyond the Face of Race: Emo-Cognitive Explorations of White Neurosis and Racial Cray-Cray. The Journal of Educational Foundations 27.3/4, S. 3–20, hier S. 8, eigene Übersetzung, Herv. J. B.

57 Chick, Nancy L. / Karis, Terri / Kernahan, Cyndi (2009): Learning from Their Own Learning: How Metacognitive and Meta-affective Reflections Enhance Learning in Race-Related Courses. International Journal for the Scholarship of Teaching and Learning 3.1, S. 1–28, hier S. 11.

58 Zit. in Spanierman, Lisa B. / Cabrera, Nolan L. (2015): The Emotions of White Racism and Antiracism. In: Veronika Watson / Deirdre Howard-Wagner / Lisa B. Spanierman (Hg.): Unveiling Whiteness in the 21st Century: Global Manifestations, Transdisciplinary Interventions. Lanham, MD: Lexington, S. 15, eigene Übersetzung.

59 Spanierman, Lisa B. et al. (2006): Psychosocial Costs of Racism to Whites: Exploring Patterns Through Cluster Analysis. Journal of Counseling Psychology 53.4, S. 434–441, hier S. 437, eigene Übersetzung.

60 Dies. (2006).

61 Spanierman / Cabrera (2015), S. 14.

62 Dies. (2015), S. 14.

63 Dies. (2015), S. 12.

64 Spanierman et al. (2006), S. 439.

65 Spanierman / Cabrera (2015), eigene Übersetzung.

66 Hytten, Kathy / Warren, John (2003): Engaging Whiteness: How Racial Power Gets Reified in Education. International Journal of Qualitative Studies in Education 16.1, S. 65–89.

67 Dies. (2003), S. 72.

68 Dies. (2003): S. 73.

69 DiAngelo (2021), S. 42.

70 Allen, Ricky Lee (2004): Whiteness and Critical Pedagogy. Educational Philosophy and Theory 36.2, S. 121–136, hier S. 130, eigene Übersetzung, Herv. J. B..

71 Zit. in: Scharathow, Wiebke (2011): Zwischen Verstrickung und Handlungsfähigkeit – Zur Komplexität rassismuskritischer Bildungsarbeit. In: Wiebke Scharathow / Rudolf Leiprecht (Hg.): Rassismuskritik. Bd. 2: Rassismuskritische Bildungsarbeit. 2. Aufl. Schwalbach: Wochenschau, S. 12–24, hier S. 15.

72 Jaeggi, Rahel / Wesche, Tilo (2009): Einführung: Was ist Kritik? In: Dies. (Hg.): Was ist Kritik? Frankfurt am Main: Suhrkamp, S. 8, Herv. i. O.

73 Warren, John T. (2003): Performing Purity. Whiteness, Pedagogy, and the Reconstruction of Power. New York: Lang, S. 33, eigene Übersetzung.

74 Lorey, Isabell (2012): Konstituierende Kritik. Die Kunst, den Kategorien zu entgehen. http://portal-intersektionalitaet.de/theoriebildung/ueberblickstexte/lorey/ (6.1.2023).

75 Jaeggi / Wesche (2009), S. 8.

76 hooks, bell (2003): Teaching Community: A Pedagogy of Hope. New York: Routledge, S. 57.

77 Warren (2003), S. 9, eigene Übersetzung, Herv. J. B..

78 Ders. (2003), S. 9.

79 anonym zit. in: Kendall (2013), S. 188, eigene Übersetzung, Herv. J. B..

80 anonym zit. in: Kendall (2013), S. 188, eigene Übersetzung.

81 Ahmed, Sara (2004): Declarations of Whiteness: The Non-Performativity of Anti-Racism. borderlands e-journal 3.2. http://www.borderlands.net.au/vol3no2_2004/ahmed_declarations.htm (18.6.2013), eigene Übersetzung.

82 Dies. (2004), eigene Übersetzung.

83 Foucault, Michel (1992): Was ist Kritik? Berlin: Merve, S. 12.

84 Mecheril, Paul / Melter, Claus (2010): Gewöhnliche Unterscheidungen. Wege aus dem Rassismus. In: Paul Mecheril et al.: BACHELOR | MASTER: Migrationspädagogik. Weinheim: Beltz. S. 150–178, hier S. 172, Herv. J. B..

85 Dies. (2010), S. 172.

86 Hytten / Warren (2003), S. 75, eigene Übersetzung.

87 Dies. (2003), S. 75.

88 Dies. (2003), S. 75–76, eigene Übersetzung.

89 Dies. (2003), S. 83–84.

90 Dies. (2003), S. 83, eigene Übersetzung.

91 Dies. (2003), S. 84, eigene Übersetzung.

92 Eingesetzt in der Lehre kann und soll das De_Stabilisationsdreieck Bildungsarbeitenden also die Thematisierung der Verstrickung von Kritik am Rassismus und von Handlungsfähigkeit erleichtern. Gleichzeitig kann die Denkfigur Pädagog*innen dabei unterstützen, verantwortungsvoll damit umzugehen, wenn es in der Bildungsveranstaltung zu Reproduktionen von Rassismus kommt: Das Modell kann dabei helfen, praktizierter Abwehr möglichst wenig Raum zu geben und diese abzuschwächen. Und es ermöglicht denjenigen, die abwehrend reagieren, dazuzulernen. Es gibt Anregungen, zukünftig anders zu handeln.

93. Washington, Jamie / Evans, Nancy J. (1991): Becoming an Ally. In: Nancy J. Evans / Vernon A. Wall (Hg.): Beyond Tolerance: Gays, Lesbians and Bisexuals on Campus. Alexandria, VA: American College Personnel Association, S. 195–204, hier S. 200, eigene Übersetzung.

94 Bishop, Anne (2002): Becoming an Ally: Breaking the Cycle of Oppression in People. 2. Aufl. New York: Zed Books, S. 22, eigene Übersetzung.

95 Helms, Janet E. (1984): Toward a Theoretical Explanation of the Effects of Race on Counseling: A Black and White Model. The Counseling Psychologist 12.3-4, S. 153–165.

96 Zit. in: McDermott, Veronica (2017:): We Must Say No to the Status Quo: Educators as Allies in the Battle for Social Justice. Thousands Oaks, CA: Corwin, S. 176, eigene Übersetzung.

97 Saad, Layla F. (2021): Me and White Supremacy: Warum kritisches Weißsein mit dir selbst anfängt. München: Penguin, S. 143–144.

98 McKenzie, Mia (2013): No More »Allies«. http://www.bgdblog.org/2013/09/no-more-allies/ (24.2.2020), eigene Übersetzung.

99 Dies. (2013), eigene Übersetzung.

100 Indigenous Action (2014): Accomplices Not Allies: Abolishing the Ally Industrial Complex. https://www.indigenousaction.org/accomplices-not-allies-abolishing-the-ally-industrial-complex/ (17.2.2023), eigene Übersetzung.

101 Dass. (2014), eigene Übersetzung.

102 Saad (2021), S. 172.

103 Vgl. z.B. Schultz, Dagmar (1993): Kein Ort nur für uns allein. Weiße Frauen auf dem Weg zu Bündnissen. In: Ika Hügel et al. (Hg.): Entfernte Verbindungen. Rassismus, Antisemitismus, Klassenunterdrückung. Berlin: Orlanda-Frauenverlag, S. 157–187.

104 Kendall (2013), S. 172, eigene Übersetzung.

105 Lorde, Audre (2009): Commencement Address: Oberlin College. In: Rudolph P. Byrd / Johnnetta Betsch Cole / Beverly Guy-Sheftall (Hg.): I Am Your Sister: Collected and Unpublished Writings of Audre Lorde. New York: Oxford UP, S. 213-218, hier S. 215, eigene Übersetzung.

106 McIntosh (2001), S. 102, eigene Übersetzung.

107 Dies. (2001), S. 102, eigene Übersetzung.

108 van den Broek (1988), S. 111.

109 Dies. (1988), S. 111–112.

110 Rosenstreich, Gabriele (2020): Empowerment und Powersharing unter intersektionaler Perspektive. In: Birgit Jagusch / Yasmine Chehata (Hg.): Empowerment und Powersharing. Ankerpunkte – Positionierungen – Arenen. Weinheim und Basel: Beltz Juventa, S. 227–238, hier S. 233.

111 Nassir-Shahnian, Natascha (2013): Dekolonisierung und Empowerment. https://heimatkunde.boell.de/de/2013/05/01/dekolonisierung-und-empowerment (6.1.2023).

112 Rosenstreich (2020), S. 229.

113 Nassir-Shahnian (2013).

114 Mecheril, Paul (2007): Besehen, beschrieben, besprochen. Die blasse Uneigentlichkeit rassifizierter Anderer. In: Kien Nghi Ha / Nicola Lauré al-Samarai / Sheila Mysorekar (Hg.): re/visionen: Postkoloniale Perspektiven von People of Color auf Rassismus, Kulturpolitik und Widerstand in Deutschland. Münster: Unrast, S. 219–228.

115 Rosenstreich (2020), S. 229.

116 Can, Halil (2013): Empowerment aus der People of Color-Perspektive. Reflexionen und Empfehlungen zur Durchführung von Empowerment-Workshops gegen Rassismus. Berlin: Senatsverwaltung für Arbeit, Integration und Frauen, S. 37.

117 Rosenstreich (2020), S. 233.

118 Oxfam Deutschland e.V. (2023): Umsteuern für soziale Gerechtigkeit. https://www.oxfam.de/system/files/documents/oxfam_factsheet_davos-2023_umsteuern.pdf (13.02.2023), S. 8.

119 Rosenstreich (2020), S. 235.

120 Singh, Anneliese (2019): The Racial Healing Handbook. Oakland, CA: New Harbinger Publications, S. 183.

121 Dabiri, Emma (2022): Was weiße Menschen jetzt tun können – Von »Allyship« zu echten Koalitionen. Berlin: Ullstein, S. 12.

122 Dies. (2022), S. 160.

123 Dies. (2022), S. 105.

124 Dies. (2022), S. 39.

125 Seeck, Francis (2022): Zugang verwehrt – Keine Chance in der Klassengesellschaft: Wie Klassismus soziale Ungleichheit fördert. Zürich: Atrium.

126 Seng, Sebastian / Rezene, Dyana / Drücker, Ansgar (Hg.) (2022): Klassismus und Rassismus: Dimensionen einer vielschichtigen Intersektion. Düsseldorf: Informations- und Dokumentationszentrum für Antirassismusarbeit e. V.

127 Dabiri (2022), S. 38–39, Herv. i. O.

128 Combahee River Collective (1982): A Black Feminist Statement. In: Gloria T. Hull / Patricia Bell Scott / Barbara Smith (Hg.): All the Women Are White, All the Blacks Are Men, But Some of Us Are Brave: Black Women's Studies. Old Westbury, NY: The Feminist Press, S. 13–22, hier S. 18, eigene Übersetzung.

129 Dabiri (2022), S. 34–35, Herv. i. O.

130 Dies. (2022), S. 155.

131 Hark, Sabine (2013): Wer wir sind und wie wir tun. Identitätspolitiken und die Möglichkeiten kollektiven Handelns. In: Gabriele Jähnert / Karin Aleksander / Marianne Kriszio (Hg.): Kollektivität nach der Subjektkritik: Geschlechtertheoretische Positionierungen. Bielefeld: transcript, S. 29–46, hier S. 43.

132 Reagon, Bernice Johnson (1983): Coalition Politics: Turning the Century. In: Barbara Smith (Hg.): Home Girls: A Black Feminist Anthology. New York: Kitchen Table: Women of Color Press, S. 356–368.

133 hooks, bell (1994): Outlaw Culture: Resisting Representations. New York: Routledge, S. 244, eigene Übersetzung.

134 Dies. (1994), S. 244, eigene Übersetzung.

135 Crass, Chris (2013): Towards Collective Liberation: Anti-Racist Organizing, Feminist Praxis, and Movement Building Strategy. Oakland, CA: PM, S. 255, eigene Übersetzung.

136 Ders. (2013), S. 255, eigene Übersetzung.

137 Vgl. Walgenbach, Katharina (2012): Intersektionalität – eine Einführung. http://portal-intersektionalitaet.de/theoriebildung/ueberblickstexte/walgenbach-einfuehrung/ (13.02.2023).

138 Dabiri (2022), S. 172.

139 Zit. in: Schultz (1993), S. 186.

140 Hügel, Ika et al. (1993): An unsere LeserInnen. Einleitung. In: Dies. et al. (Hg.): Entfernte Verbindungen. Rassismus, Antisemitismus, Klassenunterdrückung. Berlin: Orlanda Frauenverlag, S. 11–14, hier S. 11.

141 Schultz (1993).

142 Lester, Joan (1987): What Happens to the Mythmakers When the Myths are Found to be Untrue? http://www.library.wisc.edu/EDVRC/docs/public/pdfs/SEEDReadings/MythMakers.pdf (7.9.2013), S. 7, eigene Übersetzung.

143 Dies. (1987), S. 7, eigene Übersetzung.

144 Dyson, Michael Eric (2017): Tears We Cannot Stop: A Sermon to White America. New York: St. Martin's Press, S. 208.

145 Ders. (2017), S. 203, eigene Übersetzung, Herv. J. B..

146 Melter, Claus (2007): Sekundärer Rassismus in der sozialen Arbeit. In: Thomas Geisen / Christine Riegel (Hg.): Jugend, Partizipation und Migration: Orientierungen im Kontext von Integration und Ausgrenzung. Wiesbaden: VS Verlag für Sozialwissenschaften, S. 107–128.

147 Lorde, Audre (2007): Sister Outsider. Berkeley: Crossing, S. 70, eigene Übersetzung, Herv. J. B.

148 DiAngelo (2021), S. 199.

149 Kendall (2013), S. 182, eigene Übersetzung.

150 Kendall (2013), S. 139, eigene Übersetzung.

151 MALONDA (o.a.): Deutschungshoheit feat. Melane & Roger Rekless. https://www.youtube.com/watch?v=yp-Q2FRVwcY (13.2.2023).

152 Ogette (2017), S. 55.

153 Kendall (2013), S. 182, eigene Übersetzung, Herv. J. B.

154 Dies. (2013), S. 175, eigene Übersetzung.

155 Lester (1987), S. 7, eigene Übersetzung, Herv. J. B.

156 Saad (2021), S. 159, Herv. i. O.

157 Dies. (2021), S. 160.

158 Brune, Lara (2023): »Bachelor« 2023: Kandidatin schockt mit rassistischer Aussage. https://www.desired.de/stars/tv/bachelor-2023-kandidatin-schockt-mit-rassistischer-aussage/ (17.3.2023).

159 DiAngelo (2021), S. 198.

160 Dies. (2021), S. 175.

161 Dies. (2021), S. 175.

162 Dies. (2021), S. 200.

163 Tatum, Beverly Daniel (1994): Teaching White Students about Racism: The Search for White Allies and the Restoration of Hope. Teachers College Record 95.4, S. 462–476, hier S. 474, eigene Übersetzung, Herv..J. B..

164 Dyson (2017), S. 203-204, eigene Übersetzung, Herv. J. B..

165 Dyson (2017), S. 203, eigene Übersetzung, Herv. J. B..

166 hooks (2003), S. 57, eigene Übersetzung, Herv. J. B..

167 Spanierman / Cabrera (2015), S. 21, eigene Übersetzung, Herv. J. B..

168 Kincheloe, Joe L. / Steinberg, Shirley R. (1998): Addressing the Crisis of Whiteness. Reconfiguring White Identity in a Pedagogy of Whiteness. In: Joe L. Kincheloe et al. (Hg.): White Reign. Deploying Whiteness in America. Houndmills: Macmillan, S. 3–29, hier S. 23, eigene Übersetzung, Herv. J. B..

169 Tatum (1994), S. 466, 471–472.

170 Dies. (2007): Can We Talk about Race? And Other Conversations in an Era of School Resegregation. Boston: Beacon, S. 36.

171 Kivel (2017), eigene Übersetzung, Herv. J. B..

172 Wise, Tim (2011): White Like Me: Reflections on Race from a Privileged Son. Berkeley: Soft Skull Press, S. 194–196.

173 Ders. (2011), S. 195, eigene Übersetzung.

174 DiAngelo (2021), S. 96.

175 Picca, Leslie Houts / Feagin, Joe R. (2007): Two-Faced Racism: Whites in the Backstage and Frontstage. New York: Routledge, eigene Übersetzung.

176 Dies. (2007), S. 91.

177 Wise (2011), S. 196, eigene Übersetzung, Herv. J. B..

178 DiAngelo (2021), S. 98.

Literatur

Adorno, Theodor W. (1975): Schuld und Abwehr. Gesammelte Schriften. Bd. 9/2. Frankfurt am Main: Suhrkamp.

Ahmed, Sara (2004): Declarations of Whiteness: The Non-Performativity of Anti-Racism. borderlands e-journal 3.2. http://www.borderlands.net.au/vol3no2_2004/ahmed_declarations.htm (18.6.2013).

Aikins, Muna AnNisa et al. (2021): Afrozensus 2020: Perspektiven, Anti-Schwarze Rassismuserfahrungen und Engagement Schwarzer, afrikanischer und afrodiasporischer

Menschen in Deutschland. https://afrozensus.de/reports/2020/#main (17.1.2022).

Allen, Ricky Lee (2004): Whiteness and Critical Pedagogy. Educational Philosophy and Theory 36.2. S. 121-136.

Arbeiterwohlfahrt Bundesverband e.V. (Hg.) (2021): Privilegien – Macht, Einfluss und Handlungsmöglichkeiten. https://awo.de/sites/default/files/2022-01/DEVI_Themenblatt_Privilegien_0.pdf (12.12.2022).

Bishop, Anne (2002): Becoming an Ally: Breaking the Cycle of Oppression in People. 2. Aufl. New York: Zed Books.

Broden, Anne (2017): Rassismuskritische Bildungsarbeit. Herausforderungen – Dilemmata – Paradoxien. In: Karim Fereidooni / Meral El (Hg.): Rassismuskritik und Widerstandsformen. Wiesbaden: Springer VS. S. 819–835.

van den Broek, Lida (1988): Am Ende der Weißheit. Vorurteile überwinden. Ein Handbuch. Berlin: Orlanda Frauenverlag.

Brune, Lara (2023): »Bachelor« 2023: Kandidatin schockt mit rassistischer Aussage. https://www.desired.de/stars/tv/bachelor-2023-kandidatin-schockt-mit-rassistischer-aussage/ (17.3.2023).

Cabrera, Nolan L. (2014): »But I'm Oppressed Too«: White Male College Students Framing Racial Emotions as Facts and Recreating Racism. International Journal of Qualitative Studies in Education 27.6. S. 768–784.

Can, Halil (2013): Empowerment aus der People of Color-Perspektive. Reflexionen und Empfehlungen zur Durchführung von Empowerment-Workshops gegen Rassismus. Berlin: Senatsverwaltung für Arbeit, Integration und Frauen.

Chick, Nancy L. / Karis, Terri / Kernahan, Cyndi (2009): Learning from Their Own Learning: How Metacognitive and Meta-affective Reflections Enhance Learning in Race-Related Courses. International Journal for the Scholarship of Teaching and Learning 3.1. S. 1–28.

Combahee River Collective (1982): A Black Feminist Statement. In: Gloria T. Hull / Patricia Bell Scott / Barbara Smith (Hg.): All the Women Are White, All the Blacks Are Men, But Some of Us Are Brave: Black Women's Studies. Old Westbury, NY: The Feminist Press. S. 13–22.

Crass, Chris (2013): Towards Collective Liberation: Anti-Racist Organizing, Feminist Praxis, and Movement Building Strategy. Oakland, CA: PM.

Dabiri, Emma (2022): Was weiße Menschen jetzt tun können – Von »Allyship« zu echten Koalitionen. Berlin: Ullstein.

Deutsches Zentrum für Integrations- und Migrationsforschung DeZIM e.V. (Hg.) (2022): Rassistische Realitäten: Wie setzt sich Deutschland mit Rassismus auseinander? Auftaktstudie zum Nationalen Diskriminierungs- und Rassismusmonitor (NaDiRa). https://www.rassismusmonitor.de/fileadmin/user_upload/NaDiRa/CATI_Studie_Rassistische_Realit%C3%A4ten/DeZIM-Rassismusmonitor-Studie_Rassistische-Realit%C3%A4ten_Wie-setzt-sich-Deutschland-mit-Rassismus-auseinander.pdf (6.1.2022).

DiAngelo, Robin (2021): Wir müssen über Rassismus sprechen. Was es bedeutet, in unserer Gesellschaft weiss zu sein. Hamburg: Hoffmann und Campe Verlag.

Die Beauftragte der Bundesregierung für Migration, Flüchtlinge und Integration / Die Beauftragte der Bundesregierung für Antirassismus (Hg.) (2023): Rassismus in Deutschland: Ausgangslage, Handlungsfelder, Maßnahmen. https://www.integrationsbeauftragte.de/resource/blob/1864320/2157012/77c8d1dddeea760bc13dbd87ee9a415f/lagebericht-rassismus-komplett-data.pdf?download=1 (13.1.2023).

Die Beauftragte der Bundesregierung für Migration, Flüchtlinge und Integration / Die Beauftragte der Bundesregierung für Antirassismus (2023): Vorstellung des Lageberichts »Rassismus in Deutschland«. Antirassismus ist systemrelevant für unsere Demokratie. https://www.integrationsbeauftragte.de/ib-de/staatsministerin/antirassismus-ist-systemrelevant-fuer-unsere-demokratie-2156996 (4.2.2023).

Du Bois, W. E. B. (1965 [1935]): Black Reconstruction in America: An Essay Toward a History of the Part Which Black Folk Played in the Attempt to Reconstruct Democracy in America, 1860–1880. New York: The Free Press.

Dyson, Michael Eric (2017): Tears We Cannot Stop: A Sermon to White America. New York: St. Martin's Press.

Eggers, Maureen Maisha (2005): Rassifizierte Machtdifferenz als Deutungsperspektive in der Kritischen Weißseinsforschung in Deutschland. In: Eggers et al. S. 56–72.

Eggers, Maureen Maisha et al. (Hg.) (2005): Mythen, Masken und Subjekte. Kritische Weißseinsforschung in Deutschland. Münster: Unrast.

El-Tayeb, Fatima (2016): Undeutsch. Die Konstruktion des Anderen in der postmigrantischen Gesellschaft. Bielefeld: transcript.

El-Tayeb, Fatima (2000): Schwarze Deutsche. Der Diskurs um »Rasse« und nationale Identität 1890–1933. www.academia.edu/16385211/Schwarze_Deutsche_Der_Diskurs_um_Rasse_und_nationale_ Identit%C3%A4t_1890-1933 (4.2.2023).

Foucault, Michel (1992): Was ist Kritik? Berlin: Merve.

Gesicht Zeigen! Für ein weltoffenes Deutschland e.V. / Ernst & Young GmbH Wirtschaftsprüfungsgesellschaft und Civey GmbH (2020): Rassismus im Kontext von Wirtschaft und Arbeit. Bestandsaufnahme und Handlungsoptionen. https://www.gesichtzeigen.de/wp-content/uploads/2020/10/studie_rassismus_wirtschaft_arbeit_gesichtzeigen_ey_civey.pdf (17.1.2022).

Hark, Sabine (2013): Wer wir sind und wie wir tun. Identitätspolitiken und die Möglichkeiten kollektiven Handelns. In: Gabriele Jähnert / Karin Aleksander / Marianne Kriszio (Hg.): Kollektivität nach der Subjektkritik: Geschlechtertheoretische Positionierungen. Bielefeld: transcript. S. 29–46.

Hegel, Georg Wilhelm Friedrich (1924 [1837]): Vorlesungen über die Philosophie der Geschichte. Reclam. http://philotextes.info/spip/IMG/pdf/hegel_philosophie_der_geschichte.pdf (26.12.2022).

Helms, Janet E. (1984): Toward a Theoretical Explanation of the Effects of Race on Counseling: A Black and White Model. The Counseling Psychologist 12.3-4. S. 153–165.

hooks, bell (1994): Outlaw Culture: Resisting Representations. New York: Routledge.

hooks, bell (2003): Teaching Community: A Pedagogy of Hope. New York: Routledge.

hooks, bell (2010): Teaching Critical Thinking: Practical Wisdom. New York: Routledge.

Hügel, Ika et al. (1993): An unsere LeserInnen. Einleitung. In: Dies. et al. (Hg.): Entfernte Verbindungen. Rassismus, Antisemitismus, Klassenunterdrückung. Berlin: Orlanda Frauenverlag. S. 11–14.

Hytten, Kathy / Warren, John (2003): Engaging Whiteness: How Racial Power Gets Reified in Education. International Journal of Qualitative Studies in Education 16.1. S. 65–89.

Indigenous Action (2014): Accomplices Not Allies: Abolishing the Ally Industrial Complex. https://www.indigenousaction.org/accomplices-not-allies-abolishing-the-ally-industrial-complex/ (17.2.2023).

Jaeggi, Rahel / Wesche Tilo (2009): Einführung: Was ist Kritik? In: Dies. (Hg.): Was ist Kritik? Frankfurt am Main: Suhrkamp. S. 7–20.

Kant, Immanuel (1802): Physische Geographie. In: Ders.: Kant's gesammelte Schriften. Bd. 9. Königlich Preußische Akademie der Wissenschaften (Hg.). Berlin/Leipzig. S. 151–436.

Kant, Immanuel (1986) [1775]: Von den verschiedenen Rassen der Menschen. In: Ders.: Kants Werke – Akademie Textausgabe. Vorkritische Schriften II. 1757-1777. Berlin: de Gruyter. S. 427–444.

Kendall, Francis E. (2013): Understanding White Privilege. Creating Pathways to Authentic Relationships Across Race. 2. überarb. Aufl. New York: Routledge.

Kilomba, Grada (2010): Plantation Memories. Episodes of Everyday Racism. 2. Aufl. Münster: Unrast.

Kincheloe, Joe L. / Steinberg, Shirley R. (1998): Addressing the Crisis of Whiteness. Reconfiguring White Identity in a Pedagogy of Whiteness. In: Joe L. Kincheloe et al. (Hg.): White Reign. Deploying Whiteness in America. Houndmills: Macmillan. S. 3–29.

Kivel, Paul (2011): Uprooting Racism. How White People Can Work for Racial Justice. 3. überarb. u. erw. Aufl. Gabriola Island, BC: New Society Publishers.

Kivel, Paul (2017): How White People Can Work for Racial Justice. https://thehumanist.com/commentary/white-people-can-work-racial-justice/ (27.12.2022).

Lester, Joan (1987): What Happens to the Mythmakers When the Myths are Found to be Untrue? http://www.library.wisc.edu/EDVRC/docs/public/pdfs/SEEDReadings/MythMakers.pdf (7.9.2013).

Leutheusser-Schnarrenberger, Sabine (2022): Ich finde diese #Winnetou Debatte einfach nur grauenvoll. https://twitter.com/sls_fdp/status/1562429900199690244 (15.08.2022).

Lorde, Audre (2007): Sister Outsider. Berkeley: Crossing.

Lorde, Audre (2009): Commencement Address: Oberlin College. In: Rudolph P. Byrd / Johnnetta Betsch Cole / Beverly Guy-Sheftall (Hg.): I Am Your Sister: Collected and Unpublished Writings of Audre Lorde. New York: Oxford UP. S. 213–218.

Lorey, Isabell (2012): Konstituierende Kritik. Die Kunst, den Kategorien zu entgehen. http://portal-intersektionalitaet.de/theoriebildung/ueberblickstexte/lorey/ (6.1.2023).

MALONDA (o.a.): Deutschungshoheit feat. Melane & Roger Rekless. https://www.youtube.com/watch?v=yp-Q2FRVwcY (13.2.2023).

Matias, Cheryl E. / DiAngelo, Robin (2013): Beyond the Face of Race: Emo-Cognitive Explorations of White Neurosis and Racial Cray-Cray. The Journal of Educational Foundations 27.3/4, S. 3–20.

McDermott, Veronica (2017:): We Must Say No to the Status Quo: Educators as Allies in the Battle for Social Justice. Thousands Oaks, CA: Corwin.

McIntosh, Peggy (2001): White Privilege and Male Privilege. A Personal Account of Coming to See Correspondences through Work in Women's Studies (1988). In: Margaret L. Andersen / Patricia Hill Collins (Hg.): Race, Class, and Gender. An Anthology. Belmont, CA: Wadsworth Thomson Learning. S. 95–105.

McKenzie, Mia (2013): No More »Allies«. http://www.bgdblog.org/2013/09/no-more-allies/ (24.2.2020).

Mecheril, Paul (2007): Besehen, beschrieben, besprochen. Die blasse Uneigentlichkeit rassifizierter Anderer. In: Kien Nghi Ha / Nicola Lauré al-Samarai / Sheila Mysorekar (Hg.): re/visionen: Postkoloniale Perspektiven von People of Color auf Rassismus, Kulturpolitik und Widerstand in Deutschland. Münster: Unrast. S. 219–228.

Mecheril, Paul / Melter, Claus (2010): Gewöhnliche Unterscheidungen. Wege aus dem Rassismus. In: Paul Mecheril et al.: BACHELOR | MASTER: Migrationspädagogik. Weinheim: Beltz. S. 150-178.

Melter, Claus (2007): Sekundärer Rassismus in der sozialen Arbeit. In: Thomas Geisen / Christine Riegel (Hg.): Jugend, Partizipation und Migration: Orientierungen im Kontext von Integration und Ausgrenzung. Wiesbaden: VS Verlag für Sozialwissenschaften. S. 107–128.

Nassir-Shahnian, Natascha (2013): Dekolonisierung und Empowerment. https://heimatkunde.boell.de/de/2013/05/01/dekolonisierung-und-empowerment (6.1.2023)

Ogette, Tupoka (2017): exit RACISM. Münster: Unrast.

Oxfam Deutschland e.V. (2023): Umsteuern für soziale Gerechtigkeit. https://www.oxfam.de/system/files/documents/oxfam_factsheet_davos-2023_umsteuern.pdf (13.02.2023).

Picca, Leslie Houts / Feagin, Joe R. (2007): Two-Faced Racism: Whites in the Backstage and Frontstage. New York: Routledge.

Reagon, Bernice Johnson (1983): Coalition Politics: Turning the Century. In: Barbara Smith (Hg.): Home Girls: A Black Feminist Anthology. New York: Kitchen Table: Women of Color Press. S. 356–368.

Rizzo, Michael T. / Britton, Tobias C. / Rhodes, Marjorie (2022): Developmental Origins of Anti-Black Bias in White Children in the United States: Exposure to and Beliefs about Racial Inequality. Psychological and Cognitive Sciences 119.47. https://www.pnas.org/doi/epdf/10.1073/pnas.2209129119 (13.2.2023).

Rosenstreich, Gabriele (2020): Empowerment und Powersharing unter intersektionaler Perspektive. In: Birgit Jagusch / Yasmine Chehata (Hg.): Empowerment und Powersharing. Ankerpunkte – Positionierungen – Arenen. Weinheim und Basel: Beltz Juventa. S. 227–238.

Saad, Layla F. (2021): Me and White Supremacy: Warum kritisches Weißsein mit dir selbst anfängt. München: Penguin.

Scharathow, Wiebke (2011): Zwischen Verstrickung und Handlungsfähigkeit – Zur Komplexität rassismuskritischer Bildungsarbeit. In: Wiebke Scharathow / Rudolf Leiprecht (Hg.): Rassismuskritik. Bd. 2: Rassismuskritische Bildungsarbeit. 2. Aufl. Schwalbach: Wochenschau. S. 12–27.

Schultz, Dagmar (1993): Kein Ort nur für uns allein. Weiße Frauen auf dem Weg zu Bündnissen. In: Ika Hügel et al. (Hg.): Entfernte Verbindungen. Rassismus, Antisemitismus, Klassenunterdrückung. Berlin: Orlanda-Frauenverlag. S. 157–187.

Seeck, Francis (2022): Zugang verwehrt – Keine Chance in der Klassengesellschaft: Wie Klassismus soziale Ungleichheit fördert. Zürich: Atrium.

Seng, Sebastian / Rezene, Dyana / Drücker, Ansgar (Hg.) (2022): Klassismus und Rassismus: Dimensionen einer vielschichtigen Intersektion. Düsseldorf: Informations- und Dokumentationszentrum für Antirassismusarbeit e. V.

Singh, Anneliese A. (2019): The Racial Healing Handbook. Oakland, CA: New Harbinger Publications.

Spanierman, Lisa B. / Cabrera, Nolan L. (2015): The Emotions of White Racism and Antiracism. In: Veronika Watson / Deirdre Howard-Wagner / Lisa B. Spanierman (Hg.): Unveiling Whiteness in the 21st Century: Global Manifestations, Transdisciplinary Interventions. Lanham, MD: Lexington. S. 9–28.

Spanierman, Lisa B. / Heppner, Mary J. (2004): Psychosocial Costs of Racism to Whites Scale (PCRW): Construction and Initial Validation. Journal of Counseling Psychology 51.2. S. 249–262.

Spanierman, Lisa B. et al. (2006): Psychosocial Costs of Racism to Whites: Exploring Patterns Through Cluster Analysis. Journal of Counseling Psychology 53.4. S. 434–441.

Tatum, Beverly Daniel (1992): Talking about Race, Learning about Racism: The Application of Racial Identity Development Theory in the Classroom. Harvard Educational Review 62.1. S. 1–24.

Tatum, Beverly Daniel (1994): Teaching White Students about Racism: The Search for White Allies and the Restoration of Hope. Teachers College Record 95.4. S. 462–476.

Tatum, Beverly Daniel (2007): Can We Talk about Race? And Other Conversations in an Era of School Resegregation. Boston: Beacon.

Universität Mannheim (2018): Pressemitteilung vom 23. Juli 2018. Max versus Murat: schlechtere Noten im Diktat für Grundschulkinder mit türkischem Hintergrund. https://www.uni-mannheim.de/newsroom/presse/pressemitteilungen/2018/juli/max-versus-murat-schlechtere-noten-im-diktat-fuer-grundschulkinder-mit-tuerkischem-hintergrund/ (27.12.2022).

Walgenbach, Katharina (2005): »Weißsein« und »Deutschsein« – historische Interdependenzen. In: Eggers, Maureen Maisha et al. (Hg.): Mythen, Masken und Subjekte. Kritische Weißseinsforschung in Deutschland. Münster: Unrast. S. 377–393.

Walgenbach, Katharina (2012): Intersektionalität – eine Einführung. http://portal-intersektionalitaet.de/theoriebildung/ueberblickstexte/walgenbach-einfuehrung/ (13.02.2023).

Warren, John T. (2003): Performing Purity. Whiteness, Pedagogy, and the Reconstruction of Power. New York: Lang.

Washington, Jamie / Evans, Nancy J. (1991): Becoming an Ally. In: Nancy J. Evans / Vernon A. Wall (Hg.): Beyond Tolerance: Gays, Lesbians and Bisexuals on Campus. Alexandria, VA: American College Personnel Association. S. 195–204.

Weichselbaumer, Doris (2016): Discrimination against Female Migrants Wearing Headscarves. IZA DP No. 10217. https://docs.iza.org/dp10217.pdf (9.2.2023).

Wise, Tim (2011): White Like Me: Reflections on Race from a Privileged Son. Berkeley: Soft Skull Press.

Wollrad, Eske (2005): Weißsein im Widerspruch. Feministische Perspektiven auf Rassismus, Kultur und Religion. Königstein / Taunus: Helmer.

Yeboah, Amma (2017): Rassismus und psychische Gesundheit in Deutschland. In: Karim Fereidooni / Meral El (Hg.): Rassismuskritik und Widerstandsformen. Wiesbaden: Springer VS. S. 143–161.

Yeboah, Amma (2021): Interview mit Amma Yeboah. In: Ilja Gold / Eva Weinberg / Dirk Rohr: Das hat ja was mit mir zu tun!? Macht- und rassismuskritische Perspektiven für Beratung, Therapie und Supervision. Heidelberg: Carl-Auer. S. 119–128.